주제별 DICTIONARY❹

# 덩어리 VOCA

## 국가조직과 경제 편

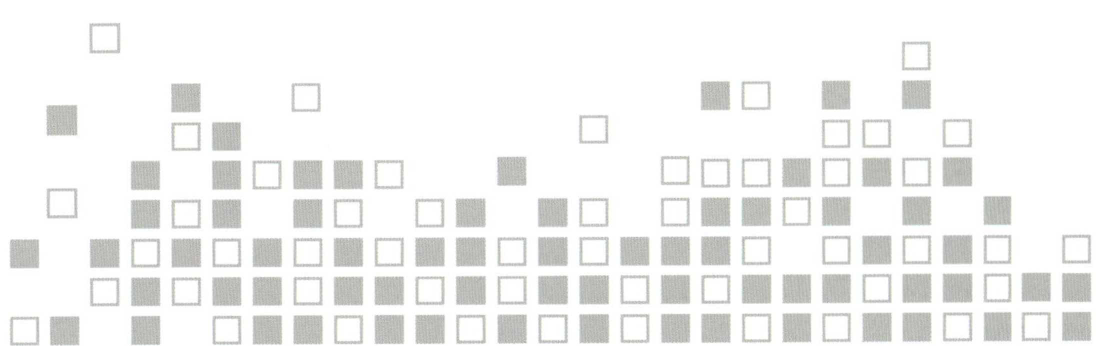

다락원

# 덩어리 **VOCA**
### 국가조직과 경제 편

**지은이** 다락원 VOCA클럽
**펴낸이** 정규도
**펴낸곳** ㈜다락원

**초판 1쇄 인쇄** 2012년 1월 17일
**초판 1쇄 발행** 2012년 1월 25일

**책임편집** 허윤영
**디자인** 윤지은
**전산편집** 조영라
**일러스트** 오창문

**다락원** 경기도 파주시 문발로 211
내용문의: (02) 736-2031 내선 308
구입문의: (02) 736-2031 내선 112~114
Fax: (02) 732-2037
출판등록 1977년 9월 16일 제300-1977-23호

Copyright © 2012, 다락원



값 **22,000원**

ISBN 978-89-277-0043-2 14740
      978-89-5995-858-0 14740 (set)

**http://www.darakwon.co.kr**
다락원 홈페이지를 방문하시면 상세한 출판정보와
함께 동영상강좌, MP3자료 등 다양한 어학 정보를
얻으실 수 있습니다.

# ● 〈덩어리 VOCA〉 시리즈를 펴내며

## 천편일률적인 영어 어휘책은 이제 그만 사라져야 합니다.

영어 공부하는 사람치고 영어 단어장이나 어휘책 한두 권 안 사본 사람이 있을까요? Vocabulary 33,000이니 22,000이니, 우선순위를 매겼다느니, 그 책 한 권을 떼고 나면 어휘 실력이 부쩍 늘어날 것 같은 착각을 주지만 실제로 그런 학습 효과를 주는 어휘책은 많지 않습니다. 게다가 대부분의 어휘책은 그다지 친절하지도 않습니다. 영어 단어에 대한 한글 해석과 예문 한두 개를 나열한 것이 고작이고, 주제별로 분류를 했다는데 그 주제에 해당되지 않는 단어가 불쑥불쑥 등장하기 일쑤고, 표제어 중에는 생전 처음 보는 어려운 단어도 많습니다. 하지만 TOEIC 시험에 자주 나온 단어라고 별이 세 개나 붙어있으니, 그 단어는 꼭 외워야만 할 것 같다는 무언의 압박을 받습니다. 텍스트만으로는 개념을 이해하기 어려운 단어에는 삽화나 사진을 주면 쉽게 이해를 도우련만, 대부분의 영어 어휘책은 시커먼 활자만으로 페이지를 채우고 있거나, 별 내용이 없는데도 신기하게 수백 페이지를 넘기는 여백의 미를 선보이고 있습니다.

## 그래서 〈덩어리 VOCA〉 시리즈가 탄생했습니다.

외국어 교육의 명가 다락원에서 야심차게 준비한 〈덩어리 VOCA〉 시리즈는 재미와 깊이를 동시에 만족시키는 신개념 어휘 사전입니다.

(1) **재미있는 사전, 흥미로운 사전**. 흥미로운 문화정보와 어원, 개념설명만 읽어도 여러분의 영어 실력이 몇 단계 향상될 것입니다. 〈덩어리 VOCA〉는 사전이나 어휘책은 고리타분하고 재미없다는 편견을 깼습니다.

(2) **검색이 쉬운 주제별 사전**. 목차와 한글색인을 통해 원하는 단어를 바로 찾아 바로 들어갈 수 있습니다. 본문에서는 주제별로 단어를 정리해 놓았기 때문에 해당 단어와 관련된 내용을 덩어리째 배울 수 있습니다.

(3) **Stylish한 사전**. '백문이 불여일견'이라고 했습니다. 풍부한 사진과 삽화 자료를 통해 말로는 아무리 설명해도 알 수 없는 정보를 단번에 알 수 있도록 했습니다.

(4) **정확한 사전**. 사전의 생명은 정확성입니다. 확인에 확인을 거친 영어 단어에는 `inf`, `AE`, `!` 등의 라벨을 붙여 어떤 상황에 어떤 영어 단어가 어울리는지를 표시했습니다. 필요한 경우 관련 정보를 부연 설명했습니다.

(5) **시원시원한 지면**. 깨알 같은 글씨가 적힌 영어사전 때문에 시력이 많이 저하된 분들께 권합니다.

(6) **한영사전과 영한사전을 동시에**. 한영사전과 영한사전을 동시에. 한영사전이라는 교재 특성상 본문에서 발음기호를 제시하기 어려워 책 뒷면의 발음기호 index에 어려운 영어 단어의 발음을 자세히 표기해 놓았습니다.

# 01 국가의 구성 요소

**1.1 국민, 민족, 인종**

## 국민, 인민 nation; people; the public

표제어 →
**교민, 교포, 동포** compatriot; (한국인) overseas Korean; Korean resident abroad

'교포'의 하위 표제어 →
재미교포 Korean American
재일교포 Korean Japanese
　재일교포 3세 a third-generation Korean Japanese

귀화인 naturalized citizen

부표제어 관련 정보 →
귀화 naturalization ❶
　귀화하다 be naturalized
　그는 작년에 한국으로 귀화했다.
　He was naturalized as a Korean citizen last year.

내국인, 자국민 local, 원주민, 토착민 native; **f** indigenous people
　그 카지노는 내국인의 출입을 금지하고 있다. Locals are not allowed in that casino.

망명자 exile; asylum seeker; émigré

'망명자'의 하위 표제어 →
난민 refugee
　난민 수용소 a refugee camp
　수단에서 내전이 발생해 5만 명이 넘는 난민이 발생했다.
　A refugee population of more than fifty thousand has resulted from internal military conflicts in Sudan.
망명 (political) asylum ❷; exile
　망명하다 seek[take] asylum (in) / defect (to)
　정치적 망명을 신청하다 seek political asylum
　튀니지의 대통령이 사우디아라비아로 망명 길에 올랐다.
　The president of Tunisia sought political asylum in Saudi Arabia.

무국적자 stateless person

보트피플 boat people

### ❶ 미국의 귀화 시험

미국 시민권을 취득하기 위해서는 미국 이민서비스국 U.S. Citizenship and Immigration Services에서 주관하는 시험을 치러야 한다. 시험은 English Test와 Civics Test로 구성되어 있으며, 한 번 신청하면 두 번의 시험을 볼 수 있는 자격이 주어진다. 만약 두 개의 시험 중 하나는 붙고 하나는 떨어진다면, 90일 이내에 재시험을 치를 수 있다.

• **English Test** speaking test, reading test, writing test로 나뉜다. speaking test는 이민국 직원과의 인터뷰 형식으로 진행되고, reading test와 writing test는 세 개의 문장 중 하나를 영어로 정확히 읽고 쓸 수 있어야 한다.
• **Civics Test** 미국 역사와 법률, 정치에 관련된 100개의 문제 중에서 10문제가 출제되며 그 중 6문제 이상을 맞춰야 시험에 통과한다. 시험은 객관식과 단답식 문제로 구성되어 있다.

### ❷ asylum의 어원

우리나라의 삼한(三韓) 시대에는 천신에게 제사를 지내는 소도(蘇塗)라고 하는 신성한 곳이 있어서 죄인이 처벌을 피해 소도로 달아나면 함부로 잡아가지 못했다고 한다. 고대 그리스에도 소도의 역할을 하는 신전 temple과 신성한 숲sacred grove이 있었는데, 죄인이나 빚을 갚지 못한 자, 그리고 주인의 학대를 받는 노예들이 이곳으로 피신하곤 했다. asylum은 피난refuge을 뜻하는 그리스어 asylon에서 유래된 말이다.

## 대한민국 국가 Aegukga; The Patriotic Song



**1절** 동해 물과 백두산이 마르고 닳도록
하느님이 보우하사 우리나라 만세
무궁화 삼천리 화려강산
대한사람 대한으로 길이 보전하세

Until that day when the waters of the East Sea run dry and Mt. Baekdu is worn away,
God protect and preserve our nation.
Three thousand li of splendid rivers and mountains, filled with Roses of Sharon;
Great Korean people, stay true to the Great Korean way!

**2절** 남산 위에 저 소나무 철갑을 두른 듯
바람서리 불변함은 우리 기상일세
무궁화 삼천리 화려강산
대한사람 대한으로 길이 보전하세

As the pine atop the near mountain stands firm, as if wrapped in armour,
unchanged through wind and frost, so shall our resilient spirit.
Three thousand li of splendid rivers and mountains, filled with Roses of Sharon;
Great Korean people, stay true to the Great Korean way!

**3절** 가을 하늘 공활한데 높고 구름 없이
밝은 달은 우리 가슴 일편단심일세
무궁화 삼천리 화려강산
대한사람 대한으로 길이 보전하세

The Autumn sky is void and vast, high and cloudless;
the bright moon is our heart, undivided and true.
Three thousand li of splendid rivers and mountains, filled with Roses of Sharon;
Great Korean people, stay true to the Great Korean way!

**4절** 이 기상과 이 맘으로 충성을 다하여
괴로우나 즐거우나 나라 사랑하세
무궁화 삼천리 화려강산
대한사람 대한으로 길이 보전하세

With this spirit and this mind, give all loyalty,
in suffering or in joy, to the love of country.
Three thousand li of splendid rivers and mountains, filled with Roses of Sharon;
Great Korean people, stay true to the Great Korean way!

추가로 제공되는
유용한 정보들은
〈덩어리 VOCA〉만의 특징

# ● 이 책의 구성과 특징

## 구성

이 책은 **국가조직**과 **경제**라는 두 가지 맥락에서 4개 PART로 구성되어 있습니다. PART 1은 **국가**라는 큰 줄기 안에서 세부적으로 국가의 구성 요소 및 종류, 국명과 국호, 외교 관련 내용을 다루었고, PART 2는 **입법부**, **행정부**, **사법부**라는 세 개의 Unit으로 구성되어 있습니다. PART 3은 국방과 군사를 다루는 파트로서 각종 군사 관련 용어들이 정리되어 있고, **경제**와 **산업**을 다루는 PART 4는 **경제 일반**, **금융**, **경영과 사업**, **산업**이라는 네 개의 Unit으로 구성되어 있습니다. 각 파트에는 내용 이해를 돕는 삽화와 사진, 그리고 용어 관련 설명 및 각종 정보가 풍부하게 들어 있습니다.

## 표제어

❶ 한글 표제어는 가나다순으로 배열했습니다.

❷ 표제어의 동의어를 최대 3개까지 나열하였고, 여러 개의 표제어가 나올 경우 가나다순으로 배열하고, 우리말/한자어 → 외래어 순으로 배열했습니다.

❸ 시간 순서나 개념별로 배열하는 것이 효과적인 경우에는 예외적으로 가나다순으로 배열하지 않았습니다.

> **ex** 분대 squad
> 　　분대장 squad leader
> 　반 section
> 　　반장 section leader
> 　소대 platoon
> 　　부소대장 platoon sergeant
> 　　소대장 platoon leader
> 　중대 company
> 　　중대장 company commander
> 　대대 battalion
> 　　대대장 battalion commander
> 　연대 regiment
> 　　연대장 regiment commander
> 　여단 brigade
> 　　여단장 brigade commander

❹ 표제어 간의 상하위 개념 관계를 파악하기 쉽도록 하위개념의 표제어는 한 칸을 들여쓰고 글자 크기를 줄였습니다.

❺ 동사 표제어는 '~하다' 꼴로, 형용사 표제어는 활용형으로 표기했습니다.

> **ex** 당선되다 be elected; win (an election)
> 　　당선인, 당선자 elected person; the elected; successful candidate
>
> **➡** 낙선하다 lose an election; be defeated (in an election)
> 　　낙선자 unsuccessful[defeated] candidate; also-ran
>
> **ex** 실각하다 fall (from *one's* position); lose *one's* footing
> 　　입각하다 join[enter] the cabinet; become a member of the cabinet; take a seat in the cabinet

## 기호

| | | | |
|---|---|---|---|
| **f** 문어체 표현 | | **abb** 약어 | |
| **inf** 구어체 표현 | | **sing** 단수형 | |
| **!** 슬랭 표현, 비속어 표현 | | **pl** 복수형 | |
| **AE** 미국 영어 | | ⬌ 반의어 | |
| **BE** 영국 영어 | | ➡ 단계, 순서 | |

## 이탤릭체

❶ one, one's, oneself, sb(somebody), sth(something)과 같은 불특정 대명사는 이탤릭체로 표기했습니다.

❷ haenyeo(해녀), myeon(면)처럼 영어에 없는 단어를 영어로 음역한 단어는 이탤릭체로 표기했습니다.

# Contents

THAILAND
SPAIN
TURKEY
NORWAY
MONACO
ISRAEL
IRELAND
GREECE
INDIA
FINLAND
EGYPT
CUBA
CHINA
CANADA
AUSTRALIA

## Unit 3 ● 사법부

# PART 3 국방, 군사

# PART 4 경제와 산업

## Unit 4 ● 경제 일반

THAILAND
SPAIN
TURKEY
NORWAY
MONACO
RUSSIA
ISRAEL
IRELAND
GREECE
INDIA
GERMANY
FINLAND
EGYPT
CUBA
BRAZIL
CHINA
CANADA
AUSTRALIA

# PART 1 국가

# 01 국가의 구성 요소



## 국민, 인민 nation; people; the public

교민, 교포, 동포 compatriot; (한국인) overseas Korean; Korean resident abroad

재미교포 Korean American

재일교포 Korean Japanese
- 재일교포 3세 a third-generation Korean Japanese

귀화인 naturalized citizen

귀화 naturalization ❶
- 귀화하다 be naturalized
- 그는 작년에 한국으로 귀화했다.
  He was naturalized as a Korean citizen last year.

내국인, 자국민 local, 원주민, 토착민 native; **f** indigenous people
- 그 카지노는 내국인의 출입을 금지하고 있다. Locals are not allowed in that casino.

망명자 exile; asylum seeker; émigré

난민 refugee
- 난민 수용소 a refugee camp
- 수단에서 내전이 발생해 5만 명이 넘는 난민이 발생했다.
  A refugee population of more than fifty thousand has resulted from internal military conflicts in Sudan.

망명 (political) asylum ❷; exile
- 망명하다 seek[take] asylum (in) / defect (to)
- 정치적 망명을 신청하다 seek political asylum
- 튀니지의 대통령이 사우디아라비아로 망명 길에 올랐다.
  The president of Tunisia sought political asylum in Saudi Arabia.

무국적자 stateless person

보트피플 boat people

---

### ❶ 미국의 귀화 시험

미국 시민권을 취득하기 위해서는 미국 이민서비스국 U.S. Citizenship and Immigration Services에서 주관하는 시험을 치러야 한다. 시험은 English Test와 Civics Test로 구성되어 있으며, 한 번 신청하면 두 번의 시험을 볼 수 있는 자격이 주어진다. 만약 두 개의 시험 중 하나는 붙고 하나는 떨어진다면, 90일 이내에 재시험을 치를 수 있다.
- English Test speaking test, reading test, writing test로 나뉜다. speaking test는 이민국 직원과의 인터뷰 형식으로 진행되고, reading test와 writing test는 세 개의 문장 중 하나를 영어로 정확히 읽고 쓸 수 있어야 한다.
- Civics Test 미국 역사와 법률, 정치에 관련된 100개의 문제 중에서 10문제가 출제되며 그 중 6문제 이상을 맞춰야 시험에 통과한다. 시험은 객관식과 단답식 문제로 구성되어 있다.

### ❷ asylum의 어원

우리나라의 삼한(三韓) 시대에는 천신에게 제사를 지내는 소도(蘇塗)라고 하는 신성한 곳이 있어서 죄인이 처벌을 피해 소도로 달아나면 함부로 잡아가지 못했다고 한다. 고대 그리스에도 소도의 역할을 하는 신전 temple과 신성한 숲sacred grove이 있었는데, 죄인이나 빚을 갚지 못한 자, 그리고 주인의 학대를 받는 노예들이 이곳으로 피신하곤 했다. asylum은 피난refuge을 뜻하는 그리스어 asylon에서 유래된 말이다.

# 외국인, 외인 foreigner; alien; expatriate; inf expat ❶

불법체류자 illegal alien; inf illegal ⬌ 합법체류자 resident alien

영주권자 permanent resident
- 미국 영주권자 a permanent resident of the United States

# 이민자 migrant; (외국에서 온) immigrant; (외국으로 나간) emigrant

이민 migration; (입국) immigration; (출국) emigration
- 이민하다 (입국하다) immigrate / (출국하다) emigrate
- 그녀는 다섯 살 때 미국으로 이민을 갔다.
  She emigrated to the United States when she was 5 years old.

# 이중국적자 dual national

이중국적 dual nationality; dual citizenship
- 그는 스위스와 캐나다의 국적을 모두 가진 이중국적자다.
  He has dual nationality in both Switzerland and Canada.

## 인종 race; ethnic group

# 백인, 백인종 Caucasian (race); white ❷

# 유색인종 non-white; ! people of color; colored race[people]
- 그 나라에는 유색인종에 대한 편견이 아직도 남아 있다.
  In that country there is still some prejudice against non-whites.

황인종 Mongoloid (race); Mongolian race; yellow race; (미국의) Asian-American

흑인, 흑인종 Negroid; black; Black; (미국의) African American; Black American ❸
- 그는 흑인 아버지와 백인 어머니 사이에서 태어났다. His father is black and his mother is white. / He was born of a black father and a white mother.

---

❶ 외국인의 뉘앙스 차이

- **foreigner** 외국인을 가리키는 가장 일반적인 말. '우리나라 사람이 아닌 타국인'이라는 적대적인 뉘앙스를 담고 있다.
  - ex 몇몇 보수주의자들은 외국인들이 미국인의 일자리를 빼앗아 가고 있다고 불평한다.
    Some conservatives complain about **foreigners** taking over American jobs.
- **alien** 외국인을 가리키는 법적 용어.
  - ex 그 나라에 90일 이상 체류하고자 하는 외국인들은 등록을 해야 한다.
    **Aliens** who are going to stay in the country for more than 90 days are required to register.
- **expatriate** 다른 나라에서 단기간, 장기간 거주하는 국외 거주자를 가리키며 주로 선진국 출신의 서양인을 가리키는 말로 쓰인다. 이 말은 외국에서 일을 하지 않고도 먹고 살 수 있을 만큼 경제적 여유가 있다는 뉘앙스를 담고 있다.
  - ex 많은 외국인들이 그 비싼 아파트 단지에 살고 있다. A lot of **expats** live in that expensive apartment complex.

❷ 백인을 비하하는 표현

- **cracker** 미국 남부 출신의 가난하고 무식한 백인.
- **wigger** 흑인의 문화를 동경해서 흑인들의 액세서리를 즐기고 힙합에 열중하는 백인.
- **white trash** 백인 쓰레기. 특히 교육 수준이 낮고 가난하고 게으른 미국 남부의 백인들을 가리키는 말.
- **Yankee** 양키. 외국인들이 미국 출신의 백인을 비하하는 말. 원래는 미국 동부의 뉴잉글랜드New England 출신 사람을 가리키는 말.

---

## 부족, 종족 tribe, 씨족 clan; family

부족민 (남성) tribesman; (여성) tribeswoman, 씨족민 (남성) clansman;
(여성) clanswoman

부족장, 족장 (남성) patriarch; (여성) matriarch

## 민족 ─ 일반 ❶

### 기마민족 horse-riding people; equestrian people; mounted nomads

유목민 nomad; nomadic tribe[people]

### 단일민족 homogeneous people

### 소수민족 (ethnic) minority; minority group ❷

□ 그는 중국의 소수민족 출신이다. He's from an ethnic minority in China. /
He's a member of an ethnic minority in China.

### 식인종 cannibal(s)

식인풍습 cannibalism; anthropophagy

□ 그 나라에는 아직 식인풍습이 남아 있다. Cannibalism still exists in that country.

### 야만족 savage tribe

야만인 savage

□ 프랑스의 어떤 여배우가 개고기를 먹는다는 이유로 한국인을 야만인 취급했다.
A certain French actress called Koreans savages because they eat dog
meat.

### 약소민족 weaker people; the people of a small and weak power

❷ 중국의 주요 소수민족

• 만주족 Manchu
• 묘족 Miao
• 위구르족 Uyghurs
• 이족 Yi
• 장족 Zhuang
• 조선족 Korean; Koreans in China
• 티베트족 Tibetan
• 회족 Hui

---

❶ 세계의 주요 민족

• 마오리족 (뉴질랜드의) Maori
• 마사이족 Maasai
• 몽고족, 몽골족 Mongols
• 아랍인 Arab
• 아이누족 (일본의) Ainu
• 에스키모, 이누이트 Inuit; ❗ Eskimo
• 유대인 Jew; ❗ yid; (집합적) the Jews; Jewish people
• 인디언 Native American; American Indian; ❗ Indian; Injun
• 집시 Romany; gypsy; gipsy
• 한족(漢族) (중국의) Han (Chinese)
• 한민족, 한족(韓族) (한국의) Korean; Korean people
• 애버리진 (호주의) Aborigines; Aboriginal; Australian aborigine
• 피그미 Pygmy; Pygmies
• 히스패닉 Latino; Latin American; (미국에 거주하는) Hispanic; Hispano

## 관련표현

**국민성** national character

**국적** nationality; country of citizenship

□ 그는 군 입대를 피하기 위해 한국 국적을 포기했다.
He gave up his Korean citizenship in order to dodge the draft.

□ 그녀는 한국 남성과 결혼하면서 한국 국적을 취득했다. She got Korean nationality by marrying a Korean. / She was granted Korean citizenship when she married a Korean man.

**민족성** ethnicity; national[racial] characteristics[traits]

**민족주의** nationalism

민족주의자 nationalist

**인종주의** racism; racial profiling ❶, **인종차별** racial discrimination; segregation; (남아프리카공화국의) apartheid

□ 많은 외국인 노동자들이 한국에서 인종차별을 당하고 있다. Many laborers from overseas are subjected to racial discrimination in Korea.

백인우월주의 white supremacy

백인우월주의자 white supremacist

인종주의자 racist

인종청소 ethnic cleansing; (학살) genocide
□ 세르비아에서는 회교도에 대한 인종청소가 자행되었다.
Ethnic cleansing of Muslims was practiced in Serbia.

**튀기** ❗ mixed-blood; half-breed; half-caste, **혼혈(인)** person of mixed race ❷

□ 그 여자는 한국인 어머니와 미국인 아버지 사이에서 태어난 혼혈이다.
She is of mixed race, with a Korean mother and an American father.

---

❶ racial profiling

racial profiling은 범죄가 발생했을 때 구체적인 증거보다는 피부색, 인종 등을 근거로 용의자를 선별하고 수사하는 관행을 가리킨다. racial profiling에 관한 영어 표현에는 다음과 같은 것들이 있다.

- **Flying while Muslim** 비행기에 탑승하는 아랍인을 잠재적인 테러리스트로 취급하는 것을 비꼬는 표현. 2001년 미국에서 발생한 9.11테러 이후 미국 내 공항에서는 이슬람계로 보이는 사람들에 대한 검문검색이 대폭 강화되었다.
- **Driving While Black** (고급) 자동차를 운전하는 흑인을 잠재적인 범죄자로 취급하는 것을 비꼬는 표현. 흑인은 가난해서 자동차를 구입할 돈이 없기 때문에 자동차를 타고 다니는 흑인은 절도범일 가능성이 높다는 인종차별적인 편견에서 비롯되었다. 황인종까지 잠재적인 범죄자로 취급하는 Driving While Brown이라는 표현도 쓰인다.

---

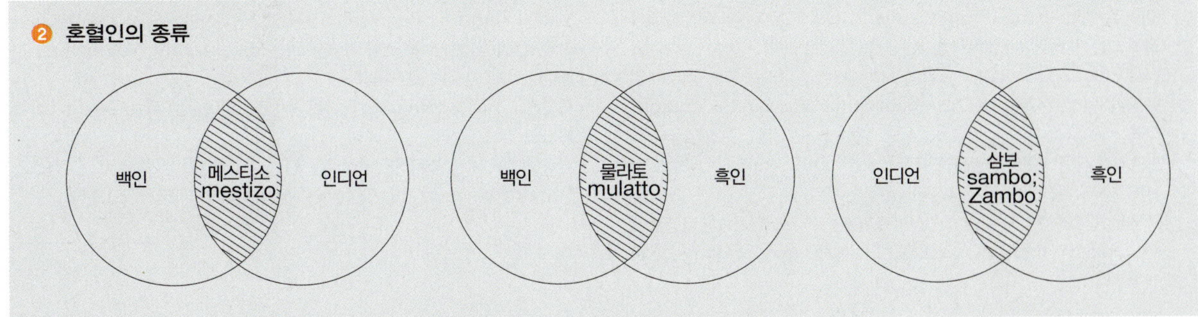

❷ **혼혈인의 종류**

## 국가(國歌) national anthem ❶

☐ 학생들은 밴드의 반주에 맞춰 국가를 불렀다.
The students sang the national anthem to the accompaniment of the band.

## 국권, 주권, 통치권 (national) sovereignty; sovereign power

☐ 한국은 1910년 일본에 의해 국권을 상실했다.
Korea lost its sovereignty to Japan in 1910.

☐ 영국은 1997년에 중국 정부에 홍콩의 주권을 반환했다.
The British returned Hong Kong to Chinese sovereignty in 1997.

## 국기 (national) flag; national colors; (배에 다는) ensign ❷

### 국기 게양식 flag-hoisting[raising] ceremony

◆ 하기식 flag-lowering ceremony; (군대의) retreat

☐ 올림픽 시상식이 끝나고 국기 게양식이 거행되었다. A flag-raising ceremony took place after the awards were presented at the Olympics.

### 국기에 대한 경례 salute to the colors

### 국기에 대한 맹세 (미국의) the Pledge of Allegiance

☐ 국기에 대한 맹세를 하다 recite the Pledge of Allegiance

### 기수 standard bearer

☐ 그는 베이징올림픽에서 한국 선수단의 기수로 경기장에 입장했다.
At the Beijing Olympics, he served as the standard bearer for the Korean team when they marched out onto the field.

### 깃대 flagpole; flagstaff

### 만국기 flags of all nations; (장식용의) bunting

☐ 학교 운동장에는 만국기가 펄럭이고 있었다.
The flags of all nations were flying over the school playground.

❷ ensign과 pennant

ensign은 상선이나 군함 등의 선박에 다는 깃발을 가리키며, 군부대를 표시하는 부대기(部隊旗)를 뜻하기도 한다. ensign은 해군 소위라는 의미도 있는데, 예전에는 소위가 부대기를 보관하는 역할을 맡았기 때문이다. 보통은 국기와 동일한 깃발을 배에 다는데, 일부 국가에서는 국기와 다른 디자인의 ensign을 배에 달기도 한다. 영국의 상선은 붉은색 바탕에 영국 국기가 들어가 있는 red ensign 이라는 깃발을 사용하고 있고, 일본 해상자위대는 욱일기|Rising Sun Flag 라고 하는 ensign을 사용하고 있다. 그리고 독일을 포함한 북유럽의 국가들은 제비꼬리 모양의 ensign 을 해군기로 사용하는 것이 특징이다. 한편 세모꼴의 삼각기|pennant 는 주로 지휘관이 탑승하고 있는 군함의 꼭대기에 매달거나, 스포츠팀의 깃발이나 스포츠 대회의 우승기로 사용되는데, 페넌트레이스|pennant race는 우승기를 놓고 다투는 프로야구의 리그 경기를 가리킨다.

---

❶ 나라별 국가 명칭

- **독일** Das Lied der Deutschen; Deutschlandlied '독일인의 노래' (영어로는 The Song of the Germans. 원래 3절로 이루어져 있는데, 1절과 2절은 내용이 부적절해서 현재는 3절만 불리고 있다)
- **러시아** Gosudarstvenny Gimn Rossiyskoy Federatsii '러시아 연방 국가' (영어로는 National Anthem of the Russian Federation)
- **미국** The Star-Spangled Banner '별이 빛나는 깃발', '성조기' (국가와 헷갈리기 쉬운 '성조기여 영원하라|The stars and stripes forever'는 1987년 제정된 미국의 국가 행진곡)
- **영국** God Save the Queen '신이여 여왕을 구하소서' (국왕이 남성일 때는 God Save the King이라고 하고, 가사에서도 queen을 king으로 바꿔 부른다)
- **일본** Kimigayo '기미가요' (영어로는 His Majesty's Reign 또는 May Your Reign Last Forever이며, 우리말로 번역하면 '님의 시대는'이 된다)
- **중국** 義勇軍進行曲 '의용군행진곡' (영어로는 March of the Volunteers)
- **캐나다** O Canada '오 캐나다'
- **프랑스** La Marseillaise '라 마르세예즈' (영어로는 The Song of Marseille)
- **한국** Aegukga '애국가' (영어로는 The Patriotic Song 또는 The Song of Love for the Country. 북한의 국가도 '애국가'라고 한다)

반기, 조기 flag at half-mast
- 현충일을 맞아 집집마다 조기를 내걸었다.
  On Memorial Day, every house flew the flag at half-mast.

삼각기 pennant; pennon

삼색기 (프랑스 등의) tricolor

## 국새, 옥새 great seal

## 국조(國鳥) national bird

- 대한민국의 국조는 까치다. The Korean national bird is the magpie.

## 국토 country; territory, 영토 territory; domain

- 중국과 일본은 센카쿠열도를 놓고 영토 분쟁을 벌이고 있다. China and Japan are engaged in a territorial dispute over the Senkaku Islands.

본토 the mainland
- 중국 본토 mainland China / the Chinese mainland

식민지 colony
- 한국은 1910년에 일본의 식민지가 되었다.
  Korea became a colony of Japan in 1910.

영공 (sovereign; territorial) airspace
- 그 항공 노선은 러시아의 영공을 통과한다.
  That air route passes through Russian airspace.

영해 territorial waters
- 정체 불명의 선박이 한국의 영해를 침범했다.
  An unidentified vessel intruded into Korean territorial waters.

조차지(租借地) concession (territory); leased territory

한 나라가 다른 나라로부터 빌려서 통치하는 영토

## 국화(國花) national flower; floral emblem

- 한국의 국화는 무궁화다. Korea's national flower is the rose of Sharon.

---

**나라별 국기 명칭**

- 대만 청천백일기 the Flag of Taiwan; Blue Sky, White Sun, and a Wholly Red Earth

- 미국 성조기 the American flag; the Star-Spangled Banner; the Stars and Stripes; **inf** Old Glory

- 영국 유니언잭 the national flag of the United Kingdom; Union Jack; Union flag
- 일본 일장기 the national flag of Japan; Hinomaru
- 중국 오성홍기 the national flag of the People's Republic of China; the Five-Starred Red Flag

- 한국 태극기 Taegeukgi; Korean flag; the national flag of Korea
  한반도기 Korea Unification Flag
- 북한 인공기 the national flag of North Korea

# 미국 국가 The Star-Spangled Banner



**1절** O! say can you see by the dawn's early light,
What so proudly we hailed at the twilight's last gleaming,
Whose broad stripes and bright stars through the perilous fight,
O'er the ramparts we watched, were so gallantly streaming?
And the rockets' red glare, the bombs bursting in air,
Gave proof through the night that our flag was still there;
O! say does that star-spangled banner yet wave,
O'er the land of the free and the home of the brave?

오, 그대는 이른 새벽녘의 저 빛을 보라.
황혼의 마지막 광휘에 환호하는 우리들의 긍지가
위험한 전쟁 속에서도 광대한 선으로 빛나는 별들과
저 성벽 너머로 찬란히 빛나는 것을.
창공에서 분주한 포탄과 탄환의 붉은 저 섬광들은
밤새 우리의 깃발이 휘날리는 증거라.
오, 휘날리는 성조기는
자유와 용맹의 땅에서 휘날리는가!

**2절** On the shore, dimly seen through the mists of the deep,
Where the foe's haughty host in dread silence reposes,
What is that which the breeze, o'er the towering steep,
As it fitfully blows, half conceals, half discloses?
Now it catches the gleam of the morning's first beam,
In full glory reflected now shines in the stream:
'Tis the star-spangled banner, O! long may it wave
O'er the land of the free and the home of the brave.

저 깊은 안개 속에서 희미하게 보이는 해안에는
거만한 적군도 말없이 두려움 속에 쉬고 있네.
드높이 치솟은 절벽 위로 산들바람에 휘날리는 저 모습이
반쯤 가려진 모습을 드러내고 휘날리네.
이제 아침의 첫 광휘에 휩싸인
찬란한 영광 속 한 줄기 저 빛이여,
우리의 성조기여, 영원토록 휘날리네.
자유와 용맹의 땅에서 휘날리리라!

**3절** And where is that band who so vauntingly swore
That the havoc of war and the battle's confusion,
A home and a country should leave us no more?
Their blood has washed out their foul footsteps' pollution.
No refuge could save the hireling and slave
From the terror of flight, or the gloom of the grave:
And the star-spangled banner in triumph doth wave
O'er the land of the free and the home of the brave.

폐허된 전쟁터와 전쟁의 혼란 속에서
큰 맹세로 노래하던 저 음악대는 어디에서
이제 더 이상 고향과 조국을 떠나지 말 것을!
그들의 피로 사악한 자신의 발자국을 씻어냈도다.
노예 된 자가 어딜 가도 피하지 못하는 것은
패배와 공포와 무덤의 빛이라.
그리고 승리 속의 성조기는
자유와 용맹의 땅에서 휘날리리라!

**4절** O! thus be it ever, when freemen shall stand
Between their loved home and the war's desolation.
Blest with victory and peace, may the heav'n rescued land
Praise the Power that hath made and preserved us a nation!
Then conquer we must, when our cause it is just,
And this be our motto: "In God is our trust."
And the star-spangled banner in triumph shall wave
O'er the land of the free and the home of the brave!

자유인은 어디서나
사랑하는 고향과 황량한 전쟁터에서나
하늘이 구한 이 땅의 승리와 평화로 축복받으리.
우리에게 조국을 지켜 준 저 힘을 찬양하라.
우리는 정당한 대의로 승리했으니
그리고 하느님 안에 우리의 믿음이 있음을 표로 하여
그리고 승리 속의 성조기는
자유와 용맹의 땅에서 휘날리리라!

**'애국가'**

**1절** 동해 물과 백두산이 마르고 닳도록
하느님이 보우하사 우리나라 만세
무궁화 삼천리 화려강산
대한사람 대한으로 길이 보전하세

Until that day when the waters of the East Sea run dry and Mt. Baekdu is worn away,
God protect and preserve our nation.
Three thousand li of splendid rivers and mountains, filled with Roses of Sharon;
Great Korean people, stay true to the Great Korean way!

**2절** 남산 위에 저 소나무 철갑을 두른 듯
바람서리 불변함은 우리 기상일세
무궁화 삼천리 화려강산
대한사람 대한으로 길이 보전하세

As the pine atop the near mountain stands firm, as if wrapped in armour,
unchanged through wind and frost, so shall our resilient spirit.
Three thousand li of splendid rivers and mountains, filled with Roses of Sharon;
Great Korean people, stay true to the Great Korean way!

**3절** 가을 하늘 공활한데 높고 구름 없이
밝은 달은 우리 가슴 일편단심일세
무궁화 삼천리 화려강산
대한사람 대한으로 길이 보전하세

The Autumn sky is void and vast, high and cloudless;
the bright moon is our heart, undivided and true.
Three thousand li of splendid rivers and mountains, filled with Roses of Sharon;
Great Korean people, stay true to the Great Korean way!

**4절** 이 기상과 이 맘으로 충성을 다하여
괴로우나 즐거우나 나라 사랑하세
무궁화 삼천리 화려강산
대한사람 대한으로 길이 보전하세

With this spirit and this mind, give all loyalty,
in suffering or in joy, to the love of country.
Three thousand li of splendid rivers and mountains, filled with Roses of Sharon;
Great Korean people, stay true to the Great Korean way!

# 세계의 특이한 국기

네팔Nepal은 세계에서 유일하게 사각형이 아닌 국기를 사용하고 있다. 두 개의 삼각기pennant는 히말라야산맥을 상징하고, 국기 안에 들어 있는 해는 재상 일가와 힘을, 달은 왕실과 평화를 상징한다는 해석이 있다. 달과 태양은 국교(國敎)가 힌두교임을 나타내기 위한 상징이라고도 하지만, 일반적으로 네팔의 번영과 영속성을 염원하는 상징이라는 시각이 우세하다.

독재자 카다피가 직접 정한 리비아Libya 국기는 세계에서 유일하게 아무런 디자인 없이 초록 단색으로 되어 있다. 초록색은 이슬람권에서 신성시하는 색깔인데, 대지와 사막의 오아시스를 상징한다. 카다피 사망 이후 기존의 국기는 다른 국기로 대체되었다.

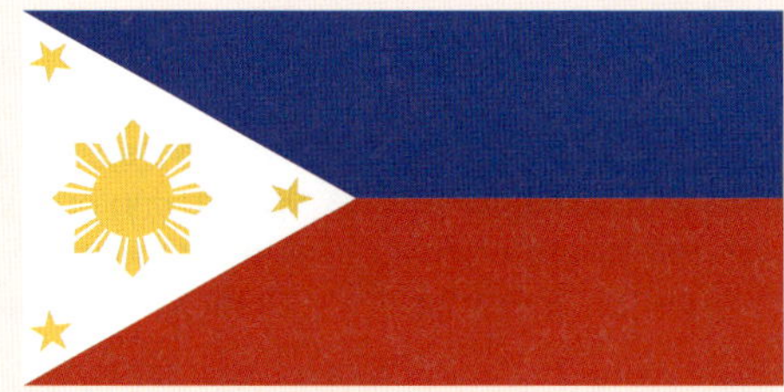

필리핀Philippines은 평상시에 국기를 게양할 때는 파란색이 위로 가도록 하지만, 다른 나라와 전쟁을 벌일 때는 위아래를 바꾸어 붉은색이 위로 가도록 국기를 게양한다.

아프리카의 국가 모잠비크Mozambique 국기에는 AK-47 소총이 들어가 있다. 모잠비크는 1975년 포르투갈의 식민지에서 해방된 후 십여 년간 극심한 내전을 겪었고, 그 와중에 백만 명이 넘는 사망자와 백만 명이 넘는 난민이 발생했다.

몰도바 국기의 뒷면에는 앞면에 있는 독수리 모양의 문장이 없다.

파라과이의 국기 앞면의 문장에는 별이 들어가 있지만 뒷면에는 사자가 들어가 있다.

사우디아라비아 국기의 앞면에는 아라비아어로 '알라 외에는 신이 없으며 마호메트는 알라의 예언자이다There is no God but Allah and Muhammad is the messenger of Allah'라는 문장이 적혀 있고 정의를 상징하는 칼이 그려져 있다. 사우디 아라비아의 국기는 뒷면의 글자가 거꾸로 되면 코란을 모독하는 행위가 되기 때문에 국기를 두 장 겹쳐 사용하는 것이 특징이다.

키프로스

키프로스Cyprus와 코소보Kosovo의 국기에는 나라 모양이 그려져 있다.

코소보

스위스

바티칸시국

대부분의 국기는 직사각형으로 되어 있지만 스위스Switzerland와 바티칸시국Vatican City의 국기는 정사각형으로 되어 있다.

국기는 보통 1~4가지의 색깔을 사용하는 반면, 벨리즈Belize의 국기는 14가지의 색깔을 사용하며, 주권국가 중에서는 유일하게 국기에 사람이 들어가 있다.

# 02 국가의 종류

## 주권

### 공화국 republic ❶

□ 대한민국은 주권이 국민에게 있는 공화국이다.
  The Republic of Korea is a republic ruled by the people.

  민주공화국 democratic republic

  인민공화국 people's republic
  □ 중화인민공화국 People's Republic of China

### 군주국 monarchy, 왕국 kingdom, 제국 empire

□ 로마제국 the Roman Empire

  공국 (왕자가 다스리는) principality; **f** princedom; (공작이 다스리는) dukedom; duchy ❷

  대공국 grand duchy

  입헌군주국 constitutional monarchy; limited monarchy

  절대군주국 absolute monarchy
  □ 사우디아라비아는 왕이 다스리는 절대군주국이다.
    Saudi Arabia is an absolute monarchy, ruled by a king.

## 국력 national power

### 강국, 강대국 (world) power; powerful nation; **inf** powerhouse, 선진국 developed[advanced] country

□ 선진국 대열에 진입하다 join the ranks of the developed countries

  초강대국 superpower
  □ 미국은 세계 유일의 초강대국으로 군림하고 있다.
    The United States reigns as the world's only superpower.

### 개도국, 개발도상국, 저개발국 developing country, 약소국 small[weak] country[nation], 제삼세계 the Third World ❸, 후진국 underdeveloped country; less developed country

□ 역사적으로 약소국은 항상 강대국으로부터 침략을 당했다. Small, weak countries have historically always been invaded by large, powerful nations.

□ 그 나라는 사회 지도층의 부정부패로 인해 후진국으로 전락하고 말았다.
  Because of injustice and corruption among its leaders, that nation has degenerated to the level of an underdeveloped country.

---

❶ **바나나 공화국**

공화국은 주권을 가진 국민이 선거를 통해 국가 원수를 선출하는 나라를 가리킨다. 하지만 북한의 정식 국명인 '조선민주주의인민공화국Democratic People's Republic of Korea'에서도 알 수 있듯이, 독재국가에서도 공화국이라는 명칭을 사용한다. 인민공화국은 주로 공산주의 국가에서 사용하는 국명이다. 한편 바나나 공화국banana republic은 주로 바나나를 수출하는 중남미의 후진국들을 가리키는데, 미국과 같은 자본주의 국가의 조종을 받는 독재자가 나라를 지배하고 있으며 쿠데타가 자주 일어나는 것이 특징이다.

❷ **공국과 대공국**

공국은 귀족의 일종인 공작duke이 다스리는 국가이고, 대공국은 왕보다는 낮고 공작보다는 높은 대공grand duke이 다스리는 나라이다. 유럽에는 아직 이러한 입헌군주제 국가가 남아 있는데, 리히텐슈타인Principality of Liechtenstein과 모나코 Principality of Monaco는 공국이고, 룩셈부르크Grand Duchy of Luxembourg는 대공국에 속한다. 공국의 군주는 왕이 아니라 공작 또는 대공이라고 불러야 한다.

❸ **제삼세계란?**

2차 세계대전이 끝나고 미국과 소련의 냉전이 본격화되면서 세계는 미국을 중심으로 한 서유럽의 자본주의 국가를 가리키는 제일세계the First World와 소련을 중심으로 한 동유럽의 공산주의 국가를 가리키는 제이세계the Second World, 그리고 미소(美蘇) 어느 쪽에도 속하지 않았던 아시아, 아프리카, 중남미의 국가들인 제삼세계the Third World로 나뉘어졌다. 지금은 주로 아프리카와 아시아의 가난한 나라들을 제삼세계라고 부르지만, 이 단어는 원래 경제적 성격보다는 정치적 성격이 강한 말이었다. 우리나라는 냉전 당시 제이세계에 속했다.

중진국 developed country

## 국권 (national) sovereignty; sovereign power

단일국가 unitary state ↔ 연방, 연방국, 합중국 federation; union

영국연방, 영연방 the Commonwealth (of Nations); the British Commonwealth

자치국 self-governed country[nation]; self-governing state

독립국, 자주국, 주권국가 independent country[state]; sovereign state

↔ 보호국 protectorate, 식민지 colony

□ 동티모르는 2002년 인도네시아로부터 독립한 신생 독립국이다. East Timor is a new sovereign state that gained its independence from Indonesia in 2002.

□ 인도는 19세기 중반에 영국의 식민지가 되었다.
India came under British colonial rule in the mid-19th century.

□ 이집트는 1922년 영국의 보호국에서 독립했다. Egypt, which had been a protectorate of Britain, gained its independence in 1922.

속국, 종속국 dependency, 위성국가 satellite (country)

□ 냉전 당시 폴란드는 소련의 위성국가였다. During the Cold War, Poland was a satellite state of the Soviet Union.

주권국가지만 정치적, 경제적, 군사적으로 강대국의 지배를 받는 나라

신탁통치 trusteeship

신탁통치령 trust territory

총독 viceroy; (영국령 국가의) governor general

## 민족 race; people

다민족국가 multinational[multiracial] nation[country]; racially heterogeneous nation[country]; rainbow nation

↔ 단일민족국가 homogeneous nation[country]; single-race nation

## 시기, 시대

고대국가 ancient country

➡ 중세국가 medieval country

➡ 근대국가, 현대국가 modern nation[state]

# 영연방

중앙정부에 통치권이 집중되는 단일국가와는 달리 연방국 또는 합중국은 여러 개의 자치국으로 이루어진 나라를 가리킨다. 연방국은 정식 국명에 united, federal, federation, confederation 등의 단어가 붙어 있는데, 미국 외에도 캐나다, 러시아, 독일, 멕시코, 말레이시아 등 20여 개 나라가 연방제를 채택하고 있다. 한편 영연방은 연방국이 아니라 영국을 중심으로 한 여러 독립국들의 자발적인 연합체로서, 대부분의 회원국이 과거 영국의 식민지였다는 공통점이 있다. 일반적으로 식민지 국가는 전쟁을 통해 본국으로부터 독립하지만, 대부분의 영연방 국가는 무력 충돌 없이 영국으로부터 독립했기 때문에 이처럼 자발적인 친선 관계를 유지하고 있다. 캐나다, 호주, 뉴질랜드와 같은 십여 개 국가는 엘리자베스 2세Elizabeth II 영국 여왕을 국가 원수로 모시는 입헌군주국이고 여왕의 대리인인 총독이 있는 나라도 있지만, 이것은 어디까지나 형식적인 것일 뿐이고 여왕이나 총독이 영연방 국가의 중대사에 관여하지는 않는다. 현재 영연방에는 54개 회원국이 있으며, 2006년 군사 쿠데타가 발생한 피지Fiji는 회원 자격이 정지된 상태다.

- 가나 Ghana
- 가이아나 Guyana
- 감비아 Gambia
- 그레나다 Grenada
- 나미비아 Namibia
- 나우루 Nauru

- 나이지리아 Nigeria
- 남아프리카공화국 South Africa
- 뉴질랜드 New Zealand
- 도미니카연방 Dominica
- 레소토 Lesotho
- 르완다 Rwanda

- 말라위 Malawi
- 말레이시아 Malaysia
- 모리셔스 Mauritius
- 모잠비크 Mozambique
- 몰디브 Maldives
- 몰타 Malta

- 바누아투 Vanuatu
- 바베이도스 Barbados
- 바하마 Bahamas
- 방글라데시 Bangladesh
- 벨리즈 Belize
- 보츠와나 Botswana
- 브루나이 Brunei
- 사모아 Samoa
- 세이셸 Seychelles
- 세인트루시아 Saint Lucia
- 세인트빈센트그레나딘 Saint Vincent and the Grenadines
- 세인트키츠네비스 Saint Kitts and Nevis

- 솔로몬제도 Solomon Islands
- 스리랑카 Sri Lanka
- 스와질란드 Swaziland
- 시에라리온 Sierra Leone
- 싱가포르 Singapore
- 앤티가바부다 Antigua and Barbuda
- 영국 United Kingdom
- 우간다 Uganda
- 인도 India
- 자메이카 Jamaica
- 잠비아 Zambia
- 카메룬 Cameroon
- 캐나다 Canada

- 케냐 Kenya
- 키리바시 Kiribati
- 키프로스 Cyprus
- 탄자니아 Tanzania
- 통가 Tonga
- 투발루 Tuvalu
- 트리니다드토바고 Trinidad and Tobago
- 파키스탄 Pakistan
- 파푸아뉴기니 Papua New Guinea
- 피지 Fiji
- 호주 Australia

## 경제 economy

### 공업국 industrial nation[country]

신흥공업국 newly industrialized country ❶

### 무역국 trading nation[country]

☐ 중국은 한국의 최대 무역국 중 하나다.
China is one of Korea's greatest trading partners.

최혜국 most favored nation (**abb** MFN)

☐ 미국은 한국에 최혜국 대우를 요구해 왔다. The United States has been demanding that Korea treat it as a most favored nation.

### 부국 rich country ⟷ 빈국 poor country

☐ 북한은 세계 최빈국 중 하나다.
North Korea is one of the poorest countries in the world.

### 산유국 oil-producing country

☐ 리비아는 북아프리카 최대의 산유국이다.
Libya is the biggest oil-producing country in northern Africa.

### 수입국 importer; importing country

### ⟷ 수출국 exporter; exporting country

☐ 그 나라는 세계 최대의 석유 수출국이다.
That country is the world's biggest exporter of oil.

- 석유 oil; petroleum
- 원유 crude (oil)
- 유전 oilfield
- 유정 oil well; petroleum well

## 자격, 관계

### 가맹국, 가입국, 회원국 member nation[country], 참가국 participating nation[country]

### ⟷ 비회원국 non-member nation[country]

☐ 6자 회담 참가국 a nation participating in the six-party talks
☐ 한국의 노동시간은 OECD 회원국 가운데 가장 길다.
Of the OECD member nations, Korea has the longest working hours.

### 개최국, 주최국 host nation[country]

☐ 월드컵 개최국인 남아공이 예선 탈락하고 말았다. South Africa, the host country of the World Cup, was eliminated in the group rounds.

### 고국, 모국, 조국 *one's* country; homeland; motherland; fatherland; *one's* mother country

### ⟷ 외국, 이국, 타국 foreign country[land]

☐ 그는 끝내 고국 땅을 밟지 못하고 타국에서 운명을 달리했다. In the end, he was unable to return to his home country but died in a foreign land.
☐ 그녀는 한 번도 외국에 나가본 적이 없다. She's never been to a foreign country.

### 교전국 warring[belligerent] countries[powers]; the belligerents, 참전국 combatant nation ❷

---

❶ **닉스와 브릭스**

신흥공업국newly industrialized countries을 영어 약자로는 닉스NICs라고 한다. 1970년대와 80년대에는 한국Korea, 홍콩Hong Kong, 싱가포르Singapore, 대만Taiwan이 급속한 경제성장을 이루면서 '아시아의 네 마리 용Four Asian Tigers'으로 불렸는데, 특히 한국의 경제성장은 '한강의 기적Miracle on the Han River'으로 불리기도 했다. 2000년대에 들어와서는 브라질Brazil, 러시아Russia, 인도India, 중국China이 경제성장을 거두면서 4개 나라를 합쳐 BRIC 또는 the BRICs로 부르게 되었고, 2010년부터는 남아프리카공화국South Africa이 합류하면서 BRICS가 되었다. BRICs와 BRICS는 우리말로는 모두 '브릭스'이지만, BRICs는 4개 국가, BRICS는 5개 국가를 뜻한다.

❷ **2차 세계대전의 주요 참전국**

**연합국**
- 남아프리카 연방 Union of South Africa
- 뉴질랜드 New Zealand
- 대영제국 British Empire
- 미국 United States
- 소비에트연방 Soviet Union
- 중화민국 Republic of China
- 캐나다 Canada
- 폴란드 Poland
- 프랑스 France
- 호주 Australia

**추축국**
- 나치 독일 Nazi Germany
- 루마니아 왕국 Kingdom of Romania
- 불가리아 왕국 Kingdom of Bulgaria
- 이탈리아 왕국 Kingdom of Italy
- 일본 제국 Empire of Japan
- 헝가리 왕국 Kingdom of Hungary

승전국 victorious country
- 2차 세계대전 직후 승전국들은 독일을 분할 점령했다. Immediately after the Second World War the victorious countries divided up Germany and occupied it.

패전국 defeated[vanquished] nation

당사국 the country directly involved[concerned]

동맹국 ally; allied nation; (1차 세계대전의) Central Powers

⬌ 비동맹국 nonaligned nation
- 사우디아라비아는 미국의 핵심 동맹국이다.
  Saudi Arabia is a core ally of the United States.

분단국가 divided[partitioned] nation[country]
- 한국은 세계 유일의 분단국가다. Korea is the world's only divided nation.

신생국가 fledgling nation; new[nascent] nation[country]

연합국 (1차, 2차 세계대전의) the Allies; the Allied Powers[Nations]
- 2차 세계대전은 연합국의 승리로 끝났다. The Allies won the Second World War.

⬌ 추축국 (2차 세계대전의) the Axis (powers); Axis alliance

우방, 우방국 friendly nation

⬌ 적국 enemy (power); enemy[hostile] nation[country]
- 그는 미국을 한국의 영원한 우방이라고 생각한다.
  He thinks of the United States as an eternal friend of Korea.

주재국 country of sojourn

종주국 birthplace
- 한국은 태권도의 종주국이다. Korea is the birthplace of taegwondo.

중립국 neutral country[state; nation] ❶
- 중립국감시위원회 (한반도의) Neutral Nations Supervisory Commission
  영세중립국 permanently neutral power; permanently neutral state

핵보유국 nuclear-weapon states; nuclear powers ❷

⬌ 비핵국가 nuclear-free country
- 미국은 북한을 사실상의 핵보유국으로 인정했다. The United States has acknowledged that North Korea does in fact possess nuclear weapons.

❶ 중립국

중립국neutral country이란 국제 분쟁이 발생했을 때 어느 편에도 가담하지 않고 중립적인 입장을 지키는 국가를 가리키는데, 그 중 국제적으로 인정을 받는 중립국을 영세중립국이라고 한다. 흔히 영세중립국에는 스위스Switzerland밖에 없다고 생각하기 쉬운데, 전세계적으로 여러 나라가 영세중립국으로 인정을 받고 있다. 스웨덴은 1814년 영세중립국의 지위를 얻은 가장 오래된 영세중립국이다. 영세중립국은 전쟁에 참가하거나 군사동맹을 맺을 수 없지만, 다른 나라로부터 침략을 받았을 경우를 대비해 군대를 보유할 수 있다.

**영세중립국 명단**
- 리히텐슈타인 Liechtenstein
- 몰타 Malta
- 바티칸시국 Vatican City
- 스웨덴 Sweden
- 스위스 Switzerland
- 아일랜드 Ireland
- 오스트리아 Austria
- 코스타리카 Costa Rica
- 투르크메니스탄 Turkmenistan
- 핀란드 Finland

❷ 핵보유국 명단

**공식적인 핵보유국**
- 미국 United States
- 러시아 Russia
- 영국 United Kingdom
- 중국 China
- 프랑스 France

**비공식적인 핵보유국**
- 이란 Iran
- 이스라엘 Israel
- 인도 India
- 파키스탄 Pakistan

**핵보유 의심국**
- 북한 North Korea

## 정치적 성격

경찰국가 police state

공산국가 communist country

독재국가 dictatorship; autocratic state; totalitarian state

민주국가 democratic country[state; nation]

법치국가 constitutional democracy[state]; law-governed country

☐ 요즘 벌어지는 일들을 보면 과연 이 나라가 법치국가인지 의심스럽다.
Some of the things that have been going on these days make me doubt that this country is actually governed by law.

복지국가 welfare state

☐ 스웨덴은 세계 최고의 복지국가로 불린다.
Sweden is called the world's best welfare state.

봉건국가 feudal state

부족국가 tribal nation

시국 city state

야경국가 night watchman state; minimal state

공산주의 communism

• 독재 autocracy; dictatorship
• 독재자 dictator
• 전제주의 totalitarianism

민주주의 democracy

법치주의 constitutionalism

봉건주의 feudalism

외적의 침입을 막고 국내 치안을 유지하며 사유 재산을 보호하는 임무만을 수행하고 나머지는 자유방임하는 국가

## 북아메리카 North America

## 서인도제도 West Indies

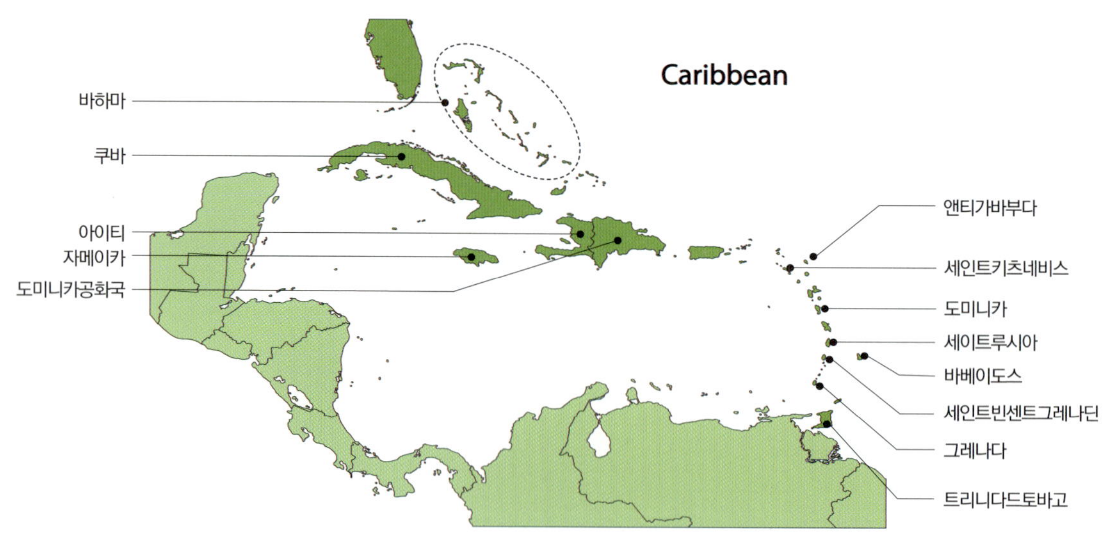

그레나다 Grenada
그레나다인 Grenadian

도미니카 Dominica, 도미니카연방 Commonwealth of Dominica
도미니카인 Dominican

도미니카공화국 Dominican Republic
도미니카인 Dominican

바베이도스 Barbados
바베이도스인 Barbadian

바하마 The Bahamas, 바하마연방공화국 the Commonwealth of The Bahamas
바하마인 Bahamian

세인트루시아 Saint Lucia
세인트루시아인 Saint Lucian

세인트빈센트그레나딘 Saint Vincent and the Grenadines
세인트빈센트그레나딘인 Vincentian

세인트키츠네비스 Saint kitts and Nevis, 세인트키츠네비스연방 Federation of Saint Kitts and Nevis
세인트키츠네비스인 Nevisian

아이티 Haiti, 아이티공화국 Republic of Haiti
아이티인 Haitian

앤티가바부다 Antigua and Barbuda
앤티가바부다인 Antiguan, Barbuda

자메이카 Jamaica
자메이카인 Jamaican

쿠바 Cuba, 쿠바공화국 Republic of Cuba
쿠바인 Cuban

트리니다드토바고 Trinidad and Tobago, 트리니다드토바고공화국 Republic of Trinidad and Tobago
트리니다드토바고인 Trinidadian, Tobagonian

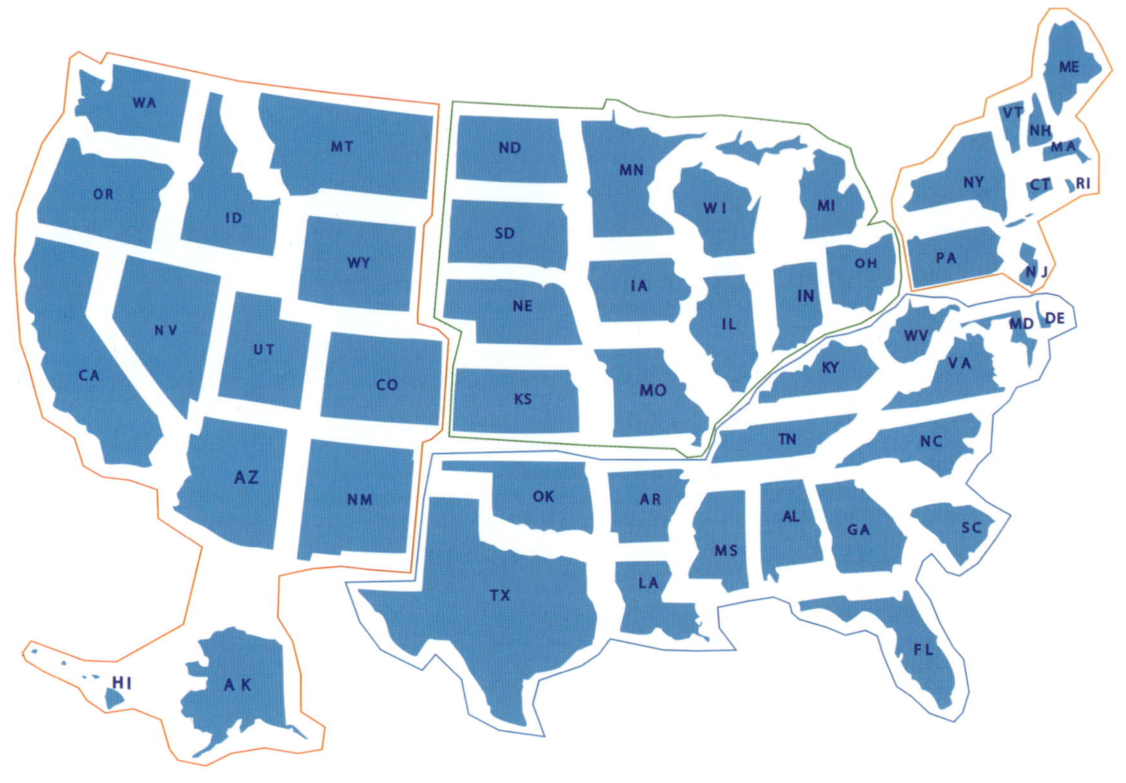


## 북동부 Northeastern United States

펜실베이니아 Pennsylvania (**abb** PA) (1787)
  해리스버그 Harrisburg
뉴저지 New Jersey (**abb** NJ) (1787)
  트렌턴 Trenton
코네티컷 Conneticut (**abb** CT) (1788)
  하트퍼드 Hartford
매사추세츠 Massachusetts (**abb** MA) (1788)
  보스턴 Boston
뉴햄프셔 New Hampshire (**abb** NH) (1788)
  콩코드 Concord

뉴욕 New York (**abb** NY) (1788)
  올버니 Albany
로드아일랜드 Rhode Island (**abb** RI) (1790)
  프로비던스 Providence
버몬트 Vermont (**abb** VT) (1791)
  몬트필리어 Montpelier
메인 Maine (**abb** ME) (1820)
  오거스타 Augusta

## 중서부 Midwest; Midwestern United States

오하이오 Ohio (abb OH) (1803)
  콜럼버스 Columbus
인디애나 Indiana (abb IN) (1816)
  인디애나폴리스 Indianapolis
일리노이 Illinois (abb IL) (1818)
  스프링필드 Springfield
미주리 Missouri (abb MO) (1821)
  제퍼슨시티 Jefferson City
미시간 Michigan (abb MI) (1837)
  랜싱 Lansing
아이오와 Iowa (abb IA) (1846)
  디모인 Des Moines

위스콘신 Wisconsin (abb WI) (1848)
  매디슨 Madison
미네소타 Minnesota (abb MN) (1858)
  세인트폴 Saint Paul
캔자스 Kansas (abb KS) (1861)
  토피카 Topeka
네브래스카 Nebraska (abb NE) (1867)
  링컨 Lincoln
노스다코타 North Dakota (abb ND) (1889)
  비즈마크 Bismarck
사우스다코타 South Dakota (abb SD) (1889)
  피어 Pierre

## 서부 the West; Western United States

캘리포니아 California (abb CA) (1850)
  새크라멘토 Sacramento
오리건 Oregon (abb OR) (1859)
  세일럼 Salem
네바다 Nevada (abb NV) (1864)
  카슨시티 Carson City
콜로라도 Colorado (abb CO) (1876)
  덴버 Denver
몬태나 Montana (abb MT) (1889)
  헬레나 Helena
워싱턴 Washington (abb WA) (1889)
  올림피아 Olympia
아이다호 Idaho (abb ID) (1890)
  보이시 Boise

와이오밍 Wyoming (abb WY) (1890)
  샤이엔 Cheyenne
유타 Utah (abb UT) (1896)
  솔트레이크시티 Salt Lake City
뉴멕시코 New Mexico (abb NM) (1912)
  산타페 Santa Fe
애리조나 Arizona (abb AZ) (1912)
  피닉스 Phoenix
알래스카 Alaska (abb AK) (1959)
  주노 Juneau
하와이 Hawaii (abb HI) (1959)
  호놀룰루 Honolulu

## 남부 Southern United States; Dixie

델라웨어 Delaware (abb DE) (1787)
  도버 Dover
조지아 Georgia (abb GA) (1788)
  애틀랜타 Atlanta
메릴랜드 Maryland (abb MD) (1788)
  아나폴리스 Annapolis
사우스캐롤라이나 South Carolina (abb SC) (1788)
  컬럼비아 Columbia
버지니아 Virginia (abb VA) (1788)
  리치먼드 Richmond
노스캐롤라이나 North Carolina (abb NC) (1789)
  롤리 Raleigh
켄터키 Kentucky (abb KY) (1792)
  프랭크퍼트 Frankfort
테네시 Tennessee (abb TN) (1796)
  내슈빌 Nashville

루이지애나 Lousiana (abb LA) (1812)
  배턴루지 Baton Rouge
미시시피 Mississippi (abb MS) (1817)
  잭슨 Jackson
앨라배마 Alabama (abb AL) (1819)
  몽고메리 Montgomery
아칸소 Arkansas (abb AR) (1836)
  리틀록 Little Rock
플로리다 Florida (abb FL) (1845)
  탤러해시 Tallahassee
텍사스 Texas (abb TX) (1845)
  오스틴 Austin
웨스트버지니아 West Virginia (abb WV) (1863)
  찰스턴 Charleston
오클라호마 Oklahoma (abb OK) (1907)
  오클라호마시티 Oklahoma City

# 캐나다의 주와 준주(準州), 그리고 주도

캐나다에는 10개의 주province와 세 개의 준주territory가 있다. 준주는 고위도에 위치해 있기 때문에 날씨가 춥고 인구밀도가 희박한 것이 특징이며, 별도의 주법(州法)이 없기 때문에 연방정부법의 지배를 받는다.

**누나부트 준주 Nunavut (Territory)**

  이퀄누이트 Iqaluit

**노바스코샤 주 Nova Scotia (abb NS)**

  핼리팩스 Halifax

**노스웨스트 준주 Northwest Territories (abb NT)**

  옐로나이프 Yellowknife

**뉴브런즈윅 주 New Brunswick (abb NB)**

  프레더릭턴 Fredericton

**뉴펀들랜드 래브라도 주 Newfoundland and Labrador (abb NL)**

  세인트존스 St. John's

**매니토바 주 Manitoba (abb MB)**

  위니펙 Winnipeg

**브리티시컬럼비아 주 British Columbia (abb BC)**

  빅토리아 Victoria

**서스캐처원 주 Saskatchewan (abb SK)**

  리자이나 Regina

**앨버타 주 Alberta (abb AB)**

  에드먼튼 Edmonton

**온타리오 주 Ontario (abb ON)**

  토론토 Toronto

**유콘 준주 Yukon (Territory) (abb YT)**

  화이트호스 Whitehorse

**퀘벡 주 Quebec (abb QC)**

  퀘벡시티 Quebec City

**프린스에드워드아일랜드 주 Prince Edward Island (abb PEI)**

  샬럿타운 Charlottetown

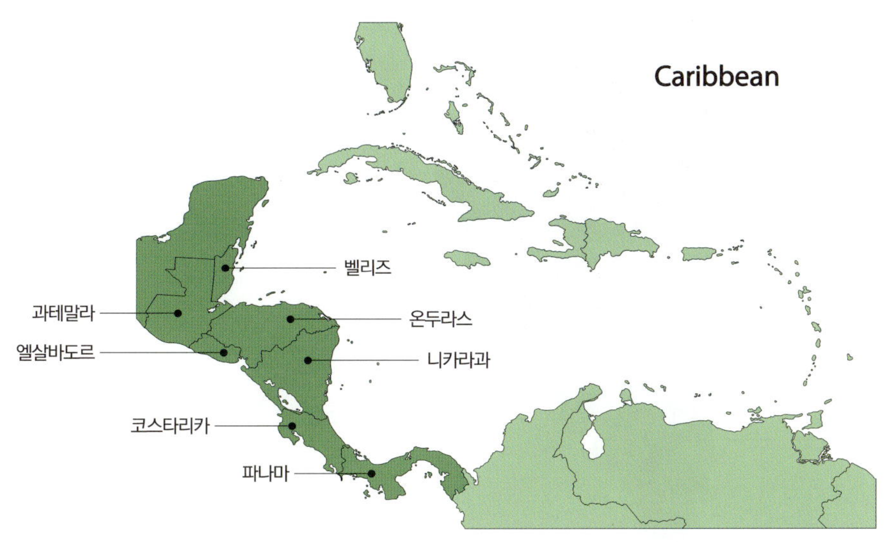



과테말라 Guatemala, 과테말라공화국 Republic of Guatemala

과테말라인 Guatemalan

니카라과 Nicaragua, 니카라과공화국 Republic of Nicaragua

니카라과인 Nicaraguan

벨리즈 Belize

벨리즈인 Belizean

엘살바도르 El Salvador, 엘살바도르공화국 Republic of El Salvador

엘살바도르인 Salvadorian; Salvadorean

온두라스 Honduras, 온두라스공화국 Republic of Honduras

온두라스인 Honduran

코스타리카 Costa Rica, 코스타리카공화국 Republic of Costa Rica

코스타리카인 Costa Rican; Tico

파나마 Panama, 파나마공화국 Republic of Panama

## 가이아나 Guyana, 가이아나협동공화국 Cooperative Republic of Guyana
가이아나인 Guyanese

## 베네수엘라 Venezuela, 베네수엘라볼리바르공화국 Bolivarian Republic of Venezuela
베네수엘라인 Venezuelan

## 볼리비아 Bolivia, 볼리비아공화국 Republic of Bolivia
볼리비아인 Bolivian

## 브라질 Brazil, 브라질연방공화국 Federative Republic of Brazil
브라질인 Brazilian

## 수리남 Suriname, 수리남공화국 Republic of Suriname
수리남인 Surinamese

## 아르헨티나 Argentina, 아르헨티나공화국 Argentine Republic
아르헨티나인 Argentinian

## 에콰도르 Ecuador, 에콰도르공화국 Republic of Ecuador
에콰도르인 Ecuadorian

우루과이 Uruguay, 우루과이동방공화국 Oriental Republic of Uruguay

　우루과이인 Uruguayan

칠레 Chile, 칠레공화국 Republic of Chile

　칠레인 Chilean

콜롬비아 Colombia, 콜롬비아공화국 Republic of Colombia

　콜롬비아인 Colombian

파라과이 Paraguay, 파라과이공화국 Republic of Paraguay

　파라과이인 Paraguayan

페루 Peru, 페루공화국 Republic of Peru

　페루인 Peruvian

프랑스령 기아나 French Guiana

# 아시아 Asia

## 동아시아 East Asia; Eastern Asia

**남한** South Korea, **대한민국, 한국** Republic of Korea (`abb` ROK)

　한국인 Korean

**대만, 타이완** Taiwan, **중화민국** Republic of China

　대만인 Taiwanese

**몽골** Mongolia

　몽골인 Mongolian

**북한** North Korea, **조선민주주의인민공화국** Democratic People's Republic of Korea (`abb` DPRK)

　북한인 North Korean

**일본** Japan

　일본인 Japanese

**중국** China, **중화인민공화국** People's Republic of China (`abb` PRC)

　중국인 Chinese

# 일본의 주요 지명

일본의 4대 섬
- 홋카이도 Hokkaido
- 혼슈 Honshu
- 시코쿠 Shikoku
- 규슈 Kyushu

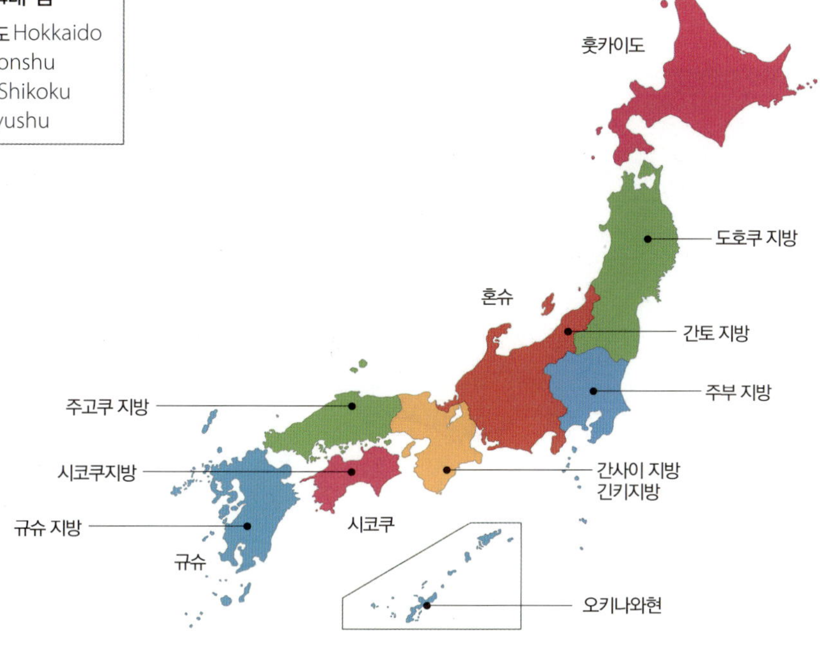


**도호쿠(東北)지방 Tohoku region**

미야기현 Miyagi Prefecture
아오모리현 Aomori Prefecture
아키타현 Akita Prefecture
야마가타현 Yamagata Prefecture
이와테현 Iwate Prefecture
후쿠시마현 Fukushima Prefecture

**간토(關東)지방 Kanto region**

가나가와현 Knagawa Prefecture
군마현 Gunma Prefecture
도치기현 Tochigi Prefecture
도쿄도(都) Tokyo Metropolitan City
사이타마현 Saitama Prefecture
이바라키현 Ibaraki Prefecture
지바현 Chiba Prefecture

**주부(中部)지방 Chubu region**

니이가타현 Niigata Prefecture
도야마현 Toyama Prefecture

이시카와현 Ishikawa Prefecture
후쿠이현 Fukui Prefecture
야마나시현 Yamanashi Prefecture
나가노현 Nagano Prefecture
기후현 Gifu Prefecture
시즈오카현 Shizuoka Prefecture
아이치현 Aichi Prefecture

**주고쿠(中國)지방 Chugoku region**

돗토리현 Tottori Prefecture
시마네현 Shimane Prefecture
야마구치현 Yamaguchi Prefecture
오카야마현 Okayama Prefecture
히로시마현 Hiroshima Prefecture

**간사이(關西)지방 Kansai Region,
긴키(近畿)지방 Kinki region**

교토부(府) Kyoto Prefecture
나라현 Nara Prefecture
미에현 Mie Prefecture
시가현 Shiga Prefecture

오사카부(府) Osaka Prefecture
와카야마현 Wakayama Prefecture
효고현 Hyogo Prefecture

**시코쿠(四國)지방 Shikoku region**

도쿠시마현 Tokushima Prefecture
가가와현 Kagawa Prefecture
에히메현 Ehime Prefecture
고치현 Kochi Prefecture

**규슈(九州)지방 Kyushu region**

가고시마현 Kagoshima Prefecture
구마모토현 Kumamoto Prefecture
나가사키현 Nagasaki Prefecture
미야자키현 Miyazaki Prefecture
사가현 Saga Prefecture
오이타현 Oita Prefecture
후쿠오카현 Fukuoka Prefecture

# 중국의 주요 지명

성(省) Province
자치구 Autonomous Region
특별 행정구 Special Administrative Region
직할시 Municipality

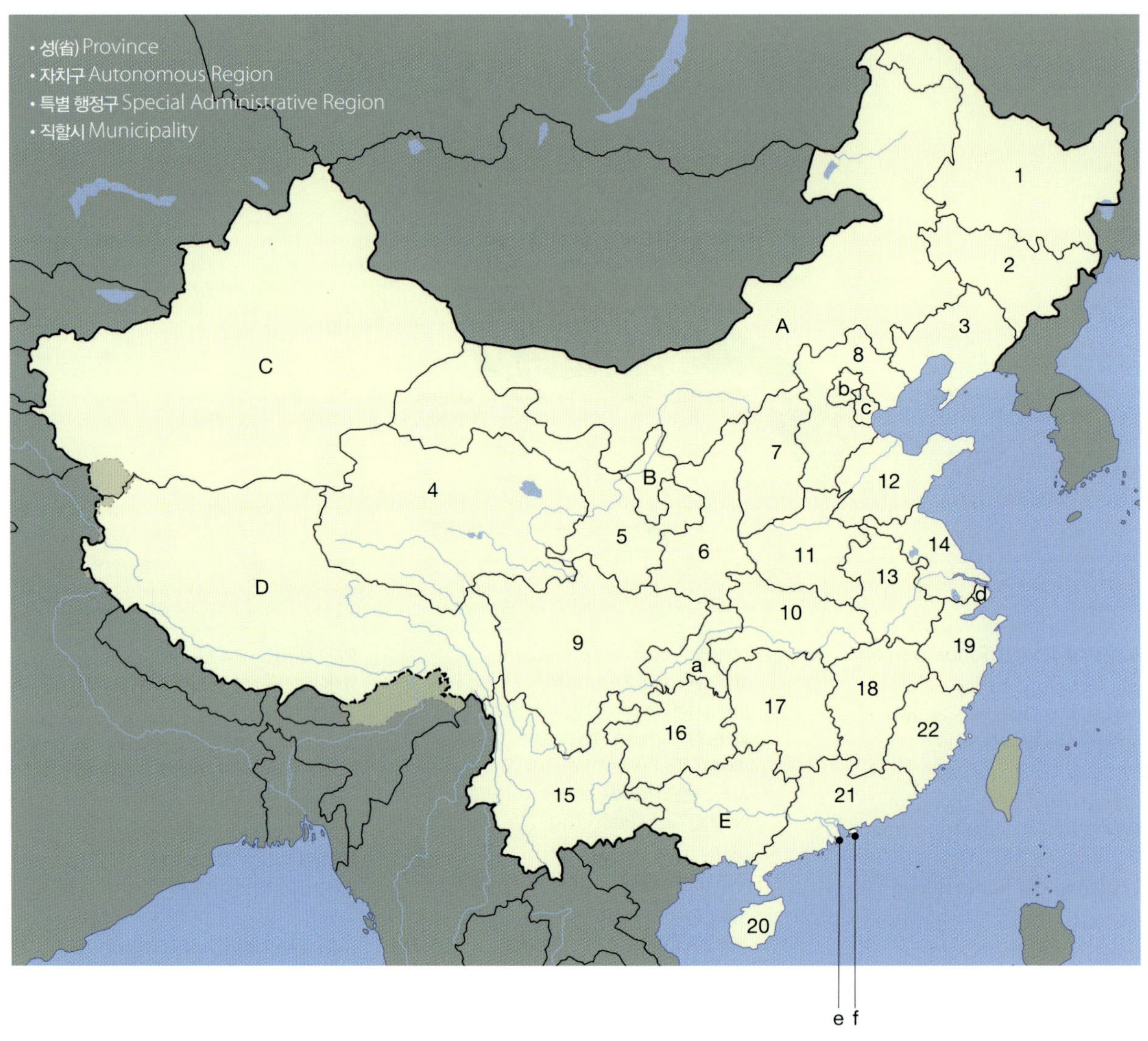

1 흑룡강성(黑龍江省), 헤이룽장성 Heilongjiang

2 길림성(吉林省), 지린성 Jilin

3 요령성(遼寧省), 랴오닝성 Liaoning

4 청해성(靑海省), 칭하이성 Qinghai

5 감숙성(甘肅省), 간쑤성 Gansu

6 섬서성(陝西省), 산시성 Shaanxi

7 산서성(山西省), 산시성 Shanxi

8 하북성(河北省), 허베이성 Hebei

9 사천성(四川省), 쓰촨성 Sichuan

10 호북성(湖北省), 후베이성 Hubei

11 하남성(河南省), 허난성 Henan

12 산동성(山東省), 산둥성 Shandong

13 안휘성(安徽省), 안후이성 Anhui

14 강소성(江蘇省), 장쑤성 Jiangsu

15 운남성(雲南省), 윈난성 Yunnan

16 귀주성(貴州省), 구이저우성 Guizhou

17 호남성(湖南省), 후난성 Hunan

18 강서성(江西省), 장시성 Jiangxi

19 절강성(浙江省), 저장성 Zhejiang

20 해남성(海南省), 하이난성 Hainan

21 광동성(廣東省), 광둥성 Guangdong

22 복건성(福建省), 푸젠성 Fujian

A 내몽골(內蒙古) 자치구, 네이멍구 자치구
Inner Mongolia Autonomous Region

B 영하회족(寧夏回族) 자치구, 닝샤후이족 자치구
Ningxia Hui Autonomous Region

C 신강유오이(新疆維吳爾) 자치구, 신장웨이우얼
자치구 Xinjiang Uyghur Autonomous Region

D 서장(西藏) 자치구, 시짱 자치구
Xizang Autonomous Region, 티베트 Tibet

E 광서장족(廣西壯族) 자치구, 광시좡족 자치구
Guangxi Zhuang Autonomous Region


a 중경(重慶), 충칭 (직할시)
Chongqing (Municipality)

b 북경(北京), 베이징 (직할시) Beijing (Municipality)

c 천진(天津), 톈진 (직할시) Tianjin (Municipality)

d 상해(上海), 상하이 (직할시)
Shanghai (Municipality)

e 마카오 특별 행정구
Macao[Macau] Special Administrative Region

f 홍콩 특별 행정구
Hong Kong Special Administrative Region

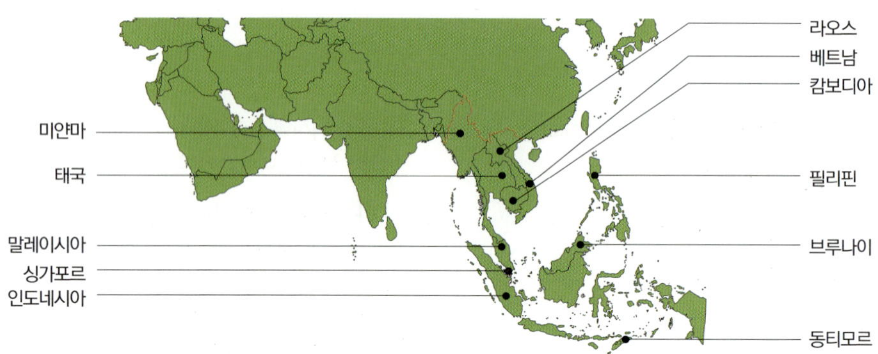


동티모르 East Timor; Timor-Leste, 동티모르민주공화국 Democratic Republic of Timor-Leste
동티모르인 East Timorese

라오스 Laos, 라오인민민주주의공화국 Lao People's Democratic Republic
라오스인 Laotian; Lao

말레이시아 Malaysia
말레이시아인 Malaysian

미얀마 Myanmar, 미얀마연방 Union of Myanmar
미얀마인 Burmese; Myanmar

베트남 Vietnam, 베트남사회주의공화국 Socialist Republic of Vietnam
베트남인 Vietnamese

브루나이 Brunei, 네가라 브루나이 다루살람 Negara Brunei Darussalam
브루나이인 Bruneian

싱가포르 Singapore, 싱가포르공화국 Republic of Singapore
싱가포르인 Singaporean

인도네시아 Indonesia, 인도네시아공화국 Republic of Indonesia
인도네시아인 Indonesian

캄보디아 Cambodia, 캄보디아왕국 Kingdom of Cambodia
캄보디아인 Cambodian; Khmer

타이, 태국 Thailand, 타이왕국 Kingdom of Thailand
태국인 Thai

필리핀 Philippines, 필리핀공화국 Republic of the Philippines
필리핀인 Filipino

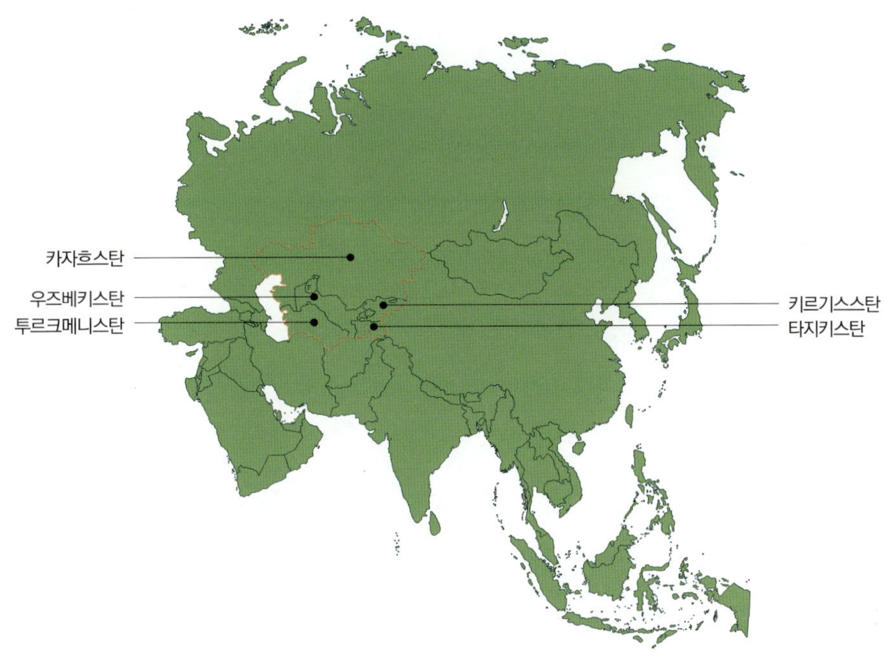


**우즈베키스탄** Uzbekistan, **우즈베키스탄공화국** Republic of Uzbekistan
　우즈베키스탄인 Uzbek

**카자흐스탄** Kazakhstan, **카자흐스탄공화국** Republic of Kazakhstan
　카자흐스탄인 Kazakhstani

**키르기스스탄** Kyrgyzstan, **키르기스스탄공화국** Kyrgyz Republic
　키르기스스탄인 Kyrgyz

**타지키스탄** Tajikistan, **타지키스탄공화국** Republic of Tajikistan
　타지키스탄인 Tajik

**투르크메니스탄** Turkmenistan
　투크르메니스탄인 Turkmen

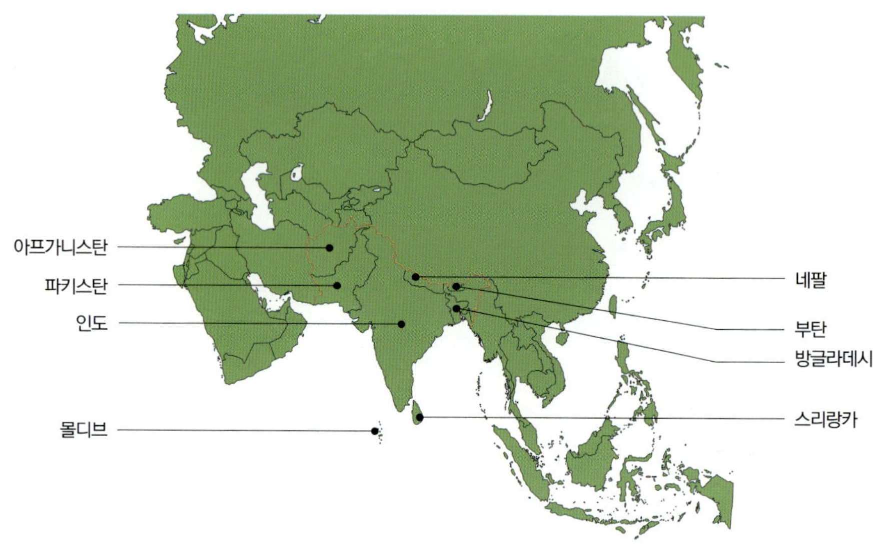


네팔 Nepal, 네팔연방민주공화국 Federal Democratic Republic of Nepal

> 네팔인 Nepali

몰디브 Maldives, 몰디브공화국 Republic of Maldives

> 몰디브인 Maldivian

방글라데시 Bangladesh, 방글라데시인민공화국 People's Republic of Bangladesh

> 방글라데시인 Bangladeshi

부탄 Bhutan, 부탄왕국 Kingdom of Bhutan

> 부탄인 Bhutanese

스리랑카 Sri Lanka, 스리랑카민주사회주의공화국 Democratic Socialist Republic of Sri Lanka

> 스리랑카인 Sri Lankan

아프가니스탄 Afghanistan, 아프가니스탄이슬람공화국 Islamic Republic of Afghanistan

> 아프가니스탄인 Afghan

인도 India, 인도공화국 Republic of India

> 인도인 Indian

파키스탄 Pakistan, 파키스탄이슬람공화국 Islamic Republic of Pakistan

> 파키스탄인 Pakistani

# 그루지야 Georgia
그루지야인 Georgian

# 레바논 Lebanon, 레바논공화국 Republic of Lebanon
레바논인 Lebanese

# 바레인 Bahrain, 바레인왕국 Kingdom of Bahrain
바레인인 Bahraini

# 사우디아라비아 Saudi Arabia, 사우디아라비아왕국 Kingdom of Saudi Arabia
사우디아라비아인 Saudi; Saudi Arabian

시리아 Syria, 시리아아랍공화국 Syrian Arab Republic

시리아인 Syrian

아랍에미리트(연방) United Arab Emirates (abb UAE)

아랍에미리트인 Emirati

아르메니아 Armenia, 아르메니아공화국 Republic of Armenia

아르메니아인 Armenian

아제르바이잔 Azerbaijan, 아제르바이잔공화국 Republic of Azerbaijan

아제르바이잔인 Azerbaijani

예멘 Yemen, 예멘공화국 Republic of Yemen

예멘인 Yemeni; Yemenite

오만 Oman, 오만왕국 Sultanate of Oman

오만인 Omani

요르단 Jordan, 요르단하심왕국 Hashemite Kingdom of Jordan

요르단인 Jordanian

이라크 Iraq, 이라크공화국 Republic of Iraq

이라크인 Iraqi

이란 Iran, 이란이슬람공화국 Islamic Republic of Iran

이란인 Iranian

이스라엘 Israel, 이스라엘국 State of Israel

이스라엘인 Israeli

카타르 Qatar, 카타르국 State of Qatar

카타르인 Qatari; Katari

쿠웨이트 Kuwait, 쿠웨이트국 State of Kuwait

쿠웨이트인 Kuwaiti

키프로스 Cyprus, 키프로스공화국 Republic of Cyprus

키프로스인 Cypriot

터키 Turkey, 터키공화국 Republic of Turkey

터키인 Turkish

## 북아프리카 Northern Africa

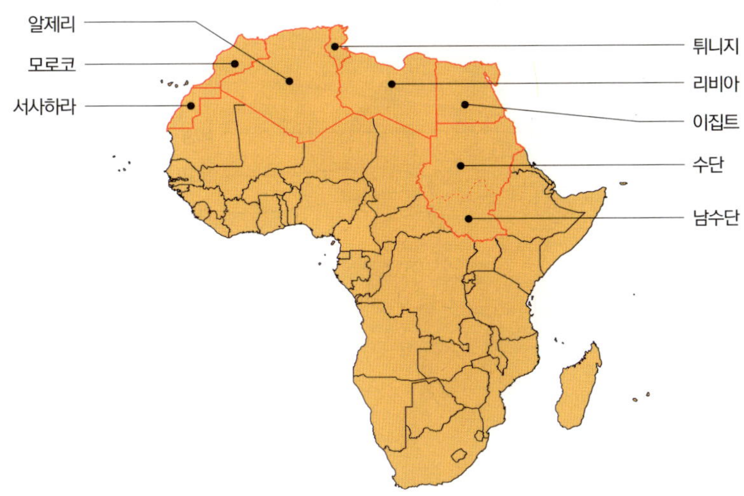


### 남수단 South Sudan, 남수단공화국 Republic of South Sudan

남수단인 South Sudanese

※수단 남부의 남수단이 2011년 7월 수단으로부터 공식적으로 독립했다.

### 리비아 Libya, 리비아사회주의인민아랍국 Great Socialist People's Libyan Arab Jamahiriya

리비아인 Libyan

### 모로코 Morocco, 모로코왕국 Kingdom of Morocco

모로코인 Moroccan

### 서사하라 Western Sahara, 사하라아랍민주공화국 Sahrawi Arab Democratic Republic

서사하라인 Sahrawi

※서사하라Western Sahara 지역에 세워진 이 나라는 아직 국제 사회의 완전한 승인을 받지 못했다.

### 수단 Sudan, 수단공화국 Republic of the Sudan

수단인 Sudanese

### 알제리 Algeria, 알제리민주인민공화국 People's Democratic Republic of Algeria

알제리인 Algerian

### 이집트 Egypt, 이집트아랍공화국 Arab Republic of Egypt

이집트인 Egyptian

### 튀니지 Tunisia, 튀니지공화국 Tunisian Republic

튀니지인 Tunisian

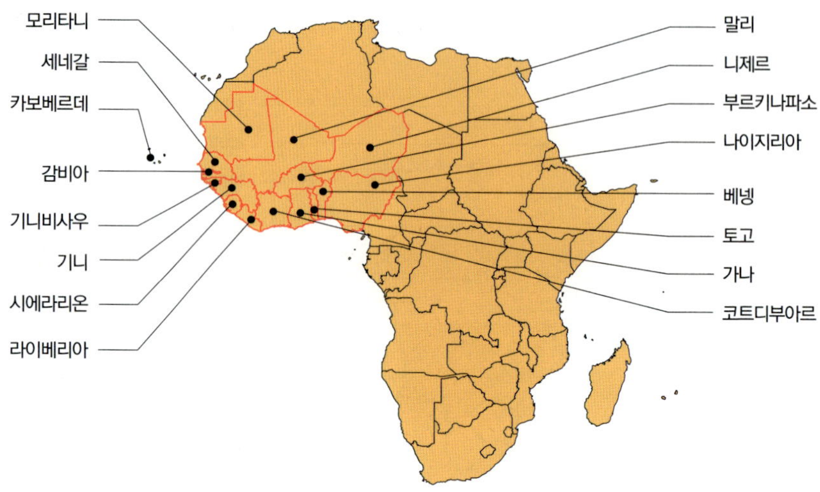


가나 Ghana, 가나공화국 Republic of Ghana

가나인 Ghanaian

감비아 The Gambia, 감비아공화국 Republic of The Gambia

감비아인 Gambian

기니 Guinea, 기니공화국 Republic of Guinea

기니인 Guinean

기니비사우 Guinea-Bissau, 기니비사우공화국 Republic of Guinea-Bissau

기니비사우인 Guinea-Bissauan

나이지리아 Nigeria, 나이지리아연방공화국 Federal Republic of Nigeria

나이지리아인 Nigerian

니제르 Niger, 니제르공화국 Republic of Niger

니제르인 Nigerien

라이베리아 Liberia, 라이베리아공화국 Republic of Liberia

라이베리아인 Liberian

말리 Mali, 말리공화국 Republic of Mali

말리인 Malian

모리타니 Mauritania, 모리타니이슬람공화국 Islamic Republic of Mauritania

모리타니인 Mauritanian

베냉 Benin, 베냉공화국 Republic of Benin

　베냉인 Beninese

부르키나파소 Burkina Faso

　부르키나파소인 Burkinabé

세네갈 Senegal, 세네갈공화국 Republic of Senegal

　세네갈인 Senegalese

시에라리온 Sierra Leone, 시에라리온공화국 Republic of Sierra Leone

　시에라리온인 Sierra Leonean

카보베르데 Cape Verde, 카보베르데공화국 Republic of Cape Verde

　카보베르데인 Cape Verdean

코트디부아르 Côte d'Ivoire, 코트디부아르공화국 Republic of Côte d'Ivoire

* 영어로는 아이보리코스트Ivory Coast, 즉 '상아해안'이라고 한다.

　코트디부아르인 Ivorian

토고 Togo, 토고공화국 Togolese Republic

　토고인 Togolese

## 동아프리카 East Africa; Eastern Africa

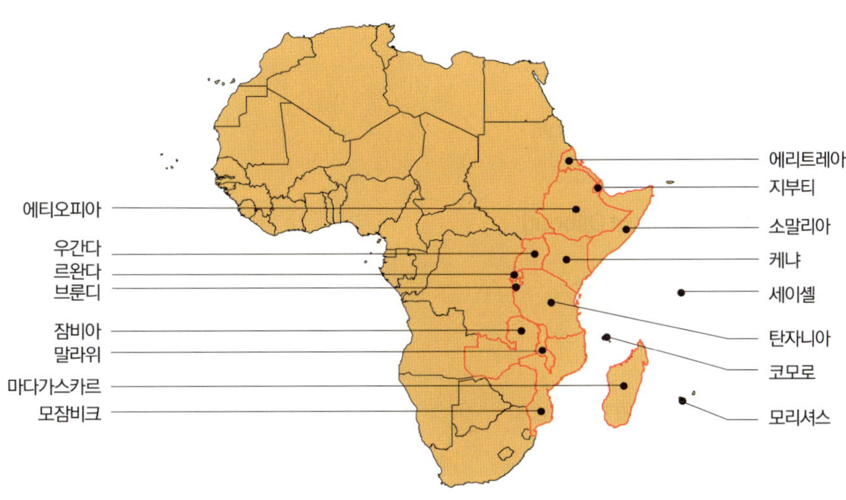



르완다 Rwanda, 르완다공화국 Republic of Rwanda

　르완다인 Rwandan; Rwandese

마다가스카르 Madagascar, 마다가스카르공화국 Republic of Madagascar
마다가스카르인 Malagasy

말라위 Malawi, 말라위공화국 Republic of Malawi
말라위인 Malawian

모리셔스 Mauritius, 모리셔스공화국 Republic of Mauritius
모리셔스인 Mauritian

모잠비크 Mozambique, 모잠비크공화국 Republic of Mozambique
모잠비크인 Mozambican

브룬디 Burundi, 브룬디공화국 Republic of Burundi
브룬디인 Burundian

세이셸 Seychelles, 세이셸공화국 Republic of Seychelles
세이셸인 Seychellois

소말리아 Somalia, 소말리아공화국 Republic of Somalia
소말리아인 Somalian; Somali
※소말리아를 포함하여 에티오피아, 에리트레아, 지부티를 합친 지역을 '아프리카의 뿔Horn of Africa'이라고 한다.

에리트레아 Eritrea, 에리트레아국 State of Eritrea
에리트레아인 Eritrean

에티오피아 Ethiopia, 에티오피아연방민주공화국 Federal Democratic Republic of Ethiopia
에티오피아인 Ethiopian

우간다 Uganda, 우간다공화국 Republic of Uganda
우간다인 Ugandan

잠비아 Zambia, 잠비아공화국 Republic of Zambia
잠비아인 Zambian

지부티 Djibouti, 지부티공화국 Republic of Djibouti
지부티인 Djiboutian

케냐 Kenya, 케냐공화국 Republic of Kenya
케냐인 Kenyan

코모로 Comoros, 코모로연방 Union of the Comoros
코모로인 Comorian

탄자니아 Tanzania, 탄자니아연합공화국 United Republic of Tanzania
탄자니아인 Tanzanian

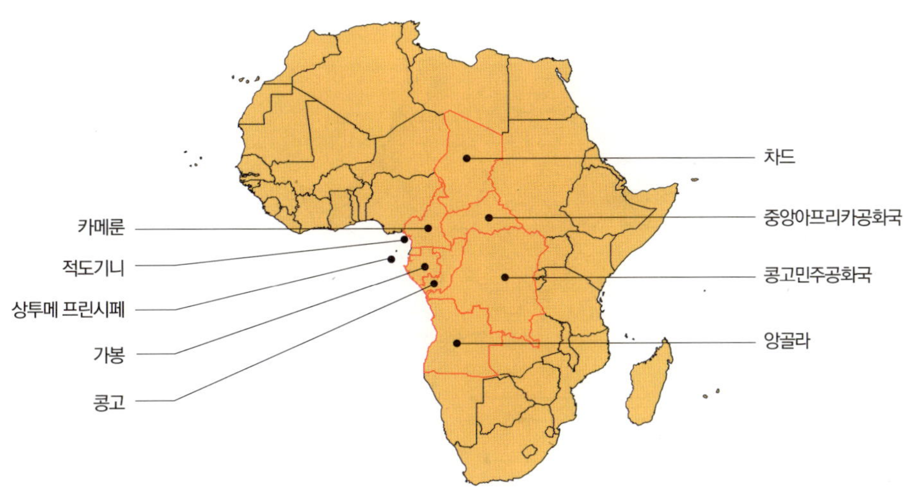


가봉 Gabon, 가봉공화국 Gabonese Republic

가봉인 Gabonese

상투메 프린시페 São Tomé and Príncipe, 상투메 프린시페 민주공화국 Democratic Republic of São Tomé and Príncipe

상투메 프린시페인 Santomean

앙골라 Angola, 앙골라공화국 Republic of Angola

앙골라인 Angolan

적도기니 Equatorial Guinea, 적도기니공화국 Republic of Equatorial Guinea

적도기니인 Equatorial Guinean

중앙아프리카공화국 Central African Republic

중앙아프리카공화국인 Central African

차드 Chad, 차드공화국 Republic of Chad

차드인 Chadian

카메룬 Cameroon, 카메룬공화국 Republic of Cameroon

카메룬인 Cameroonian

콩고 Congo, 콩고공화국 Republic of the Congo

콩고인 Congolese

콩고민주공화국 Democratic Republic of the Congo

콩고민주공화국인 Congolese

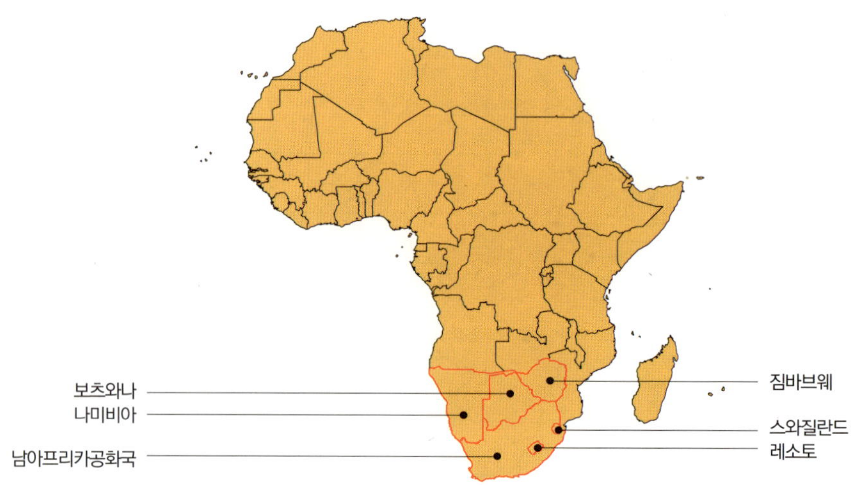


나미비아 Namibia, 나미비아공화국 Republic of Namibia

    나미비아인 Namibian

남아공, 남아프리카공화국 South Africa; Republic of South Africa

    남아공인 South African

레소토 Lesotho, 레소토왕국 Kingdom of Lesotho

    레소토인 **sing** Mosotho; **pl** Basotho

보츠와나 Botswana, 보츠와나공화국 Republic of Botswana

    보츠와나인 Botswanan; Batswanan

스와질란드 Swaziland, 스와질란드왕국 Kingdom of Swaziland

    스와질란드인 Swazi

짐바브웨 Zimbabwe, 짐바브웨공화국 Republic of Zimbabwe

    짐바브웨인 Zimbabwean

# 오세아니아 **Oceania**

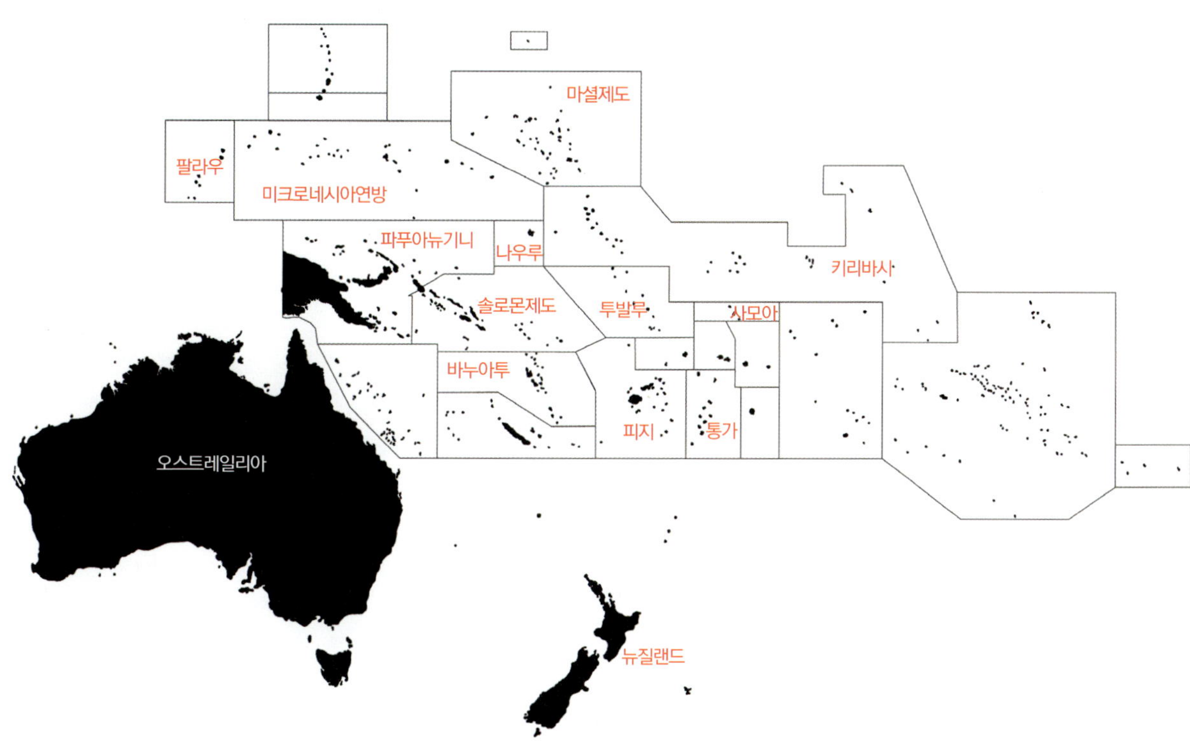


## 호주와 뉴질랜드

뉴질랜드 New Zealand

　뉴질랜드인 New Zealander; `inf` kiwi

오스트레일리아, 호주 Australia, 오스트레일리아연방 Commonwealth of Australia

　호주인 Australian

## 멜라네시아 Melanesia

바누아투 Vanuatu, 바누아투공화국 Republic of Vanuatu

　바누아투인 Vanuatuan

솔로몬제도 Solomon Islands

　솔로몬제도인 Solomon Islander

파푸아뉴기니 Papua New Guinea, 파푸아뉴기니독립국 Independent State of Papua New Guinea

파푸아뉴기니인 Papua New Guinean

피지 Fiji, 피지제도공화국 Republic of the Fiji Islands

피지인 Fijian


## 미크로네시아 Micronesia

나우루 Nauru, 나우루공화국 Republic of Nauru

나루우인 Nauruan

마셜제도 Marshall Islands, 마셜제도공화국 Republic of the Marshall Islands

마셜제도인 Marshallese

미크로네시아연방 Federated States of Micronesia

미크로네시아연방인 Micronesian

키리바시 Kiribati, 키리바시공화국 Republic of Kiribati

키리바시인 Kiribatian

팔라우 Palau, 팔라우공화국 Republic of Palau

팔라우인 Palauan


## 폴리네시아 Polynesia

사모아 Samoa, 사모아독립국 Independent State of Samoa

사모아인 Samoan

통가 Tonga, 통가왕국 Kingdom of Tonga

통가인 Tongan

투발루 Tuvalu

투발루인 Tuvaluan

## 동유럽 Eastern Europe

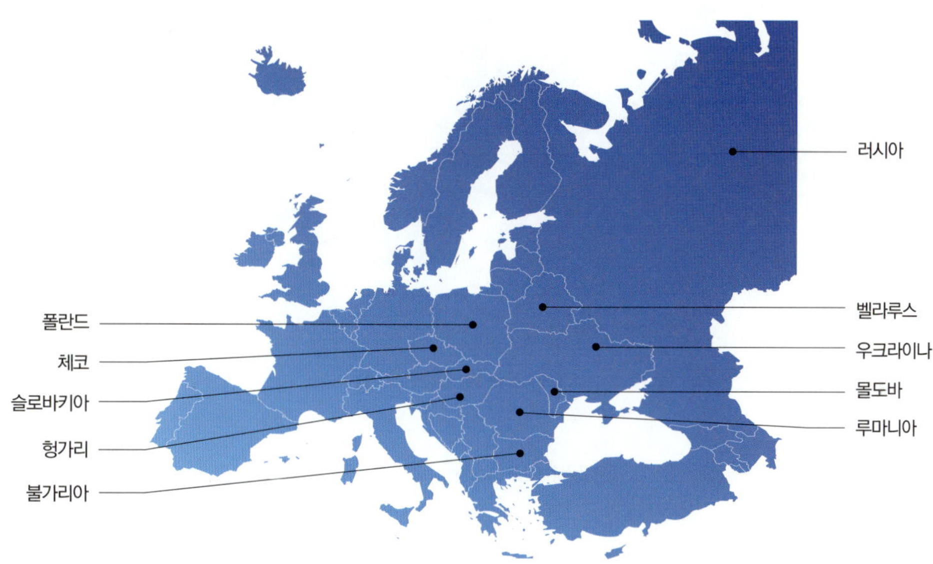


러시아 Russia, 러시아연방 Russian Federation
   러시아인 Russian

루마니아 Romania
   루마니아인 Romanian

몰도바 Moldova, 몰도바공화국 Republic of Moldova
   몰도바인 Moldovan; Moldavian

벨라루스 Belarus, 벨라루스공화국 Republic of Belarus
   벨라루스인 Belarusian

불가리아 Bulgaria, 불가리아공화국 Republic of Bulgaria
   불가리아인 Bulgarian

우크라이나 Ukraine
   우크라이나인 Ukrainian

슬로바키아 Slovakia, 슬로바키아공화국 Slovak Republic
   슬로바키아인 Slovak

체코 Czech, 체코공화국 Czech Republic
   체코인 Czech

폴란드 Poland, 폴란드공화국 Republic of Poland
   폴란드인 Polish; Pole

헝가리 Hungary, 헝가리공화국 Republic of Hungary
   헝가리인 Hungarian

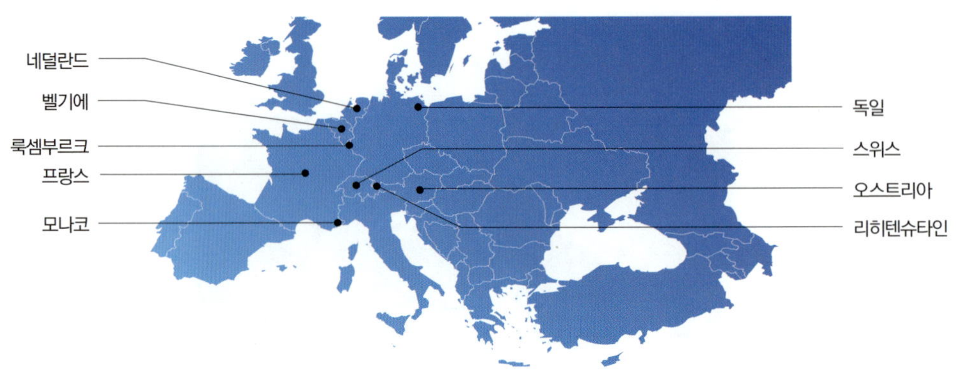


네덜란드 Netherlands, 네덜란드왕국 Kingdom of the Netherlands
　네덜란드인 Dutch

독일 Germany, 독일연방공화국 Federal Republic of Germany
　독일인 German

룩셈부르크 Luxembourg, 룩셈부르크대공국 Grand Duchy of Luxembourg
　룩셈부르크인 Luxembourger

리히텐슈타인 Liechtenstein, 리히텐슈타인공국 Principality of Liechtenstein
　리히텐슈타인인 Liechtensteiner

모나코 Monaco, 모나코공국 Principality of Monaco
　모나코인 Monegasque

벨기에 Belgium, 벨기에왕국 Kingdom of Belgium
　벨기에인 Belgian

스위스 Switzerland, 스위스연방 Swiss Confederation
　스위스인 Swiss

오스트리아 Austria, 오스트리아공화국 Republic of Austria
　오스트리아인 Austrian

프랑스 France, 프랑스공화국 French Republic
　프랑스인 French

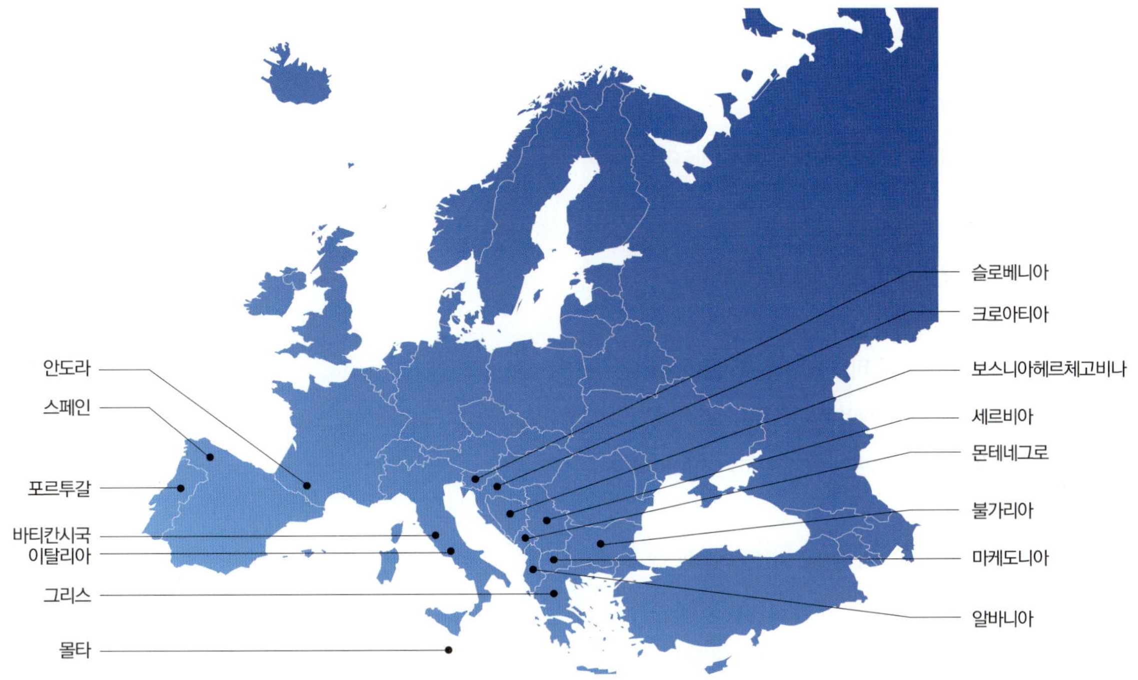


그리스 Greece, 그리스공화국 Hellenic Republic

그리스인 Greek; Hellenic

마케도니아 Macedonia, 마케도니아공화국 Republic of Macedonia

마케도니아인 Macedonian

몬테네그로 Montenegro, 몬테네그로공화국 Republic of Montenegro

몬테네그로인 Montenegrin

몰타 Malta, 몰타공화국 Republic of Malta

몰타인 Maltese

바티칸 Vatican City, 바티칸시국 Vatican City State

보스니아헤르체고비나 Bosnia and Herzegovina

  보스니아인 Bosnian

  헤르체고비나인 Herzegovinian

산마리노 San Marino, 산마리노공화국 Most Serene Republic of San Marino

  산마리노인 San Marinese; Sammarinese

세르비아 Serbia, 세르비아공화국 Republic of Serbia

  세르비아인 Serbian

  ※남서부 지역은 코소보공화국Republic of Kosovo이 장악하고 있지만 아직 국제사회의 완전한 승인을 얻지 못했다.

스페인 Spain, 스페인왕국 Kingdom of Spain

  스페인인 Spanish; Spaniard

슬로베니아 Slovenia, 슬로베니아공화국 Republic of Slovenia

  슬로베니아인 Slovenian; Slovene

안도라 Andorra, 안도라공국 Principality of Andorra

  안도라인 Andorran

알바니아 Albania, 알바니아공화국 Republic of Albania

  알바니아인 Albanian

이탈리아 Italy, 이탈리아공화국 Italian Republic

  이탈리아인 Italian

크로아티아 Croatia, 크로아티아공화국 Republic of Croatia

  크로아티아인 Croat; Croatian

포르투갈 Portugal, 포르투갈공화국 Portuguese Republic

  포르투갈인 Portuguese

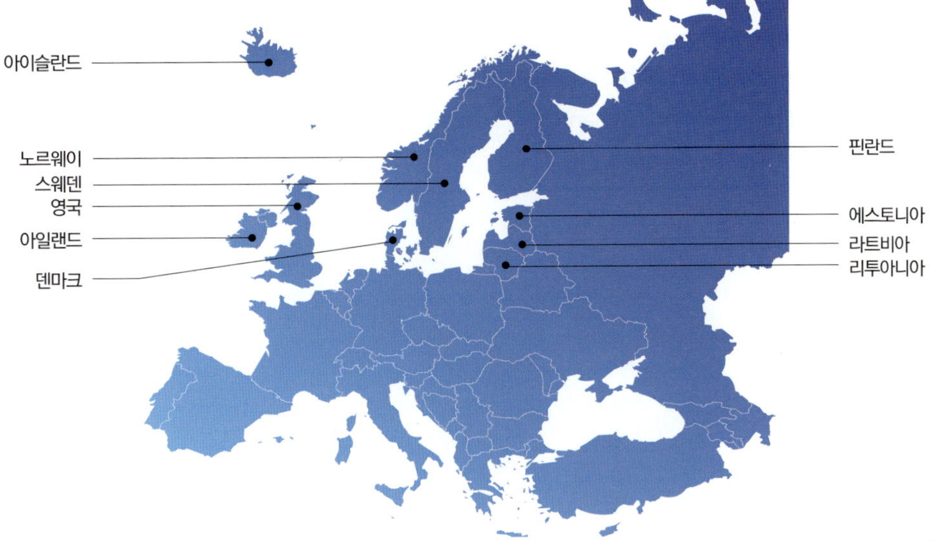


# 노르웨이 Norway, 노르웨이왕국 Kingdom of Norway

노르웨이인 Norwegian

# 덴마크 Denmark, 덴마크왕국 Kingdom of Denmark

덴마크인 Danish; Dane

※세계 최대의 섬인 그린란드Greenland는 덴마크의 영토.

# 라트비아 Latvia, 라트비아공화국 Republic of Latvia

라트비아인 Latvian

# 리투아니아 Lithuania, 리투아니아공화국 Republic of Lithuania

리투아니아인 Lithuanian

# 스웨덴 Sweden, 스웨덴왕국 Kingdom of Sweden

스웨덴인 Swedish; Swede

# 아일랜드 Ireland, 아일랜드공화국 Republic of Ireland

아일랜드인 Irish

# 아이슬란드 Iceland, 아이슬란드공화국 Republic of Iceland

아이슬란드인 Icelander

# 에스토니아 Estonia, 에스토니아공화국 Republic of Estonia

에스토니아인 Estonian

※에스토니아, 라트비아, 리투아니아를 합쳐 발트삼국Baltic states이라고 부른다.

# 영국 the United Kingdom; the UK, 그레이트브리튼 및 북아일랜드 연합왕국
the United Kingdom of Great Britain and Northern Ireland ❶

영국인 British; Briton; `inf` Brit; (남성) Englishman; (여성) Englishwoman

# 핀란드 Finland, 핀란드공화국 Republic of Finland

핀란드인 Finn

---

### ❶ 영국의 지명

영국은 크게 잉글랜드, 스코틀랜드, 웨일스, 그리고 북아일랜드의 네 개 지역으로 이루어져 있다. 이중 잉글랜드, 스코틀랜드, 웨일스로 이루어진 본섬을 브리튼Britain 또는 그레이트브리튼Great Britain이라고 부른다. 영국은 1707년 잉글랜드왕국the Kingdom of England과 스코틀랜드왕국the Kingdom of Scotland이 합쳐지면서 the United Kingdom이라는 현재의 명칭을 얻게 되었고, 북아일랜드는 1921년에 아일랜드가 영국으로부터 독립하는 과정에서 영국령으로 편입되었다.

- 북아일랜드 Northern Ireland; Ulster
- 스코틀랜드 Scotland
  스코틀랜드인 Scot
- 웨일스 Wales
  웨일스인 the Welsh
- 잉글랜드 England
  잉글랜드인 the English

## 4.1 외교 diplomacy

## 재외공관

### 공사관 legation

공사, 전권공사 (diplomatic) minister; envoy extraordinary ❶

### 대사관 embassy

- 주한 미국 대사관 the United States Embassy in Korea
- 대사관은 치외법권 지역에 속한다.
  Embassies and their grounds are legally regarded as foreign territory.

#### 대리대사 chargé (d'affaires)

#### 대사 ambassador

- 주미 한국 대사 Ambassador of the Republic of Korea to the United States

#### 대사관원 attaché

### 영사관 consulate

#### 영사 consul; consular representative

#### 총영사 consul general

- 그는 뉴욕 총영사를 역임했다. He served as the consul general in New York.

---

❶ **공사, 대사, 영사의 차이**

공사와 대사는 외국에 파견되어 본국을 대표하는 외교사절로서 면책특권을 부여 받는다. 외교사절의 계급은 대사 → 공사 → 대리대사의 순으로 낮아지는데, 대사는 해당 국가의 국가원수에게 신임장을 제출하고, 대리대사는 외무장관에게 신임장을 제출하는 것이 차이점이다. 예전에는 해당 국가의 위상에 따라 대사 대신 공사를 파견하기도 했지만, 요즘은 대사를 파견하는 것이 일반적이다. 한편 영사는 외무부장관이나 대사, 공사의 지시를 받아 외국에서 자국민을 보호하고 무역과 같은 협력관계를 도모하는 사람으로서 정치성이 없기 때문에 정식 외교 관계를 맺지 않은 나라에도 영사를 파견할 수 있다. 영사는 한 나라를 대표하는 외교사절이 아니기 때문에 특별 조약을 맺지 않은 상황에서는 면책특권을 부여 받지 못한다.

---

## 외교관 diplomat

### 면책특권 diplomatic immunity, 치외법권 extraterritoriality

- 음주운전을 하던 외교관이 면책특권을 이유로 음주 측정을 거부했다.
  A diplomat caught driving while intoxicated refused a breathalyzer test, citing diplomatic immunity.

### 사신, 사절 envoy; emissary; herald, 외교사절 diplomatic mission; diplomatic corps

- 대통령은 주한 외교사절들을 청와대로 초청했다.
  The president invited the diplomatic corps to the Blue House.

#### 밀사 secret envoy; secret emissary

#### 특사 (special) envoy; (special) emissary

- 미국의 전임 대통령이 특사 자격으로 북한을 방문했다. A former president of the United States visited North Korea as a special emissary.

## 신임장 credentials; letter of credence

- 대통령이 신임 일본 대사로부터 신임장을 받았다. The president received a letter of credence from the newly appointed Japanese ambassador.

## 아그레망 agrément 

## 페르소나 논 그라타 persona non grata ❶

# 비자, 사증

## 비자, 사증 visa

- 그 나라는 무비자로 입국할 수 있다. You can get into that country without a visa.
- 미국 비자 발급을 신청했지만 거부당하고 말았다.
  I applied for an American visa but was turned down.

  관광비자 tourist visa

  단수비자 single-entry (visitor) visa

  복수비자 multiple-entry (visitor) visa

  통과사증 transit visa

  학생비자 student visa

## 비자면제프로그램 Visa Waiver Program (abb VWP)

- 한국은 미국의 비자면제프로그램에 가입해 있다.
  Korea is a member of the United States Visa Waiver Program.

# 국경

## 국경, 국경선 border(line); frontier; (가상의) boundary (line) ❷

- 두 사람은 국경을 초월한 사랑을 나누었다.
  That couple shared a love that transcends national boundaries.

## 국경분쟁 border dispute

- 인도와 파키스탄의 접경지대에서는 국경분쟁이 끊이지 않고 있다. Along the border between India and Pakistan, border disputes are ongoing.

## 국경 수비대 border patrol; border guard

## 무인지대 no man's land, 완충지대 buffer[neutral] zone

## 접경지대 border; borderland; frontier districts

---

### ❶ 아그레망과 페르소나 논 그라타

다른 나라에 외교사절을 파견할 때는 사전에 상대국의 동의를 얻는 절차를 밟는다. 상대국이 기피하는 인물이 외교사절로 가게 되면 분쟁이 생길 수 있기 때문이다. 이것을 아그레망이라고 하는데, 프랑스어로 '동의agreement'라는 뜻이다. 문제가 없는 사람이면 환영받는 인물welcome person이라는 뜻의 페르소나 그라타persona grata가 되지만, 만약 상대국이 기피하는 인물이라면 unwelcome person이라는 뜻의 페르소나 논 그라타가 된다. 일반적으로 해당 국가에 대해 적대적인 언행을 한 적이 있거나 범죄 사실이 있는 사람이 페르소나 논 그라타가 되는데, 파견 이전이라면 임명이 취소되고 이미 파견했을 때에는 파견국이 해당 인물을 본국으로 소환하거나 외교관직을 박탈하는 것이 관례다.

### ❷ 옛날에도 국경선이 있었을까?

지금은 철책선 등으로 자국의 국경선을 표시하기도 하고, 강, 호수, 산맥과 같은 지형지물을 이용해 국경을 나눈다. 하지만 현대적 개념의 국경선이 존재하지 않았던 과거에는 성castle이나 군사기지와 같은 방어 거점으로 자국의 국경을 주장했는데, 아래 그림에서처럼 둥근 원으로 표시된 군사기지의 중간 지점을 선으로 연결한 것이 가상의 국경선이 되는 셈이다.

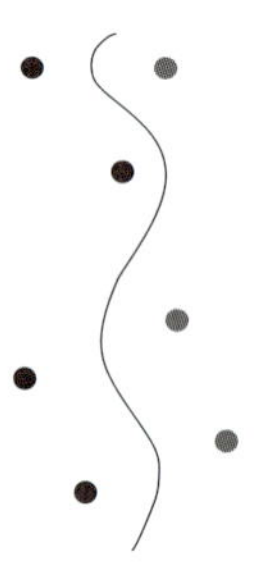

# 관련표현

## 국교 diplomatic relations

□ 한국과 중국은 1992년에 국교를 맺었다.
Korea and China established normal diplomatic relations in 1992.

## 단교하다 sever diplomatic relations[ties] (with)

⬌ 수교하다 establish diplomatic relations[ties] (with)

□ 한국은 1992년에 대만과 단교를 선언했다. In 1992, Korea declared that it was severing diplomatic ties with Taiwan.

## 국제분쟁 international dispute[conflict]

## 데탕트 détente

## 외교력 diplomacy; diplomatic skill

□ 해외 거주 한국인들이 잇따라 살해되면서 한국의 외교력이 도마 위에 올랐다.
With a string of killings of Koreans living overseas, Korea's diplomatic skills came under severe criticism.

## 외교 정책 foreign policy

개방정책 open-door policy ⬌ 고립주의 isolationism

매파 hawk, 주전론자 warmonger ⬌ 비둘기파 dove, 주화론자 pacifist

□ 그는 미국 행정부 내에서도 대표적인 대북 매파로 꼽힌다. As regards North Korea, he is typical of the hawks in the American administration.

## 외교행낭 diplomatic bag; diplomatic pouch ❶

## 정상회담 summit (meeting)

□ 한미 양국의 정상이 서울에서 정상회담을 가졌다. The leaders of Korea and the United States held a summit meeting in Seoul.

---

**❶ 외교행낭이란?**

외교행낭은 대사관과 같은 재외공관이 본국 정부와 우편물 등의 문서를 주고받을 때 사용하는 우편낭의 일종이다. 외교행낭은 모양이 다양해서 우편낭과 같은 자루일 수도 있고, 박스나 커다란 컨테이너가 될 수도 있는데, 외교행낭에는 외교관 면책특권이 적용되기 때문에 세관검사를 받지 않아도 되고, 제삼자가 내용물을 확인하거나 압수할 수 없도록 국제법으로 보장되어 있다. 그렇기 때문에 외교행낭이 범죄에 악용되는 경우도 있는데, 북한은 외교행낭을 이용해 마약을 밀수하고 있다는 의혹을 받고 있고, 위키리크스에 따르면 미국 또한 외교행낭을 이용해 미얀마에서 입수한 우라늄을 자국으로 밀반출했다고 한다.

---

**외교의 종류**

- **민간외교** Track II diplomacy. 분쟁 당사국의 정부 관계자가 아닌 학자나 예술가와 같은 민간인이 친선을 도모하는 외교.
- **선린외교, 선린정책** Good Neighbor Policy.
- **왕복외교** shuttle diplomacy. 분쟁 당사국의 관계자가 아닌 제삼자가 양국을 오가며 중재를 시도하는 외교.
- **포함외교(砲艦外交)** gunboat diplomacy. 강대국이 무력을 앞세워 약소국을 위협하는 외교 수단. 포함gunboat은 대포가 설치된 작고 빠른 군함을 가리킨다.
- **핑퐁외교** ping pong diplomacy. 탁구를 이용한 외교. 1971년에 미국과 중국이 탁구 경기를 계기로 친선을 도모한 것을 가리키는 말.
- **카우보이 외교** cowboy diplomacy. 미국의 독단적인 외교 정책이나 힘으로 밀어붙이식 정책을 비아냥거리는 표현.

## 조약, 협정 treaty; convention; pact; agreement

### 관세무역일반협정 GATT (General Agreement on Tariffs and Trade의 약자)

관세상의 차별 대우를 없애기 위하여 1947년에 맺은 협정. 1994년 우루과이라운드Uruguay Round 결과 세계무역기구World Trade Organization로 대체되었다.

### 기후변화협약 (United Nations) Framework Convention on Climate Change ( abb FCCC)

지구온난화를 막기 위해 1992년 체결된 협약. 이산화탄소 배출 규제를 골자로 하고 있다.

### 남극조약 the Antarctic Treaty

- 한국은 1986년에 남극조약 가입국이 되었다.
  Korea became a party to the Antarctic Treaty in 1986.

남극에 대한 영유권 주장 동결, 핵실험 및 군사기지 설립 금지, 핵폐기물 처리 금지, 과학 탐사 보장 등을 내용으로 하는 조약.

### 범인인도조약, 범죄인인도협정 extradition treaty

- 범인은 한국과 범죄인인도협정을 맺지 않은 나라로 달아났다. The criminal escaped to a country with which Korea has no extradition treaty.

### 보호조약 protectorate treaty

- 한국은 1905년 강압에 의해 일본과 을사(보호)조약을 체결했다. Korea was coerced into signing the Japan-Korea Protectorate Treaty in 1905.

### 북미자유무역협정 NAFTA (North American Free Trade Agreement의 약자)

미국, 캐나다, 멕시코를 단일 시장으로 통합하는 무역협정.

### 불가침조약 nonaggression treaty[pact]

- 두 나라는 상호 불가침조약을 체결했다.
  The two countries signed a nonaggression pact.

### 불평등조약 unequal treaty

### 생물무기금지협약 BWC (Biological Weapons Convention의 약자)

### 신사협약, 신사협정 gentleman's agreement

- 신사협정을 맺다 come to a gentleman's agreement

### 의정서 protocol

- 미국은 교토의정서에 서명하지 않았다.
  The United States did not sign the Kyoto Protocol.

## 자유무역협정 Free-Trade Agreement (**abb** FTA)

□ 한국과 유럽연합은 2010년 자유무역협정에 정식으로 서명했다.
　Korea and the EU formally signed a Free-Trade Agreement in 2010.

특정 국가간에 관세 인하와 같은 배타적인 무역 특혜를 부여하는 협정.

## 제네바조약, 제네바협약 Geneva Convention

전쟁으로 인한 희생자를 보호하기 위해 1949년 제네바에서 조인된 조약. 포로에 대한 대우, 취급 등의 내용을 담고 있다.

## 평화협정 peace treaty

## 포괄적핵실험 금지조약 CTBT (Comprehensive Nuclear-Test-Ban Treaty의 약자)

1996년 유엔총회에서 의결한 전면적인 핵실험 금지 조약. 핵보유국의 불참으로 실효성이 없다는 지적을 받고 있다.

## 화학무기금지조약 CWC (Chemical Weapons Convention의 약자)

## 핵확산금지조약 NPT (Nuclear Non-Proliferation Treaty의 약자); Treaty on the Non-Proliferation of Nuclear Weapons

비핵국가의 핵무기 개발 금지, 핵보유국의 핵무기 이양 금지 등을 골자로 하는 조약.


# 선언 declaration; proclamation; announcement; pronouncement

## 리우선언 Rio Declaration (on Environment and Development)

1992년 브라질에서 열린 유엔회의에서 채택된 지구 환경 보전에 관한 선언.

## 지구헌장 Earth Charter

## 세계인권선언 Universal Declaration of Human Rights (**abb** UDHR)

1948년 유엔총회에서 채택된 선언. 인간의 기본적 자유와 노동권, 생존권 등의 권리를 상세히 규정하고 있다.

## 독립선언 (미국의) the Declaration of Independence

## 주요기구 six principal organs

경제사회이사회 (UN) Economic and Social Council (**abb** ECOSOC)

국제사법재판소 International Court of Justice (**abb** ICJ)

국제연합사무국, 유엔사무국 United Nations Secretariat

국제연합총회, 유엔총회 United Nations General Assembly (**abb** UNGA)

□ 유엔총회에서 북한인권결의안이 채택되었다. The United Nations General Assembly passed a resolution on human rights in North Korea.

신탁통치이사회 Trusteeship Council (**abb** TC)

안보리, 안전보장이사회 United Nations Security Council (**abb** UNSC); the Security Council

국제평화와 안전 유지를 목적으로 하는 안전보장이사회는 미국, 영국, 프랑스, 소련, 중국의 5개 상임이사국 permanent members과 10개의 비상임이사국Non-permanent members으로 구성된다. 2년 임기의 비상임이사국은 유엔총회에서 선출되는데, 지역 안배를 고려해 대륙별로 골고루 회원국을 선출한다. 한편 어떤 사안을 결정할 때 비상임이사국이 만장일치로 찬성하더라도 상임이사국 중 어느 하나라도 거부 권veto를 행사하면 부결되는데, 한국전쟁 당시 유엔군 참전을 논의하는 자리에 거부권을 행사할 가능성이 높았던 소련이 불참함으로써 유엔군의 참전이 가결된 바 있다.

□ 안보리는 리비아 제재 결의안을 채택했다. The UN Security Council passed a resolution on sanctions against Libya.

## 전문기구 specialized agencies of the United Nations

국제노동기구 International Labor Organization (**abb** ILO)

국제농업개발기금 International Fund for Agricultural Development (**abb** IFAD)

국제민간항공기구 International Civil Aviation Organization (**abb** ICAO)

국제식량농업기구 Food and Agriculture Organization (**abb** FAO)

국제연합공업개발기구 United Nations Industrial Development Organization (**abb** UNIDO)

국제연합교육과학문화기구, 유네스코 United Nations Educational, Scientific and Cultural Organization (**abb** UNESCO)

## 유네스코 세계유산 UNESCO World Heritage Site ❶

☐ 종묘는 1995년 유네스코 세계유산으로 지정되었다. The Jongmyo Shrine was designated a UNESCO World Heritage Site in 1995.

## 국제원자력기구 International Atomic Energy Agency (abb IAEA)

☐ 국제원자력기구는 북한에 핵 프로그램 중단을 요청했다. The International Atomic Energy Agency demanded that North Korea stop its nuclear program.

## 국제전기통신연합 International Telecommunication Union (abb ITU)

## 국제통화기금 International Monetary Fund (abb IMF)

☐ 한국은 1997년 국제통화기금에 자금 지원을 요청했다. Korea requested funding from the IMF in 1997.

## 국제해사기구 International Maritime Organization (abb IMO)

## 만국우편연합 Universal Postal Union (abb UPU)

## 세계기상기구 World Meteorological Organization (abb WMO)

## 세계무역기구 World Trade Organization (abb WTO)

## 세계보건기구 World Health Organization (abb WHO)

## 세계식량계획 World Food Programme (abb WFP)

## 세계은행 World Bank (abb WB), 국제부흥개발은행 International Bank of Reconstruction and Development (abb IBRD)

## 세계지적재산권기구 World Intellectual Property Organization (abb WIPO)

## 유엔세계관광기구 World Tourism Organization (abb UNWTO)


## 관련표현

## 유엔본부 the UN Headquarters

☐ 유엔본부는 뉴욕 맨해튼에 위치해 있다. The UN Headquarters are located in Manhattan, New York city.

## 유엔사무총장 the UN Secretary General

☐ 반기문은 2006년에 제8대 유엔사무총장으로 선출되었다. Ban Ki-moon was elected the eighth secretary general of the United Nations in 2006.

## 유엔난민고등판무관 United Nations High Commissioner for Refugees (abb UNHCR)

---

❶ **한국의 유네스코 세계유산**
(괄호 안은 지정된 년도)

① 해인사장경판전 Haeinsa Temple Janggyeong Panjeon; the Depositories of the Tripitaka Koreana Woodblocks (1995)
② 종묘 Jongmyo Shrine (1995)
③ 석굴암 · 불국사 Seokguram Grotto and Bulguksa Temple (1995)
④ 창덕궁 Changdeokgung Palace Complex (1997)
⑤ 수원화성 Hwaseong Fortress (1997)
⑥ 고창 · 화순 · 강화 고인돌유적 Gochang, Hwasun and Ganghwa Dolmen Sites (2000)
⑦ 경주역사지구 Gyeongju Historic Areas (2000)
⑧ 제주 화산섬과 용암동굴 Jeju Volcanic Island and Lava Tubes (2007)
⑨ 조선왕릉 Royal Tombs of the Joseon Dynasty (2009)
⑩ 한국의 역사마을: 하회와 양동 Historic Villages of Korea: Hahoe and Yangdong (2010)

---

**유엔 회원국과 비회원국**

주권국가로서 국제적인 승인을 얻은 나라만이 유엔 회원국이 될 수 있는데, 2011년 3월 현재 유엔에는 192개 회원국이 있다. 한편 2008년 세르비아Serbia로부터 독립을 선언한 코소보Kosovo는 아직 완전한 국제 승인을 받지 못해서 비회원국으로 머물러 있고, 1971년까지 회원국이었던 대만Taiwan은 중국이 유엔에 가입하면서 회원 자격을 박탈당했다. 그리고 바티칸Vatican City은 회원국은 아니지만 1964년부터 상임 옵서버permanent observer 자격으로 유엔에 참여하고 있다.

## 국가 간 기구 intergovernmental organization

### 경제협력개발기구, 오이시디 Organization for Economic Co-operation and Development (abb OECD)

경제성장, 개발도상국 원조, 무역 확대 등을 목표로 1961년에 창설된 기구. 2011년 6월 현재 34개 회원국이 있으며 우리나라는 1996년에 가입했다.

### 동남아시아국가연합, 아세안 Association of Southeast Asian Nations (abb ASEAN)

1967년에 설립된 동남아시아의 지역 협력 기구. 동남아시아의 경제, 문화 발전과 과학기술, 식량, 에너지, 안정보장 등에 대한 협력을 주요 목표로 하고 있다. 2011년 12월 현재 10개 회원국이 있다.

### 북대서양조약기구, 나토 NATO (North Atlantic Treaty Organization의 약자)

제2차 세계대전 이후 동유럽에 주둔하고 있던 소련군과 군사적 균형을 맞추기 위해 조직된 국제적 군사 동맹체. 1949년 창설되었으며 미국, 캐나다를 비롯한 유럽 대부분의 나라가 회원국으로 가입해 있다. 한편 나토에 대응하기 위해 소련을 중심으로 창설된 바르샤바조약기구Warsaw Treaty Organization는 1991년 해체되었다.

### 석유수출국기구, 오펙 Organization of the Petroleum Exporting Countries (abb OPEC)

중동과, 아프리카, 남미의 12개 산유국으로 이루어진 주요 석유 수출국 모임. 1960년 창설되었으며, 세계 원유 가격에 중대한 영향을 미치고 있다.

### 아랍연맹 Arab League (abb AL); League of Arab States

1945년 3월에 중동의 평화와 안전을 확보하고 아랍제국의 주권과 독립을 수호하기 위해 창설된 지역협력 기구. 2011년 12월 현재 22개 회원국과 4개의 옵서버가 있다.

### 아프리카연합 African Union (abb AU)

아프리카 각국의 상호협력에 의한 분쟁 해결과 민주화를 내걸고 2002년 7월 출범한 범아프리카 기구. 2011년 12월 현재 53개 회원국이 있으며, 아프리카 대륙에서는 모로코가 유일한 비회원국이다.

### 아시아유럽정상회의, 아셈 Asia Europe Meeting (abb ASEM)

아시아와 유럽의 주요 국가들이 정치, 경제, 사회, 문화 등 제반 분야에서 포괄적 협력을 도모하기 위해 만든 협의체. 동남아시아국가연합과 유럽연합의 국가 대다수가 참가하며, 1996년 태국 방콕에서 1차 회의가 열린 이후 2년에 한 번씩 회의를 열고 있다.

## 아시아태평양경제협력체, 에이펙 Asia-Pacific Economic Cooperation (`abb` APEC)

아시아, 태평양 지역의 경제 협력과 무역 증진을 목적으로 1989년 결성한 기구. 매년 회의를 열며 2011년 12월 현재 21개의 회원국이 있다.

## 유럽연합, 이유 European Union (`abb` EU)

□ 영국은 1973년에 유럽연합에 가입했다.
 The United Kingdom became a member of the EU in 1973.

유럽의 정치, 경제 통합을 실현하기 위하여 1993년 11월 1일 발효된 마스트리히트조약Maastricht Treaty에 따라 유럽 12개국이 참가하여 출범한 연합기구. 2011년 12월 현재 27개 회원국이 있다.

# 독립 기구

## 국제결제은행, 비아이에스 Bank for International Settlements (`abb` BIS)

제1차 세계대전 후 독일의 배상 지불 문제를 처리하고 여러 나라의 중앙은행들 사이에서 조정역할을 하기 위해 1930년 설립된 국제은행. BIS 비율 또는 BIS 자기자본비율capital adequacy ratio은 국제결제은행이 제시한 은행의 자기자본비율을 가리키며, 은행 경영의 건전성을 체크하는 지표로 이용된다.

## 국제올림픽위원회, 아이오시 International Olympic Committee (`abb` IOC)

1894년 프랑스의 쿠베르탱Pierre de Coubertin에 의해 제창되어 창설된 국제기구. 전 세계적으로 205개의 회원국이 있다.

## 국제축구연맹, 피파 Fédération Internationale de Football Association (`abb` FIFA); International Federation of Football Association

□ 리오넬 메시가 국제축구연맹이 선정한 올해의 선수상을 수상했다. This year Lionel Messi received the FIFA World Player of the Year award.

세계 축구경기를 통할하는 국제 단체로서 1904년 설립되었다. 국제축구연맹 산하에는 아시아축구연맹 AFC, 아프리카축구연맹CAF, 북중미축구연맹CONCACAF, 남미축구연맹CONMEBOL, 오세아니아축구연맹OFC, 유럽축구연맹UEFA의 6개 단체가 있다.

## 국제표준화기구, 아이에스오 International Standards Organization (abb ISO)

나라마다 다른 공업 규격을 국제적으로 조정하고 표준화하기 위하여 1946년 설립된 국제기구. 우리에게 잘 알려진 ISO 9001은 설계, 개발, 생산, 설비, 서비스에 대한 표준화된 규격을 뜻한다.

그 회사는 올해 ISO 9001 인증을 획득했다.
This year that company received ISO 9001 certification.

## 국제형사경찰기구, 인터폴 Interpol; International Criminal Police Organization (abb ICPO)

1923년에 설립된 국제기구. 2011년 12월 현재 188개국이 회원국으로 가입해 있으며, 주로 범죄 정보의 교환과 수사·원조 등의 업무를 한다. 인터폴이 범인을 직접 체포할 수 있는 권한은 없고, 정치·군사·종교·인종적 성격을 띠는 사건은 엄격히 배제하는 특징이 있다.

그 남자는 인터폴의 수배를 받고 있다. That man is wanted by Interpol.


# 비정부기구 international nongovernmental organization

## 국경없는 의사회 Médecin Sans Frontiéres (abb MSF); Doctors Without Borders

스위스 제네바에 본부를 둔 국제 민간의료 구호단체. 1971년 설립되었으며 전쟁, 기아, 질병, 자연재해 등으로 고통 받는 세계 각지 주민들을 구호하는 일을 하고 있다.

## 국제사면위원회 Amnesty International (abb AI)

이데올로기, 정치, 종교상의 신념이나 견해 때문에 체포·투옥된 정치범의 석방과 공정한 재판, 옥중 처우 개선, 고문과 사형의 폐지 등을 목적으로 1961년 설립된 국제기구.

## 국제적십자위원회 International Committee of the Red Cross (abb ICRC)

제네바조약Geneva Convention에 의거하여 인명구호, 전쟁 피해자 구호 및 생명수호, 전쟁포로 위문, 구호물자 제공 등의 임무를 수행하는 국제기구.

## 국제투명성기구 Transparency International (abb TI)

1993년 설립되었으며, 국가 활동의 책임성을 확장하고 국제적·국가적 부패 극복을 목표로 하는 국제기구.

## 그린피스 Greenpeace

1971년 설립된 국제적인 환경보호단체. 초기에는 핵실험 반대와 환경보호운동을 펼쳤으나, 최근에는 해양 보호와 고래잡이 반대 등의 다양한 활동을 하고 있다.

## 옥스팜 OXFAM

1942년 영국 옥스퍼드에서 결성된 국제적인 빈민구호단체. 원래 이름은 Oxford Committee for Famine Relief였는데 1965년에 현재 이름으로 바꾸었다.

## 월드비전 World Vision

긴급 구호활동과 개발 사업을 하고 있는 기독교 민간구호단체.

# 국제 회의

## 다보스포럼, 세계경제포럼 World Economic Forum (abb WEF)

매년 스위스의 다보스에서 열리는 국제 민간회의. 세계 각국의 저명한 정계, 관계, 재계 인사들이 모여 정보를 교환하고 세계경제 발전 방안 등에 대해 논의한다.

## 주요8개국정상회담 Group of Eight (abb G8)

독일, 러시아, 미국, 영국, 이탈리아, 일본, 캐나다, 프랑스 등 세계 정치와 경제를 주도하는 주요 8개국의 모임. 매년 정상회담을 개최하며 1년에 네 차례 재무장관 회담도 개최하고 있다. 유럽연합의 의장도 회의에 참석한다.

## 주요20개국정상회의 Group of Twenty (abb G20); G20 major economies; Group of Twenty Finance Ministers and Central Bank Governors

1999년 금융위기 예방과 해결 방안 모색, 세계화와 고령화 등의 포괄적인 경제 현안을 논의하기 위한 재무장관 및 중앙은행 총재의 모임으로 출범했다가 2008년 미국발 금융위기 이후 정상회담으로 격상되었다. 미국, 일본, 영국, 프랑스, 독일, 이탈리아, 캐나다, 대한민국, 중국, 인도, 인도네시아, 아르헨티나, 브라질, 멕시코, 러시아, 터키, 호주, 남아프리카공화국, 사우디아라비아 등의 국가와 유럽연합 의장이 참가한다.

VOTE AVE
NEW WAY
PART 2

# Unit 1 입법부

# 01 국회, 의회

## 1.1 의회, 의원

### 의회 parliament; assembly; (지방자치단체의) council

**구의회** district council

**국회, 의회** (한국의) National Assembly; (미국의) Congress; (영국 등의) Parliament; (일본 등의) Diet

> **국회의장** the Chairman of the National Assembly; the Chairman of Congress

> **임시국회** an extraordinary session of the National Assembly
> - 한−EU 자유무역협정이 4월에 열릴 임시국회에서 통과될 것으로 보인다. It looks as though the Korea-EU Free Trade Agreement will be passed by an extraordinary session of the National Assembly to be held in April.

> **정기국회** the regular session of the National Assembly

**도의회** county council; provincial council

**시의회** city council

### 단원제와 양원제

**단원제** unicameralism; unicameral system[legislature]

**양원제, 이원제** bicameralism; bicameral system[legislature]

- 한국은 단원제를 채택하고 있고 미국은 상하 양원제를 채택하고 있다. Korea has a unicameral legislature while the United States has a bicameral one.

> **상원** upper house[chamber]; (미국의) the Senate; (영국의) the House of Lords ❶
> - 미국 상원은 만장일치로 북한 인권법을 통과시켰다. The United States Senate unanimously passed the North Korean Human Rights Act.

> **상원의원** member of the upper house; (미국의) senator; (영국의) member of the House of Lords

> **상원의장** (미국의) the President of the Senate; (영국의) the Speaker of the House of Lords

> **하원** lower house[chamber]; the House; (미국의) the House of Representatives; (영국의) the House of Commons

❶ **상원과 하원의 차이**

한국은 국회가 하나인 단원제를 채택하고 있지만, 미국, 영국, 일본을 비롯한 수십 개 국가가 양원제를 채택하고 있다. 입헌군주제를 실시하고 있는 영국에서는 귀족들이 상원을 구성하고, 투표로 선출된 평민 의원들이 하원을 구성한다. 연방제를 실시하고 있는 미국에서는 50개 주에서 각각 2명의 상원의원을 선출하여 그 주를 대표하게 하고, 전국적으로 인구 비례에 따라 435명의 하원의원을 선출한다. 상원과 하원이라는 어감 때문에 상원이 하원보다 우월한 지위를 가지고 있다고 생각하기 쉬운데, 실제로는 그 반대라고 보면 된다. 하원은 법안의 발의와 의결, 예산안 심사, 국정조사 발동 등의 권한이 있지만, 상원은 법안을 발의할 수 없고 단지 하원에서 넘어온 법안을 심사할 수 있는 권한밖에 없다. 하지만 고위 관료를 임명하거나 외국과의 조약을 비준할 때는 상원의 승인을 받아야 한다. 양원제는 단원제에서 발생할 수 있는 무능함과 부패 등을 서로 견제하고 방지하려는 목적으로 시행되고 있는 제도이다.

하원의원 member of the lower house; (미국의) representative; congressperson; (남성) congressman; (여성) congresswoman; (영국의) member of the House of Commons

하원의장 **AE** the Speaker of the House; **BE** the Speaker (of the House of Commons)

## 의원 lawmaker; legislator

구의원 member of a district council

국회의원 (한국의) member of the National Assembly; (미국의) member of Congress (**abb** M.C.); congressperson; (남성) assemblyman; congressman; (여성) assemblywoman; congresswoman; (영국의) member of Parliament (**abb** MP) ❶

☐ 그는 임기 4년의 국회의원에 당선되었다.
He was elected to a four-year term as a member of the National Assembly.

면책특권 parliamentary immunity; legislative immunity

☐ 국회의원들이 면책특권을 악용해 근거 없는 비난을 일삼고 있다는 비판을 받고 있다.
Members of the National Assembly are being criticized for abusing their parliamentary immunity to spread groundless accusations.

불체포특권 immunity from arrest

다선 의원 multiple-term lawmaker

도의원 member of a provincial council

무소속 (의원) independent (assemblyman)

☐ 그는 이번 선거에 무소속으로 출마했다.
He ran for office as an independent in the recent election.

시의원 member of a city council; (남성) (city) councilman; (여성) (city) councilwoman

재선 의원 reelected lawmaker

초선 의원 first-time[newly-elected] lawmaker

❶ **대한민국 국회의원의 이모저모**

2011년 12월 현재 대한민국의 국회의원의 수는 299명이며, 그 중 지역구 의원이 243명이고 비례대표가 56명이다. 지역구의 인구는 최소 10만 4천 명에서 최대 31만 2천 명 사이로, 이보다 적으면 다른 지역구로 통합되고, 이보다 많으면 지역구를 나누게 된다. 국회의원은 자유로운 직무 수행을 보장하기 위해 면책특권과 불체포특권이라는 두 가지 권리를 갖는데, 면책특권은 국회에서 직무상 행한 발언과 표결에 대해 국회 밖에서 책임을 지지 않는 권리를 뜻하고, 불체포특권은 현행범이 아닌 한 회기 중에 국회의 동의 없이 체포 또는 구금되지 않는 권리를 뜻한다. 국회의원에게 지급되는 월급을 세비(歲費)라고 하는데, 수당과 상여금을 합치면 매월 천 만원 가까운 세비가 지급되고, 그 밖에도 사무실운영비와 차량 유지비, 최대 8명에 달하는 보좌관 월급 등이 별도로 지급된다. 또한 KTX등의 국유 교통수단을 무상으로 이용할 수 있고, 해외 출장 시 공항 귀빈실을 이용할 수 있고 1등석에 탈 수 있는 등 유무형의 특혜가 많다. 한편 전직 국회의원들은 65세 이상이 되면 품위 유지 차원에서 국가에서 평생 매월 120여만 원을 지급받고, 가족수당과 자녀 학자금까지 지원받게 된다.

# 의회의 권한과 역할

## 국정감사권, 국정조사권 investigative power of Parliament[the legislature]

- 국정조사권을 발동하다 invoke the investigative power of the legislature

### 국정감사, 국정조사 parliamentary investigation of the administration

- 국회는 정부 각 부처에 대한 국정감사를 벌였다. The National Assembly has opened an investigation of every government department.

### 청문회 hearing

- 국회는 신임 대법관 후보자에 대한 인사 청문회를 실시했다.
The National Assembly conducted hearings on the confirmation of new appointments to the Supreme Court.

### 특감, 특별감사 special audit

## 불신임안 vote of no confidence

- 의회에서 내각 불신임안이 가결되어 내각이 총 사퇴했다. The entire cabinet resigned after a vote of no confidence passed the National Assembly.

## 비준 ratification

- 한미 자유무역협정은 국회 비준만 기다리고 있다.
The Korean-American Free Trade Agreement is now only awaiting ratification by the National Assembly.

## 승인, 인준 approval; approbation

- 야당은 대통령이 내정한 국무총리 후보자에 대한 인준을 거부했다. The opposition party refused to approve the president's nominee for prime minister.

## 의결 resolution

- 헌법은 국회의 의결을 거쳐 국민 투표로 개정된다.
Amendments to the Constitution are voted on by the people after a resolution has passed the National Assembly.

### 가결되다 be passed[approved; carried]

- 새로운 법안은 국회에서 만장일치로 가결되었다.
The National Assembly passed the new law unanimously.

### 부결되다 be rejected[voted down; thrown out]

- 그 안건은 과반수의 찬성을 얻지 못해 부결되었다.
That item was rejected when it failed to achieve majority approval.

### 의결정족수 quorum

- 한-EU FTA 비준안은 의결정족수 미달로 처리되지 못했다. The Korea-EU Free Trade Agreement failed to get ratified for lack of a quorum.

## 입법권 legislative power

### 거부권 (the right of) veto

□ 대통령은 국회에서 통과된 법안에 대해 거부권을 행사할 수 있다.
The president can veto a bill that has passed the National Assembly.

### 결의안 resolution

□ 유엔 안보리는 리비아 제재 결의안을 채택했다. The United Nations Security
Council passed a resolution to place sanctions on Libya.

### 법률안, 법안 bill

□ 여야의 정쟁으로 인해 민생 관련 법안들이 처리되지 못하고 산적해 있다.
Bills having to do with the people's livelihood are piling up unresolved
because of political strife between the ruling and opposition parties.

### 입안자 sponsor

## 탄핵권, 탄핵소추권 the right to impeach

### 탄핵 impeachment

□ 탄핵하다 impeach
□ 대통령에 대한 탄핵 소추는 국회 재적 의원 과반수의 발의와 3분의 2 이상의 찬성이 있어
야 한다. Impeachment of the president requires a motion by a majority of
the current members of the National Assembly and a two-thirds vote of
approval.

# 02 당, 정당 (political) party

2.1 당원 **member of a party**

## 당원 일반

### 당 대표, 당수 party leader; leader[president; head] of a party, 총재 governor

□ 야당 대표가 대선 출마 의사를 밝혔다. The head of the opposition party announced his intention to run for president.

□ 청와대에서 여야 영수 회담이 열렸다. Talks between the leaders of the ruling and opposition parties were held at the Blue House.

### 당원, 정당원 party member; member of a party

□ 그 여자는 당의 열성당원으로 활동하고 있다.
She is one of the most active members of the party.

### 당직자 party executive

□ 야당은 주요 당직자 회의를 열고 선거 전략을 논의했다. The executives of the opposition party held a meeting to discuss election strategy.

### 대변인 party spokesperson

□ 야당의 당 대변인은 논평을 통해 여당의 무능을 공개적으로 질타했다.
The spokesperson for the opposition party made comments publicly rebuking the ruling party for being ineffectual.

### 대의원 party delegate



## 당3역 the party triumvirate

### 사무총장 secretary general

### 원내총무 floor leader



상원 원내총무 (다수당의) Senate majority leader; (소수당의) Senate minority leader

하원 원내총무 (다수당의) House majority leader; (소수당의) House minority leader

### 정책위의장 Chairman of the Policy Committee

# 정당의 종류

## 여야

### 여당, 집권당 the ruling party; the party in power

□ 국민들은 여야의 끊임없는 정쟁에 환멸을 느끼고 있다. The people have become disillusioned by the endless strife between the ruling and opposition parties.

여당 의원 ruling (party) lawmaker

### 야당 the opposition (party)

□ 30년 만에 처음으로 야당이 집권에 성공했다. The opposition party has finally come to power for the first time in thirty years.

야당 의원 opposition lawmaker

## 규모, 성격

### 극우 정당 far-right political party

□ 핀란드 총선에서 극우 정당이 급부상했다. In the general elections in Finland, a party on the far right has emerged as the fastest growing power.

### 다수당 major party; majority party ⬌ 소수당 minor party; minority party

□ 집권 여당이 총선에서 참패해 소수당으로 전락했다.
The party in power suffered a crushing defeat in the general elections and has fallen to the status of a minority party.

### 신당 new (political) party

□ 신당을 창당하다 establish a new (political) party

## 실제 정당

### 공산당 the Communist Party

공산당원 Communist; member of the Communist Party

### 공화당 the Republican Party; (미국의) the Grand Old Party (**abb** the GOP) ❶

공화당원 Republican

### 노동당 the Labor[Labour] Party, 노동자당 Workers' Party

노동당원 Labourite

### 민주당 the Democratic Party ❶

민주당원 Democrat; Dem.

---

❶ **코끼리와 당나귀**

민주당과 공화당은 미국을 대표하는 두 개의 정당이다. 민주당의 지지층은 주로 미국 북부의 도시 지역에 거주하는 자유주의 사상을 가진 사람들로서, 무력이 아닌 외교적 노력을 중시하고 인도적 차원의 국제 문제 개입에 적극적이다. 반면 공화당은 미국 남부에 기반을 두고 있으며, 보수적이고 기독교적 신앙이 강하며 미국적 가치를 제일로 여기는 사람들을 지지 기반으로 삼고 있다. 현재는 민주당이 진보적이고 공화당은 보수적인 성격을 띠고 있지만 초창기에는 그 반대였다. 미국의 7대 대통령을 지낸 민주당의 앤드루 잭슨Andrew Jackson은 성격이 고집스럽다고 해서 jackass, 즉 고집스러운 당나귀라는 별명으로 불렸는데, 1870년에 와서 토머스 네스트Thomas Nest라는 풍자 만화가가 잡지에 게재한 만평에서 민주당을 약아 빠진 당나귀로 비유하면서 당나귀는 민주당의 상징이 되었다. 네스트는 1874년에는 사자의 가죽을 뒤집어 쓴 당나귀, 즉 민주당이 동물원의 동물들을 겁을 주어 쫓아내는 만평을 실었는데, 겁을 먹고 도망가는 동물 중에는 공화당으로 묘사된 코끼리도 있었다. 그 이후로 공화당은 코끼리의 상징이 되었다.

민주당          공화당

보수당 the Conservative Party; the right[Right]
　　보수당원 Conservative; (영국의) Tory
사회당 the Socialist Party
　　사회당원 Socialist
진보당 the Progressive Party
　　진보당원 Progressive

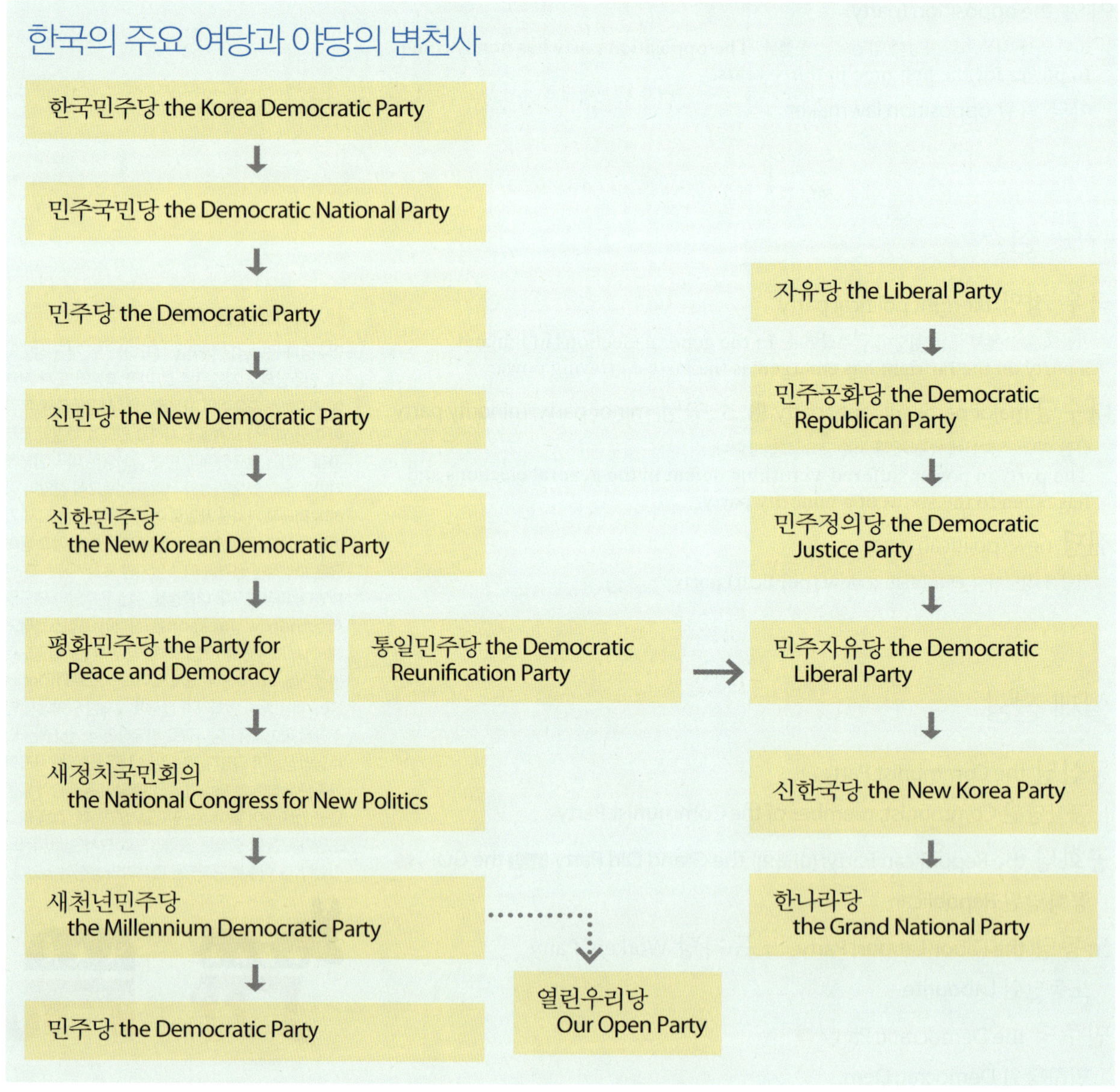

# 종류 1

**입당하다** join a political party; become a member of a (political) party

☐ 무소속 의원이 여당에 입당했다. An independent legislator joined the ruling party.

⬌ **탈당하다** defect (from a political party); break away

☐ 의원 여러 명이 소속 정당을 탈당해 신당을 창당했다.
Several of the legislators broke away from their party and founded a new one.

**창당하다** form[found] a political party

창당대회 founding ceremony; inaugural ceremony

**합당하다** merge (political) parties

☐ 야 3당이 합당해 여당을 넘어서는 거대 야당이 되었다.
Three of the opposition parties have merged, creating a huge opposition bigger than the ruling party.

# 종류 2

**교섭단체, 원내교섭단체** negotiating body; bargaining body

☐ 그 당은 총선에서 10석을 차지해 원내교섭단체 구성에 실패했다.
That party won only ten seats in the general election and thus failed to form a negotiating body.

**당론** party platform; manifesto

☐ 야당은 한미 FTA 비준을 거부하기로 당론을 정했다. The opposition party adopted a manifesto against the Korea-US Free Trade Agreement.

**당리당략** party interests; partisan[party] politics

☐ 정치인들은 당리당략에 눈이 멀어 국민의 요구를 외면하고 있다.
The politicians are so engrossed in partisan politics that they're ignoring the demands of the people.

**당무** party affairs; work within a political party

**당사** party headquarters; headquarters of a party

**당쟁, 당파 싸움** (political) party strife; factional strife

**당적** party register

☐ 그 국회의원은 당에서 제명되어 당적을 잃었다. That assemblyman no longer appears on the party register, because he has been expelled from the party.

# 당직 party post

- 당직을 개편하다 reorganize the party structure

  당직자 party executive

# 연고지 home base; (정치인, 정당 등의 주된 지지 기반) power base

# 의석 seat (in an assembly); parliamentary seat

- 선거 결과 여당이 과반수 의석을 확보했다.

  In the election, the ruling party won a majority of seats in the legislature.

- 선거 결과 여당의 의석이 50석 줄어들었다.

  In the election, the ruling party lost fifty seats in the legislature.

# 일당제 one party system

# ➡ 양당제 two-party (political) system

# ➡ 다당제 multiparty system

- 북한과 중국은 일당제 국가다.

  North Korea and China have a one party political system.

# 전당대회 national convention (of a party); (미국의) caucus ❶

- 민주당은 전당대회에서 새로운 당 대표를 선출했다.

  The Democrats elected a new party leader at their national convention.

# 정쟁 political strife[fighting; discord; disputes]

- 여야는 소모적인 정쟁을 일삼고 있다. The ruling party and the opposition are embroiled in wasteful political fighting.

# 중앙당 national committee ➡ 지구당 (electoral) district chapter

❶ **코커스와 프라이머리**

전당대회는 특정 정당의 대의원이 모여 당의 대통령 후보나 당 대표, 그리고 최고의원 등을 선출하는 행사다. 미국에는 코커스caucus라는 독특한 전당대회가 있는데, '추장들의 모임'이라는 뜻의 코커스는 각 정당의 대통령 후보를 선출하기 위한 지방 당원대회를 뜻한다. 코커스에 모인 당원들은 대선 후보에게 직접 투표하는 것이 아니라, 특정 후보를 지지하는 대의원을 선출하게 되는데, 여기서 선출된 대의원들은 전국적인 전당대회에서 당의 대통령 후보를 선출하게 된다. 한편 코커스와 비슷한 제도로는 예비선거로 불리는 프라이머리primary가 있는데, 코커스는 당원만 참가할 수 있는 반면 프라이머리는 당원이 아닌 일반인들도 참가하여 각 후보를 지지하는 대의원들을 선출하게 된다. 미국에서는 23개 주가 코커스를 실시하고 나머지 27개 주는 프라이머리를 실시하는데, 대통령 선거가 있는 해의 2월이나 3월의 특정 화요일에는 20여 개 주에서 동시에 프라이머리를 실시하기 때문에 이날을 슈퍼 화요일Super Tuesday라고 부른다. 이날 결정되는 대의원의 숫자에 따라 대통령 후보의 당락이 거의 결정되기 때문이다.

**ex** 2008년 슈퍼 화요일에 24개의 주에서 코커스 또는 프라이머리를 열었다.

Twenty-four states held **caucuses** or **primary** elections on Super Tuesday in 2008.

# 03 정치| politics



## 종류

귀족정치 aristocracy, 봉건제, 봉건주의 feudalism; feudal system

　귀족 aristocrat; noble; peer; blue blood ❶; (남성) nobleman; (여성) noblewoman; (집합적) aristocracy; the nobility ❷
　　□ 그는 귀족 집안 출신이다. He's an aristocrat.

　영주, 제후 (feudal) lord

무정부주의 anarchism

　무정부주의자 anarchist

민주주의 democracy, 자유민주주의 liberal democracy

□ 그 나라는 독재 정권을 무너뜨리고 민주주의 정권을 세웠다. That country got rid of its dictatorship and instituted democratic government.

　간접민주주의 indirect democracy, 공화제 republicanism, 대의 민주주의, 대의제 representative democracy, 의회 민주주의 parliamentary democracy

　민주주의자 democrat

　직접민주주의 direct democracy, 풀뿌리 민주주의 grass-roots democracy

식민주의 colonialism, 제국주의 imperialism

□ 20세기 초에 제국주의 열강들은 다른 나라들을 식민지로 삼기 위해 서로 다투었다. In the early part of the 20th century the imperialist powers scrambled to colonize other countries.

　식민주의자 colonialist

　제국주의자 imperialist

　패권주의 hegemony; hegemonism
　　□ 중국은 동북아에서 패권주의를 행사하고자 하는 의향을 노골적으로 드러내고 있다. China openly shows its intention to exercise hegemony over Northeast Asia.

❶ **귀족의 피는 파란색?**

중세시대의 평민들은 육체노동을 했기 때문에 햇볕에 얼굴이 타서 피부색이 까무잡잡했지만, 귀족들이나 사회 고위층은 육체노동을 하지 않았기 때문에 피부가 하얗고 창백해서 몸의 혈관이 파랗게 도드라져 보였다. 그래서 귀족들은 blue blood, 즉 '파란 피라고 불렸다.

**ex** 그 가족은 자신들의 귀족혈통을 자랑스러워한다. The family are proud of their lineage of **blue blood**.

❷ **귀족의 작위**

- **공작** duke; (여성) duchess
　**공작부인** duchess
- **후작** (유럽의) marquis; (영국의) marquess; (여성) marchioness
　**후작부인** marchioness
- **백작** (유럽의) count; (영국의) earl; (여성) countess
　**백작부인** countess
- **자작** viscount; (여성) viscountess
　**자작부인** viscountess
- **남작** baron; (여성) baroness
　**남작부인** baroness

# 전제주의 absolutism ❶

## 과두정치 oligarchy

## 군부독재, 군사독재 military dictatorship

- 군사독재 시절에 많은 민주화 인사들이 투옥되었다. During the era of military dictatorship many promoters of democracy were jailed.

## 독재자 dictator; Big Brother

## 독재정치 autocracy; dictatorship

# 전체주의 totalitarianism

> 민족이나 국가와 같은 '전체'의 발전과 존립을 위하여 개인의 자유 및 모든 활동은 희생되어야 한다는 이념 하에 개인·국민의 자유를 제한하고 억압하는 사상

## 군국주의 militarism

- 일본에서 군국주의가 부활하려는 조짐이 나타나고 있다. There are signs that Japan is moving toward reviving militarism.

## 군국주의자 militarist

## 나치 Nazi; (집합적) Nazis

## 나치즘 Nazism ❷

## 파시스트 fascist

## 파시즘 fascism

# 관련표현

## 공포정치 reign of terror

- 그는 공포정치와 언론 조작으로 30년을 장기 집권했다. He has remained in power for thirty years by terrorizing the citizenry and manipulating the media.

## 관료정치 bureaucracy

## 금권정치 plutocracy

## 신권정치 theocracy

## 의회정치 parliamentary politics, 정당정치 party politics

## 현실정치 realpolitik

**금권정치** 금융 자본이나 산업 자본이 정치권력과 유착하여 부유계층이 지닌 돈의 힘에 의해 지배되는 사회의 정치체제. 금권정치는 세계사의 여러 국가에서 나타났으며, 근대에 들어와서는 자본을 소유한 계급이 공식적으로 또는 배후 조종을 통해 정당을 창당하여 정치를 지배하며 정책을 좌우하는 모습을 보이고 있다.
**신권정치** 통치자가 신 또는 신의 대리인으로 간주되어 지배의 정통성이 인정되는 정치체제. 정치와 종교가 분리되지 않은 원시사회와 미개사회, 모든 생활과 가치가 단일 종교·신앙의 기준에 의해 심사되고 종속되는 사회(예: 칼뱅 시대의 제네바)에서 볼 수 있다.
**현실정치** 독일어 '레알폴리틱realpolitik'에서 유래한 말. 도의나 원칙을 고수하기보다는 오직 처한 현실에 따라 실리(실제적·물질적 이익)에 치중하는 노선.



## ❶ 전제주의와 트로이카

전제주의는 한 명 또는 소수의 지배자가 국가의 모든 권력을 독점하여 마음대로 주권을 행사하는 정치체제로서 민주주의의 반대말이다. 독재정치는 한 명의 지배자, 과두정치는 자본력, 군사력, 정치적 영향력을 지닌 소수의 지배자가 권력을 나눠 갖는 구조를 의미하는데, 지배자가 두 명이면 이두정치diarchy, 세 명이면 삼두정치triarchy라고 한다. 삼두정치의 지배자들을 비유적으로 삼두마차triumvirate, 또는 트로이카troika라고 하는데, 세 마리의 말이 끄는 러시아의 썰매인 트로이카는 어떤 분야에서 두드러진 활약을 보이는 세 명의 사람을 뜻하는 말로도 쓰인다.

## ❷ 나치즘과 스와스티카

전체주의는 강력한 국가 권력이 개인의 생활을 간섭, 통제하는 사상과 체제를 뜻하는데, 이탈리아의 전체주의를 파시즘, 독일의 전체주의를 나치즘이라고 한다. 나치즘은 국가사회주의National Socialism라는 뜻의 독일어인 Nationalsozialismus의 약자인데, 파시즘의 한 갈래로서 인종주의와 반(反)유대주의를 기반으로 하는 것이 특징이다. 나치는 불교의 만자(卍字)를 거꾸로 뒤집은 모양의 스와스티카swastika라는 기호를 사용하는 것으로도 잘 알려져 있는데, 독일어로 하켄크로이츠Hakenkreuz라고 하는 스와스티카는 나치가 처음 사용한 것으로 생각하기 쉽지만 그렇지 않다. 인도게르만어족의 일파인 아리아인은 중앙아시아에 살다가 인도와 유럽으로 이동한 백인종을 가리키는데, 히틀러는 독일인이 아리아인의 후예라는 점을 강조하기 위해 때마침 유럽에서 인기를 끌던 인도 불교의 상징인 스와스티카를 나치의 상징으로 차용했던 것으로 보인다. 스와스티카는 시계 방향과 시계 반대 방향의 만자(卍字)를 모두 뜻하는 말이다.

# 군주제, 왕정 **monarchy**



## 종류

입헌군주제 constitutional monarchy, 제한군주제 limited monarchy

□ 영국은 입헌군주제 국가이다.
  The United Kingdom is a constitutional monarchy.

전제군주제, 절대군주제, 절대왕정 absolute monarchy; absolutism

## 왕족 royal family; royal line; royalty

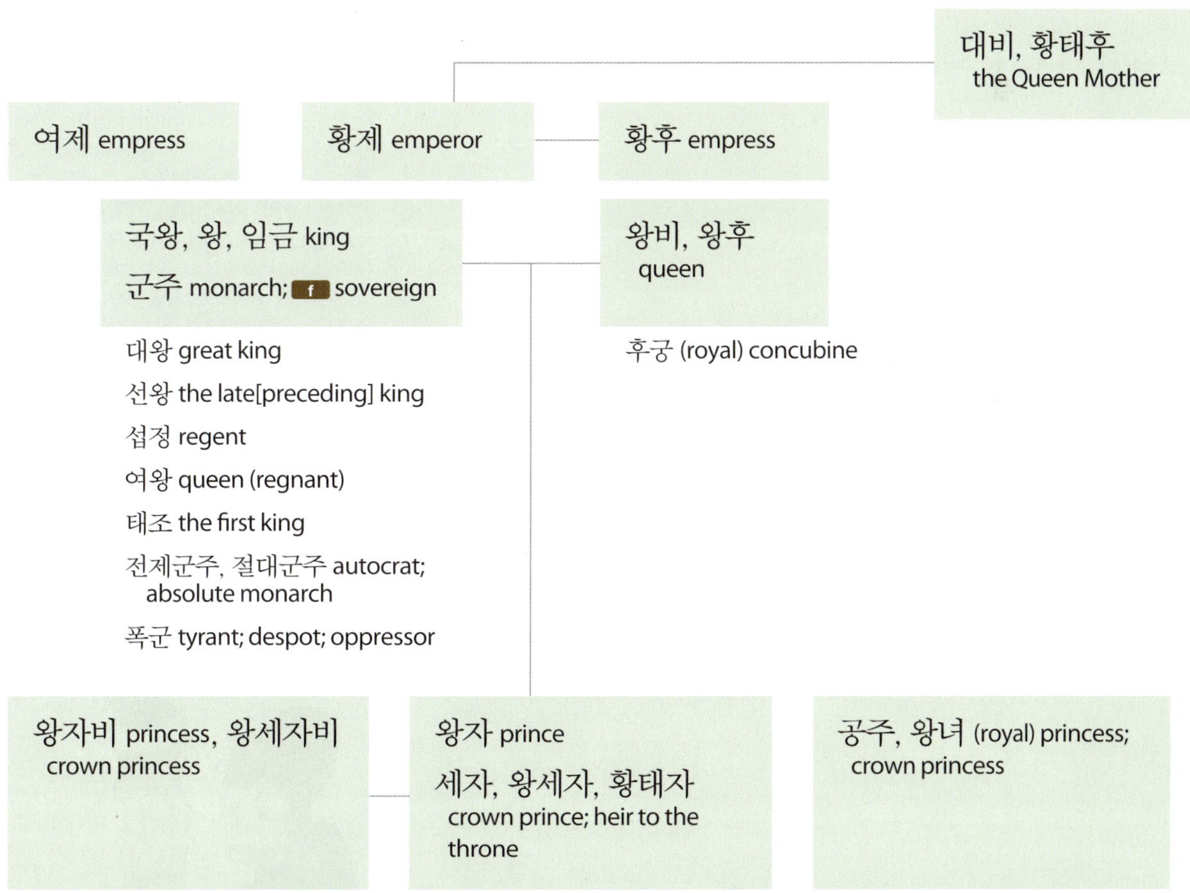

## 대관식, 즉위식 coronation; enthronement

## 마마, 전하, 폐하 (왕족에 대해) Your[His; Her] Highness[Majesty]

□ 전하, 성은이 망극하옵나이다. Your Majesty's grace knows no bounds.

## 왕관 (royal) crown

□ 왕관을 머리에 쓰다 wear a crown

## 왕권 royal prerogative; (신으로부터 받은) divine right

## 왕조 dynasty

□ 조선왕조는 1392년부터 1910년까지 한반도를 통치했다.
The Korean Peninsula was ruled by the Joseon Dynasty from 1392 to 1910.

## 재위 reign

□ 그 왕은 재위 기간 동안 많은 업적을 남겼다.
That king achieved many great things during his reign.

## 신하 subject

## 내시, 환관 eunuch ❶

## 시종 lord-in-waiting

시종장 chamberlain; Lord Chamberlain

## 공신 meritorious subject

개국공신 (recognized) founding contributor
□ 그는 조선왕조의 개국공신 중 한 명이다. He is one of the great men who
contributed to the founding of the Joseon Dynasty.

## 충신 loyal[faithful] subject ⬌ 간신 disloyal[treacherous] subject

❶ **내시와 환관은 같은 뜻?**

내시(內侍)는 '안에서 모시는 사람'이라는 한자어에서 알 수 있듯이 궁궐 내에서 임금을 보좌하는 사람으로서, 요즘으로 치면 청와대 비서관에 해당하는 고위직 신하를 뜻한다. 반면 환관은 거세castration, 즉 고환이나 음경을 잘라낸 남성을 뜻하는데, 중국의 환관은 고환과 음경을 모두 거세한 반면 한국에서는 고환만을 거세한 것이 특징이다. 거세를 해야 환관과 왕족 사이에 불미스러운 일이 일어나는 것을 방지할 수 있었기 때문이다. 중국에서는 환관이 내시를 겸한 반면, 우리나라는 고려시대까지는 내시와 환관의 구분이 엄격한 편이었다. 고려시대의 내시는 재능과 용모가 출중한 엘리트 집단이었지만, 환관은 천민 출신으로서 궁중의 잡일을 도맡아 했다. 그러다가 고려시대 말에 중국의 영향력이 강해지면서 고려의 환관들도 내시로 임명되는 일이 많아졌는데, 1356년에는 내시부(內侍府)라는 이름의 환관의 관청이 신설되면서 내시와 환관이 혼동되기 시작했고, 엘리트 집단이던 내시는 환관의 별명이 되고 말았다. 중국식으로 거세를 할 때는 요도에 기러기의 깃털을 꽂아 넣는데, 깃털을 뽑았을 때 정상적으로 소변이 나오면 생존했지만, 소변이 나오지 않으면 요독증으로 사망했다고 한다.

# 선거 election, 투표 vote; ballot; poll

## 선거 election

### 간선, 간접선거 indirect election ⬌ 직선, 직접선거 direct election

□ 미국은 대통령을 선출하는 데 간접선거 방식을 채택하고 있다. The United States uses a system of indirect election to choose its president.

□ 시민들은 대통령 직선제를 요구하는 시위를 벌였다. The citizens held demonstrations demanding direct election of the president.

### 경선 (competitive) election

### 공명선거 clean[fair] election ⬌ 부정선거 election[electoral] fraud; rigged election; ballot rigging

□ 국회의원 후보들은 공명선거를 다짐했다.
The candidates for the National Assembly promised a clean election.

### 대선 presidential election

#### 대선 후보 presidential candidate

□ 그녀는 유력한 차기 대선 후보로 손꼽히고 있다.
She is one of the few strong candidates for the next presidential election.

### 보궐선거 by-election

□ 현역 의원이 구속되어 해당 지역구에서 공석을 메우기 위해 보궐선거가 실시되었다.
When the incumbent assemblyman was incarcerated, a by-election was held in his district to fill the empty seat.

### 보통선거 universal suffrage

### 비밀선거 secret ballot

### 예비선거 primary (election) ❶

### 자유선거 free election

### 재선, 재선거 reelection

□ 그는 대통령 재선에 도전했지만 실패했다.
He ran for reelection as president but failed.

### 지방선거 local election

### 총선, 총선거 general election ❷

□ 총선은 과열 혼탁 양상을 보였다. The general election was characterized by overheated campaigning and murky rhetoric.

□ 이번 총선에서는 여당이 압승을 거두었다.
The ruling party won the recent general election by a landslide.

---

**❶ 프라이머리의 종류**

프라이머리는 특정 대통령 후보를 지지하는 대의원을 선출하는 미국의 예비선거를 가리킨다. 특정 장소에 모여 대의원을 선출하는 코커스와 달리 프라이머리는 투표로 진행되는데, 각 당의 당원들만 참여할 수 있는 클로즈드 프라이머리closed primary와 당원이 아닌 일반인들까지 참여할 수 있는 오픈 프라이머리 open primary로 나뉜다. 우리나라에서도 미국의 오픈 프라이머리와 비슷한 '국민참여경선'이 도입되었는데, 오픈 프라이머리는 자기가 지지하지 않는 정당의 가장 약한 후보에게 고의로 투표하여 결국 지지 정당의 후보에게 유리한 결과를 가져올 수 있다는 단점이 있다. 2008년 대선 당시 미국에서는 10여 개 주에서 코커스, 30여 개 주주에서 프라이머리를 실시했는데, 오픈 프라이머리를 실시한 주의 숫자가 약간 더 많았다.

**❷ 미국의 중간선거**

미국에는 6년 임기의 상원의원이 100명 있고, 2년 임기의 하원의원이 435명 있다. 상원의원은 100명 전원을 한꺼번에 선출하는 것이 아니라 2년에 한 번씩 1/3에 해당하는 상원의원을 다시 선출하는데, 미국 대통령의 임기가 4년이기 때문에 결국 대통령 임기가 반이 지났을 때 1/3의 상원의원과 하원의원 전원에 대한 총선거가 실시되는 셈이다. 이런 총선거를 중간선거midterm election라고 하는데, 중간선거 결과는 대통령의 인기를 나타내는 척도가 된다. 만약 중간선거 결과 여당이 참패를 한다면 그것은 그만큼 국민들이 대통령을 지지하지 않는다는 증거이며, 이후 대통령은 레임덕에 시달리게 된다. 2010년 11월 치러진 중간선거에서는 공화당이 상하원에서 모두 승리를 거두었다.

# 선거 관련표현

## 공약 campaign[election] pledge[promise]

□ 그 후보는 여러 장밋빛 공약을 남발했다.
That candidate made excessive rosy campaign promises.

## 공천 nomination

□ 그는 당의 공천에서 탈락하자 무소속으로 출마했다.
When he failed to get his party's nomination, he ran as an independent.

## 당선되다 be elected; win (an election)

□ 그는 젊은 나이에 국회의원에 당선되었다.
He was elected to the National Assembly at a young age.

□ 그녀는 출마만 하면 당선은 따놓은 당상이다. She's a shoo-in if she runs.

### 당선인, 당선자 elected person; the elected; successful candidate
□ 대통령 당선자 president-elect

## ⬌ 낙선하다 lose an election; be defeated (in an election)

□ 그는 국회의원 선거에서 세 번이나 낙선의 고배를 마셨다.
He suffered a bitter defeat in three elections for the National Assembly.

### 낙선자 unsuccessful[defeated] candidate; also-ran

## 비례대표제 proportional representation

### 비례대표 representative appointed in accordance with the formula for proportional representation
□ 그는 여당의 비례대표로 국회에 입성했다.
He was appointed to a seat in the National Assembly by the ruling party in accordance with the formula for proportional representation.

## 선거관리위원회, 선관위 board of elections; (한국의) National Election Commission

□ 선관위는 선거법을 위반한 후보를 검찰에 고발했다. The election board reported candidates accused of violating the election law to the public prosecutor.

## 선거구 election[electoral] district; precinct; constituency ❶

□ 대통령은 종로의 한 선거구에서 아침 일찍 투표를 마쳤다. The president cast his vote early in the morning in one of the Jongno election districts.

### 지역구 local election district; local[district] constituency
□ 그는 이번에 지역구를 대구로 옮겨 총선에 출마했다.
He moved to a district in Daegu and ran in the general election there.

## 선거법 electoral law; election law; laws regulating elections

□ 선거법을 위반하다 violate an election law

## 선거비용 war chest; election expenses; campaign finance

---

**미국 대통령의 대선 슬로건**

**빌 클린턴 (1992)**
- It's Time to Change America
- It's The Economy, Stupid.
- Don't stop thinking about tomorrow
- Putting People First

**빌 클린턴 (1996)**
- Building a bridge to the 21st century

**조지 W. 부시 (2000)**
- Compassionate conservatism
- Leave no child behind
- Real plans for real people
- Bush Reformer with results

**조지 W. 부시 (2004)**
- Yes, America Can!

**버락 오바마 (2008)**
- Change We Can Believe In
- Change We Need
- Hope
- Yes We Can!

---

**❶ 선거구 제도의 종류**

- 소선거구제 system of single-seat constituencies (한 선거구에서 한 명의 의원을 선출하는 제도)
  소선거구 single-seat constituency
- 중선거구제 system of multiple-seat constituencies below the national level (보통 도(道)를 단위로 하여 두 명 내지 다섯 명 정도의 의원을 선출하는 제도)
  중선거구 multiple-seat constituency (at the provincial level)
- 대선거구제 system of multiple-seat constituencies at the national level (한 선거구에서 두 사람 이상의 의원을 선출하는 제도)
  대선거구 multiple-seat constituency (at the national level)

# 선거운동, 유세 (election; political) campaign; electioneering ❶

□ 후보들은 14일간의 공식적인 선거운동에 돌입했다.
The candidates have started the official 14-day period of campaigning.

## 낙선운동 campaign against someone

□ 시민단체들은 여당 후보에 대한 낙선운동을 벌일 계획이다. Citizens' groups are planning to campaign against the ruling party candidate.

## 흑색선전 (false; malicious) propaganda; mudslinging

□ 이번 총선에서는 어느 때보다 인신공격이 판을 쳤다.
The mudslinging was worse than ever in the recent general election.

# 선거일 election day

□ 모레가 선거일이다. Election day is the day after tomorrow. / The election is only two days off.

# 입후보, 출마 candidacy; candidature

## 러닝메이트 running mate

□ 오바마는 부통령 러닝메이트로 바이든 상원의원을 선택했다.
Obama chose Senator Biden as his running mate.

## 입후보자, 후보자 candidate

# 지지율 approval rating; popularity rating

□ 두 후보의 지지율 격차는 1%에 지나지 않는다. There's only a one-percent difference between the popularity ratings of those two candidates.

□ 대통령의 지지율이 30% 미만으로 떨어졌다.
The president's approval rating has fallen below 30 percent.

---

# 투표 vote; ballot; poll ❷

## 거수투표 show of hands

□ 회원들은 거수투표로 신임 회장을 선출했다.
The members chose their new chairman by a show of hands.

## 결선투표 runoff; run-off

□ 두 후보가 동점을 기록했기에 결선투표를 실시하게 되었다. Both candidates received the same number of votes, so a runoff election had to be held.

## 국민투표 plebiscite; referendum

□ 야당은 그 문제를 국민투표에 부칠 것을 요구했다.
The opposition party demanded that the issue be put to a plebiscite.

## 대리투표 proxy vote

□ 그 선거에서는 대리투표가 공공연히 행해졌다.
In that election an open proxy vote was held.

# 무기명투표, 비밀투표 secret ballot ⬌ 기명투표 write-in vote

---

❶ **선거 때만 악수를 하는 정치인들**

선거철이 다가오면 후보들은 너나할것없이 거리를 돌아다니며 유권자에게 악수를 청한다. 영어에서는 이럴 때 악수handshake라는 표현 대신 glad-hand라는 표현을 사용한다.

**ex** 그 행사에는 이번 선거의 후보자들이 참가하여 만나는 모든 사람들과 악수를 했다.
The event was attended by candidates in the upcoming election, glad-handing everyone they met.

❷ **의무적으로 투표를 해야 하는 나라**

전 세계적으로 30여개 국이 의무 투표제를 실시하고 있다. 가장 오랫동안 의무 투표제를 실시하고 있는 벨기에에서는 투표를 하지 않으면 벌금을 내야 하거나 공공부문에서의 취업이 금지될 수 있다. 그리고 4번 이상 투표를 하지 않으면 10년간 선거권이 박탈될 수 있다. 호주에서는 질병이나 기타 다른 이유로 투표장에 나올 수 없는 사람을 제외하고 별다른 이유 없이 투표에 불참하면 벌금을 부과받게 된다. 남미의 볼리비아에서는 투표에 불참하면 3개월간 은행에서 월급을 인출할 수 없다.

## 부재자투표 **AE** absentee ballot[vote]; **BE** postal vote

☐ 총선 부재자투표가 전국적으로 실시되었다.
   In the general election absentee voting was conducted nationwide.

## 불신임 투표 vote[motion] of no-confidence

☐ 노조는 노조 위원장에 대한 불신임 투표를 실시했다.
   The union conducted a vote of no-confidence against the chairman.

## 전자투표 electronic voting; e-voting


# 투표 시설

## 개표소 the place where the ballots[votes] are counted

### 개표 ballot count[tally]

### 개표기 voting machine

## 투표소 polling place[station]; the polls

☐ 투표소 밖으로 사람들의 줄이 길게 늘어섰다.
   People were waiting in a long line outside the polling station.

### 기표소 voting booth; polling booth

☐ 사람들은 기표소에서 기표를 마치고 투표함에 투표용지를 넣었다. After filling their
   ballots out in the voting booth, voters put them in the ballot box.

### 참관인 election judge; returning officer

### 투표용지, 투표지 ballot (paper)

### 투표함 ballot box

☐ 첫 번째 투표함을 개표하자마자 당선자의 윤곽이 드러났다.
   As soon as the votes from the first ballot box were counted, it became
   apparent who the winner would be.

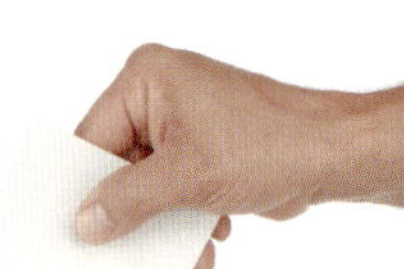

# 투표 관련표현

## 기권 abstention

☐ 투표 결과 찬성 163, 반대 75, 기권이 10명이었다.
   The results of the vote were 163 for and 75 against, with 10 abstentions.

## 득표 vote

☐ 그는 170표를 득표하여 의장으로 선출되었다.
   He was elected speaker with 170 votes.

☐ 신생 정당이 총선에서 10%의 득표율을 기록하는 파란을 일으켰다. The new party shook
   up the general election by getting ten percent of the vote.

## 선거권, 참정권, 투표권 franchise; suffrage; the right to vote; the vote

□ 미국의 선거권 취득 연령은 18세이다.
In the United States, the voting age is 18.

## 선거인, 유권자 voter; elector; (특정 지역구의) constituent; (집합적) electorate; constituency

□ 각 정당들은 유권자들의 신성한 한 표를 부탁했다.
Each party asked the voters to bless them with their vote.

### 부동층 swing[undecided; floating; uncommitted] voters
□ 여야 모두의 사활이 부동층에 달려 있다. The fate of both the ruling party and the opposition depends on the swing vote.

### 선거인단 electoral college

### 선거인명부 electoral register; electoral roll

## 출구조사 exit poll

□ 출구조사를 실시하다 conduct an exit poll

□ 방송사들의 출구조사 결과가 실제 결과와 정확히 일치했다.
The results of exit polls conducted by the broadcasting companies were right in line with the actual vote.

## 투표율 (voter) turnout

□ 이번 선거는 역대 최저 투표율을 기록했다.
The turnout at the polls in the recent election was the lowest ever.

## 표 vote; ballot

□ 나는 아침 일찍 투표소에 나가 한 표를 행사했다.
I went to the polls early in the morning to cast my ballot.

### 동정표 sympathy vote

### 부동표 floating vote; swing vote
□ 부동표의 향방에 따라 선거 결과가 바뀔 것으로 보인다. It looks as though the results of the election will depend on the swing vote.

### 찬성표 aye; yes vote; affirmative vote; a vote for
□ 한국은 유엔의 대북 인권 결의안에 찬성표를 던졌다. The Republic of Korea voted for the resolution on human rights in North Korea.

### ⬌ 반대표 nay; negative vote; a vote against

### 캐스팅보트 casting vote
□ 가부 동수일 경우 의장이 캐스팅보트 역할을 하여 결과를 결정한다. In the event of a tie vote the speaker decides the outcome with his casting vote.

의회 표결에서 가부(可否)가 같은 수일 때 의장이 행사하는 결정권 투표

# 미국의 대통령 선출 방식

## 1. 대통령 후보 지명

대선이 열리는 해의 2월부터 각 정당에서는 당원대회인 코커스caucus와 예비선거인 프라이머리primary를 통해 그 당의 특정 후보를 지지하는 대의원들을 선출한다. 선출된 대의원들의 숫자를 합산해 대통령 후보를 결정하는데, 민주당은 1,995명, 공화당은 1,259명 이상의 대의원을 확보하면 대통령 후보로 확정된다. 민주당과 달리 공화당은 한 명이라도 더 많은 대의원을 확보한 후보에게 그 주의 대의원 전체를 몰아주는 승자독식winner-takes-all 방식을 채택하고 있는 것이 특징이다. 코커스는 아이오와 주(州)에서 처음으로 시작되고, 프라이머리는 뉴햄프셔 주에서 시작된다.

## 2. 전국 전당대회

각 당은 7월이나 8월에 전당대회를 열고 코커스와 프라이머리 결과를 집계해 대통령 후보를 선출하고, 대통령 후보는 부통령 러닝메이트를 지명한다. 전당대회 이전에 이미 후보가 확정되기 때문에 전당대회는 국민들에게 각 당의 정부통령 후보를 널리 알리는 일종의 홍보 행사라고 보면 된다. 전당대회가 끝나면 후보들은 본격적인 선거유세에 돌입한다.

## 3. 선거인단 선거

각 당은 주마다 선거인단 명부를 제출해 놓고 선거를 치른다. 선거인단은 미국의 상하원의원의 숫자인 535명 (상원의원 100명 + 하원의원 435명)에 수도 워싱턴 D.C.의 대표 3명을 더해 538명으로 정해진다. 선거인단은 주별로 인구비례를 따져 배정하는데, 선거인단 숫자는 해당 주의 하원의원 숫자와 같다. 예를 들어 인구가 가장 많은 캘리포니아 주에는 55명의 선거인단이 배정되고 인구가 적은 주는 고작 3~4명이 배정된다. 선거인단 선거에서 국민들은 대통령 후보가 아니라 자신이 지지하는 정당에 표를 던지게 되는데, 총득표수가 한 표라도 많은 정당이 그 주의 선거인단을 독식하게 된다. 단, 메인 주와 네브라스카 주는 승자독식이 아니라 후보의 득표율에 따라 선거인단을 분배한다. 선거인단 선거는 월요일이 낀 11월 첫째 주 화요일로 정해져 있다.

## 4. 대통령 선거

선거인단 선거에서 270명의 선거인단을 확보하면 사실상 대통령으로 확정되지만, 아직 대통령 선거라는 절차가 남아 있다. 선거인단 선거를 통해 뽑힌 각 당의 선거인단은 12월 둘째 수요일이 지나고 그 다음 월요일에 각 주의 주도(州都)에 모여 자신이 소속한 당의 대통령 후보에게 투표한다. 선거인단은 각 당에 충성스러운 당원들이기 때문에 대통령 선거에서 다른 당의 후보에게 투표하는 일은 거의 없다고 볼 수 있다. 이렇게 모든 절차가 끝나면 차기 대통령은 이듬해 1월 20일에 공식 취임한다.

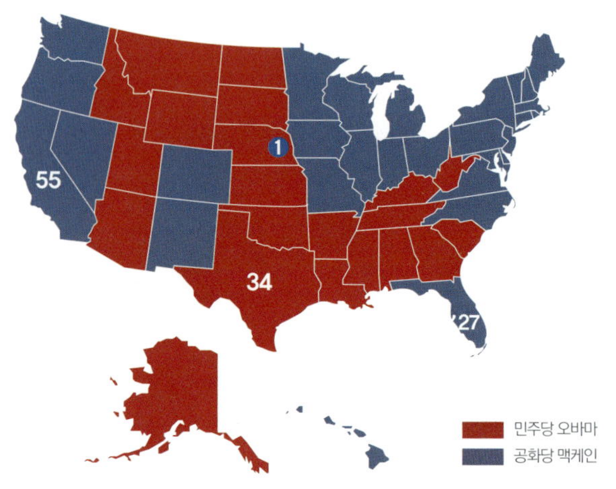


2008 미국 대통령 선거인단 선거 결과

 **관련표현**

국민소환제 recall

정쟁 political strife[controversy; dispute; warfare]

정적 political enemy

정책 policy

정치가, 정치인, 위정자 politician; (사람들이 존경하는) (남성) statesman; (여성) stateswoman; (정치꾼) politico

  □ 원로 정치인 elder statesman

정치자금 political funds

정치헌금 political contribution

PART 2

# Unit 2 행정부

 # 정부, 정권 government; administration; regime ❶

## 종류

**공산정권** communist government[regime]

**과도정부** caretaker[interim] government

☐ 1947년 남한에 과도정부가 발족했다.
An interim government was set up in South Korea in 1947.

**괴뢰정권, 괴뢰정부** puppet government[regime] ❷

☐ 1932년 일제는 중국 동북부 지역에 만주국이라는 괴뢰정권을 세웠다.
In 1932 the Japanese set up a puppet government in northeastern China called Manchukoku.

**군사정권, 군사정부** military government[regime]; (military) junta; stratocracy ⬌ **민간정부** civilian government[administration]

☐ 아프리카에서 시민혁명이 일어나 30년에 걸친 군사독재정권이 막을 내렸다. A civil revolution in Africa put an end to a 30-year military dictatorship.

**독재정권** dictatorship; dictatorial government[regime]

**망명정부** government-in-exile, **임시정부, 임정** provisional government; (국제사회의 승인을 받지 못한) de facto government

☐ 중국에 의해 침략당한 티베트는 인도에 망명정부를 세웠다. Having been invaded by China, Tibet set up a government in exile in India.

☐ 1919년 4월 13일 중국 상하이에 대한민국 임시정부가 세워졌다.
A provisional government for the Republic of Korea was set up in Shanghai on April 13, 1919.

**연립정부** coalition government

☐ 총리는 야당에 연립정부 구성을 제안했다.
The prime minister proposed a coalition with the opposition party.

**혁명정부** revolutionary government

## 정부 형태

**내각책임제, 의원내각제** parliamentary system

**내각** cabinet

☐ 정부 여당은 이번 사태에 책임을 지고 내각 총사퇴를 선언했다.
The governing party announced the resignation of the entire cabinet as an acknowledgment of responsibility for the recent state of affairs.

---

❶ **정부의 뉘앙스 차이**

- **government** 한 나라를 통치하고 있는 조직과 그 구성원.

  **ex** 한국 정부는 북한과의 대화 재개에 나섰다. The **government** of the Republic of Korea has moved to reopen talks with the North.

- **administration** 정권 교체를 통해 일정 기간 동안 집권 중인 정부. 집권 중인 대통령의 이름과 함께 쓰임.

  **ex** 중간선거 패배로 인해 오바마 행정부가 큰 타격을 입었다. The loss of the midterm elections was a big blow to the Obama **administration**.

- **regime** 정통성이 없거나 독재적이고 억압적인 정치 권력.

  **ex** 국제사회는 카다피 정권을 제재하기 위한 방안에 착수했다. The international community has started working on a proposal for putting sanctions on the Gaddafi **regime**.

❷ **괴뢰정권은 공산정권?**

흔히 북한과 같은 공산정권을 괴뢰정권, 북한군을 괴뢰군으로 잘못 사용하는 경우가 많다. 괴뢰(傀儡)는 꼭두각시라는 뜻으로, 괴뢰정권은 겉으로는 독립국가처럼 보이지만 다른 나라의 조종을 받는 정부이고, 괴뢰군은 다른 나라의 조종을 받는 군대를 뜻한다. 괴뢰군은 특히 한국전쟁 당시 소련의 조종을 받았던 북한 인민군을 비하하는 말로 쓰인다. 흔히 다른 나라를 침략하거나 점령하기 위한 발판으로 괴뢰정부를 세우는데, 현재 지중해 동부 키프로스 섬의 북부를 차지하고 있는 북키프로스터키공화국은 국제사회의 승인을 받지 못한 터키의 괴뢰국가다.

연립내각 coalition cabinet

## 대통령제 presidential system

### 단임제 single-term presidency (system)
- 한국은 대통령 5년 단임제를 채택하고 있다. In the Republic of Korea, the president serves only a single term of five years.

### 중임제 multi-term presidency (system)
- 미국 대통령은 4년 임기로 중임이 가능하다.
  In the United States, the president may serve up to two four-year terms.


# 통치| 체제

## 연방제 federalism; federal system
- 북한은 연방제 통일 방안을 제안했다.
  North Korea has proposed a federal system of reunification.
  연방정부 federal government

## 중앙집권제 centralism
- 그는 강력한 중앙집권제 국가를 건설했다.
  He established a nation with a strongly centralized form of government.
  중앙정부 central government

## 지방분권제 decentralization, 지방자치제 local self-government
지방자치단체, 지방정부 local[provincial] government


# 관련표현

## 개각 cabinet reshuffle; cabinet shake-up
- 대통령은 3명의 장관을 교체하는 소규모 개각을 단행했다.
  The president changed three members of his cabinet in a minor shake-up.

## 실각하다 fall (from *one's* position); lose *one's* footing

## 입각하다 join[enter] the cabinet; become a member of the cabinet; take a seat in the cabinet
- 대통령은 자신의 최측근들을 장관으로 입각시켰다.
  The president put those closest to him in his cabinet.

 공무원, 공직자 civil servant; public servant; government employee[official]

## 종류 — 직책

### 국가원수, 원수 head of state

□ 국가원수는 국군의 통수권을 행사한다.
The head of state exercises supreme authority over the armed forces.

### 대통령, 주석 president, 총통 generalissimo ❶

□ 그는 현역 시절 '농구 대통령'이라는 별명으로 불렸다.
When he was active playing, he was nicknamed the president of basketball.

□ 버락 오바마는 미국의 제44대 대통령이다.
Barack Obama is the 44th president of the United States.

영부인 first lady ❷

### 부통령 vice president ( abb VP)

### 국무총리, 수상, 총리 prime minister ( abb PM); premier; (독일 · 호주 등의) chancellor

□ 신임 영국 총리가 한국을 방문했다.
The new prime minister of the United Kingdom visited Korea.

### 각료, 국무위원 cabinet minister; member of the Cabinet; (집합적) cabinet, 장관 (한국의) minister; (미국의) secretary

□ 그는 교육부 장관을 역임했다. He has held the office of minister of Education.

부장관 deputy secretary

차관 undersecretary

차관보 (미국의) assistant secretary

## 종류 — 성격

### 고관, 고관대작 high (government) official; dignitary

### 관료 beaurocrat; (집합적) beaurocracy; officialdom

기술 관료 technocrat

### 청백리 clean[incorrupt] government employee

### ⟷ 탐관오리 corrupt (government) official

---

❶ **대통령은 왜 대통령이 되었을까?**

대통령(大統領)의 한자를 풀이해 보면 '크게(大) 묶어서(統) 다스리는(領) 사람'이라는 뜻이다. 중국 청나라와 고대 일본에서는 군대의 지휘관을 통령(統領)이라고 불렀는데, 영어의 president를 일본어로 번역하면서 통령 앞에 '대(大)'를 붙여 대통령이라고 부르기 시작했다. 일본은 대통령을 통령보다 위에 있는 군대의 최고사령관으로 보았던 셈이다. 대만에서는 대통령이 아닌 총통(銃統)이라는 단어를 사용하는데, 총통 또한 '모두 묶어(銃) 다스린다(統)'는 뜻으로 대통령과 비슷한 의미를 가지고 있다. 총통은 generalissimo라고 하는데, 이탈리아어로 가장 높은 장군general이라는 의미를 가지고 있다. 총통은 군사 체계상 별 5개짜리 원수보다 위에 있는데, 러시아와 스페인의 독재자 스탈린과 프랑코도 generalissimo로 불렸다.

❷ **영부인이 있다면 영남편도 있다?**

대통령의 아내가 영부인이라면 여자 대통령의 남편은 영남편일까? 영남편이라는 단어는 사전에 없다. 대신 남의 남편을 높여 부르는 말인 부군(夫君)을 쓰고, 국서(國壻)라는 말도 있지만 거의 쓰지 않는다. 여성 대통령의 부군은 영어로 first gentleman이라고 하는데, 왕이나 여왕의 배우자는 consort라고 부르고, 여왕의 남편인 경우 앞에 prince를 붙여 prince consort라고 한다. prince의 뜻이 왕자이기 때문에 prince consort를 여왕의 아들로 오해할 수 있지만, 남편이라는 점을 기억하자. 잘 알려진 prince consort로는 엘리자베스 2세 영국 여왕의 부군인 필립공(公)과, 마르그레테 2세 덴마크 여왕의 부군인 헨리크공(公)이 있다.

ex 필립공은 엘리자베스 영국 여왕의 부군이다.
Prince Philip is the consort of Queen Elizabeth of England.

## 관련표현

### 관료제, 관료주의 bureaucracy; (까다롭고 불필요한) red tape ❶

□ 공직 사회에서 비효율적인 관료주의적 행정 절차가 사라지지 않고 있다.
Among public officials, excessive adherence to bureaucratic red tape remains unabated.

### 국무회의 cabinet meetings

□ 대통령은 북한 핵 문제를 논의하기 위해 국무회의를 열었다.
The president held a cabinet meeting to discuss the problem of North Korea's nuclear program.

### 레임덕 lame duck ❷

□ 총선 패배 이후 대통령의 레임덕 현상이 가속화되었다. After losing the general election the president's lame-duck status worsened rapidly.

### 임기 term; tenure

□ 그는 임기를 절반밖에 채우지 못하고 공직에서 물러났다.
He resigned from public office after serving only half of his term.

❶ **관료주의를 왜 red tape라고 할까?**

레드테이프red tape란 일반적으로 형식적 절차주의, 지나치게 관료적이거나 번거롭고 까다로운 규칙 또는 규정을 고수하는 것을 의미한다. 정부의 문서를 붉은 테이프로 묶었던 전통에서 비롯되었는데, 붉은 테이프로 공적인 문서를 묶은 최초의 기록은 16세기 영국으로 거슬러 올라간다. 헨리 8세가 자신의 왕비인 캐서린과 이혼을 하기 위해 교황 클레멘스 7세에게 80여 건의 탄원서를 제출했는데, 그 탄원서들이 동그랗게 말려서 붉은 테이프로 묶여 있었다고 기록되어 있다.

❷ **레임덕의 유래**

레임덕, 즉 '절름거리는 오리'라는 말은 원래 18세기 영국의 주식시장에서 큰 돈을 잃은 투자자나 주식 중개인을 가리키는 말이었다. 무리에서 떨어져 절름거리며 느릿느릿 걷는 오리는 냉혹한 시장의 먹잇감이 되기 때문이다. 그러다가 정치권에서 '임기 만료를 앞둔 선출직 공무원'이라는 뜻으로 쓰이게 되었는데, 특히 임기가 곧 끝나고 다른 후임자가 정해진 대통령을 가리키는 말로 쓰인다. 즉 레임덕은 사람을 뜻하는 말이지 권력 누수라는 현상을 뜻하지는 않는다. 미국에서는 신임 대통령이 선출되는 11월부터 취임식이 열리는 이듬해 초까지의 기간을 레임덕 기간lame duck session이라고 하는데, 모든 권력이 신임 대통령에게 이전되기 때문에 현직 대통령은 제대로 영향력을 발휘할 수 없게 된다. 하지만 이 기간 동안 현직 대통령은 어차피 재선될 일도 없고 퇴임하면 그만이라는 생각으로 자기 당에 유리하도록 정부 조직을 개편한다거나 측근들에 대한 사면과 복권을 남발하기도 한다.

**주요 국가 대통령 · 수상 관저 명칭**

- 대한민국 청와대 Cheongwadae; the Blue House
- 미국 백악관 the White House
- 러시아 크렘린궁전 the Moscow Kremlin; the Kremlin
- 영국 다우닝가 10번지 10 Downing Street; Number 10
- 프랑스 엘리제궁 Élysée Palace
- 중국 중난하이 Zhongnanhai

# 03 각국의 행정부 조직



## 15부 (※ 2011년 12월 기준)

고용노동부 Ministry of Employment and Labor

교육과학기술부 Ministry of Education, Science and Technology

국방부 Ministry of National Defense

  병무청 Military Manpower Administration

  방위사업청 Defense Acquisition Program Administration

국토해양부 Ministry of Land Transport and Maritime Affairs

  해양경찰청 Korea Coast Guard

  행정중심복합도시건설청 Multifunctional Administration City Construction Agency

기획재정부 Ministry of Strategy and Finance

  관세청 Korea Customs Service

  국세청 National Tax Service

  조달청 Public Procurement Service

  통계청 Korea National Statistical Office

농림수산식품부 Ministry for Food, Agriculture, Forestry and Fisheries

  농촌진흥청 Rural Development Administration

  산림청 Korea Forest Service

문화체육관광부 Ministry of Culture, Sports and Tourism

  문화재청 Cultural Heritage Administration

법무부 Ministry of Justice

  검찰청 Public Prosecutors' Office

보건복지부 Ministry of Health and Welfare

  식품의약품안전청 Korea Food & Drug Administration

여성가족부 Ministry of Gender Equality & Family

외교통상부 Ministry of Foreign Affairs and Trade

지식경제부 Ministry of Knowledge Economy
　중소기업청 Small and Medium Business Administration
　특허청 Korean Intellectual Property Office
통일부 Ministry of Unification
행정안전부 Ministry of Public Administration and Security
　경찰청 Korean National Police Agency
　소방방재청 National Emergency Management Agency
환경부 Ministry of Environment
　기상청 Korea Meteorological Administration

## 2처 (※ 2011년 12월 기준)

국가보훈처 Ministry of Patriots & Veterans Affairs
법제처 Ministry of Government Legislation

## 2원 (※ 2011년 12월 기준)

감사원 Board of Audit and Inspection
국가정보원 National Intelligence Service

## 위원회 (※ 2011년 12월 기준)

공정거래위원회 Fair Trade Commission
금융위원회 Financial Services Commission
국민권익위원회 Anti-Corruption & Civil Rights Commission
방송통신위원회 Korea Communications Commission

국가안전보장회의 National Security Council

민주평화통일자문회의 National Unification Advisory Council

국민경제자문회의 National Economic Advisory Commission

국가교육과학기술자문회의 Presidential Advisory Council on
  Education, Science & Technology

## 행정부 부처

교육부 Department of Education (**abb** ED)

교통부 Department of Transportation (**abb** DOT)

국무부 Department of State (**abb** DOS)

국방부 Department of Defense; (**abb** DOD); the Pentagon

국토안보부 Department of Homeland Security (**abb** DHS)

내무부 Department of the Interior (**abb** DOI)

노동부 Department of Labor (**abb** DOL)

농무부 US Department of Agriculture (**abb** USDA)

법무부 Department of Justice (**abb** DOJ)

　연방수사국 Federal Bureau of Investigation (**abb** FBI)

보건복지부 Department of Health and Human Services (**abb** HHS)

보훈부 Department of Veterans Affairs (**abb** DOVA)

상무부 Department of Commerce (**abb** DOC)

에너지부 Department of Energy (**abb** DOE)

재무부 Department of the Treasury (**abb** DOT)

주택도시개발부 Department of Housing and Urban Development (**abb** HUD)

## 주요 연방정부기관

국세청 Internal Revenue Service (**abb** IRS)

미국연방예금보험공사 Federal Deposit Insurance Corporation (**abb** FDIC)

미국연방우정국 United States Postal Service (**abb** USPS)

미국통상대표부 Office of the United States Trade Representative (**abb** USTR)

미국항공우주국 National Aeronautics and Space Administration (**abb** NASA)

연방선거관리위원회 Federal Election Commission (**abb** FEC)

연방준비제도 Federal Reserve System (**abb** FRS)

중앙정보국 Central Intelligence Agency (**abb** CIA)

평화봉사단 Peace Corps (**abb** PC)

# 중국 행정부 the Chinese administration

감찰부 Ministry of Supervision

공안부 Ministry of Public Security

공업신식화부, 공업정보화부 Ministry of Industry and Information Technology

과학기술부 Ministry of Science and Technology

교육부 Ministry of Education

교통운송부 Ministry of Transport

국가발전화개혁위원회 National Development and Reform Commission

국가심계서 National Audit Office ※감사원에 해당

국가안전부 Ministry of State Security

국가인구계획생육위원회 National Population and Family Planning Commission

국방부 Ministry of National Defense

국토자원부 Ministry of Land and Resources

농업부 Ministry of Agriculture

문화부 Ministry of Culture

민정부 Ministry of Civil Affairs

민족사무위원회 State Ethnic Affairs Commission

사법부 Ministry of Justice

상무부 Ministry of Commerce

수리부(水利部) Ministry of Water Resources

외교부 Ministry of Foreign Affairs

위생부 Ministry of Health

인력자원 · 사회보장부 Ministry of Human Resources and Social Security

재정부 Ministry of Finance

주택도농건설부 Ministry of Housing and Urban-Rural Development

중국인민은행 People's Bank of China

철도부 Ministry of Railways

환경보호부 Ministry of Environmental Protection

## 3.4 일본 행정부 the Japanese administration

경제산업성 Ministry of Economy, Trade and Industry (abb METI)
- 자원에너지청 Agency for Natural Resource and Energy
- 중소기업청 Small and Medium Enterprise Agency
- 특허청 Patent Office

국토교통성 Ministry of Land, Infrastructure, Transport and Tourism (abb MLIT)
- 관광청 Japan Tourism Agency
- 기상청 Japan Meteorological Agency
- 해상보안청 Japan Coast Guard

농림수산성 Ministry of Agriculture, Forestry and Fisheries
- 수산청 Fisheries Agency
- 임야청 Forestry Agency

문부과학성 Ministry of Education, Culture, Sports, Science and Technology (abb MEXT)
- 문화청 Agency for Cultural Affairs

방위성 Ministry of Defense
- 방위시설청 Defense Facilities Administration Agency

법무성 Ministry of Justice
- 검찰청 Public Prosecutors Office
- 공안조사청 Public Security Intelligence Agency

외무성 Ministry of Foreign Affairs

재무성 Ministry of Finance
- 국세청 National Tax Agency

총무성 Ministry of Internal Affairs and Communications
- 소방청 Fire and Disaster Management Agency

환경성 Ministry of the Environment

후생노동성 Ministry of Health, Labour and Welfare
- 사회보험청 Social Insurance Agency

# 04 행정단위 administrative district[division]

구 *gu*; ward; (자치구) borough
  구청장 mayor of a *gu*; head of a *gu*[ward; borough]

군 *gun*; county
  군수 head[magistrate] of a *gun*

도 *do*; province
  도지사 governor (of a province); provincial governor

동 *dong*

리 *li*; village
  이장 village leader[headman]

면 *myeon*; township
  면장 (township) mayor

반 *ban*; neighborhood association

번지 house number; street address

시 city
  시민 citizen
  시장 mayor

읍 *eup*; town
  읍장 (town) mayor

주 (미국의) state; (캐나다의) province; (영국의) county
  주지사 governor

통 *tong*

현 (일본 등의) prefecture

## 5.1 경찰서, 경찰조직

### 경찰서 police station; station house

도경 provincial police bureau[board; headquarters], 시경 metropolitan police bureau[board; headquarters]

본서 police headquarters

　경찰서장 chief of police; **AE** police chief; **BE** chief constable

유치장 jail; lockup

　□ 그는 술에 취해 난동을 부리다가 밤새 경찰서 유치장 신세를 졌다.
　He wound up in the police lockup overnight for being drunk and disorderly.

지구대, 지서, 파출소 police substation; precinct station

　□ 경찰은 절도 용의자를 지구대로 연행했다.
　The police took the man in to the precinct station on suspicion of theft.

　지구대장, 지서장, 파출소장 chief of a police substation

취조실 interrogation room

### 경찰 부서

감식반 criminal identification unit; forensics unit[team]

　□ 감식반 직원들이 사건 현장에서 지문 감식 활동을 벌였다.
　The forensics team searched the crime scene for fingerprints.

강력반 violent crimes unit[bureau]

　□ 그 사건은 강력반으로 넘어갔다.
　That case was turned over to the violent crimes unit.

경비과 public security department

경찰특공대 SWAT team

　□ 경찰특공대는 정상회담이 열리는 장소에서 삼엄한 경비를 펼쳤다. The venue for the summit meeting was under the tight protection of a SWAT team.

교통과 traffic[transportation] department

1968년 미국 로스앤젤레스 경찰국(LAPD)에서 처음 창설된 경찰특공대의 약자인 SWAT은 원래 Special Weapon Attack Team(특수 화기 공격팀)이었지만, 지나치게 군사적이고 공격적이라는 이유로 현재의 Special Weapons And Tactics(특수 화기 및 전술)로 바뀌었다.

내사과 internal affairs department[bureau]


The Internal Affairs Department initiated an investigation of an officer who
was guilty of some irregularities.

보안과 national security department

사이버테러과 cyber-terrorism unit

수사과, 형사과 criminal investigation department

마약단속반, 마약수사과 drug squad; narcotics division

형사기동대 police squad

외사과 foreign affairs department

정보과 intelligence department


## 교육기관

경찰대학 (한국의) Korean National Police University

경찰학교 police academy

 # 경찰관 (police) officer; **inf** cop

## 계급 rank ❶

순경 police officer; **BE** (police) constable

경장 senior police officer; **BE** sergeant

경사 assistant inspector; **BE** inspector

경위 inspector; **AE** lieutenant; **BE** chief sergeant

경감 senior inspector; **AE** captain; **BE** superintendent

경정 superintendent; **BE** chief superintendent

총경 senior superintendent; **BE** commander

☐ 그는 순경으로 경찰 생활을 시작해 총경의 자리까지 올랐다.
He began as a patrolman and made his way up to senior superintendent.

경무관 superintendent general; **BE** deputy assistant commissioner

치안감 senior superintendent general; **BE** assistant commander

치안정감 chief superintendent general; **BE** deputy commissioner

치안총감, 경찰청장 commissioner general; **BE** commissioner

### ❶ 경찰의 계급과 직책

우리나라는 의무경찰을 제외하고 순경에서 치안총감까지 11개의 계급으로 구분되어 있다. 경찰 계급을 군대의 계급과 단순 비교하는 것은 다소 무리가 있지만, 의무경찰은 군대의 사병과 비슷하고, 순경에서 경사까지는 하사관, 경위에서 총경까지는 소위에서 대령, 경무관에서 치안총감은 소장에서 대장까지의 계급과 비슷하다고 볼 수 있다. 그래서 총경에서 경무관으로 진급할 때 '별을 단다'고 말하기도 한다. 매년 경찰대학 졸업생 120명과 간부후보생 출신의 50명이 졸업과 동시에 경위로 임관하는데, 이들은 일선 지구대, 즉 파출소장으로 임용되는 경우가 많다. 한편 총경은 종로경찰서와 같은 각 지역의 경찰서장을, 그리고 경무관은 서울지방경찰청과 같은 각 지역의 경찰청장을 맡게 된다. 순경에서 경무관까지를 사법경찰이라고 하는데, 이들은 범인의 수사 및 체포와 같은 사법 작용을 담당하며 검사의 지휘를 받는다. 치안감, 치안정감, 치안총감은 행정경찰이라고 하며 검사의 지휘를 받지 않으며 수사권도 가지고 있지 않다.

## 종류

교통경찰 traffic police

기마경찰 mounted police officer; (집합적) the mounted police

비밀경찰 (the) secret police

사복경찰 plainclothes policeman; (잠복근무 중인) undercover police officer

☐ 범인은 잠복근무 중이던 사복경찰에게 체포되었다.
The criminal was arrested by an undercover officer in plain clothes.

형사 (police) detective; investigator

↔ 정복경찰 police officer in full uniform

여경 policewoman

의경, 의무경찰 conscripted policeman

## 전경, 전투경찰 riot police; combat police (force)

☐ 전경 부대에서 구타 사건이 발생해 경찰이 조사에 나섰다. The police are investigating a case of beating that took place on a riot police base.

## 해경, 해양경찰 maritime police

# 미국의 경찰

## 보안관 sheriff ❶

부보안관 deputy sheriff

## 연방보안관 (조직) United States Marshals Service (abb USMS); (구성원) marshal

## 지역 경찰 municipal police

고속도로 순찰대 highway patrol

주(州) 경찰 state police force; (state) trooper

---

❶ **미국의 보안관과 경찰은 어떻게 다를까?**

한국 경찰은 경찰청장을 총수로 해서 일원화된 지휘 체계로 움직이지만, 미국은 연방, 주, 시, 군별로 각각 다른 복잡한 치안 조직을 가지고 있다. 미국은 50개 주로 이루어진 연방국가이며 각 주마다 자치 성향이 강하기 때문에 주의 자치권을 간섭하지 않으면서 연방의 치안도 책임져야 하기 때문이다.

• **보안관** 미국의 50개 주는 여러 개의 카운티county(※한국의 군(郡)에 해당)로 이루어져 있는데, 보안관은 해당 카운티의 경찰청장과 같은 사람이다. 보안관은 중앙정부에서 임명하는 것이 아니라 주민들의 투표로 선출되는데, 휘하에 여러 명의 부보안관deputy sheriff을 두어 각 지역의 치안을 담당하게 된다.

• **경찰** 미국의 대부분의 시(市) 정부는 자체적인 경찰 조직을 운영하고 있는데, 대표적인 경찰 조직으로는 로스앤젤레스 경찰국(LAPD)과 뉴욕 경찰국(NYPD)등이 있다. 경찰국 신설 여부는 전적으로 시 정부의 결정에 달려 있는데, 주민이 몇 천 명에 불과하더라도 경찰국이 있기도 하고, 주민이 몇 만 명이 넘어도 자체적인 경찰 조직이 없어 해당 카운티의 보안관이 시의 치안을 담당하는 경우도 있다.

• **연방보안관** 미국 연방정부는 94개의 사법 관할구로 나뉘어져 있고, 각 지역마다 연방 지방법원이 하나씩 있다. 연방보안관은 연방 지방법원의 집행관으로서, 범인 호송이나 탈주범 검거와 같은 임무를 담당한다. 미국에서는 항공기 납치에 대비해 미국 국적의 항공기에 연방정부 요원이 신분을 숨기고 탑승하는데 이런 사람을 에어마셜air marshal, 즉 '하늘의 연방보안관'이라고 한다.

• **연방수사국** FBI라는 약자로 더 잘 알려진 연방수사국은 말 그대로 연방정부의 수사 기관이다. 헐리우드 영화에는 연방수사국 요원들이 보안관이나 경찰보다 상위에 있으며 무소불위의 권력을 휘두르는 것처럼 묘사되지만, 이들이 일선 경찰이나 보안관을 지휘하는 일은 없다. 어디까지나 협력 관계로 공조 수사를 할 뿐이다.

• **고속도로 순찰대** 흔히 주 경찰을 고속도로 순찰대라고 부른다. 고속도로 순찰대는 각 주의 카운티와 시를 연결하는 도로에서 벌어지는 범죄를 수사하는 업무를 맡는데, 고속도로뿐만 아니라 일반 도로에서 발생하는 위반사항까지 단속할 수 있다.

## 가스총 gas gun

- 가스총을 쏘다 shoot a gas gun

## 경찰복 police uniform

## 경찰봉, 진압봉 truncheon; baton; **AE** nightstick

## 경찰차, 순찰차 (police) patrol car; squad car

## 권총 pistol; handgun; (자동 권총) revolver

- 용의자가 칼을 휘두르며 저항하자 경찰은 권총을 발사했다. When the suspect resisted, brandishing a knife, the policeman fired his pistol.

## 무전기 (police) radio; police scanner

- 무전기의 주파수를 맞추다 tune a police scanner

## 물대포 water cannon

- 경찰은 시위대를 향해 물대포를 발사했다.
  The police fired a water cannon at the demonstrators.

## 방패 riot shield

## 수갑 handcuffs; manacles; shackles; **inf** cuffs

- 수갑을 풀다 remove[take off] handcuffs
- 그의 양손에는 수갑이 채워져 있었다. Both his hands were cuffed.

## 전기충격기 electroshock weapon; stun gun; (테이저건) Taser

- 용의자가 경찰의 테이저건을 맞고 사망하는 일이 발생했다. There was a case in which a suspect died as the result of being tasered by a policeman.

## 최루탄 tear bomb

- 최루탄을 터뜨리다 use tear gas / explode tear gas

  최루가스 tear gas; CS gas

## 탐지기 detector

  거짓말탐지기 lie detector; polygraph
  - 경찰은 용의자에게 거짓말탐지기 조사를 실시했다.
    The police gave the suspect a lie-detector test.

몸에 갖다 대는 일반 전기충격기와는 달리 테이저건은 발사 순간 테이저건에 연결된 probe라고 하는 두 개의 침이 날아가 표적의 몸에 박히고 5만 볼트의 전류가 흘러 사람을 일시적으로 항거 불능 상태에 빠뜨린다. 경찰은 진압 장비로 테이저건 도입을 추진하고 있지만 최근 미국에서 테이저건을 맞고 사망하는 사례가 속출하고 있어 안전성에 심각한 의문이 제기되고 있다.

# 경찰 업무

## 종류

### 검문, 불심검문 inspection; questioning

- 검문하다 check / inspect
- 실례합니다. 잠시 검문 있겠습니다. Excuse me. I need to ask you a few questions.
- 용의자는 경찰의 불심검문에 체포되었다.
  The suspect was arrested after questioning by the police.

검문소 (police) checkpoint

### 검시, 부검 autopsy; postmortem (examination); necropsy

- 부검하다 autopsy / conduct an autopsy
- 시신 부검 결과 사인은 자살이 아니라 타살로 판명되었다. The autopsy revealed that the cause of death was not suicide but murder.

검시관 coroner; **AE** medical examiner

### 교통정리 traffic control

### 단속 crackdown; clampdown

- 단속하다 crack down / clamp down / (급습하다) bust
- 과적 차량을 단속하다 crack down on overloaded vehicles

과속 단속 구간 speed trap

단속카메라 speed camera; (휴대용 속도측정기) radar gun
- 과속을 하다가 단속카메라에 찍혀 벌금형에 처해졌다.
  I was caught speeding by a speed camera and got fined.

음주단속, 음주측정 Breathalyzer test; breath test ❶
- 음주측정을 하다 conduct a breath test / measure *sb's* blood alcohol level
- 그는 음주측정을 거부한 죄로 입건되었다.
  He was booked for refusing to undergo a Breathalyzer test.

### 방범 crime prevention

방범등, 보안등 security light

방범초소 anti-crime checkpoint

방범카메라 security camera
- 범인의 얼굴이 방범카메라에 포착되었다.
  The criminal's face was caught on a security camera.

### 수배하다 put[place] *sb* on wanted lists

- 현상 수배하다 offer a reward for information leading to the arrest of *sb*
- 경찰은 살인 용의자를 전국에 지명수배했다.
  The police have placed the murder suspect on wanted lists nationwide.

---

❶ **음주단속 관련 용어**

- **음주운전** drunk driving; drinking & driving; DUI (driving under the influence의 약자); DWI (driving while intoxicated의 약자)
  - **ex** 그녀는 음주운전을 하다가 사고를 냈다. She caused an accident while **driving under the influence**.
- **음주측정기** breath analyzer; (상표명) Breathalyzer
  - **ex** 음주측정기에 입김을 불다 blow into a **Breathalyzer**
- **혈중알코올농도** blood alcohol concentration[content] (**abb** BAC); blood alcohol level (**abb** BAL)
  - **ex** 그의 혈중알코올농도는 0.05%였다. His **blood alcohol level** was 0.05 percent.

❶ **field sobriety test**

경찰은 운전자의 음주운전 여부를 판단하기 위해 field sobriety test라는 음주 테스트를 실시하기도 한다. 이 방법은 음주측정기breath analyzer가 없을 때 실시할 수 있는데, 차 밖으로 나온 운전자는 경찰의 요구에 따라 '한 다리로 서 있기one-leg-stand', '고개를 뒤로 젖히고 눈을 감은 채 코끝에 검지를 갖다 대기finger-to-nose', '직선 위를 똑바로 걸어갔다가 되돌아오기walk-and-turn'와 같은 몇 가지 테스트를 받는다. 만약 이 검사를 통과하지 못하면 경찰은 운전자를 병원으로 데리고 가서 음주측정이나 채혈검사blood test를 받게 할 수 있다.

# 수사 investigation

- 김 형사가 그 사건을 수사하고 있다. Detective Kim is investigating that case.

### 수사관 (police) detective; investigator

### 수사기관 investigative agency

### 잠복, 잠복근무 stakeout
- 형사들은 열흘째 용의자의 집 근처에서 잠복근무를 하고 있다. The police have been staking out the vicinity of the suspect's house for ten days now.

### 함정수사 sting operation; entrapment
- 함정수사를 벌이다 carry out a sting operation

### 현상금 bounty
- 범인에게는 천만 원의 현상금이 걸렸다.
  There's a bounty of ten million won on the criminal's head.

현상금 사냥꾼 bounty hunter

# 수색 search; hunt; (범인의) manhunt; (몸수색) body search; (옷을 벗기고 수색하는) strip search

- 수색하다 search / look / hunt / make a search (for) / (몸을) frisk
- 경찰은 증거 확보를 위해 기업 본사 수색 영장을 발부 받았다. The police got a warrant to search the corporate headquarters for evidence.
- 연안 경비대는 사고를 당한 어선의 실종자를 수색하는 중이다.
  The Coast Guard is searching for those lost in the fishing boat accident.

# 순찰 patrol

# 심문, 취조 interrogation; inquisition; questioning ❶

- 심문하다 interrogate / question
- 경찰 심문 과정에서 진범이 밝혀졌다. The identity of the real culprit came to light during the police interrogation.

### 대질심문, 반대심문 cross-examination ❷

### 심문자 inquisitor; interrogator

# 압수 confiscation; seizure

- 압수하다 impound / confiscate / seize

# 입건하다 book (*sb* for *sth*)

- 그는 사기 혐의로 불구속 입건되었다.
  He was booked without detention on charges of fraud.

# 조서 (police) report

- 조서를 꾸미다 write a report / draw up a report

## ❷ 플리바게닝과 죄수의 딜레마

피고가 유죄를 인정하는 대가로 검사가 형량을 줄여주는 행위를 플리바게닝plea bargaining, 즉 사전형량조정제도라고 한다. 특히 여러 명의 공범이 연루되었거나 증거가 부족할 때 검사는 용의자에게 플리바게닝을 제안하며 자백을 이끌어내기도 한다. 이럴 때 죄수의 딜레마prisoner's dilemma 또는 수인(囚人)의 딜레마가 발생한다. 두 명의 용의자가 있다고 가정해 보자. 이들이 범인이라는 심증은 확실한데 뚜렷한 물증이 없다. 그래서 경찰은 두 용의자를 각각 다른 방에 떨어뜨려 놓은 후, 죄를 자백하고 다른 사람이 주범이라고 증언한다면 당신은 가벼운 처벌을 받게 될 것이라고 용의자들을 설득한다. 용의자들은 심각한 고민에 빠진다. 두 사람 모두 묵비권을 행사하면 증거 불충분으로 풀려나겠지만, 한 사람이라도 겁에 질린 나머지 다른 사람을 배신하고 죄를 자백한다면 그 사람은 무거운 처벌을 받게 될 것이고, 만약 두 사람 모두 자백을 한다면 두 사람 모두 처벌을 받게 될 것이다. 즉, 서로를 믿고 침묵을 지킨다면 처벌을 피할 수 있지만, 서로에 대한 믿음을 잃는 순간 무거운 처벌을 받게 되는 셈이다. 20세기 후반에 미국과 소련이 군비경쟁을 벌인 것도 서로를 믿지 못하고 죄수의 딜레마에 빠졌기 때문이다. 죄수의 딜레마는 경제학에서 널리 쓰이고 있는 이론이다.

## 체포 arrest; apprehension

- 체포하다 arrest / apprehend
- 그는 공무집행방해죄로 체포되었다. He was arrested on charges of obstructing a civil servant from carrying out his duties.

## 현장검증 crime reenactment; on-the-spot inspection[investigation]; site inspection; inspection of the scene ❶

- 현장검증을 실시하다 inspect the scene of a crime



## 관련자

가해자 attacker; **f** assailant ➡ 피해자 victim; (사상자) casualty

끄나풀, 앞잡이, 정보원 informer; informant ❷

- 그는 수년 동안 대학가에서 경찰의 끄나풀로 활동했다. He was active for several years on university campuses as a police informant.

## 목격자 witness; eyewitness

- 목격하다 witness
- 경찰은 그 사고의 목격자를 찾고 있다.
  The police are looking for anyone who witnessed the accident.

## 용의자, 피의자 suspect

### 알리바이, 현장부재증명 alibi

- 그는 확실한 알리바이가 있어 용의선상에서 제외되었다.
  He was taken off the list of suspects because he had a perfect alibi.

## 자백 confession; admission

- 자백하다 confess / admit
- 용의자는 경찰의 추궁에 사건 일체를 자백했다. Hard pressed by the police, the suspect confessed everything about the case.

# 관련표현

**관할구역** (police) precinct; police district[division]; (담당 구역) beat

**몽타주** (사진) composite (sketch); identikit picture; E-FIT (Electronic Facial Identification Technique의 약자) ❶

☐ 몽타주를 작성하다 make a composite sketch

## 블랙리스트 blacklist

☐ 그녀는 경찰의 블랙리스트에 올라 있다. She's on the police blacklist.

## 신고 report; notification

☐ 신고하다 report / notify

☐ 시민의 신고를 받은 경찰이 사건 현장 조사를 위해 출동했다.
The police went out to check the scene of an incident reported by a citizen.

### 내부고발, 양심선언 whistle-blowing

☐ 전직 직원의 양심선언으로 회사의 비리가 만천하에 드러났다.
Everyone found out about the company's irregularities when a former employee blew the whistle on it.

### 내부고발자 whistle-blower; (익명의) deep throat

### 신고자 reporter

## 저지선 cordon

☐ 시위대는 경찰 저지선을 뚫고 의회 안으로 진입했다.
The demonstrators broke through the police cordon and entered the Assembly building.

## 치안 public security; public peace

☐ 그 나라는 치안이 몹시 안 좋은 편이다.
Public security is very inadequate in that country.

## 미란다원칙 Miranda rights[warning] ❷

☐ 형사는 피의자에게 미란다원칙을 고지했다.
The detective Mirandized the detainee. / The detective read the detainee his rights.

저지선은 여러 명의 경찰로 연결한 인간 장벽 또는 사건 현장에 쳐놓은 테이프를 뜻한다. 노란색 테이프는 police tape 혹은 caution tape, warning tape이라고 한다.

❶ 몽타주

❌ montage → ⭕ composite

몽타주montage는 아래 사진과 같이 여러 장의 사진이나 화면의 일부를 합성해서 만드는 예술 기법으로서 콜라주collage와 일맥상통하는 개념이다.

범인이나 용의자의 초상화를 뜻하는 몽타주는 composite라고 하는데, 예전에는 전문 몽타주 화가가 증인의 증언을 바탕으로 몽타주를 작성했지만, 최근에는 신체 부위별로 여러 장의 사진이나 그림을 미리 준비해 놓고 합성하는 identikit picture나, 컴퓨터로 사진을 합성하는 E-FIT 기법이 활용되고 있다.

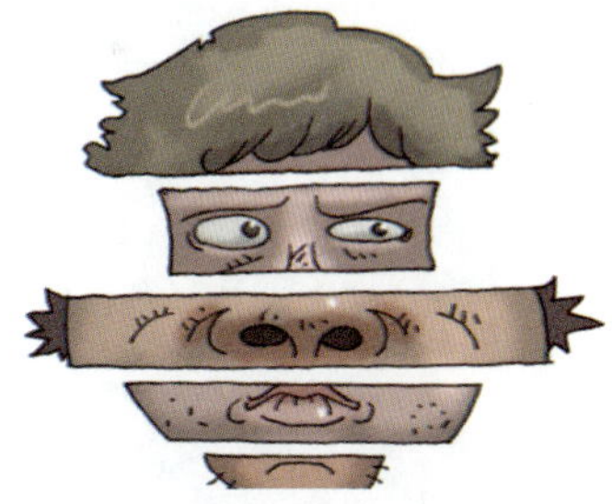

❷ **미란다원칙**

미란다원칙은 피의자를 체포하거나 심문하기 전에 피의자에게 헌법상의 권리를 알려줘야 하는 규정을 뜻한다. 이 말은 1966년 미국에서 강간 혐의로 체포된 미란다라는 미국인이 진술 거부권과 변호인 선임권 등을 고지받지 못했다는 이유로 대법원에 의해 무죄 판결을 받게 되면서 널리 쓰이게 되었는데, 우리나라에는 1997년에 도입되었다. 엄밀히 따지면 Miranda rule은 원칙 자체를 뜻하고, Miranda warning은 경찰이 피의자에게 고지해야 하는 내용, 그리고 Miranda rights는 피의자가 갖는 법적 권리를 뜻한다. 미란다원칙은 다음과 같은 내용이지만 경우에 따라서는 말을 약간 바꾸거나, 피의자가 제대로 알아들었는지 확인하기 위해 문장 끝에 Do you understand?를 붙이기도 한다.

You have the right to remain silent. Anything you say can and will be used against you in a court of law. You have the right to speak to an attorney, and to have an attorney present during any questioning. If you cannot afford a lawyer, one will be provided for you at government expense.

당신은 묵비권을 행사할 수 있다. 당신이 말하는 것은 모두 법정에서 당신에게 불리하게 작용할 수 있다. 당신은 변호사를 선임할 권리가 있으며 심문 과정에서 변호사를 대동할 수 있다. 변호사를 고용할 비용이 없으면 정부측 부담으로 변호사를 제공한다.

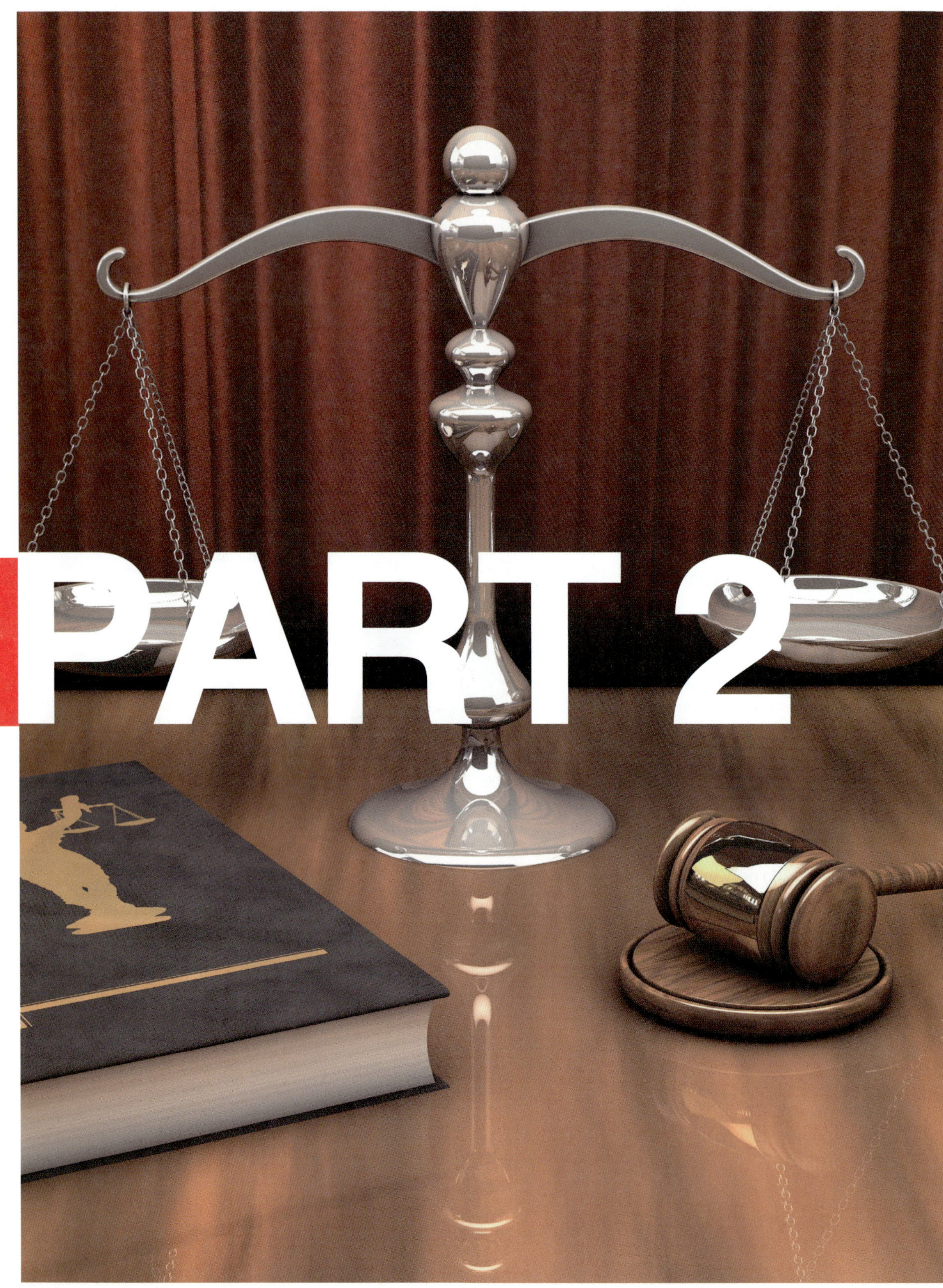
PART 2

# Unit 3 사법부

# 01 법원과 검찰청

## 1.1 법원, 법정 court (of law); law court

가정법원 family court; domestic relations court

군법회의, 군사법원 military court; court-martial

□ 그는 군사법원에서 사형 판결을 받았다.
He was sentenced to death by a military court.

연방법원 federal court

주(州)법원 state court

지방법원 district court; (미국의) General Court

➡ 고등법원 high court, 항소법원 appellate court; AE the court of appeals; appeals court

➡ 대법원 supreme court

□ 고등법원의 판결이 대법원에서 뒤집혔다.
The High Court's decision was overturned by the Supreme Court.

□ 검찰은 고등법원의 판결에 불복해 대법원에 상고했다. Dissatisfied with the decision of the High Court, the prosecution took the case to the Supreme Court.

대법관 justice of the supreme court; supreme court justice

대법원장 chief justice (of the supreme court)

특허법원 patent court

행정법원 administrative court

헌법재판소 constitutional court ❶

□ 그 법률은 헌법재판소에서 헌법 불합치 판결이 났다. That law was declared unconstitutional by the Constitutional Court.

헌법재판관 Constitutional Court justice

헌법재판소장 president of the Constitutional Court

### 정의의 여신

흔히 테미스Themis 또는 디케Dike라고 불리는 정의의 여신상Lady Justice은 왼손에는 저울을, 오른손에는 칼을 들고 있는데, 저울은 법의 형평성을 상징하고 칼은 엄하게 법을 집행하겠다는 의지를 나타낸다. 15세기 이전에 제작된 여신상은 눈을 뜨고 있는 반면, 이후에 제작된 여신상은 띠로 눈을 가리고 있는데, 눈을 가린 것은 주관성을 배제하고 객관적으로 법을 집행하거나 해석하겠다는 의미이다. 한편 우리나라 대법원에 있는 정의의 여신상은 한복을 입고 의자에 앉아 있는 등 서양의 여신상을 한국적으로 표현한 것이 특징인데, 칼 대신 법전을 들고 있는 것이 차이점이다.

❶ 미국에도 헌법재판소가 있을까?

헌법재판소는 재판을 담당하는 것이 아니라 위헌 법률을 심판하거나 헌법소원 심판, 탄핵 심판 등을 담당하는 기관으로서 입법, 행정, 사법부와 분리된다는 뜻으로 제4부로 불리기도 한다. 미국에서는 헌법재판소가 없는 대신 대법원에서 위헌이나 헌법 불합치 여부를 판단한다. 헌법 불합치는 위헌의 일종으로서, 위헌 판정이 나면 그 법이 즉각 폐지되는 반면, 헌법 불합치 판정이 나면 해당 법률을 대체할 법안이 마련될 때까지 법의 폐지가 유보된다는 차이점이 있다. 모든 법을 위헌으로 판정할 경우 야기되는 법적 공백과 혼란을 줄이기 위한 일종의 방편인 셈이다.

# 검찰 the prosecution, 검찰청 Public Prosecutors' Office

## 종류

### 고검, 고등검찰청 High (Public) Prosecutors' Office

- 그 사건은 고등검찰청에 배당되었다.
  That case was referred to the High Prosecutors' Office.

### 대검, 대검찰청 Supreme (Public) Prosecutors' Office

- 시민단체는 전직 대통령을 내란 혐의로 대검찰청에 고소했다.
  A citizens' group filed an accusation with the Supreme Prosecutors' Office against a former president suspected of insurrection.

  검찰총장 the (public) prosecutor general; **AE** the attorney general; **BE** the director of public prosecutions

### 지검, 지방검찰청 District (Public) Prosecutors' Office; (미국) District Attorney's Office

> 특정 형사 사건에 대하여 법원에 재판을 신청하거나 탄핵을 발의하는 일

## 관련표현

### 공소, 기소 prosecution; indictment; charge, 소추 (criminal) prosecution

- 불구속 기소하다 indict[prosecute] *sb* without detention
- 검찰은 그녀를 살인 혐의로 구속 기소했다. The district attorney had her arrested and indicted under suspicion of homicide.
- 법원은 증거 불충분을 이유로 검사의 공소를 기각했다.
  The court dismissed the prosecution's charges for insufficient evidence.

### 공소시효 statute of limitations ❶

- 공소시효가 끝나면 범인이 잡혀도 처벌되지 않는다. After the statute of limitations runs out, a criminal is not punished even if he is caught.

### 공소장, 기소장 (written) indictment; bill of indictment

- 법원에 기소장을 제출하다 submit an indictment to the court

### 기소유예 suspension of indictment; stay of prosecution

검사가 형사 사건에 대하여 범죄 혐의를 인정하나 범인의 연령, 정신 상태, 환경, 범죄의 강도, 정황 등을 참작하여 공소를 제기하지 않는 것

- 그는 정상이 참작되어 기소유예 처분을 받았다. His indictment was suspended in consideration of extenuating circumstances.

### 불기소 nonprosecution

---

❶ **공소와 공소시효**

검사가 특정한 형사 사건에 대해 법원에 공소장을 제출하고 심판을 요청하는 것을 공소 또는 기소라고 한다. 공소시효는 범죄 사건이 발생한 후 일정 기간이 지나면 검사가 공소를 할 수 없게 되는 제도를 뜻하는데, 공소시효가 필요한 이유는, 범인이 기나긴 도주 생활을 하면서 이미 법의 처벌을 받은 것이나 다름 없고, 범죄가 발생한 후 오랜 시간이 지나면 피해자나 증인의 기억이 부정확해지고 증거가 훼손되어 공정한 재판이 이루어질 가능성이 낮아지며, 수사기관으로서는 오래 전에 발생한 사건에 매달리게 되면 수사의 효율성이 떨어지기 때문이다. 최근에는 살인이나 반인륜적 범죄에 대해서는 공소시효를 없애야 한다는 주장이 힘을 얻고 있는데, 미국에서는 주별로 공소시효가 다르지만, 살인과 같은 흉악범죄에 대해 공소시효가 없는 주가 있고, 일본에서도 공소시효를 늘리거나 폐지하려는 움직임을 보이고 있다.

### 주요 범죄별 공소시효

- 간첩죄 15년
- 강간죄 7년
- 강도죄 7년
- 공무집행방해죄 5년
- 내란죄 15년
- 무고죄 7년
- 방화죄 10년
- 사기죄 7년
- 살인죄 15년
- 상해죄 5년
- 위증죄 5년
- 유가증권위조죄 7년
- 절도죄 5년
- 직무유기죄 3년
- 폭행죄 3년
- 횡령, 배임죄 5년

# 02 법조인

## 법조인

**공증인** notary (public)

**공증** notarization; certification
- □ 친구에게 돈을 빌려주고 차용증에 공증을 받아 놓았다.
  I lent some money to a friend and had the IOU notarized.

**검사** (public) prosecutor; (형사사건을 담당하는) prosecuting attorney ❶

**검사장** director of the (High; District) Prosecutors' Office; superintendent public prosecutor

**지방검사** district attorney (**abb** DA)

**특별검사** independent counsel
- □ 야당은 대통령 친인척 비리를 수사하기 위한 특별검사 도입을 주장했다. The opposition party demanded that an independent prosecutor be brought in to investigate charges of nepotistic corruption on the part of the president.

**법관, 재판관, 판사** judge; **f** jurist; (집합적) the court; (호칭) Your Honor

**재판장** presiding judge

**법무사** judicial scrivener

**변호사, 변호인** lawyer; counselor; (법정 변호인) (defense) counsel; **AE** (defense) attorney; **BE** barrister; solicitor
- □ 그는 변호사 수임료를 마련하지 못해 국선변호인을 신청했다.
  He couldn't afford a lawyer, so he asked the court to appoint a defense attorney to represent him.
- □ 가장 유능한 변호사 중 한 명이 그의 사건을 맡았다.
  One of the best defense attorneys available has taken his case.

**고문 변호사** legal adviser

**국선변호인** court-appointed lawyer; public defender

---

**❶ 한국 검사와 미국 검사**

한국에서는 보통 학부에서 법학을 전공하고 사법시험을 본 후 사법연수원에서 2년간 연수를 받는다. 사법연수원 성적에 따라 판사와 검사 등으로 임용되고, 나머지는 로펌에 취직하거나 변호사 사무실을 차리게 된다. 한국에서는 새파란 판사와 검사를 '영감'이라고 부를 정도로 둘의 권한이 막강한데, 특히 검찰은 수사권과 기소권을 독점하고 있기 때문에 경찰의 수사에 관여할 수 있을 뿐 아니라, 검사에 따라 흉악범에게 불기소 처분을 내릴 수도 있고, 무고한 사람에게 높은 형량을 구형할 수도 한다. 반면 미국에서 검사나 변호사가 되려면 일단 대학에서 학사 학위를 취득하고 로스쿨에서 학업을 마친 후 각 주에서 실시하는 변호사 시험을 통과해야 한다. 시험에 통과하면 변호사 자격증이 주어지는데, 곧바로 판사나 검사가 되는 경우는 거의 없고 대부분은 변호사 생활을 하며 경력을 쌓다가 주정부나 연방정부에 의해 검사로 고용되거나, 주민 투표를 통해 판사로 선출된다. 한국과 달리 미국에서는 경찰이 수사권을 가지고 있기 때문에 검사는 경찰 수사를 바탕으로 기소 처분만 할 수 있을 뿐이고, 변호사에 비해 검사의 연봉이 턱없이 낮기 때문에 검사가 그리 인기 있는 직업이 아니다.

변론, 변호 defense

변호인단 the counsel (for the defense; for the prosecution)
- 그녀는 재판을 앞두고 유명 변호사들로 변호인단을 구성했다. Before the trial, she hired a group of famous lawyers to act as her counsel.

성공보수 **AE** contingency fee; **BE** conditional fee

수임료 legal fee; lawyer's fee; retainer

# 집달리, 집행관 bailiff

**미국의 검찰 조직**

미국의 검찰 조직은 연방 검찰청Federal Attorney's Office과 지방 검찰청District Attorney's Office으로 구분된다. 주마다 1개의 연방 검찰청이 있는 것이 일반적이지만, 캘리포니아처럼 규모가 큰 주에는 4개의 연방 검찰청이 있기도 하다. 그리고 각 주의 카운티county마다 지방 검찰청이 있는데, 여러 개의 소규모 카운티를 통합하여 하나의 지방 검찰청이 있기도 하다. 연방 검찰청의 수장인 연방 검사장United States Attorney은 대통령이 임명하고 상원의 동의를 얻어 선출되는데, 임기는 4년이다. 연방 검사장은 휘하에 법무부 장관Attorney General에 의해 임명된 여러 명의 부장 검사assistant US attorney와 수십 명의 검사를 지휘 감독한다. 우리나라는 검사와 변호사가 엄격히 구분되지만, 미국은 검사가 변호사를 겸하기도 하는데, 연방 검찰청에서 일하는 검사는 변호사 자격증을 취득한 후 실무 경험을 쌓기 위해 잠시 머무는 경향이 많다. 평생 검사로 남으려는 직업 검사career prosecutor를 희망하는 이는 매우 드물고, 대부분 연방 검사의 경력을 바탕으로 판사로 진출하거나 개인 변호사 사무실을 여는 편이다. 지방 검찰청의 수장인 지방 검사장district attorney은 대부분 선거를 통해 선출되며, 임기는 연방 검사장과 마찬가지로 4년이다. 지방 검사장은 주지사나 연방의원 등 정계로 진출할 수 있는 역량을 키울 수 있는 자리로 여겨지는데, 자기가 필요한 만큼의 부하 검사deputy district attorney를 채용할 수 있으며, 이렇게 채용된 검사는 지방 검사장의 명령을 받아 검찰 업무를 수행한다. 뉴욕이나 LA, 샌프란시스코와 같은 대도시에서는 지방 검사를 평생 직업으로 하려는 사람이 많지만, 인구가 적은 소도시는 근무 여건이 좋지 않아 본업으로는 변호사를 하면서 부업으로 검사직을 수행하는 이들도 많다고 한다.

# 03 재판 trial, 소송 suit



## 종류

결석재판, 궐석재판 judgment by default

결심공판 final trial

공개재판 public trial

국제재판 trial in an international court

군사재판 military trial[tribunal]

- 김 대위는 항명죄로 군사재판에 회부되었다.
  Captain Kim was turned over to a military
  tribunal for insubordination.

모의재판 mock trial; moot court

민사재판 civil trial; civil court

소액심판, 소액재판 small claims court

위헌재판, 헌법재판 constitutionality trial

인민재판 the people's court; kangaroo court[trial] ❶

- 그는 이적행위를 한 혐의로 인민재판에 회부되어 처벌을 받았다.
  He was tried and punished by the people's court on suspicion of having
  committed acts that served the interests of the enemy.

전범재판 war crimes court[tribunal]

정식재판 formal trial

➡ 약식재판, 즉결심판, 즉심 summary trial[justice]

- 그 남자는 노상 방뇨죄로 즉심에 회부되었다. That man was handed over to a
  summary court for urinating in public.

행정재판 administrative court

형사재판 criminal trial

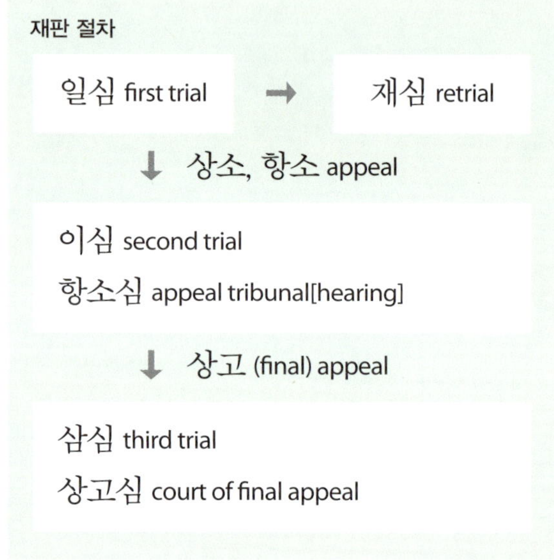


---

❶ **인민재판은 캥거루 재판?**

인민재판은 주로 공산주의 국가에서 실시되는데, 정식 재판관이 아닌 사람이 많은 군중들이 모인 공개된 장소에서 피고에게 사형 등의 가혹한 처벌을 내리는 일종의 공개재판이다. 인민재판은 kangaroo court라고도 부르는데, 증인의 증언, 원고와 피고의 대질심문, 피고의 자기 변호와 같은 재판 절차들이 무시되는 인민재판의 특징을 폴짝폴짝 뛰는 캥거루에 빗댄 표현이다.

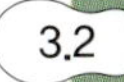

# 소송 suit; lawsuit; (legal) action; litigation

## 종류

### 민사소송 civil suit[action]

□ 그는 밀린 임금을 달라며 전 직장 고용주를 상대로 민사소송을 제기했다.
  He filed a civil suit against his former employer to collect back pay.

### 손해배상소송 action for damages

### 의료소송 medical malpractice suit

### 이혼소송 divorce suit

□ 그 부부는 현재 이혼소송 중에 있다. That couple is in the middle of a divorce suit.

  양육권 (child) custody ❶

  친권 parental right; parental authority ❶

### 집단소송 class action (lawsuit); class-action suit

□ 피해자들은 정부를 상대로 집단소송을 준비 중이다.
  The victims are preparing a class-action suit against the government.

### 친자확인소송 paternity suit

  친자확인검사 paternity test

### 행정소송 administrative litigation

### 헌법소원 constitutional appeal

□ 헌법소원을 제기하다 file a petition to declare (something) unconstitutional

### 형사소송 criminal suit[action]

❶ **양육권과 친권**

양육권은 자녀를 키우는 권리를 말하며, 친권은 자녀의 양육권을 포함한 자녀의 신분이나 재산에 관해 결정할 수 있는 좀 더 포괄적인 권리를 뜻한다. 양육권자가 별도로 지정되지 않았다면 친권자가 양육권을 가지게 되고, 양육권자와 친권자가 다른 경우에는 친권의 효력에서 양육권이 배제된다. 양육권과 친권은 이혼한 부부 중 어느 한 쪽이 행사하거나 공동으로 행사할 수 있다.

## 고발 accusation; complaint; (검찰의) indictment, 고소 accusation; complaint ❶

- 고발하다 indict, 고소하다, 제소하다 sue / accuse / charge
- 고소를 취하하다 withdraw an accusation
- 야당은 그를 선거법 위반 혐의로 검찰에 고발했다. The opposition party filed a complaint against him for suspicion of violating election laws.
- 선거운동이 막바지로 치닫자 여야간에 고소 고발이 난무하고 있다.
  As the election campaigning draws to a close, the ruling party and the opposition are rampantly throwing accusations at each other.
- 내가 그 남자를 사기 혐의로 고소하자 그는 무고죄로 맞고소를 했다.
  When I filed a complaint against that man for fraud, he responded by filing a complaint against me for false accusation.
- 국내 포털업체가 불공정 거래혐의로 경쟁업체를 공정거래위원회에 제소했다.
  A domestic web portal company filed a complaint with the Fair Trade Commission accusing one of its competitors of unfair practices.

고발인, 고소인 plaintiff; accuser; complainant

고발장, 고소장, 소장 petition; (written) complaint; (written) accusation
- 고발장을 제출하다 file a complaint[an accusation]

## 승소하다 win a trial[suit; case]

## ⟷ 패소하다 lose a trial[suit; case]

- 그는 재판에서 패소해 전 재산을 몰수당했다.
  He lost the trial and all of his assets were confiscated.

## 진정, 청원, 탄원 appeal

- 몇몇 사람들은 재판부에 그의 석방을 탄원하는 진정서를 제출했다.
  Some people have filed an appeal for his release.

진정서, 청원서, 탄원서 petition

### ❶ 미국은 고소, 고발의 천국

미국은 고소와 고발을 남발하는 것으로 유명한 나라다. 그 이유는 해마다 양산되는 수많은 변호사와 소송하기 편한 법 제도에 있다고 할 수 있다. 미국은 로스쿨을 졸업해서 변호사 시험에 합격하면 바로 변호사 자격증을 딸 수 있는데, 시험 합격률이 80%에 육박할 정도로 높은 편이다 보니 한국에 비해 변호사의 숫자가 월등히 많다. 사정이 이렇다 보니 별 것 아닌 사건에도 변호사가 먼저 달려오기 마련이고, 소송 비용도 저렴하고, 소송에서 패한 피고에게 징벌적 차원에서 천문학적인 손해배상금을 물리는 일도 다반사이기 때문에 툭하면 소송으로 문제를 해결하려고 한다. 그래서인지 미국산 상품에는 소비자들의 소송에 대비하여 지극히 당연하다 못해 어처구니 없는 경고 문구가 들어가 있는 것을 종종 볼 수 있다.

- 베이비 오일
  Keep out of reach of children. (아이들의 손이 닿지 않는 곳에 두시오.)
- 헤어드라이어
  Do not use while taking a shower. (샤워를 하면서 사용하지 마시오.)
  Do not use while sleeping. (자는 동안 사용하지 마시오.)
- 수면 보조제
  Warning: may cause drowsiness. (경고: 졸음을 유발할 수 있음)
- 전자레인지
  Do not use for drying pets. (애완동물을 말리는 용도로 사용하지 마시오.)
- 어린이용 슈퍼맨 의상
  Wearing of this garment does not enable you to fly. (이 옷을 입어도 날 수 없습니다.)

그래서 상대방이 자신을 다그칠 때 종종 사용하는 Sue me!라는 표현도 있다. 직역하면 '나를 고소해라'인데, 속된 표현인 '배 째라'로 번역하면 된다.

**ex** A: 날 위해 그런 사소한 부탁도 못 들어줘?
B: 그게 마음에 안 들면 고소하든가. (→ 어쩌라고?)
A: How dare you refuse to do such a simple favor for me!
B: So **sue me** if you don't like it.

## 재판, 소송 관련자

### 고소인, 원고 plaintiff; complainant; (형사사건의) accuser

### ⬌ 피고, 피고인 defendant; (형사사건의) the accused; (이혼소송의) respondent

☐ 판사는 여학생 살인사건의 피고인에게 사형을 언도했다. **In the case of the murder of the female student, the judge sentenced the defendant to death.**

#### 묵비권 the Fifth (Amendment) ❶

☐ 피의자는 체포된 이후로 묵비권을 행사하고 있다. **The accused has exercised his Fifth Amendment rights since his arrest.**

#### 최후진술 final testimony

☐ 피고인이 최후진술을 했다. **The defendant gave his final testimony.**

### 배심원 juror; member of a jury ❷

#### 배심원단 jury

☐ 배심원단은 만장일치로 피고의 무죄를 평결했다.
**The jury unanimously found the defendant not guilty.**

### 증인 witness

☐ 그는 원고측 증인으로 법정에 출두했다.
**He appeared in court as a witness for the plaintiff.**

#### 증언 testimony

☐ 증언하다 testify (against; for) / attest / give testimony
☐ 변호사는 의뢰인의 무죄를 증언할 사람을 찾고 있다. **The lawyer is looking for someone to testify as to his client's innocence.**

### 참고인 material witness

☐ 검찰은 그의 참고인 자격적부를 심사했다.
**The prosecutors looked into his qualifications to serve as a material witness.**

### ❷ 배심원 제도의 이모저모

배심원은 법률 전문가가 아닌 일반 국민 가운데 선출되어 심리(審理)나 재판에 참여하고 평결을 내리는 사람을 가리킨다. 최근 우리나라에서도 국민참여재판이라는 이름으로 배심원 제도의 도입이 추진되고 있는데, 보통은 관할 구역에 거주하는 법적 하자가 없는 성인들이 배심원이 된다. 배심 제도에는 대배심grand jury과 소배심petit jury이 있는데, 대배심은 12명 이상 23명 이하의 배심원으로 구성되며, 12인 이상의 찬성으로 피의자의 기소 여부를 결정한다. 소배심은 보통 12명으로 이루어지며 형사 사건에서 피고의 유무죄 여부를 결정하는 배심인데, 배심원단이 만장일치로 의견을 모아야 하는 경우도 있고 다수의 의견을 따르는 경우도 있다. 만약 배심원단의 의견이 엇갈려 평결을 내리지 못하면 그 배심원단은 불일치 배심 hung jury이 되고 평결은 미루어지게 된다. 외국에서는 배심원 임무jury duty가 국민의 의무와도 같아서 특별한 이유 없이 불참하면 벌금을 물게 되며, 배심원으로 참여하는 기간 동안에는 소정의 일당을 지급받게 된다. 그리고 기업에서는 배심원 임무로 인해 출근하지 못하는 직원을 해고할 수 없다.

**ex** 유명 가수의 재판은 불일치 배심이 되었다.
There was a **hung jury** after the trial of the famous singer.

---

### ❶ 묵비권과 헌법 수정조항 제 5조

묵비권은 the Fifth (Amendment), 그리고 묵비권을 행사하는 것은 take the Fifth로 표현한다. the Fifth (Amendment)는 형사사건에 있어서 피의자의 권리를 보장한 미국 헌법의 수정 5조를 뜻하는데, 그 내용은 다음과 같다.

No person shall be held to answer for a capital, or otherwise infamous crime, unless on a presentment or indictment of a Grand Jury, except in cases arising in the land or naval forces, or in the Militia, when in actual service in time of War or public danger; nor shall any person be subject for the same offense to be twice put in jeopardy of life or limb; nor shall be compelled in any criminal case to be a witness against himself, nor be deprived of life, liberty, or property, without due process of law; nor shall private property be taken for public use, without just compensation.

누구라도, 대배심에 의한 고발 또는 기소가 있지 아니하는 한 사형에 해당하는 죄 또는 파렴치 죄에 관하여 심리를 받지 아니한다. 다만, 육군이나 해군에서 또는 전시나 사변시 복무 중에 있는 민병대에서 발생한 사건에 관해서는 예외로 한다. 누구라도 동일한 범행으로 생명이나 신체에 대한 위협을 재차 받지 아니하며, 누구라도 정당한 법의 절차에 의하지 아니하고는 생명, 자유 또는 재산을 박탈당하지 아니한다. 또 정당한 보상 없이, 사유 재산이 공공용으로 수용당하지 아니한다.

## 법정, 재판정 courthouse; courtroom

방청석 gallery

배심원석 jury box

원고석 plaintiff's table

증인석 **AE** stand; witness stand; **BE** witness box

판사석 the bench

피고인석 the dock; defendant's table

• court clerk 법원 서기  • court reporter 법정 속기사

# 기타 관련표현

## 개정하다 open[hold] a trial[hearing]; sit (on a case)

## 구속 imprisonment; confinement

□ 구속하다 imprison / **f** incarcerate

□ 판사는 피고에게 징역 2년을 선고하고 구속했다. The judge sentenced the defendant to two years' imprisonment, and he was taken into custody.

구속적부심사 review of the legality of confinement

## 구형하다 demand (a penalty)

## 기각하다 dismiss; reject

## 법률구조 legal aid

## 보석 bail

보석금 bail ❶

□ 피고는 1만 달러의 보석금을 내고 풀려났다.
The accused was released on ten thousand dollars' bail.

## 선고, 언도 sentence

□ 선고하다, 언도하다 sentence / adjudge / pass[pronounce] sentence

□ 그는 결심공판에서 징역 1년 집행유예 6개월을 선고 받았다. After the final verdict, he was sentenced to one year in prison and six months' probation.

## 선서 oath ❷

## 영장 warrant

□ 경찰은 영장도 없이 시민단체 간부의 집을 압수 수색했다.
The police searched the home of an executive of a citizens' organization and seized certain items without a warrant.

구속영장, 구인장, 체포영장 arrest warrant

□ 구속영장을 신청하다 apply for an arrest warrant
□ 법원은 검찰이 신청한 구속영장을 기각했다.
The court denied the prosecutor's request for an arrest warrant.

소환장 summons; citation; subpoena

□ 그는 세 차례나 소환장을 받고도 법정에 출두하지 않았다. He never appeared in court even after being subpoenaed three times.

수색영장 search warrant, 압수수색영장 confiscation warrant; search and seizure warrant; warrant for search and seizure

영장실질심사 determining whether there is probable cause to issue a warrant

□ 법원은 영장실질심사를 벌여 피의자에 대한 구속영장을 기각했다.
The court denied the request for an arrest warrant after determining that there was no probable cause.

---

❶ **보석금은 벌금일까, 보증금일까?**

보석금(保釋金)은 석방에 필요한 일정 금액의 보증금을 의미한다. 판사는 범죄의 성격과 피의자의 전과, 자산 등을 고려하여 보석을 결정하게 되는데, 대체로 직업이나 주거가 확실하여 도주의 우려가 없는 피의자에게 보석이 허가된다. 보석금은 보통 현금으로 납부하지만 보증기관의 보증서로 대체할 수 있고, 보석금을 내지 않더라도 다른 사람의 신원보증으로 석방될 수도 있지만, 어디까지나 극히 예외적인 경우이고 판사의 허가를 받아야 한다. 보석으로 풀려난 피의자는 불구속 상태에서 보다 자유롭게 재판을 준비할 수 있는데, 재판에 꼬박꼬박 출석하면 유죄 혹은 무죄에 상관없이 보석금을 되돌려 받을 수 있지만, 정당한 사유 없이 재판에 불참하거나 도주하면 보석금은 몰수되어 국고로 귀속된다. 그렇다면 한번 보석으로 풀려나면 판결이 날 때까지 구속되지 않는 것일까? 그렇지 않다. 보석 기간이라도 재판 과정에서 언제든지 재구금이 가능하다.

❷ **증인 선서를 할 때 성경에 손을 얹을까?**

미국 영화나 드라마를 보면 법정에서 증인이 증언을 하기 전에 성경 위에 손을 얹고 선서를 하는 장면을 종종 볼 수 있다. 이것을 swearing on the Bible 이라고 하는데, 기독교가 아닌 다른 종교를 믿는 사람들도 많고 또 무신론자들도 많기 때문에 실제로는 법정에서 swearing on the Bible을 하는 경우는 거의 없다고 한다. 증인 선서를 할 때는 법원 서기 courtroom clerk가 증인에게 "Do you swear or affirm to tell the truth, the whole truth, and nothing but the truth? (당신은 진실, 모든 진실, 오직 진실만을 말할 것을 맹세하거나 확약합니까?)"라고 질문하는데, 증인은 "I do.", "I so swear.", "I so affirm." 등으로 대답하면 된다. 만약 증인이 무신론자이거나 교리상 맹세를 하지 않는 퀘이커 교도라면 "I so affirm.(확약합니다)"이라고 대답하면 된다.

**ex** 증인은 본 법정에서 진실만을 말할 것을 선서합니까? Do you swear (or affirm) that the testimony you are about to give will be the truth, the whole truth, and nothing but the truth, so help you God? / Do you affirm that all the testimony you are about to give in the case now before the court will be the truth, the whole truth, and nothing but the truth; this you do affirm under the pains and penalties of perjury?

유도신문 leading question; loaded question ❶

□ 변호사는 검사가 증인에게 유도신문을 하고 있다고 이의를 제기했다.
The attorney objected that the prosecution was asking leading questions.

일사부재리의 원칙 prohibition against double jeopardy ❷

증거 evidence; proof

□ 검찰은 증거를 보강해서 피의자에 대한 구속영장을 재청구했다.
The prosecutor[district attorney] reissued a request for an arrest warrant after gathering further evidence.

물증 physical[material; real] evidence[proof]

□ 그가 범인이라는 심증은 있지만 물증이 없다. He is strongly suspected of being the perpetrator, but there is no physical evidence.

심증 strong belief

정황증거 circumstantial evidence; indirect evidence

□ 경찰은 정황증거만을 가지고 수사를 벌였다.
The police investigation was based solely on circumstantial evidence.

확증 proof positive; conclusive evidence[proof] ❸

□ 경찰은 범행이 내부자의 소행이라는 확증을 찾았다.
The police found conclusive evidence that the crime was an inside job.

출두 appearance; arraignment

판결 ruling; judgment, 평결 (배심원에 의한) verdict

□ 검찰은 법원의 판결에 불복해 상소했다.
The prosecution filed an appeal against the ruling of the court.

무죄판결 acquittal ⬌ 유죄판결 conviction

□ 항소심 공판에서 판사는 유죄판결을 내린 원심을 뒤집고 피고에게 무죄를 선고했다.
At the appeal, the judge overturned the previous conviction and declared the defendant not guilty.

오심 miscarriage of justice

판결문 sentence

□ 판결문을 낭독하다 read the sentence

확정판결 final ruling

휴정 (court) recess

□ 휴정하다 adjourn
□ 재판장은 1시간의 휴정을 선언했다. The judge declared a one-hour recess.

❶ 유도신문이란?

유도신문이란 질문하는 사람이 희망하는 답변을 암시하면서 yes나 no로밖에 대답할 수 없는 질문을 가리킨다. 대부분의 나라에서는 주신문, 즉 재판에서 증인을 신청한 당사자가 먼저 그 증인에게 질문할 때는 원칙적으로 유도신문을 할 수 없다.
Where were you on the night of June 20th? (6월 20일 밤에 당신은 어디에 있었습니까?) → [유도신문] You were driving to Jongno Street on the night of June 20th, weren't you? (당신은 6월 20일 밤에 종로 거리를 운전하고 있었습니다. 아닌가요?)

❷ 일사부재리의 원칙 VS 일사부재의의 원칙

• 일사부재리의 원칙
형사소송법에서, 한번 판결이 난 사건에 대해서는 다시 공소를 제기할 수 없다는 원칙. 만약 A라는 사람이 사기 혐의로 B라는 사람을 고소했다가 고소를 취하했다면 C라는 사람은 동일한 사기 혐의로 B를 고소할 수 없다.
• 일사부재의의 원칙
의회에서 한번 부결된 안건은 같은 회기 중에는 다시 제출할 수 없다는 원칙. 동일한 안건을 반복해서 상정하게 되면 회의 일정에 차질이 생기기 때문이다.

❸ 연기가 나는 총

smoking gun, 즉 총을 발사한지 얼마 안 되어 아직 연기가 나고 있는 총은 범행을 부인할 수 없는 결정적 증거가 되어 '확증'이라는 뜻으로 쓰인다.
ex 확증이 없었기 때문에 지방검사는 용의자의 체포영장을 신청할 수가 없었다.
Without a **smoking gun**, the district attorney was unable to file a request for a warrant to arrest the suspect.

# 04 법 (the) law; legislation

 법의 종류

## 종류 – 단계

근본법, 기본법 fundamental law, 헌법 constitution; constitutional law ❶

개헌 constitutional amendment

□ 여당은 대통령 4년 중임제를 골자로 하는 개헌안을 발의했다.
The ruling party has proposed an amendment to the constitution that would allow a president to serve two four-year terms.

성문헌법 written constitution ⬌ 불문헌법 unwritten constitution

입헌주의 constitutionalism

합헌 constitutionality ⬌ 위헌 unconstitutionality

□ 한국노총은 그 문제에 대해 헌법재판소에 위헌 신청을 했으나 법원은 합헌 판정을 내렸다.
The Federation of Korean Trade Unions took that issue to the Constitutional Court, calling its constitutionality into question, but the court ruled that it was constitutional.

법률 law; act

□ 그는 특정범죄가중처벌법을 위반한 혐의로 체포되었다.
He was arrested on suspicion of having violated The Law on Additional Punishment for Specific Crimes.

명령 order; command

포고령 decree; edict

조례 ordinance

규칙 rule; regulation

## 종류 – 성문법과 불문법

불문법, 불문율 unwritten law

□ 경영진은 남자로만 구성한다는 것이 그 회사의 불문율이다. It's that company's unwritten law that the management be composed of men only.

관습법 customary law; common law

판례법 case law

성문법, 성문율 written law; statute (law); statutory law

---

❶ 미국 권리장전

1776년 독립을 선언한 미국은 1787년 미합중국 헌법을 채택하고 이듬해 헌법이 비준되어 강력한 중앙 정부를 둔 공화국이 되었다. 하지만 주정부가 붕괴되고 중앙정부의 힘이 지나치게 강력해지는 것에 대한 우려의 목소리가 나왔고, 그러한 우려를 불식시키기 위해 1991년에 1조에서 10조까지의 헌법 수정 조항이 발효되었는데, 이것을 미국 권리장전United States Bill of Rights이라고 한다. 권리장전은 시민의 기본적인 권리를 담고 있어 미국인들의 생활에 가장 큰 영향을 미친다는 평가를 받고 있다.
1조 종교, 언론, 출판, 집회의 자유, 청원의 권리
2조 무기 휴대의 권리
3조 개인 주거지 내의 군대 숙영 금지
4조 불합리한 체포, 수색의 금지
5조 형사사건에서의 피의자의 권리 보장, 이중처벌 금지, 불리한 진술 강요 금지
6조 신속하고도 공정한 재판을 받을 권리
7조 민사재판에 있어 배심원에 의한 재판을 받을 권리
8조 과다한 보석금이나 벌금의 금지, 잔혹하고 비상식적 형벌 부과 금지
9조 헌법에 열거되지 않은 권리도 동등하게 향유
10조 헌법에 의해 금지되지 않은 권한은 주나 국민이 보유

권리장전을 추진한 미국의 제4대 대통령 제임스 매디슨

## 국내법, 국법 domestic law; national law

☐ 외국에서 도박을 해도 국내법의 적용을 받게 된다.
Domestic law applies even to gambling in a foreign country.

## 국제법 international law; law of nations

☐ 국제법을 위반하다 violate international law

해양법 maritime law; admiralty law

## 보통법, 일반법 general law

## 실정법, 실증법 positive law

## 실체법 substantive law

## 악법 unjust law ❷

## 자연법 natural law

## 절차법 adjective law

## 특례법, 특별법 special law

## 현행법 current law

☐ 그런 범죄는 현행법으로는 처벌이 불가능하다.
Such crimes are not punishable under current law.

---

❶ **용어 해설**

- **보통법** 특별한 제한 없이 일반적으로 적용되는 법. 특정한 사람, 사물, 행위, 지역에 국한하여 적용되는 특례법과 대립되는 개념.
- **실정법** 사람이 현실적으로 제정하거나 경험적 사실에 의거하여 형성된 법. 초경험적(超經驗的)인 성격을 지닌 자연법과 대립되는 개념.
- **실체법** 법률관계의 실체를 다룬 민법, 상법, 형법 등의 법.
- **자연법** 인위적이 아닌 자연적 성질에 바탕을 둔 보편적이고 항구적인 법률 및 규범.
- **절차법** 민사소송법, 형사소송법과 같이 절차를 규정한 법.

---

❷ **악법도 법일까?**

그리스의 철학자 소크라테스는 '악법도 법이다Dura lex, sed lex'라는 말을 남기고 독배를 마시고 자살한 것으로 알려져 있다. 하지만 어떠한 문헌에도 그가 이런 말을 했다는 내용을 찾을 수 없다. 오히려 그는 철저한 원칙주의자로서 '악법도 법'이라는 주장이나 그에 동조하는 말이나 행동을 하지 않았다고 한다. 학자들의 연구에 따르면 "악법도 법이다"라는 말과 소크라테스를 처음으로 연결시킨 사람은 일본 동경대 법대 교수를 지낸 오다카 도모오라는 사람으로 알려져 있는데, 그는 1937년 나온 〈법철학〉이라는 책에서 소크라테스와 같은 위대한 철학자도 악법을 법으로 존중하고 순순히 독배를 받았기 때문에, 어떠한 경우라도 국가의 실정법에 복종하는 것은 시민의 의무라고 주장했다. 그 후로 '악법도 법이다'라는 말은 불법적으로 정권을 차지한 독재자들이 자신의 정권을 미화하는 용도로 쓰이게 되었다.

**ex** 악법도 법이다. The law is harsh[hard], but it is the law.

"나는 그런 말을 하지 않았어요!"

## 공법 public law

행정법 administrative law

형법, 형사법 criminal law

## 사법 private law

민법, 민사법 civil law

상법 commercial law
- 그 문제에 관해서는 상법 제 195조가 적용된다.
  That issue is covered by Article 195 of the Commercial Law.

## 사회법 social law

경제법 economic law

노동법 labor law

### 주요 행정법

국적법 Nationality Act
도로교통법 the traffic laws, 교통법규 traffic rules[regulations]
독점방지법 anti-trust act; monopoly regulations
세법, 조세법 tax law
선거법 election law
소비자보호법 Consumer Protection Law, 리콜 recall
식품위생법 Food Sanitation Act[Law]; food hygiene regulation
의료법 medical law
정보공개법 Public Information Act; Freedom of Information Act; Sunshine Law
출입국관리법 Immigration Control Law

### 형법

군법 military law
국가보안법 National Security Law
특정범죄가중처벌법 the Additional Punishment Law on Specific Crimes
민사소송법 the Civil Procedure Code (CPC)
　　가처분 injunction; provisional disposition
　　압류, 차압 attachment; sequestration, 가압류 provisional attachment
형사소송법 the Criminal Procedure Code
행정소송법 the Administrative Procedure Act

### 민법

가족법 family law
친족법 Domestic Relations Law; law of domestic relation
상속법 the law of succession[inheritance]
호적법 the Family Registration Act
재산법 the law of property

### 노동법

근로기준법 the Labor Standards Act[Law]
남녀고용평등법 Equal Employment Act; the Equal Employment Opportunity Law
노동쟁의조정법 the Conciliation Act
노동조합법 the Labor[Trade] Union Act
최저임금법 the Minimum-Wage Act

### 사회보장법

국민연금법 the National Pension Act

### 경제법

공정거래법 Monopoly Regulation and Fair Trade Act
관세법 customs law; the Customs (Tariff) Law

# 법적 권리 legal rights

## 구상권 right to indemnity

## 상속권 (the right of) inheritance; birthright

- 상속권을 포기하다 give up *one's* right of inheritance
- 대기업 회장이 죽자마자 자식들이 상속권을 주장하고 나섰다.
  As soon as the chairman of the big corporation died, his children began wrangling over their inheritance.

### 상속 inheritance

• primogeniture 장자 상속 제도
• postremogeniture 말자(末子) 상속 제도

- 그는 아버지의 막대한 재산을 상속받았다.
  He inherited his father's huge fortune.

### 상속인, 상속자 heir; inheritor; beneficiary; legatee

### 유서, 유언장 will; testament

- 그녀는 유언장에서 자신의 전 재산을 시민단체에 기증한다는 뜻을 밝혔다.
  In her will, she bequeathed her entire estate to a citizens' organization.

## 시민권 citizenship; civil rights ❶

- 그녀는 미국 시민권을 포기하고 한국 국적을 취득했다.
  She gave up her American citizenship and took Korean nationality.

### 시민, 시민권자 citizen

- 그는 미국 시민권자이다. He's an American citizen.

## 양육권 (child) custody, 친권 parental rights

- 그 부부는 이혼하면서 남편을 양육권자로 정했다. When that couple divorced, they decided the husband should have custody of the children.

## 영주권 permanent residency; (미국의) green card

- 미국 영주권을 신청하다 apply for a green card
- 캐나다 영주권을 취득하다 get permanent residency in Canada

### 영주권자 permanent resident

## 인격권 personal rights

### 초상권 portrait rights

- 그는 국내의 한 출판사가 자신의 초상권을 침해했다며 소송을 냈다.
  He sued a domestic publishing house for infringing on his portrait rights.

## 일조권 right to light

- 그는 집 앞의 고층건물이 일조권을 침해한다며 건설사 상대로 소송을 냈다.
  He sued the builders of a high-rise across from his house for infringing on his right to light.

---

❶ **시민권과 영주권의 차이**

영주권은 자신이 출생한 나라의 국적을 가지고 있는 상태에서 영주권을 취득한 나라에서 체류하며 일할 수 있는 권리이고, 시민권은 시민권을 취득한 나라의 국적을 가지게 되는 것을 의미한다. 영주권자는 외국인이기 때문에 시민권자와는 달리 선거권과 피선거권이 없고, 중대한 범죄를 저질렀을 때 국외로 추방될 수 있다. 그리고 해외에서 곤경에 처하거나 국제 분쟁에 휩쓸렸을 경우 체류 국가의 도움을 받을 수 없다. 또한 영주권을 유지하기 위해서는 1년의 절반 이상을 해당 국가에서 체류해야 하며, 일정 기간 이상 체류 국가를 벗어나게 되면 영주권을 박탈당할 수 있다.

---

## 재산권 property rights

### 물권 real rights; jus in re ❶

### 판권 copyright; publication right

### 채권 credit; claim; debenture

### 채권자 creditor
- 회사가 대출을 갚지 못했다는 소식이 알려지자 채권자들이 몰려왔다.
  Creditors came beating down the door as soon as they found out that the company had defaulted on a loan.

## 지적재산권 intellectual property rights

### 공업권, 공업소유권 industrial property rights ❷

### 저작권 copyright
- 저작권자 copyright holder
- 저작권을 침해하다 infringe on a copyright

### 지식재산, 지적재산 intellectual property

❶ **물권의 종류**
- 소유권 ownership; title; proprietary rights
- 유치권 lien
- 저당권 hypothec
- 전세권 tenants' rights
- 점유권 possessory rights
- 질권 right of pledge

❷ **공업권의 종류**
- 상표권 trademark rights
- 실용신안권 utility model rights
- 의장권 design right
- 특허권 patent (right)

법전 law book, 법령집 the statute book

법치주의 legalism

불법, 위법 illegality; illegitimacy; unlawfulness

- 불법적 illegal / unlawful / illegitimate
- 위법 행위를 저지르다 commit an unlawful act
- 불법 시위를 벌이다 hold an illegal demonstration
- 공무원들은 돈을 받고 상인들의 불법을 눈감아 주었다. The civil servants took money from merchants and turned a blind eye to their illegal activities.

↔ 적법, 합법 legality; legitimacy; lawfulness

- 합법적 legal / legitimate / lawful
- 그는 합법적인 방법을 통해 그 회사를 인수했다.
  He took over that company by legitimate means.

속인주의 jus sanguinis ❶

↔ 속지주의 jus soli

- 남한은 속인주의를 고수하고 있다.
  South Korea adheres to the principle of jus sanguinis.

## 법적 지위 legal status

무능력자 person without legal capacity

금치산자 incompetent (person) ❷
- 그의 아버지는 법원으로부터 금치산자 선고를 받았다.
  His father was declared incompetent by the court.

한정치산자 quasi-incompetent (person) ❷

---

❶ **속인주의와 속지주의**

혈통주의라고도 하는 속인주의(屬人主義)는 자국민이 저지른 범죄는 범죄의 장소에 관계없이 국내법을 적용하는 원칙을 뜻한다. 속인주의에 의하면 외국에서 태어난 아이는 외국 국적이 아니라 부모의 국적을 따르게 된다. 반면 출생지주의라고도 하는 속지주의(屬地主義)는 내국인과 외국인을 불문하고 자국 내에서 발생한 범죄에는 자국의 법률을 적용하는 원칙을 뜻한다. 속지주의에 의하면 미국에서 태어난 한국 아이는 부모의 국적인 한국 국적이 아니라 미국 국적을 얻게 된다. 우리나라는 속인주의를 채택하고 있고 미국은 속지주의를 채택하고 있기 때문에 지금까지는 한국 국적의 부모가 미국으로 원정출산을 가서 아이를 낳으면 그 아이는 자동적으로 이중국적을 취득하게 되었지만, 2011년부터는 특별한 이유가 없는 한 원정출산으로 낳은 아이는 외국 국적을 포기해야만 한국 국적을 얻을 수 있도록 법이 바뀌었다. 한편 속인주의와 속지주의는 그 나라의 국민성에도 큰 영향을 미치는데, 속인주의 즉 '핏줄'에 대한 의식이 강한 한국인들은 한국 국적이 없는 교포 2세와 3세 같은 사람들도 같은 한국인으로 취급하려는 경향이 강하다. 예를 들어 2007년 한국 국적을 가진 미국 영주권자인 조승희에 의해 미국에서 총기 난사 사건이 발생했을 때 많은 한국인들은 같은 한국인에 의해 저질러진 범죄로 여기고 몹시 부끄러워했지만, 미국인들은 같은 나라에 사는 사이코패스가 저지른 범죄로 여겼을 뿐 국적을 따지지는 않았다고 한다.

❷ **금치산자와 한정치산자**

금치산자(禁治産者)는 정상적인 판단 능력이 없어서 자기 재산(産)을 관리(治)하거나 처분하는 것이 금지(禁)된 사람이다. 어떤 사람이 금치산 선고를 받으면 법원에서 지정한 후견인이 금치산자의 재산상의 행위를 대리한다. 한편 한정치산자는 금치산자보다는 정도가 덜하지만 역시 정신 장애가 있거나 낭비벽이 심해서 법원으로부터 재산의 관리나 처분을 제한하는 선고를 받은 사람을 가리킨다. 정신이 멀쩡해도 낭비벽이 심해서 소득보다 지출이 월등히 많으면 한정치산 선고를 받을 수 있다.

금치산자

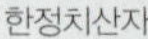


한정치산자

미성년자 minor; underaged person
- □ 그 영화는 미성년자 관람 불가 판정을 받았다.
  That movie was ruled unsuitable for viewing by minors.
- □ 미성년자가 결혼을 하려면 부모의 동의를 얻어야 한다.
  Minors need their parents consent to get married.

무연고자 person without family

보호자, 후견인 (legal) guardian
- □ 환자의 보호자께서는 응급실로 와 주세요.
  Will the patient's guardian please come to the emergency room?
- □ 부모가 죽자 할아버지가 아이들의 보호자가 되었다. When the parents died, the grandfather became the children's legal guardian.

⬌ 피보호자, 피후견인 ward

신용불량자 delinquent borrower; credit risk

파산자 bankrupt; **f** insolvent

개인파산 personal bankruptcy
- □ 개인파산을 신청하다 file for personal bankruptcy

도산, 부도, 파산 bankruptcy; **f** insolvency
- □ 도산하다, 파산하다 go bankrupt / become insolvent / **inf** go broke / (회사가) go under / **inf** go bust
- □ 파산선고를 하다 declare bankruptcy
- □ 파산신청을 하다 file for bankruptcy
- □ 그 나라의 경제는 파산 위기에 처해 있다.
  That country's economy is about to go bust.

실종자 missing person; (군인) MIA; (집합적) the missing
- □ 해경은 사고 지점에서 실종자 수색 작업을 벌였다. The Coast Guard searched the scene of the accident for those who were missing.

사망자 the dead; **f** the deceased; (전쟁 · 사고 등으로 인한) fatality; (군인) KIA ❶

**❶ KIA는 자동차회사의 이름?**
- KIA killed in action의 약자로서, 전투 중 사망한 군인을 의미.
- WIA wounded in action의 약자로서 전투 중 부상당한 군인을 의미.
- MIA missing in action의 약자로서 전투 중 행방불명된 군인을 의미.

5.1 **범죄** crime; offense

## 종류 1

### 강력범죄 violent crime; crime of violence

□ 외국인들에 의한 강력범죄가 급증하고 있다.
The number of violent crimes committed by foreigners is sharply rising.
강력범, 폭력범 violent offender[criminal]

### 경범죄 misdemeanor; minor offense[crime]; petty crime ❶

### ➡ 중죄 felony; serious offense[crime]; grave offense[crime]

□ 예전에는 불효를 중죄로 여겨 무거운 벌을 내렸다. Formerly a lack of filial piety was regarded as a serious offense and was heavily punished.
중범, 중죄인 felon

### 반인륜적 범죄 crimes against humanity

### 모방범죄 copycat crime

□ 최근에 영화를 본뜬 청소년들의 모방범죄가 잇따르고 있다.
Recently movies have triggered a string of copycat crimes by young people.

### 사이버 범죄 cybercrime; computer crime ❷

□ 사이버 범죄를 저지르다 commit cybercrime

### 완전범죄 perfect crime

□ 이 세상에 완전범죄란 없다. There's no such thing as a perfect crime.

### 전쟁범죄 war crime

□ 그는 전쟁이 끝난 후 전범으로 유죄 판결을 받고 사형을 언도 받았다.
After the war, he was convicted of war crimes and sentenced to death.
전범 war criminal

### 조직범죄 organized crime

□ 검찰과 경찰은 조직범죄와의 전쟁을 선포했다.
The prosecutors and the police have declared war on organized crime.

### 증오범죄 hate crime

□ 미국에서는 9.11테러 이후 이유 없이 이슬람교도를 공격하는 증오범죄가 늘고 있다.
Since 9/11, hate crimes against Muslims have been on the rise.

---

❶ **경범죄와 중범죄**

오늘날 대부분의 나라에서는 경범죄와 중죄를 구분하지 않는 대신 검사가 정식으로 기소하는 기소 범죄 indictable offense와 법정에 서지 않는 약식기소 범죄 summary offense로 범죄를 구분한다. 그러나 미국에서는 아직까지 경범죄와 중죄를 구분하고 있는데, 주마다 차이가 있지만, 대체로 징역 1년 이상에서 사형에 이르는 범죄를 중죄, 1년 미만의 징역형에 해당하는 범죄를 경범죄로 규정한다. 주에 따라 중죄를 알파벳이나 숫자로 구분하기도 하는데, 미국 뉴욕주에서는 E, D, C, B, A-II, A-I 순으로 중죄를 구분하며, 이중 최고 등급인 A-I은 사형에 해당하는 심각한 범죄에 붙여지는 등급이다. 미국에서는 중죄를 저지른 사람은 취업을 할 때 신원조회에서 전과 사실이 공개되기 때문에 취업이 어려우며, 형기를 마친 후에도 참정권이 제한되고, 총기를 구입할 수 없으며, 배심원으로 봉사할 수 없고, 정부의 각종 혜택을 받을 수 없으며, 시민권자가 아닌 경우 형기를 마치고 추방되는 등 엄청난 불이익을 감수해야 한다.

❷ **사이버 범죄의 종류**

• 개인정보 도용 identity theft
• 사이버 테러[폭력] cyber terrorism
• 피싱 phishing (scam); (보이스피싱) vishing
　ex 그는 아들을 납치했다는 보이스피싱 전화를 받고 거액을 송금했다. He received a **vishing** call saying that the caller had kidnapped his son, so he sent a large amount of money that the caller demanded.
• 해킹 hack
　ex 국가기관의 홈페이지가 해킹을 당했다.
The website of a government agency **was hacked**.
　크래커 cracker
　해커 hacker

지능범죄 white-collar crime; intellectual property crime

□ 최근 들어 사기, 위조와 같은 지능범죄가 늘고 있다.
Lately white-collar crime involving fraud and counterfeiting is on the rise.

지능범 white-collar criminal; con artist

청소년 범죄 (juvenile) delinquency

소년범 juvenile delinquent; young offender
□ 그 소년범은 소년원으로 보내졌다.
That juvenile delinquent was sent to a reformatory.

흉악범죄 heinous crime

흉악범 brutal[vicious; heinous] criminal


## 종류 2

간첩죄, 이적죄 (crime of) espionage

□ 그는 간첩죄로 기소되어 1심에서 징역 10년이 선고되었다.
He was indicted for espionage and sentenced to ten years in his first trial.

매국노 traitor

부역자 collaborator

강도죄 robbery; mugging

강도 robber ❶
□ 그 여자는 대낮에 도심에서 강도를 당했다.
She was mugged downtown in broad daylight.

공갈죄, 협박죄 blackmail; criminal threatening; intimidation ❷

□ 그는 사람들을 공갈 협박해서 돈을 뜯어냈다. He has blackmailed people for money.

공갈범, 협박범 blackmailer

공모죄 conspiracy

□ 그 남자는 살인 공모죄로 기소되었다.
He was charged with conspiracy to commit murder.

공모자 conspirator

공무집행방해죄 obstruction of justice

□ 당신을 공무집행방해죄로 체포합니다. I'm arresting you for obstruction of justice.

공연음란죄 indecent exposure; public indecency

교사죄 instigation; inciting

□ 그는 살인 교사죄로 기소되었다. He was charged with inciting a murder.

교사자 instigator

---

❶ **강도의 종류**

• 권총강도 (사람) gunman; holdup man; (범죄) holdup; `inf` stick-up
• 노상강도 (사람) highwayman; footpad; mugger; (범죄) mugging; highway [daylight] robbery
• 무장강도 (사람) armed robber; (범죄) armed robbery
• 복면강도 masked robber
• 은행강도 (사람) bank robber; (범죄) bank robbery
• 택시강도 (사람) taxi robber; (범죄) taxi robbery

❷ **공갈과 검은 편지와의 관계**

중세 스코틀랜드에서는 mail이 '삯', '소작료'를 의미하는 단어로 사용되었고, 당시 소작료를 은화로 지불했기 때문에 소작료를 white money 또는 white mail이라고 불렀다. 16세기에 들어와서 족장들이 보호세라는 것을 만들어 농민들을 수탈했는데, 보호세를 내지 않는 농민은 엄청난 보복을 당했기에 이렇게 보호세로 갈취 당하는 돈을 white mail의 반대인 blackmail이라고 부르게 되었다. 이것이 오늘날까지 내려오며 '공갈(하다)', '협박(하다)'을 의미하는 표현으로 흔히 사용되고 있다.

구타 battery, 폭력 violence, 폭행(죄) assault (and battery); attack ❶

때리다, 폭행하다 hit; beat; strike; knock; (주먹으로) punch; (둔기로) club; (손바닥으로) slap; (채찍 등으로) lash

□ 그는 술에 취한 사람을 마구 때려 숨지게 했다. He beat a drunk to death.

납치, 유괴(죄) kidnap(ping); abduction; (항공기의) hijacking; highjack

□ 납치하다, 유괴하다 kidnap / abduct / (항공기를) abduct

□ 최근 들어 어린이 유괴 사건이 빈번히 발생하고 있다.
Recently there have been frequent cases of child abduction.

납치범, 유괴범 kidnapper; abductor; (항공기의) hijacker

□ 납치범은 아이의 부모에게 천만 원의 몸값을 요구했다. The kidnapper demanded a ransom of ten million won from the parents of the child.

볼모, 인질 hostage; abductee

□ 경찰의 인질 구출 작전은 실패로 끝났다.
The police failed in their attempt to save the hostages.
□ 범인은 여자 두명을 인질로 잡고 대치했다.
The criminal took two women hostage and staged a standoff.

몸값 ransom ❷

내란죄 rebellion, 반역죄 (high) treason

□ 반역죄를 저지르다 commit treason

반역자, 역적 rebel; f insurgent

□ 저 놈은 우리 민족의 반역자다. That guy is a rebel among our people.

뇌물수수죄, 수뢰죄 bribery

뇌물 bribe; (리베이트) kickback ❸

□ 건설사로부터 뇌물을 받은 공무원들이 적발되었다. Some civil servants that took bribes from construction companies have been exposed.

도굴 tomb[grave] robbery

□ 왕릉을 도굴하다 rob a royal tomb

도굴범 grave robber

도청 wiretapping; tap; phone-tapping

□ 도청하다 tap / bug / wiretap

□ 이 전화기는 도청되고 있다. This phone is tapped.

❶ 폭력의 종류
• 가정폭력 family[domestic] violence
• 언어폭력 language harassment [violence]
• 학교폭력 school violence

❸ kickback과 rebate의 차이

'불법 리베이트', '리베이트 악행' 등 우리나라에선 리베이트rebate가 '뇌물', '뒷돈' 등의 부정적인 의미로 사용된다. 하지만 실제 rebate는 물건을 산 구매자에게 그 물건 값의 일부를 환불해주는 일종의 할인 혜택을 뜻한다. 흔히 뉴스에서 오르내리는 뇌물성 리베이트는 kickback, 즉 뇌물이라고 하는 것이 옳은 표현이다.

도청장치 tap; wiretap; bug; listening device
- 전화기에 도청장치를 설치하다 install a bug in a telephone

## 돈세탁 money laundering ❶
- 기업의 비자금은 돈세탁을 거쳐 정치적 목적을 위해 쓰였다. Some money from corporate slush funds was laundered and used for political purposes.

## 마약범죄 drug-related crime[offense] ❷
- 마약을 밀매하다 sell drugs illegally

마약사범 drug offender; (대마초 사범) marijuana[cannabis] offender

## 명예훼손(죄), 중상모략 defamation; slander; libel; mudslinging
- 그 후보는 다른 당 후보를 명예훼손으로 검찰에 고발했다. That candidate turned another party's candidate in to the Prosecutor's Office for slander.

## 무고(죄) false accusation[charge]
- 그는 경찰관을 고소했다가 되레 무고죄로 재판에 넘겨졌다. He filed a complaint against a police officer and was later taken to court for false accusation.

## 밀매 black-market dealings; illegal[illicit] trade[trafficking]; (주류 밀매) bootlegging; (마약 밀매) drug trafficking
- 경찰은 마약 밀매 현장을 덮쳐 관련자 전원을 체포했다. The police raided a site where illicit drug trafficking was doing down and arrested everyone involved.

마약 밀매범 drug trafficker[dealer]; **inf** pusher; (거물급의) drug lord; drug baron

## 밀수(죄) smuggling
- 그는 중국산 밀수 농산물을 들여오다 세관에 적발되었다. He tried to smuggle some Chinese agricultural products into the country and got caught by Customs.

밀수꾼, 밀수범, 밀수업자 smuggler; (무기의) gunrunner

밀수품 smuggled goods; contraband (articles); illegal imports

## 밀입국 illegal immigration
- 밀입국하다 smuggle *oneself* (into) / enter[slip into] a country secretly[illegally]
- 미국으로 밀입국하려던 멕시코인들이 국경에서 붙잡혔다. Some Mexicans got caught at the border trying to enter the United States illegally.

밀입국자 illegal entrant[immigrant; alien]

## 밀항 stowing away
- 용의자는 작은 어선을 타고 일본으로 밀항을 시도했다. The suspect tried to sneak into Japan as a stowaway on a small fishing vessel.

밀항자 stowaway

## 방조죄 aiding and abetting

자살방조죄 aiding and abetting suicide; assisting a suicide

❶ **돈도 세탁기에 돌리나요?**

더러운 돈, 즉 범죄행위 등을 통해 생긴 불법적인 돈을 깨끗하게 하게 하는 것이 돈세탁money laundering이다. 돈세탁은 흔히 돈을 여러 개의 차명 계좌로 분산 입금하고 해외로 송금했다가 다시 받는 방식으로 이루어진다. 미국의 전설적인 마피아 두목인 알카포네가 체포되었을 때 돈세탁이라는 용어가 처음 사용되었다.

❷ **마약의 종류**

- 대마초, 마리화나 marijuana; cannabis
- 모르핀 morphine
- 아편 opium
- 코카인 cocaine
- 필로폰, 히로뽕 methamphetamine
- 해시시 hashish
- 헤로인 heroin

## 방화(죄) arson

□ 밤 사이 도심 곳곳에서 방화가 일어났다.
There were several cases of arson in the downtown area during the night.

방화범 arsonist; (병적인) pyromaniac

## 배임(죄) professional negligence[misconduct]

□ 그 공무원은 배임죄로 징역 2년을 구형 받았다. That government worker was
sentenced to two years for professional misconduct.

## 범인은닉죄 harboring a fugitive[criminal]

## 법정모독죄 contempt of court

□ 그 남자는 법정에서 소동을 부리다 법정모독죄로 체포되었다. That man created a
disturbance in court and was arrested for contempt of court.

## 부당이득 graft, 부정축재 unjust enrichment

□ 부정축재를 하다 illegally accumulate wealth / line *one's* pockets
□ 그는 미국산 쇠고기를 한우로 속여 팔아 부당이득을 취했다. He lined his pockets with
the profits from selling American beef as Korean beef.

## 불법감금(죄) false imprisonment

## 불법무기소지죄 illegal possession of arms

## 불법복제 piracy

□ 소프트웨어를 불법복제하다 copy software illegally
□ 소프트웨어 불법복제에 따른 업계의 피해액이 커지고 있다.
Because of piracy, the software industry's losses are growing.

## 사기(죄) fraud; swindle; **inf** con; scam; (신용사기) confidence game[trick]; con game

□ 사기를 치다 cheat / swindle / commit fraud / defraud / **inf** con / bilk / scam
□ 나한테 사기 치려고 하지 마. Don't try to cheat me.
□ 그는 사기를 당해 전 재산을 날렸다. He was conned out of his entire fortune.

사기꾼, 협잡꾼 swindler; (confidence) trickster; cheat; **inf** con man[artist]; crook
□ 거짓말하지 마, 이 사기꾼아! Stop lying to me, you swindler!

## 살인미수 attempted murder

## 살인죄 murder; homicide ❶

과실치사죄 manslaughter
□ 사망한 환자의 주치의는 업무상 과실치사죄로 기소되었다. The dead patient's doctor
was indicted for manslaughter due to professional negligence.

살인범, 살인자 murderer; killer ⟷ 피살자 murder victim
□ 이 살인자! 네가 내 남편을 죽였지?
You murderer! You killed my husband, didn't you?
□ 피살자의 신원은 아직 확인되지 않았다.
The victim's identity has yet to be confirmed.

---

❶ **살인의 종류**

접미사 -cide 또는 -icide는 '~을 죽이다'라는 뜻을 가지고 있다.

- fratricide 형제살해
- infanticide 영아살해
- insecticide 살충제
- matricide 모친살해
- parricide 존속살해, 존속살해범
- patricide 부친살해
- regicide 국왕 살해, 국왕 살해범
- suicide 자살

살인 청부업자, 킬러 professional[hired] killer; hitman; hired gun

암살단 hit squad

암살자, 자객 assassin ❶

연쇄살인범 serial killer

청부살인 contract killing

blood money 청부살인의 사례금, 살인배상금

## 스토킹 stalking

☐ 지난 2년 동안 유명 여가수를 스토킹한 남자가 경찰에 체포되었다.
The police have arrested a man who has been stalking a well-known female singer for the past two years.

스토커 stalker

☐ 그는 나를 스토커처럼 따라다닌다.
He follows me around as if he were stalking me.

## 위조(죄) forgery

• 공문서위조죄 forgery of an official document
• 사문서위조죄 forgery of a private document

☐ 위조하다 forge / fake/ counterfeit

☐ 백만 원 권 위조수표가 발견되어 경찰이 수사 중이다. The police are investigating a case in which a check for a million won was found to be counterfeit.

위조범 forger; (화폐의) counterfeiter

## 위증(죄) perjury; false testimony

☐ 피의자는 증인을 협박해 위증을 강요했다.
The accused threatened a witness, demanding that he perjure himself.

위증자 perjurer; false witness

## 인신매매 human trafficking

☐ 인신매매를 하다 engage in human trafficking

인신매매범 human trafficker

## 주거침입(죄) housebreaking; trespassing; break-in; breaking and entering

주거침입자 housebreaker; trespasser

## 중혼(죄) bigamy

☐ 그 나라는 중혼이 법으로 금지되어 있다. Bigamy is illegal in that country.

## 직권남용(죄) abuse of (one's) authority[power; privilege; position]; wrongful exercise of authority

## 직무유기(죄) dereliction[breach] of duty

## 착복, 횡령(죄) embezzlement; ⨎ misappropriation

☐ 착복하다, 횡령하다 embezzle / ⨎ misappropriate

☐ 그는 공금 횡령 혐의로 구속되었다.
He was detained on suspicion of having embezzled public funds.

❶ **암살자와 해시시**

해시시 hashish는 인도산 대마의 꽃이삭과 수지 등을 가루로 만든 것인데, 마리화나보다 서너 배 강력한 마약이다. 중세시대 이슬람권에는 Hashishin 또는 Hashshashin이라고 하는 전설적인 암살자 집단이 있었는데, 이 집단에 소속된 암살자들은 해시시를 복용하고 환각에 빠진 상태에서 암살을 저지르곤 했다. 암살자를 뜻하는 assassin이라는 단어는 Hashishin에서 비롯되었다.

탈세 tax evasion; tax avoidance

탈세자 tax evader

학대 abuse; maltreatment

□ 그 여자는 어렸을 때 부모로부터 학대를 당했다.
That woman was abused as a child by her parents.

□ 그는 아동학대죄로 기소되었다. He was indicted for child abuse.


## 성범죄 sex crime[offense]

간음(죄), 간통(죄), 외도 adultery; (extramarital) affair; infidelity

□ 그녀는 남편의 외도를 모르는 척했다.
She pretended she didn't know of her husband's infidelity.

간통자 (남성) adulterer; (여성) adulteress

정부(情夫) lover; (기둥서방) gigolo

정부(情婦) mistress; lover

혼인빙자간음죄 the crime of having sexual intercourse under the
pretense of marriage

강간, 성폭행 rape; sexual assault[abuse]

□ 여러 명의 여성을 성폭행한 사십 대 남성이 붙잡혔다.
A man in his forties who sexually assaulted several women has been caught.

강간미수 attempted rape

강간범, 성폭행범 rapist

윤간 gang rape; gang bang

매춘, 성매매 prostitution; (원조교제) statutory rape

□ 그녀는 몸을 팔아 생계를 이어나가고 있다. She makes her living by prostitution.

성범죄자 sex offender

성추행, 성희롱 sexual harassment; indecent assault

□ 그는 부하 여직원들을 성희롱했다가 해고되었다.
He was fired for sexually harassing females working under his supervision.

□ 그녀는 만원 지하철 안에서 성추행을 당했다.
She was sexually assaulted on a crowded subway train.

성추행범, 치한 sexual harasser; molester

소아 성추행 child molestation[sexual abuse]

# 도둑질, 절도 theft; stealing ❶

## 날치기 snatch

- 그 여자는 은행 앞에서 지갑을 날치기 당했다.
  Her wallet was snatched right in front of a bank.

## 도둑, 절도범 thief; (상점에서 물건을 훔치는) shoplifter; (집 안에 침입하는) (cat) burglar; housebreaker ❷

- 거기 서! 도둑이야! Stop! Thief!
- 며칠 집을 비운 사이 집에 도둑이 들었다.
  Thieves broke in when the house was empty for a few days.

### 도둑질하다, 훔치다 steal; `inf` lift; filch; swipe; `BE` knock off; (다니는 직장에서) pilfer; (상점에서) shoplift

- 그 아이는 상점에서 물건을 훔치다 주인에게 걸렸다.
  That child was caught shoplifting by the shop owner.

## 약탈 plunder; pillage

- 약탈하다 plunder / loot / pillage / (군인들이) sack
- 적군은 점령지 내에서 약탈을 일삼았다.
  The enemy soldiers would loot the places they occupied.

### 약탈자 plunderer; looter; marauder

## 장물 stolen goods

### 장물아비 receiver; `inf` fence

# 관련표현

## 공소시효 statute of limitations

- 살인범은 공소시효를 한 달 남겨 놓고 체포되었다. The murderer was arrested just one month before the statute of limitations ran out.
- 그 사건은 공소시효가 지났기 때문에 범인을 잡아도 처벌할 수 없다.
  The statute of limitations has run out on that case, so they wouldn't be able to punish the perpetrator even if they caught him.

## 무죄 innocence

- 무죄의 innocent / guiltless

## ➡ 유죄 guilt

- 유죄의 guilty
- 유죄 판결을 받다 be found guilty
- 피고에게 무죄가 선고되자 검찰은 항소 의사를 밝혔다. When the defendant was found not guilty, the prosecution announced its intention to appeal.

---

❶ **절도의 종류**

절도도 방법이나 장소에 따라서 부르는 방법이 다양하다. 건물 안에 몰래 들어가서 물건을 훔치는 것은 burglary, 상점에서 물건을 훔치는 행위는 shoplifting, 농장의 소나 말, 양 등의 가축을 훔치는 것을 rustling이라고 한다. 이 밖에도 자동차로 상점의 유리를 부수고 들어가 물건을 훔치는 것을 ram-raiding이라고 한다.

❷ **도둑도 각자 전문분야가 있다!**

- 가축 도둑 rustler
- 괴도 mysterious[phantom] thief
- 금고털이범 safecracker; cracksman
- 날치기 snatcher
- 마적 (mounted) bandit
- 빈집털이범 sneak thief
- 산적 bandit; brigand
- 소매치기 pickpocket
  소매치기를 하다 pick *sb's* pocket
- 의적 Robin Hood figure; righteous outlaw
- 좀도둑 petty thief
- 해적 pirate; sea robber
  해적기 Jolly Roger; black flag

## 방범대, 자경단 crime prevention patrol; neighborhood watch

□ 동네에서 범죄가 잇따라 발생하자 주민들은 방범대를 조직했다.
After several crimes were committed in the area, the local people formed a neighborhood watch.

방범대원, 자경단원 member of a crime prevention patrol; member of a neighborhood watch

## 범죄율 crime rate

□ 작년에 우리나라의 범죄율이 소폭 상승했다[하락했다].
The crime rate in our country decreased[increased] somewhat last year.

## 우범지대 crime-ridden district; **BE** no-go area

## 위법행위 illegal[unlawful] act, 탈법행위 evasion[manipulation] of the law

□ 위법행위를 저지르다 commit an illegal act

## 정당방위 self-defense; (살인을 한 경우) justifiable homicide

□ 성폭행범을 살해한 여성이 정당방위가 인정되어 무죄가 선고되었다.
A woman who killed a man who was sexually molesting her was found not guilty of murder on the grounds that she had killed the man in self-defense.

## 전과 previous conviction; (기록) criminal record; **inf** rap sheet

□ 그 남자는 전과 12범이다. That man has twelve previous convictions.

전과자 ex-convict; former prisoner; **inf** ex-con

# 범인, 범죄자 criminal; culprit; offender; law-breaker

## 종류

### 면식범 acquaintance of the victim

경찰은 그 사건을 면식범의 소행으로 추정하고 있다. The police suspect that the crime was committed by an acquaintance of the victim.

### 사상범, 정치범 political prisoner

북한에는 많은 정치범 수용소가 있다.
In North Korea, there are a lot of jails for political prisoners.

### 수괴, 주범 main culprit; **f** main instigator

9.11테러의 주범인 오사마 빈 라덴이 사살되었다. Osama bin Laden, the main instigator of the 9/11 terrorist attacks, has been killed.

### ⬌ 공범, 종범 accessory

경찰은 그 남자를 절도 사건의 공범으로 몰았다.
The police hunted him down as an accessory to a theft.

### 수배자 (most) wanted criminal

### 잡범 petty criminal[offender]

### 진범 real criminal; (real) culprit; (real) perpetrator

사건의 진범이 잡힌 덕분에 무고한 그 남자는 풀려났다. Thanks to the capture of the real perpetrator, the falsely accused man was released.

### 초범 first(-time) offender

판사는 피고가 초범이라는 점을 감안해 집행유예를 선고했다.
In consideration of the fact that this was the defendant's first offense, the judge gave him a suspended sentence.

### ➡ 재범 second offender

### ➡ 상습범 repeat offender; habitual criminal[offender]; **f** recidivist

### 파렴치범 heinous criminal

### 현행범 flagrant offender ❶

그는 음주 측정을 거부하다 현행범으로 현장에서 체포되었다. When he refused to take a breathalyzer test, he was arrested on the spot as a flagrant offender.

❶ **손이 빨간 당신이 범인!**

red handed는 '손에 피가 묻은'이란 뜻이다. 그래서 catch *sb* red handed라고 하면 범인이 손에 묻은 피를 닦을 새도 없이 '현행범으로 잡다'라는 뜻이 된다. 같은 뜻으로 with *one's* hand in the cookie jar를 쓸 수도 있다. 손이 쿠키 단지 안에 들어가 있는 상태로 발뺌할 수 없는 상태, 역시 '현행범으로 잡히다'는 뜻이 된다.

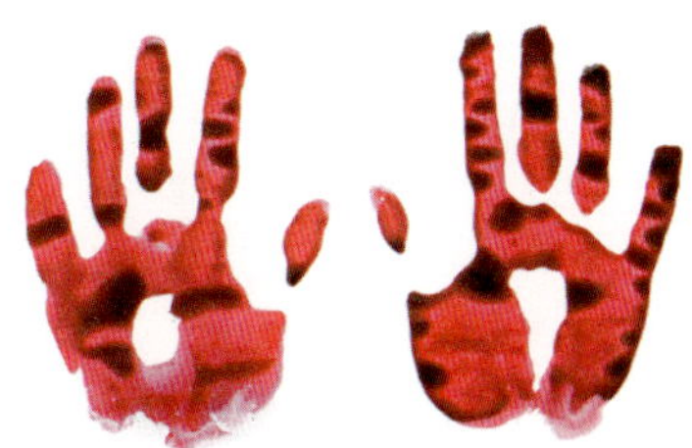

## 갱단, 폭력조직 (criminal) gang ❶

□ 폭력조직을 결성하다 form a criminal gang

두목, 보스 ringleader; **inf** Mr. Big; **inf** (마피아 등의) godfather

조직폭력배, 조폭 gangster; mobster; thug; hoodlum
□ 조직폭력배들은 보호비 명목으로 지역상인들로부터 돈을 뜯어냈다.
The mobsters collected protection money from the local merchants.

행동대원 henchman

❶ 세계의 주요 폭력조직은?
- 마피아 the Mafia; **inf** the mob
  마피아 단원 mafioso; **inf** goodfella
- 삼합회 triad
- 야쿠자 yakuza

## 관련표현

## 암흑가 underworld

□ 그는 1920년대 시카고의 암흑가를 주름잡았다.
He ran the underworld in Chicago in the 1920s.
□ 암흑가의 거물이 살해되었다.
A big shot in the underworld was murdered.

## 자수하다 turn *oneself* in; give *oneself* up (to); surrender *oneself*

□ 가족들은 그에게 자수를 권했다. His family advised him to turn himself in.

# 처벌, 형벌 punishment; penalty



## 종류 1

### 법정최고형 maximum penalty allowed by law

□ 검사는 피고에게 법정최고형을 구형했다.
The prosecution sought the maximum penalty against the defendant.

### 실형 imprisonment

□ 사건 관계자들은 전원 사형이나 무기징역의 실형을 선고 받았다. Everyone involved in the case was sentenced to death or life imprisonment.

### 엄벌, 중형 severe sentence[punishment]; heavy[severe; stiff; tough] penalty

□ 검찰은 혐의가 드러나면 관련자들을 엄벌할 방침이다.
The policy of the district attorney[Prosecutor's Office] is to seek the severest penalties against everyone involved.

## 종류 2

### 극형, 사형 death penalty; capital punishment; (전기의자에 의한) electrocution; (독극물 주사 방식의) lethal injection

#### 교수대 gallows; gibbet

#### 교수형 hanging

□ 반역자들은 교수형에 처해졌다. The traitors were hanged.

#### 단두대, 길로틴 guillotine ❶

□ 프랑스혁명 당시 수많은 사람들이 단두대로 보내졌다. A lot of people were sent to the guillotine during the French Revolution.

#### 사형수 condemned criminal; death-row convict[inmate]

❶ **왜 하필 이름이 거기에**

프랑스 대혁명 기간 동안 루이 16세와 마리 앙트와네트를 비롯해 수만 명의 사람들이 처형된 단두대. 이런 무시무시한 기구에 자신의 이름이 붙은 사람의 심정은 어떨까? 단두대를 뜻하는 길로틴은 단두대를 제안했던 프랑스의 조제프 기요탱Joseph-Ignace Guillotin(1738~1814년)의 이름을 딴 것으로, 기요탱의 제안을 받아들여 단두대를 만든 사람은 외과의사였던 앙트완 루이 박사였다. 단두대 이전에는 교수형이나 도끼 등을 이용한 참수형이 대부분이었는데, 기요탱이 이런 제안을 한 이유도 사형수의 고통을 좀 더 덜고, 기계를 통해 사형집행수의 심적인 부담감을 덜어주고자 함이었다. 사실 기요탱은 사형제 폐지론자였다. 단두대의 제안자인 기요탱 자신도 단두대에서 처형되었다는 얘기도 있지만, 이는 사실이 아니며 그는 자연사했다고 한다.

사형장, 형장 execution ground; place of execution

사형집행인 executioner; (교수형을 집행하는) hangman

전기의자 electric chair

참수형, 참형 beheading; decapitation
- 참수하다 behead

총살형 execution by firing squad
- 총살하다 shoot *sb* dead[to death] / execute by firing squad

투석형 stoning
- 이란의 한 여성이 간통 혐의로 투석형에 처해졌다. An Iranian woman suspected of having committed adultery has been sentenced to being stoned to death.

화형 the stake; execution by burning
- 중세 유럽에서는 많은 여성들이 마녀로 몰려 화형을 당했다. In Medieval Europe, many women were accused of witchcraft and burned at the stake.

## 명예형 sentence of public humiliation

### 자격상실 disqualification

### 자격정지 suspension of qualification; revocation[suspension] of license
- 그는 국가보안법 위반죄로 징역 3년에 자격정지 3년을 선고 받았다.
  For violating the National Security Law, he was sentenced to three years in prison and his license was revoked for three years.

## 신체형 corporal punishment

### 궁형 castration

중국에서 행하던 오형(五刑) 중 하나. 사형에 버금가는 최고의 형벌로, 죄인의 생식기를 없애 자손을 생산하지 못하게 하는 형벌이다.

### 주리 leg-screw punishment[torture]
- 죄인의 주리를 틀어라! Put the criminal to the leg-screw torture!

### 태형 flogging; lashing

## 자유형 deprivation of liberty

범인의 신체적 자유를 박탈하는 형벌

### 가택연금, 연금 house arrest
- 미얀마 군사정부는 야당 지도자를 가택연금에 처했다.
  The Myanmar junta placed the opposition leader under house arrest.

### 구금, 구류 detention; custody; confinement
- 구금하다 take *sb* into custody / hold[keep; detain; confine] *sb* in custody

### 금고(형) imprisonment (without forced labor)

금고형은 자유형의 일종으로 징역형처럼 교도소에서 수감 생활을 해야 하지만, 징역형은 노동을 하는 데 비해 금고형은 노동을 하지 않는다. 하지만 지원하면 금고형을 받은 사람도 노동에 복무할 수 있다. 금고형은 무기금고형과 유기금고형으로 나뉘는데, 유기금고의 처벌 기간은 최장 15년 형이고 기간을 가중하거나 감할 수 있다. 흔히 양심수나 정치범, 과실범에게 선고된다.

무기수 `inf` lifer

무기징역, 종신형 life imprisonment; life sentence; life
- 그는 무기징역을 선고 받고 현재 교도소에서 복역 중이다.
  He's now serving a life sentence in the penitentiary.

징역(형) penal servitude; imprisonment (with hard labor)
- 대법원은 징역 10년을 선고한 원심을 확정했다. The Supreme Court reaffirmed the original sentence of ten years' imprisonment.

## 재산형 pecuniary punishment

몰수 forfeiture
- 그 남자는 범죄 수익의 대부분을 몰수당했다.
  The man had to forfeit most of the earnings from his criminal activities.

벌금(형), 추징금 fine
- 피고에게는 징역 6년에 추징금 10억 원이 선고되었다. The defendant was sentenced to six years in prison and a fine of one billion won.


## 종류 3

보호관찰 probation
- 법원은 절도죄로 체포된 소년에게 보호관찰 명령을 내렸다.
  The court put the boy who had been arrested for theft on probation.

보호관찰관 probation officer

사회봉사명령 community service
- 그는 음주운전으로 적발되어 100시간의 사회봉사명령을 받았다.
  He was ordered to perform a hundred hours of community service for driving under the influence.

선고유예 deferred sentence ❶

집행유예 suspended sentence; probation ❶
- 그는 2년을 복역하고 집행유예 3년을 선고 받아 석방되었다. He served two years in prison and was released with three years' probation.

추방 deportation; expulsion
- 추방하다 deport / expel
- 밀입국자들은 붙잡혀 국외로 추방되었다.
  The illegal immigrants were caught and deported.

❶ 선고유예와 집행유예의 차이는?

선고유예는 경미한 범죄를 저지른 사람에 대하여 형을 선고하는 것을 일정 기간 동안 미루는 제도이다. 유예 기간 동안 특정한 사고 없이 넘기면 소송이 중지되어 형의 선고를 면하게 된다. 이에 비해, 집행유예는 일단 유죄를 인정하여 3년 이하의 징역 또는 금고형을 선고하되, 정상을 참작하여 일정 기간 동안 형의 집행을 연기하는 제도이다. 유예기간을 사고 없이 넘기면 형의 선고 효력이 상실된다.

**감형** commutation; (모범수의) remission

**복권** reinstatement

**복역하다** serve *one's* sentence; serve *one's* time

□ 그는 살인죄로 10년을 복역했다. He served ten years for homicide.

**사면** pardon; amnesty

□ 대통령은 국민 화합 차원에서 많은 정치범을 사면했다. The president pardoned many political prisoners for the sake of concord among the people.

**일반사면** general pardon[amnesty]

**특별사면, 특사** special pardon[amnesty]

□ 그는 광복절 특사로 석방되었다.
He was released as part of an amnesty granted for Liberation Day.

**석방** release; discharge

□ 석방하다 release / discharge / set *sb* free

□ 사람들은 양심수 석방을 요구하는 시위를 벌였다.
People demonstrated, demanding the release of prisoners of conscience.

**가석방** parole; conditional release

□ 가석방하다 be paroled / be released on parole

□ 판사는 그 남자에게 가석방 없는 종신형을 선고했다. The judge sentenced the man to life in prison without the possibility of parole.

**전자발찌** electronic (monitoring) anklet

□ 법원은 상습 성범죄자에게 전자발찌 착용을 명령했다. The court ordered the habitual sex offender to wear an electronic monitoring anklet.

**처형** execution

□ 처형하다 execute

□ 그는 사형선고를 받은 이튿날 처형되었다.
He was executed the day after he received his death sentence.

---

**징계** disciplinary action

· 파면 expulsion          · 해임 dismissal          · 정직 suspension          · 감봉 pay cut          · 견책 reprimand

형구 instrument[implement] of punishment[torture]

형틀 the rack
  □ 죄인을 형틀에 묶다 put a criminal on the rack

칼 pillory; cangue
  □ 칼을 쓰다 be pilloried

족쇄 shackles; fetters; leg irons
  □ 발목에 족쇄를 차다 be shackled

형기, 형량 prison term; jail term; term of imprisonment

# 교정시설 correctional institution[facility]

## 관련자

간수, 교도관 (prison) guard; corrections officer; prison officer

교도소장, 형무소장 warden

수감자, 재소자, 죄수 prisoner; (prison) inmate; **inf** jailbird
- 교도소에서 수감자들이 폭동을 일으켰다. The inmates rioted at the prison.

기결수 convict ⬌ 미결수 prisoner on trial

> 법적 판결이 내려지지 않은 상태에서 구금되어 있는 피의자

> 유죄 판결이 나서 형벌을 받고 있는 사람

모범수 model prisoner
- 그는 모범수로 뽑혀 형량이 대폭 줄어들었다.
  As a model prisoner, he received a greatly reduced sentence.

양심수 prisoner of conscience
- 시민단체 회원들은 국가보안법 폐지와 양심수 석방을 요구하는 시위를 벌였다.
  Members of a citizens' group held a demonstration demanding the
  abrogation of the National Security Law and the release of prisoners
  of conscience.

장기수 long-term prisoner
- 비전향 장기수 unconverted long-term prisoners

탈옥수 escapee; escaped prisoner[convict]
- 15년간 도피 행각을 벌여 온 탈옥수가 체포되었다. An escaped prisoner who has
  been on the run for 15 years has been caught.

## 종류

감옥, 교도소, 형무소 prison; jail; penitentiary; **AE** jailhouse;
**AE** **inf** pen
- 그 남자는 평생 교도소를 들락거렸다.
  That man has been in and out of prison his whole life.
- 그 남자는 살인을 저지르고 교도소에 수감되어 있다.
  That man is in prison for homicide.

> pen은 penitentiary의 줄임말이다. 미국의 연방 정부나 주정부가 운영하는 교도소에 대해서만 쓰인다. 따라서 county나 city의 경우에는 penitentiary나 pen이라는 표현을 쓰지 않는다. '감옥'을 말할 때 모든 영어권 나라에서는 일반적으로 jail이라고 한다.

감방 prison cell

독방 isolation cell, solitary confinement
- 교도소장은 말썽을 일으킨 수감자를 독방에 가두었다.
  The warden sent the troublemaker to solitary confinement.

지하감옥 dungeon

구치소 detention center

소년원 youth detention center; juvenile hall

**사식** food brought for an inmate from outside; food given privately to a prisoner

- 그의 어머니는 주말마다 교도소를 찾아 사식을 넣어 준다.
  His mother comes to the prison to bring him food every weekend.

**수감, 투옥** imprisonment; confinement

- 수감되다, 투옥되다 be imprisoned[confined; jailed] / be behind the bars

**이감하다** transfer *sb* to another prison

**죄수호송차** police van; police wagon; inf paddy wagon

**출감하다, 출소하다** be released[discharged] from prison; leave[get out of] prison ❶

- 그는 출소 한 달 만에 다시 죄를 짓고 교도소로 들어갔다. Just a month after his release, he committed another crime and wound up back in jail.

**탈옥** jailbreak; breakout

- 탈옥하다 break out (of jail) / escape[run away] from prison
- 교도소를 탈옥한 죄수들은 모두 검거되었다.
  All of the escapees from prison have been rounded up.

❶ **출소하면 두부를 먹는 이유는?**

감옥에서 출소한 사람들은 관습적으로 두부를 먹는다. 하얀 두부의 색 자체가 가지는 상징성도 있겠지만, 두부를 먹는 이유는 무엇보다도 두부에 들어있는 영양소와 관련이 있다. 두부에는 단백질을 비롯해, 탄수화물, 지방, 필수 아미노산 등 영양소가 풍부하다. 그래서 감옥살이를 하면서 허해진 몸을 보충하라는 의미로 출소자들에게 두부를 먹였다고 한다.

# PART 3 국방, 군사

## 1.1 군대의 종류

### 육해공군

공군 air force

육군 army, 지상군 ground forces

해군 navy

- 나는 해군에서 군복무를 했다. I fulfilled my military obligation in the Navy.

해병대 the Marine Corps; the Marines

- 한 유명 배우가 해병대에 입대했다. A famous actor joined the Marines.

  해병 marine

  - 한번 해병은 영원한 해병이다. Once a marine, always a marine.

### 병과, 주특기 | military occupational specialty

경비대 guard

  해안경비대 coast guard; (해군의) shore patrol

- 해안경비대가 정체 불명의 선박을 발견하고 추격에 나섰다.
  The Coast Guard spotted an unidentified vessel and gave chase.

공병대 corps of engineers

- 공병대가 강에 부교를 가설했다.
  The Corps of Engineers constructed a pontoon bridge across the river.

  공병 military engineer; sapper

공수부대, 공정대 airborne troops[forces]; paratroops, 공수특전단 airborne ranger ❷

- 사령관은 적의 후방에 공수부대를 투입하기로 결정했다. The commanding officer decided to drop paratroopers behind the enemy lines.

  공수부대원 paratrooper

공중강습부대 air assault unit

군악대 military band

  군악대원 member of a military band

  군악대장 drum major

❶ **부대는 시체?**

Marine Corps를 '머린 코옵스(məríːn kɔːrps)'로 발음하면 '해병 시체'라는 뜻이 된다. '부대'라는 뜻의 corps는 한국인이 특히 실수하기 쉬운 발음인데, corps의 발음기호는 [kɔːr], 그리고 시체라는 뜻의 corpse의 발음기호는 [kɔːrps]라는 것을 꼭 기억해 두자.

❷ **공수부대와 공수휘장**

비행기에서 낙하하여 낙하산을 타고 적진 깊숙이 침투하는 공수부대는 2차 세계대전 당시 처음으로 선을 보였다. 독일 공군이 팔슈룸야거 Fallschirmjäger라는 공수부대를 창설하자 미국과 러시아도 이에 자극을 받아 공수부대를 육성하기 시작한 것이다. 일반적으로 3주의 공수교육을 받고 4번의 낙하산 강하에 성공하면 군복에 낙하산과 날개가 합쳐진 모양의 공수휘장parachutist badge을 달게 되는데, 강하 횟수가 늘어날수록 휘장에 별이 추가로 생기게 된다.

러시아군의 공수휘장

헬기를 타고 적진으로 침투하는 공중강습부대는 헬기 착륙이 어려울 경우 레펠rappel을 타고 지상으로 내려온다.

근위대, 친위대 the Guard; palace guard; Royal Guard; the royal bodyguards 

근위병, 호위병 guardsman

기갑부대 armored unit[forces]; cavalry, 기계화부대 mechanized force[infantry]

기갑병 armored infantry

기병대 cavalry

기병 cavalryman

병참부대, 지원부대 quartermaster corps

보급병 (사병) storekeeper; (장교) quartermaster; supply officer

보병대 infantry

□ 아군은 적의 1개 보병 사단을 궤멸시켰다.
Our forces annihilated one of the enemy's infantry divisions.

보병 infantryman; foot soldier

수색대 reconnaissance[recon] unit[party]

□ 연대의 수색대가 비무장지대로 정찰을 나갔다. The regiment's recon unit went scouting in the demilitarized zone. / The regiment's reconnaissance unit reconnoitred the demilitarized zone.

수색대원 scout

수송대, 수송부대 transportation corps[unit; troop]

운전병 (military) driver

의무대 medical corps[detachment]

위생병, 의무병 medic; aidman; corpsman

의장대 honor[ceremonial] guard; guard of honor

□ 중국을 방문하는 동안 대통령은 의장대를 사열했다.
During his visit to China, the president reviewed the honor guard.

전차대 tank forces; tank unit[corps]

전차병 tank crew

정보부대 military intelligence corps

정찰대 patrol team; reconnaissance[recon] unit[party] (behind enemy lines)

정찰병, 척후병 reconnoiter

카투사 KATUSA (Korean Augmentation Troops to the United States Army의 약자)

□ 그는 미군 부대에서 카투사로 군복무를 했다.
He did his military service as a KATUSA on an American base.

국가 경축 행사와 외국 국가원수의 방문을 환영하고 또 환송하는 의식을 치르기 위해 조직된 부대



❶ 바티칸의 스위스 근위대

알록달록한 유니폼을 입고 핼버드halberd라고 하는 긴 창을 든 스위스 근위대(Papal) Swiss Guard는 바티칸의 빼놓을 수 없는 명물이다. 스위스 근위대는 1506년 창설되었는데, 1527년 신성로마제국의 카를5세가 로마를 약탈했을 때 근위대원의 대다수가 전사하는 와중에도 교황을 무사히 지켜냈고, 그 이후로 스위스 남성으로만 근위대를 선발하는 전통이 생겼다. 키 174cm 이상, 나이 19~30세 사이의 용모 단정한 스위스 국적의 미혼 남성으로서 가톨릭 신자만이 바티칸의 스위스 근위대에 입대할 수 있다.

통신대 signal corps[troops]

연락병, 전령 dispatch rider; orderly; messenger
□ 대대장의 전령이 공격을 중단하라는 명령을 전달했다. The battalion commanding officer's messenger relayed his order to cease the attack.

통신병 signalman

포대, 포병대 the artillery; artillery unit[corps]

포병 artilleryman; gunner; **inf** gun bunny

폭발물 처리반 bomb (disposal) squad; explosive ordnance disposal team (**abb** EODT)

항공대 air corps; aviation corps
□ 육군 항공대 Army Air Corps / (미군의) Army Airborne Corps

헌병, 헌병대 military police (**abb** MP)

헌병대장 provost marshal

화학대 chemical corps[forces]



## 편성

민방위대 civil defense corps

민방위 훈련 civil defense training[exercise; drill]
□ 전국적으로 민방위 훈련이 실시되었다.
Civil defense exercises were conducted nationwide.

비정규군 irregular military[army; forces]; irregulars, 준군사조직 paramilitary organization[group]

게릴라, 유격대 guerilla (troops; unit); ranger corps
□ 적의 게릴라들이 후방에 침투해 우리 측의 주요 시설물을 일부 파괴했다.
Enemy guerillas penetrated behind our lines and destroyed some of our main facilities.

민병대 militia
□ 시민들은 민병대를 조직해 외세의 침략에 맞섰다.
The citizenry formed a militia to stand against the alien invasion.

민병대원 militiaman

의용군 volunteer army[troops]

상비군 standing army; ready troops

여군 women's army corps (**abb** WAC)
□ 그녀는 고등학교를 졸업하자마자 여군에 들어갔다.
She joined the Women's Army Corps right out of high school.

예비군 (군대) reserve(s); reserve forces; (군인) reservist

동원예비군 mobilization reserve

동원훈련 mobilization exercise[training]
- 군부대에 들어가 2박 3일간 동원훈련을 받았다. I went to an army base and spent three days and two nights in mobilization training.

예비군 훈련 reserve forces training
- 한국에서는 제대 후에도 상당 기간 예비군 훈련을 받아야 한다. In Korea, you have to participate in reserve forces training for quite a while even after completing your military service.

외인부대 foreign legion; (프랑스의) the (French) Foreign Legion ❶

정규군 regular army

## 성격

결사대 suicide squad
- 결사대를 조직하다 form a suicide squad

기동대, 기동부대 mobile force; (특수 임무를 띤) task force, 기동타격대 quick reaction forces

대군 large troops

돌격대 shock troops; assault forces; (나치의) stormtrooper

동맹군, 연합군 combined forces; (세계대전 당시의) the Allies; the Allied Forces
- 1945년 5월 7일 독일이 연합군에 항복했다. Germany surrendered to the Allied Forces on May 7, 1945.

방위군 defense corps[forces; troops]; (미국의 주 방위군) the National Guard

수비대 garrison

아군 our forces[troops; army]; friendly forces; ally

⬌ 적, 적군 enemy; enemy troops[forces]; opposing forces

원대, 자대 one's own unit
- 휴가 장병들은 즉각 원대로 복귀하시오. Service personnel on vacation should report back to their respective units immediately.

원정군 expeditionary force

전투부대 fighting unit; combat troops[arms; element; forces; unit]

❶ 프랑스의 외인부대

흔히 레종 에트랑제Légion étrangère로 불리는 프랑스의 외인부대는 1831년 창설되었으며, 세계 각국에서 지원한 약 7,700명의 병사로 구성되어 있다. 외인부대는 흔히 알려진 것과는 달리 외국인으로만 이루어진 용병부대가 아니라 프랑스의 정규군에 속하며, 프랑스인이 전체의 약 24%를 차지한다. 신체검사를 비롯한 각종 테스트를 거친 후 신원조회를 거치면 최종 합격하게 되는데, 살인과 같은 중대한 범죄 기록이 있는 자는 입대가 거절된다. 합격 후에는 5년 계약을 맺고 의무 복무를 하게 되는데, 계약 기간이 끝난 후에는 제대하거나 계약을 연장할 수 있고 프랑스 시민권을 획득할 기회가 주어진다. 하지만 항상 위험한 전투지역에 파견되기 때문에 전사할 확률이 높고, 생각보다 월급이 많지 않다는 점이 약점으로 꼽힌다.

점령군 occupation force; army of occupation

정부군 government forces

● 반군, 반란군, 반정부군 rebels; rebel forces[troops]; insurgent army, 혁명군 revolutionary army
□ 리비아 반군이 정부군의 거점 도시를 공격했다. The Libyan rebels attacked a city that was a stronghold of the government forces.
반란 insurgency; mutiny

정예부대 elite troops; best unit
□ 그 부대는 대한민국 육군의 최정예부대다. The troops in that unit are the very best in the ROK Army.

주둔군 stationary troops
□ 미국은 이라크 주둔 미군을 올해 말까지 철수시킬 예정이다. The United States plans to remove its stationary troops from Iraq by the end of this year.

증원군 augmentation forces, 지원군, 지원부대 auxiliary troops; reinforcement; supporting unit[force]
□ 지휘관이 사단 사령부에 지원군을 요청했다. The commander asked his division headquarters to send reinforcements.

침략군 invading army

토벌군 army of subjugation

특공대 commando unit; ranger unit
특공대원 commando; ranger

특수부대 special forces (unit; group) ❶

## 기타

본대 the main force[body]

분견대, 파견대 detachment; detached unit
□ 유엔은 10명의 파견대를 이라크에 급파했다. The UN dispatched a detachment of ten men to Iraq.

선발대, 선봉대 advance force[party; guard]

● 후발대 second party[group; team]
□ 아랍에미리트에 파견된 특전사 선발대가 두바이에 도착했다. The advance party of special forces sent to the Arab Emirates has arrived Dubai.

전위대 vanguard; (military) spearhead ● 후위대 rear guard

❶ **한국의 특수부대**
• 707특수임무대대 707th Special Mission Battalion: 특수전사령부 산하의 국가 대(對)테러부대.
• 수중파괴대 UDT (underwater demolition team의 약자): 수중 파괴, 폭발물 처리, 육해공을 통한 전천후 타격임무 등을 수행하는 부대. 흔히 UDT/SEAL이라고 불리는데, SEAL은 육해공을 뜻하는 sea, air, land의 약자.
• 특수전사령부,특전사 (ROK) Special Warfare Command: 예하에 7개 부대가 있으며, 게릴라전, 요인 암살 및 납치, 인질 구출 등의 임무 수행.
• 해난구조대 SSU (ship salvage unit의 약자): 해군 소속으로 바다에 침몰한 선박의 구조작업 및 항만과 수로상의 장애물을 제거하는 부대.

군벌 warlord; military clique

군부 military authorities; (집합적) the military

군사력, 병력, 전력 military strength[power; might]; war potential ❶

□ 미국의 군사력은 북한을 압도한다.
American military power far surpasses that of North Korea.

공군력 air power

해군력 sea power; naval power

□ 그 나라는 몇 년 전부터 해군력을 증강하고 있다. That country has been
strengthening its naval power for several years.

귀대하다 return to *one's* unit; (장교가) rejoin *one's* command

부대기 unit colors; guidon

부대장, 지휘관 commander; commanding officer (**abb** CO);
commandant

부사령관 deputy commander (in chief)

사령관 commanding general ◄----- 장군 계급의 지휘관

지휘권 command; authority (to command)

□ 이로써 당신의 지휘권을 박탈하겠습니다.
I hereby relieve you of your command.

총사령관, 최고사령관 commander in chief (**abb** C in C); supreme
commander

□ 맥아더 장군은 일본 점령군 최고 사령관을 역임했다.
General MacArthur served as the Supreme Commander of the Allied
Forces during the occupation of Japan.
□ 율리시스 그랜트는 남북전쟁 당시 북군의 총사령관을 지냈다.
Ulysses S. Grant served as the commanding general of the Union Army
during the American Civil War.

용병술 tactics; employment[manipulation] of troops

□ 이번 전쟁의 승리는 사령관의 뛰어난 용병술 덕분이다. We owe our victory in this war
to the superior tactics of the commanding general.

제공권 command[control] of the air; air superiority[supremacy]

□ 정부군이 제공권을 장악하면서 반군은 수세에 몰렸다. Government forces took control
of the air, pushing the rebel army into a defensive mode.

제해권 command[control] of the sea; naval supremacy

---

❶ 대칭전력과 비대칭전력

일반적으로 전쟁에 사용되는 무기는 대칭전력 symmetric capabilities와 비대칭전력 asymmetric capabilities로 나뉜다. 대칭전력은 탱크, 군함과 같은 재래식무기를 뜻하고, 비대칭전력은 핵무기, 생화학무기와 같은 대량살상무기 weapons of mass destruction와 잠수함, 특수부대와 같은 기습공격과 게릴라전이 가능한 무기나 군사력을 가리킨다. 비대칭전력은 엄청난 살상력이 있기 때문에 실제로 사용하면 전 세계의 비난을 받을 수 있지만, 비대칭전력을 보유하고 있다는 자체만으로 이웃 나라에 큰 위협을 줄 수 있다. 북한은 대칭전력으로는 남한에 열세를 보이고 있지만, 세계 최고 수준의 비대칭전력을 보유하고 있다.

**ex** 북한은 남한을 능가하는 비대칭전력을 보유하고 있다. North Korea has **asymmetric military capabilities** that outstrip South Korea.

# 편성, 편제 military organization

## 육군 편제 army

분대 squad
   분대장 squad leader

반 section
   반장 section leader

소대 platoon
   □ 그는 제1소대 1분대에 속해 있다. He belongs to Squad One of the First Platoon.
   부소대장 platoon sergeant
   소대장 platoon leader
   화기소대 (heavy) weapon platoon

중대 company
   □ 중대는 보통 4개 소대로 이루어진다.
   A company is usually composed of four platoons.
   중대장 company commander

대대 battalion
   대대장 battalion commander

연대 regiment
   연대장 regiment commander

여단 brigade
   여단장 brigade commander

사단 division ❶
   사단장 division commander

군단 corps
   군단장 corps commander

군 army, 야전군 field army
   군사령관 army commander

집단군 army group
   집단군 사령관 commander of an army group

육군본부 Army Headquarters
   육군참모총장 the Army Chief of Staff

---

**사령부의 종류**
- 계엄사령부 martial law command
- 교육사령부 education & training command
- 군수사령부 logistics command
- 기무사령부 defense security command
- 군수사령부 logistics command
- 수도방위사령부 capital defense command
- 수송사령부 transportation command
- 의무사령부 medical command
- 정보사령부 defense intelligence command
- 특수전사령부 special warfare[operations] command
- 한미연합군사령부 ROK-US combined forces command

❶ **사단의 종류**
- 기갑사단 armored division
- 기계화보병사단 mechanized infantry division
- 동원사단 mobilization reserve division
- 보병사단 infantry division
- 예비사단 reserve division

## 해군 편제| navy ❶

전대 (naval) squadron; task unit
  전대장 squadron leader

전단 flotilla
  전단장 flotilla commander

함대 fleet
  ☐ 미 7함대 United States Seventh Fleet
  함대 사령관 fleet commander

해군본부 Navy Headquarters
  해군참모총장 the Navy Chief of Staff

## 공군 편제| air force

편대 flight
  편대장 flight leader

대대, 비행대대 squadron
  대대장 squadron leader

비행전대, 전대 group
  전대장 group commander

비행단 wing
  ☐ 제8전투비행단 the 8th fighter wing
  비행단장 wing commander

공군본부 air force headquarters
  공군참모총장 the air force chief of staff; chief of staff, air force

## 기타

합동참모본부, 합참 the joint chiefs of staff
  합참의장 chairman of the joint chiefs of staff

❶ 전대, 전단, 함대

전대는 둘 이상의 함정과 항공기로 이루어지는 해군 부대를 가리킨다. 전대가 모여 전단이 되고, 전단이 모여 함대가 된다. 함대는 다수의 함정과 항공기, 그리고 해군으로 이루어지는데, 태평양 서부 지역의 방위를 맡고 있는 미 해군 제7함대United States Seventh Fleet는 항공모함 조지 워싱턴을 비롯하여 다수의 함정과 잠수함, 100여 대의 전투기, 그리고 수만 명의 해군을 보유하고 있어 웬만한 나라의 군사력을 압도한다는 평가를 받는다.

# 육군의 단위부대부호

군대에서는 군사지도에 부대의 위치와 규모 등을 표시할 때 특정한 기호를 사용하는데, 이것을 단위부대부호, 즉 단대호military (map) symbol이라고 한다. 단대호는 병과를 표시하는 사각형의 상단에 부대 단위를 표시하고, 좌측에는 부대명, 우측에는 상급 부대명을 표시하는 방식으로 작성하는데, 만약 '보병 5연대 소속 브라보(B) 중대'라면 다음과 같이 단대호를 그리면 된다.

**부대 단위 기호**

|  |  |
|---|---|
| ● | 분대 |
| ● ● ● | 반 |
| ● ● ● | 소대 |
| I | 중대 |
| II | 대대 |
| III | 연대 |
| X | 여단 |
| X X | 사단 |
| X X X | 군단 |
| X X X X | 군, 야전군 |
| X X X X X | 집단군 |

**병과 기호**

| 기호 | 병과 | 기호 | 병과 | 기호 | 병과 |
|---|---|---|---|---|---|
| | 보병 | | 기갑 | | 통신 |
| | 의무 | | 대전차 | | 정찰, 기병 |
| | 심리전 | | 항공대 | | 포병 |
| | 공병 | | 방공 | | 수송 |
| | 특수전 | | 공수 | | 정비 |

# 군사시설 military facilities

## 주둔지 | military post; garrison

### 경계초소, 초소 guard post; sentry box

#### 관측소 observation post (abb OP)
□ 관측소로부터 적군이 국경을 넘었다는 보고가 들어왔다. We've received a report from the observation post that enemy troops have crossed the border.

#### 망루 watchtower; lookout tower

#### 위병소 guardroom; guardhouse
□ 나는 주말에 위병소에서 위병 근무를 섰다.
I spent the weekend standing guard in the guardhouse.

### 관사 military family housing ❶
□ 어렸을 때는 군인인 아버지와 함께 부대 내 관사에서 살았다. When I was little, I lived in military family housing with my father, who was a soldier.

### 교도소 military prison; disciplinary barracks, 영창 guardhouse; (해군의) brig
□ 그는 군기 위반으로 2주간의 영창 생활을 선고 받았다. He was sentenced to two weeks in the guardhouse for a breach of military discipline.

### 내무반, 막사, 병영 barracks

#### 내무검사 barracks inspection
□ 매주 토요일 오전에는 내무검사를 받는다.
We have a barracks inspection every Saturday morning.

#### 내무반장 barracks leader

#### 사물함 (military) locker; (상자 모양의) footlocker

#### 점호 roll call; muster
□ 일석점호 evening roll call
□ 일조점호 과정에서 병사 한 명이 탈영한 사실이 밝혀졌다. At morning roll call it came to light that one of the soldiers had gone AWOL.

### 매점, 피엑스 (육군의) post exchange (abb PX); (공군의) base exchange; (해군의) navy[naval] exchange

### 무기고 armory; arsenal
□ 괴한 두 명이 무기고에서 소총을 탈취해 달아났다.
Two suspicious characters ran off with rifles they took from the armory.

---

❶ **관사의 종류**
- 기혼장교숙소 married officer's quarters (abb MOQ)
- 독신부사관숙소 bachelor enlisted quarters (abb BEQ)
- 독신장교숙소 bachelor officers' quarters (abb BOQ)
- 방문사병숙소 visiting enlisted quarters (abb VEQ)
- 방문장교숙소 visiting officers quarters (abb VOQ)

비가 올 때 경계병이 몸을 피할 수 있는 sentry box

미국의 해병대 훈련소에서 사용하는 footlocker

탄약고, 화약고 (powder) magazine; (ammunition; ammo) dump; ammunition warehouse[storehouse]; (군함의) shot locker; (비유적) tinderbox; hot spot; flashpoint

- 그 지역은 중동의 화약고로 불린다.
  That region is called the tinderbox of the Middle East.

사격장 shooting[rifle; firing] range

연병장 military training ground; parade ground

- 병사들은 완전군장 차림으로 연병장을 30바퀴 돌았다. The soldiers marched thirty laps around the parade ground in full uniform.

의무실 medical room; dispensary

- 부상을 당한 병사는 의무실로 옮겨졌다.
  The injured soldier was taken to the dispensary.


# 군사기지 — 종류 (military) base

공군기지 air base; air force base

- 에드워드 공군기지 Edward Air Force Base

레이더기지 radar station

레이더, 전파탐지기 radar ❶

- 레이더 화면에 이상한 물체가 포착되었다.
  Some strange object showed up on the radar screen.

미사일기지 missile (launching) base[site]

병참기지, 보급기지 logistics base

병참 logistics, 보급 supply

보급로 supply route

- 적이 아군의 보급로를 차단하는 바람에 탄약 보급이 중단되었다.
  The supply of ammunition to our forces ceased when the enemy cut off our supply route.

전초기지 outpost ❷

경계초소 guard post (abb GP)

일반전초 general outpost (abb GOP)

해군기지 naval base

❶ 레이더와 스텔스기

레이더radar는 radio detecting and ranging, 즉 '무선 탐지와 거리 측정'의 약자로서 전자파를 발사했을 때 어떤 물체에 반사되어 되돌아오는 전자파를 수신하여 물체와의 거리, 방향, 고도 등을 알아내는 장치를 가리킨다. 스텔스 기술stealth technology은 비행체의 구조를 방사형으로 설계하여 전파를 반사하는 면적을 최소화하고, 표면에 전파를 흡수하는 특수 도료를 발라 레이더에 잘 포착되지 않도록 하는 기술을 말하는데, 미군의 F-117 나이트호크Nighthawk가 스텔스 기술을 적용시킨 대표적인 스텔스기stealth aircraft다. 하지만 스텔스 기술을 적용했다고 해서 그 물체를 투명인간처럼 레이더 화면에서 완전히 사라지게 만들 수는 없다. 다만 주의해서 보지 않으면 식별이 불가능할 정도로 물체를 최대한 작게 만들 수 있을 뿐이다.

F-117 Nighthawk

❷ GOP와 GP

전초는 군대가 행군 중 정지할 때나 주둔하고 있을 때 적군 가까이 배치하는 초소나 초병을 가리키는데, 적의 움직임을 조기에 탐지하여 주력 부대에 경고하고 적의 접근을 지연시키는 임무를 맡는다. 한편 우리나라와 북한은 군사분계선Military Demarcation Line을 중심으로 남북으로 약 2km씩 떨어진 곳에 철책을 세우고 철책선 후방에 병력을 집중시켜 놓았는데, 남북한의 철책 사이의 구간을 비무장지대demilitarized zone, 즉 DMZ라고 한다. 하지만 비무장지대라는 말과는 달리 남북한 모두 비무장지대 내에 기지를 세우고 무장 병력을 주둔시키고 있는데, 이처럼 비무장지대 내에 세워진 기지를 경계초소GP라고 한다. 경계초소는 마치 중세시대의 성castle처럼 생겼는데, 1~2km마다 하나씩 세워져 있으며 수색대가 들어가 근무하게 된다. 그리고 철책선 후방에 펼쳐진 군사기지인 일반전초GOP에는 보병대대가 교대로 근무한다.

# 군사기지 — 시설 (military) base

## 교두보 bridgehead; (해안의) beachhead



□ 아군은 엄청난 피해를 본 끝에 간신히 교두보를 쌓았다. **Our forces just barely managed to establish a bridgehead after suffering great losses.**

## 요새 fort; fortress; fortifications; stronghold; redoubt

□ 적의 요새는 그야말로 난공불락이었다.
**The enemy's fortifications were indeed impregnable.**

## 진지 position; stronghold

□ 진지를 구축하다 establish a stronghold

### 개인호 foxhole, 교통호, 참호 trench; dugout

□ 참호를 파다 dig a trench

### 방공호 air-raid shelter; bomb shelter

□ 공습경보가 울리자 병사들이 방공호로 대피했다. **When the air-raid siren sounded, the soldiers got into the bomb shelter.**

### 방어진지 defensive position

### 벙커, 엄폐호 bunker, 토치카, 특화점 pillbox; blockhouse

□ 적군이 벙커에서 기관총 사격을 하기 시작했다.
**The enemy started firing their machine guns from their bunker.**

### 포대 casemate

## 철조망, 철책 chain-link fence; barbed-wire fence; razor wire

□ 민간인이 철책을 넘어 월북하는 사건이 발생했다. **There was an incident in which a civilian jumped the barbed-wire fence and defected to North Korea.**

방어선을 따라 판 참호

적의 포사격으로부터 병력을 보호하는 벙커

엄폐된 진지 안에서 포사격을 할 수 있는 포대

razor wire

chain-link fence

barbed-wire fence

## 군사훈련기관

국방대학교 National Defense University

사관학교 military academy

  간호사관학교 armed forces nursing academy

  공군사관학교, 공사 air force academy

  육군사관학교, 육사 (한국의) Korea Military Academy; (미국의) West Point
  □ 육사 41기가 올해 처음으로 별을 달았다. The 41st class of graduates from the
    military academy got their first star.

  해군사관학교, 해사 naval academy

신병훈련소, 훈련소 recruit[basic] training center; boot camp
□ 제일 친한 친구가 오늘 훈련소에 입소했다. My best friend went to boot camp today.

  교관 drill instructor

  신병훈련 initial entry training

  조교 assistant instructor
  □ 그는 신병훈련소의 호랑이 조교로 악명이 높았다.
    He was infamous at boot camp as a tough assistant instructor.

학군단, 학생군사교육단 ROTC (Reserve Officers Training Corps의 약자)

# 02 군인, 병사 soldier; (집합적) military personnel

## 군인의 종류

### 역종 service status

**보충역** supplementary service

☐ 그는 신체검사 결과 보충역 판정을 받았다. He was assigned to do supplementary service as a result of his physical exam.

공익근무요원 public service personnel

**예비역** reservist

☐ 그는 예비역 육군 대령이다. He's a colonel in the army reserves.

**제1국민역** eligible conscription status, **제2국민역** disqualified conscription status ❶

**퇴역군인** ex-serviceman; (war) veteran; `inf` vet

**현역** active duty; active-duty soldier

☐ 나는 현역으로 군복무를 마쳤다.
I completed my military service as an active-duty soldier.

❶ **국민역이란?**

제1국민역은 아직 병역 판정이 내려지지 않은 징병 대상자들을 뜻하고, 제2국민역은 군복무는 불가능하지만 평시에는 민방위에 소집되고 전시에는 물자 운반 등 민방위에 동원되는 사람들을 가리킨다.

### 장교 officer

**간호장교** nurse (corps) officer

**고급장교** high[top]-ranking officer; `!` brass hat

**공보장교** public affairs officer

**군목** (army) chaplain; (천주교의) padre

**군수장교** logistics officer

**군의관** medical officer (육군) army surgeon[doctor]; (해군) naval surgeon; (공군) flight surgeon

**법무관** judge advocate

**보급장교** supply officer

**부관** adjutant; aide-de-camp

☐ 그는 사단장의 부관으로 있다. He's an adjutant to the division commander.

**사관생도, 생도** cadet

고급장교일수록 모자에 황금색의 금속 장식이 많기 때문에 고급장교를 brass hat(놋쇠 모자)이라고 부르기도 한다.

연락장교 liaison officer

작전장교 operations officer

정훈장교 troop information and education officer (abb TI&E officer)

참모 staff officer; (집합적) general staff
- 지휘관은 전술을 세우면서 참모들의 의견을 물었다. The commanding officer consulted with the staff officers as he planned his strategy.

통신장교 signal officer; Signal Corps officer

행정장교 administrative officer; executive officer

## 사병 soldier; the ranks; (미국의) GI

경비병, 보초, 초병 sentry; sentinel; picket
- 불침번 (임무) night watch; (사람) night watch(man)
  - 5일째 연달아 불침번 근무를 섰더니 몹시 피곤하다. I'm exhausted from being on the night watch for five days running.

기수 color bearer; standard bearer
- 그는 키가 크다는 이유로 신병훈련소의 기수로 선발되었다. He was chosen as the standard bearer at his boot camp because he's tall.

당번병 orderly; BE batman
- 저 병사는 대대장의 당번병이다. That soldier is the battalion commander's orderly.

소총수 rifleman

정비병 maintenance technician

정훈병 TI&E personnel

취사병 kitchen police (abb KP)

통역병 (army) interpreter

행정병 administrative clerk

훈련병 recruit; trainee; (육군의) private; (공군의) airman basic; (해군의) seaman recruit

# 성격

고참병, 노병 (나이 많은 병사) old soldier; (경험 많은 병사) veteran; veteran soldier ❶

● 신병, 초년병 (new; raw) recruit; newly-enlisted soldier, 졸병 private; low-ranking soldier

☐ 사상자가 많이 발생한 부대에 신병들이 보충되었다.
New recruits were sent to a unit that had suffered a lot of casualties.

공비 communist guerilla, 무장 공비 armed communist guerilla

☐ 동해안으로 침투한 무장 공비들은 전원 사살되었다. All of the armed communist guerillas that infiltrated the east coast were killed.

빨치산 North Korean partisan

무사, 용사, 전사 warrior

☐ 무사로서 그는 전장에서 많은 공을 세웠다.
As a warrior, he performed many meritorious deeds on the battlefield.

기사 knight ❷

☐ 그는 영국 여왕으로부터 기사 작위를 받았다.
He was knighted by the queen of England.

기사도 chivalry

☐ 기사도를 발휘한 남성이 곤경에 빠진 여성을 구했다.
A chivalrous man saved a woman in distress.

사병(私兵) private soldier

☐ 그는 휘하에 만 명이 넘는 사병을 거느리고 있다.
He has a private army of more than ten thousand soldiers under him.

## ❷ 기사는 군인일까, 귀족일까?

요즘은 기사를 귀족과 비슷한 뜻으로 사용하지만, 원래 기사는 갑옷을 입고 말을 타는 전사를 뜻했다. 왕과 같이 신분이 높은 사람도 전투에서 공을 세우지 못하면 기사로 인정받지 못했고, 왕이 다른 기사로부터 기사 서품을 받기도 했다. 봉건영주들은 기사에게 봉토, 즉 땅을 하사하고 그들에게 전쟁에 참가할 의무를 지웠는데, 무기가 발달하면서 기사는 점점 설 자리를 잃게 되었고 현대에 와서는 어떤 분야에서 뛰어난 업적을 세운 사람에게 수여하는 일종의 명예 훈장으로 바뀌었다. 오늘날에는 기사 작위 knighthood를 받는 사람이 국왕 앞에 무릎을 꿇으면 국왕은 작위 수여자의 오른쪽 어깨와 왼쪽 어깨에 칼등을 댄 후 훈장을 수여하여 그가 기사가 되었음을 선언한다. 기사가 남성일 경우에는 이름 앞에 sir, 여성일 경우에는 dame이라는 칭호를 붙여 예를 표하게 된다.

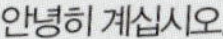

## ❶ 맥아더의 퇴역 연설

인천상륙작전을 성공시킨 장본인이자 미 육군의 원수general of the army를 지낸 더글라스 맥아더Douglas MacArthur는 1951년 4월 19일 미 의회에서 고별 연설을 하며 '노병은 죽지 않는다, 다만 사라질 뿐이다'라는 유명한 말을 남겼다. 다음은 연설의 마지막 부분이다.

*I am closing my 52 years of military service. When I joined the Amy, even before the turn of the century, it was the fulfillment of all of my boyish hopes and dreams. The world has turned over many times since I took the oath on the plain at West Point, and the hopes and dreams have long since vanished, but I still remember the refrain of one of the most popular barrack ballads of that day which proclaimed most proudly that "old soldiers never die; they just fade away." And like the old soldier of that ballad, I now close my military career and just fade away, an old soldier who tried to do his duty as God gave him the light to see that duty.*
*Good Bye.*

저는 이제 52년에 걸친 군 복무를 마치려 합니다. 제가 육군에 입대한 것은 새로운 세기가 시작되기도 전이었지만 그것은 제 소년 시절의 모든 희망과 꿈이 실현되는 것이었습니다. 제가 웨스트포인트(미국 육군사관학교)의 연병장에서 서약한 이후로 세상은 여러 차례나 바뀌었으며, 저의 소년 시절의 희망과 꿈도 오래 전에 사라졌습니다. 그러나 저는 그 시절 가장 인기 있었던 어느 군가의 후렴구를 아직 기억하고 있습니다. 그 노래는 "노병은 죽지 않는다. 다만 사라질 뿐이다"라고 자랑스럽게 선언하고 있었습니다. 그리고 그 군가에 등장하는 노병과 마찬가지로 저는 저의 군생활을 마치고 사라져 가려 합니다. 신께서 주신 의무를 깨닫고 그 의무를 수행하기 위해 노력한 한 노병으로 말입니다.
안녕히 계십시오.

상이군인 disabled veteran[ex-serviceman]

선임병 senior soldier ⬌ 후임병 replacement

☐ 그는 군대에 있을 때 내 후임병이었다. He was my replacement in the armed forces.

여군 female[woman] soldier; (하사관) enlisted woman

용병 mercenary (soldier); hired soldier

☐ 그는 용병들을 동원해 시위를 무력으로 진압했다. He mobilized mercenaries to put down the demonstrations with military force.

의무병 conscript; draftee

⬌ 자원병, 지원병 volunteer (soldier)

저격병, 저격수 sniper ❶

☐ 저격하다 snipe (at) / shoot (at)

☐ 지휘관이 적의 저격수에게 저격당하자 부대는 큰 혼란에 빠졌다.
There was great confusion among the troops when the commander was taken down by an enemy sniper.

적병 enemy (soldier); (집합적) the enemy

직업군인 career soldier; lifer

☐ 나의 아버지는 30년간 직업군인의 길을 걸어오셨다.
My father has been a professional soldier for thirty years.

첨병 (병사) point (man); (부대) advance guard

☐ 지휘관은 행군 부대 선두에 첨병을 배치했다.
The commander put a point man at the head of the advancing forces.

패잔병 remnants (of the enemy forces)

☐ 아군은 적의 패잔병 소탕에 나섰다.
Our troops set out to clear away the remnants of the enemy forces.

학도병 student soldier

☐ 그는 학도병 신분으로 한국전쟁에 참전했다.
He fought in the Korean War as a student soldier.

미국에서는 전투 중에 부상을 당하거나 전사한 군인들에게 퍼플하트Purple Heart라는 훈장을 수여한다.

❶ 정치권의 저격수

저격수는 원래 자신의 몸을 숨기고 총을 쏘는 병사를 뜻하지만 요즘은 대통령과 같은 사람을 위해 다른 당의 정치인에게 흑색선전이나 인신공격을 서슴지 않는 사람을 뜻하는 말로도 자주 쓰인다. 이런 정치적 저격수를 hatchet man이라고 하는데, hatchet man은 원래 미군에서 손도끼hatchet를 들고 통로를 개척하는 병사를 뜻하는 말이었는데, 워터게이트 사건으로 물러난 닉슨 대통령의 보좌관인 찰스 콜슨의 별명으로 쓰이면서 지금과 같은 뜻으로 변하게 되었다. 회사에서 구조 조정을 실시할 때 해고 대상자를 선별하는 업무를 맡은 사람도 hatchet man이라고 한다.

ex 찰스 콜슨은 닉슨 대통령의 저격수로 알려졌다.
Charles Colson was known as President Nixon's **hatchet man**.

# 계급 rank; grade

## 사병 enlisted man

| 계급 | 육군 | 공군 | 해군 | 해병대 |
| --- | --- | --- | --- | --- |
| 이등병 | private | airman | seaman apprentice | private first class |
| 일등병 | private first class | airman first class | seaman | lance corporal |
| 상등병 | • corporal<br>• specialist | senior airman | petty officer third class | corporal |
| 병장 | sergeant | staff sergeant | petty officer second class | sergeant |

## 부사관, 하사관 noncommissioned officer (abb NCO)

| 계급 | 육군 | 공군 | 해군 | 해병대 |
| --- | --- | --- | --- | --- |
| 하사 | staff sergeant | technical sergeant | petty officer first class | staff sergeant |
| 중사 | sergeant first class | • master sergeant<br>• first sergeant | chief petty officer | gunnery sergeant |
| 상사 | • master sergeant<br>• first sergeant | senior master sergeant | senior chief petty officer | • master sergeant<br>• first sergeant |
| 원사 | • sergeant major<br>• command sergeant major<br>• sergeant major of the army | • chief master sergeant<br>• command chief master sergeant<br>• chief master sergeant of the air force | • master chief petty officer<br>• master chief petty officer of the navy | • master gunnery sergeant<br>• sergeant major<br>• sergeant major of the marine corps |

**미 육군 사병의 계급**

미군의 상병 계급에는 corporal과 specialist가 있다. corporal은 sergeant의 바로 아래 계급으로서 유사시에 sergeant의 임무를 맡아 지휘권을 행사하지만, specialist는 특별한 기술을 가진 4년제 대학 졸업생들로서 장교 교육을 거쳐 장교로 임관하는 경우가 많다. 한편 sergeant는 한글로는 병장으로 번역하지만 실제로는 분대 지휘권을 행사하는 부사관으로서, 뛰어난 군사적 능력과 지식을 갖춘 베테랑들이다. 미군에는 자동 진급이 없고 철저히 능력 위주이기 때문에 나이가 아무리 많아도 능력이 없으면 진급을 하지 못하고 졸병 생활을 하게 된다.

| 계급 | 육군 | 공군 | 해군 | 해병대 |
|---|---|---|---|---|
| 준위 | warrant officer | warrant officer | warrant officer | warrant officer |
| 소위 | second lieutenant | second lieutenant | ensign | second lieutenant |
| 중위 | first lieutenant | first lieutenant | lieutenant junior grade | first lieutenant |
| 대위 | captain | captain | lieutenant | captain |
| 소령 | major | major | lieutenant commander | major |
| 중령 | lieutenant colonel | lieutenant colonel | commander | lieutenant colonel |
| 대령 | colonel | colonel | captain | colonel |
| 준장 | brigadier general | brigadier general | rear admiral lower half | brigadier general |
| 소장 | major general | major general | rear admiral upper half | major general |
| 중장 | lieutenant general | lieutenant general | vice admiral | lieutenant general |
| 대장 | general | general | admiral | general |
| 원수 | general of the army | general of the air force | fleet admiral | |

**미 육군 장교의 계급장**

장교의 계급에는 소위부터 대위까지의 위관company officer, 소령에서 대령까지의 영관field officer, 그리고 준장에서 원수까지의 장관general officer 또는 장군이 있다. 준사관이라고도 하는 준위는 기술 분야의 전문가들로서 부사관들이 시험을 통해 진급하는 것이 일반적이다. 대령의 계급장은 특이하게도 독수리 모양인데, 중령lieutenant colonel과 구분해서 full colonel이라고도 하고, 계급장의 모양을 비꼬아 bird colonel, chicken colonel이라고도 한다. 장군은 통틀어 general이라고 부르며, 해군의 장성은 제독admiral이라고 한다. 우리말에서는 장군의 별의 개수에 따라 '원스타', '사성장군'과 같이 말하는데, 영어에서도 four-star general과 같은 표현을 사용한다. 원수는 일반적으로 전시(戰時)에만 부여되는 계급이다.

## 강등 demotion

- 강등되다 be demoted
- 그 사건의 책임자는 대위에서 중위로 강등되었다. The soldier responsible for that incident was demoted from captain to first lieutenant.

## 관등성명 *one's* rank and name

- 병사들은 사령관과 악수를 하면서 관등성명을 힘차게 복창했다. As each soldier shook hands with the commandant, he shouted out his rank and name.

## 당직사령 field officer of the day

- 김 소령이 오늘의 당직사령을 맡았다. Major Kim is the field officer of the day.

> 휴일이나 야간에 지휘관을 대신해 부대의 전반적인 업무를 책임지는 장교

### 당직부사관 staff duty noncommissioned officer

### 당직사관 duty officer; officer of the day

- 금일 일석점호는 당직사관이 직접 실시할 것이다.
  The duty officer will call the roll this evening.

## 임관 commission

- 임관하다 be commissioned (into)
- 그는 작년에 육군사관학교를 졸업하고 소위로 임관했다. He graduated from the military academy last year and was commissioned as a second lieutenant.

### 임관식 commissioning ceremony

## 진급 promotion; advancement

- 진급하다 be[get] promoted

### 특진 special promotion

- 그는 무장 간첩을 사살한 공로로 대위에서 소령으로 일계급 특진했다.
  He received a special promotion from captain to major for killing an armed infiltrator.

# 병역 military service; national service

## 병역제도

### 대체복무제 alternative service

- 대만은 대체복무제를 실시하고 있다.
  Taiwan has a system of alternative service for those subject to the draft.

### 모병제, 지원병제 volunteer (military) system

- 미국은 평시에는 모병제를 실시하고 전시에는 징병제를 실시한다.
  In the United States military service is voluntary in normal times, but a draft may be instituted in times of war.

  모병관 (military) recruiter

### 병역특례제도 substitute military service

- 그는 병역특례로 산업체에서 근무하며 군복무를 대신했다. He fulfilled his military obligation in substitute service at an industrial facility.

### 징병제 conscription system; selective service; mandatory military service; the draft

### 징병검사 conscription examination; army physical (exam)

- 징병검사를 받다 receive an army physical / receive a physical exam as a draftee

## 관련표현

### 군복무, 복무 military service ❶

- 군복무 기간이 2~3개월 단축될 예정이다. The period of military service is to be reduced by two to three months.
- 그는 26개월의 군복무를 무사히 마치고 제대했다. He was discharged from the military after 26 months of problem-free service.

  복무규정 code of conduct

### 무단이탈 absent without leave (abb AWOL), 탈영 desertion (from the army)

- 군인 한 명이 무기를 소지한 채 탈영했다.
  A soldier deserted from the army with a weapon in his possession.

  탈영병 deserter; runaway soldier

  - 기근이 점차 심해지자 북한에서 탈영병이 속출하고 있다. Since the famine has become more serious, lots of North Korean soldiers are deserting.

---

❶ **군복무의 이모저모**

북한은 세계에서 군복무 기간이 가장 긴 나라다. 사병의 경우 여성은 7년, 남성은 10년 정도를 복무해야 하고, 군관이나 특수부대원은 12년 이상을 복무해야 한다. 이스라엘 역시 남녀 모두 병역의 의무를 지는데, 남성은 3년, 여성은 21개월을 의무적으로 복무해야 한다. 한편 현재 우리나라에서는 올림픽에서 동메달 이상을 획득하거나 아시안게임에서 금메달을 딴 국가대표선수들에게 병역면제 혜택을 부여하고 있는데, 4주간의 기초군사훈련만 받고 34개월을 자신의 스포츠 분야에서 종사하면 대체복무를 한 것으로 인정된다. 그리고 예술인들도 병무청장이 지정하는 경연대회에서 특정 순위 안에 입상하면 병역이 면제된다.

병역기피 evasion of military service; draft dodging

□ 그는 치아를 뽑아 병역을 기피했다는 의혹을 받고 있다.
He's suspected of dodging the draft by having his teeth pulled.

병역기피자 draft[conscription] dodger; draft evader

양심적 병역거부자 conscientious objector

## 병역면제 exemption from conscription; conscription exemption

□ 올림픽에서 메달을 따는 선수들은 병역면제 혜택을 받게 된다.
Athletes who win a medal in the Olympics are exempted from the draft.

## 병역법 military service act

## 예편, 전역, 제대 discharge ❶

□ 예편하다, 전역하다, 제대하다 be discharged (from) / leave the army

□ 나는 육군 병장으로 만기제대했다.
I was honorably discharged from the army as a sergeant.

명예제대 honorable discharge ⬌ 불명예제대 dishonorable discharge

□ 그는 하극상을 일으켜 이등병으로 강등되어 불명예제대했다.
For insubordination he was demoted to private second class and given a dishonorable discharge.

의가사제대 hardship discharge ❷

의병제대 disability discharge; discharge for a physical or mental condition

퇴역하다 retire from military service

## 입대하다, 입영하다 join the army; enlist (in the army)

□ 그는 대학 1학년을 마치고 해군에 자원 입대했다.
He enlisted in the navy after his freshman year of college.

입영통지서 draft notice[card]; notice of enlistment[military duty]

## 징집 conscription

□ 징집되다 be conscripted[drafted] into the army / get recruited

□ 일제는 한국 젊은이들을 강제로 징집하여 전쟁터로 보냈다. The Japanese forcibly drafted young Koreans into their army and sent them to war.

## 파병하다 send[dispatch] troops (to)

□ 한국은 해병대를 파병하여 월남전에 참전했다.
Korea dispatched Marines to participate in the Vietnam War.

❶ 예편? 전역? 제대? 퇴역?

• 예편 현역 군인이 군복무를 마치고 예비역으로 편입되는 것. 주로 소령부터 대령까지의 영관급 장교와 소장부터 대장까지의 장관급 장교들에게 사용하는 말인데, 이들은 예비군으로 편입되어도 현역 시절의 계급을 그대로 유지하게 된다.

• 전역 현역이라는 역종(役種)에서 예비역이라는 역종으로 바뀌는 것. 제대와 같은 말이지만 보통은 이등병에서 병장까지의 병(兵)에게는 사용하지 않고 부사관, 준사관, 위관급 장교에게 사용한다. 예비군으로 편입되면 부사관은 예전의 계급을 유지하지 못하지만, 장교는 현역 시절의 계급을 유지한다.

• 제대 전역과 같은 말로서 군복무를 마치고 군대에서 소집 해제되는 것. 주로 이등병에서 병장까지의 병(兵)에게 이 말을 사용하며, 예비군이 된 제대 군인은 계급이 소멸되어 현역 장교나 예비군 장교의 지휘를 받게 된다.

• 퇴역 현역 또는 예비역 부사관이나 장교가 병역 의무를 완전히 마치고 현역 또는 예비역에서 물러나는 것. 현역에서 예비역으로 역종이 바뀌는 것은 퇴역이 아니라 전역이며, 예비역에도 해당되지 않을 때 퇴역이라는 말을 쓴다.

❷ 의가사제대와 의병제대

• 의가사제대 현역 군인이 자기가 직접 집안을 보살펴야 하는 가정 형편 때문에 국방부의 허가를 받아 예정보다 일찍 제대하는 것. 일반적으로 현역 복무 기간이 6개월로 단축되며, 이미 복무한 기간이 6개월이 지났을 때에는 남은 복무 기간이 면제된다.

• 의병제대 현역 군인이 군복무를 계속 수행하기 어려울 정도의 병에 걸리거나 부상을 당했을 때 국방부의 허가를 받아 예정보다 일찍 제대하는 것. 이미 복무한 기간에 관계없이 남은 복무 기간이 면제된다.

# 03 무기, 병기 | weapon; (집합적) arms; weaponry



검, 칼 (긴) sword; rapier; (짧은) knife ❶

☐ 범인은 체포 당하지 않으려고 칼을 휘두르며 저항했다.
The criminal waved a knife around trying to resist arrest.

검객, 검사 (master) swordsman

검법, 검술 swordsmanship

☐ 검법을 익히다 learn swordsmanship

기병도, 세이버 saber ❶

단검, 단도 dagger; knife; short sword; stiletto

☐ 단검을 던지다 throw a dagger

대검, 총검 bayonet

☐ 총에 대검을 꽂다 attach a bayonet to a rifle
☐ 총검술을 배우다 learn bayonet skills

벌목도, 정글도 machete; matchet

일본도 samurai sword

칼집 sheath; scabbard

도끼 ax(e); battleaxe

☐ 도끼로 내리찍다 chop with an axe

손도끼 hatchet

독침 poisoned needle

몽둥이 club; (길이가 짧은) cudgel

☐ 그는 강도가 휘두른 몽둥이에 맞아 죽었다.
A burglar hit him with a club and he died.

쇠몽둥이, 철퇴 (iron) mace; flail

부메랑 boomerang

☐ 부메랑을 던지다 throw a boomerang

창 spear; (보병의) pike; (기마병의) lance

☐ 그 경기는 창과 방패의 대결이었다.
That sporting event was a contest of spears and shields.

삼지창 trident; three-pronged spear

죽창 bamboo spear

❶ sword, rapier, saber의 차이

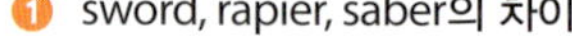

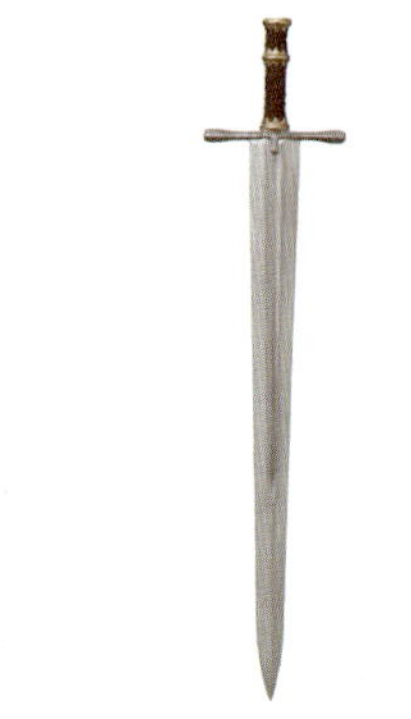

베기도 하고 찌르기도 하는 sword

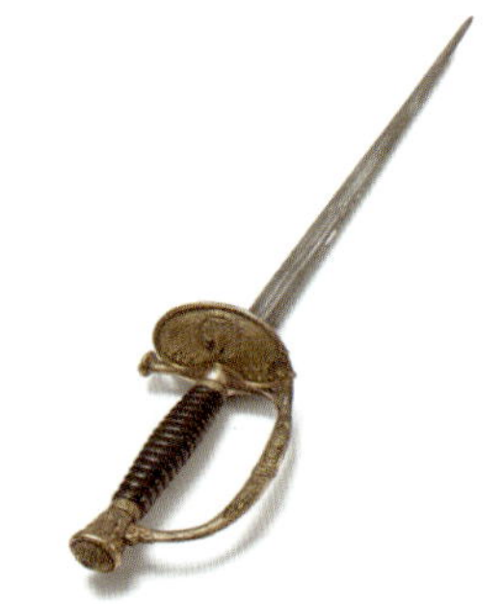

끝이 뾰족해서 주로 찌를 때 사용하는 rapier

쇠도리깨라고도 불리는 flail

칼날이 휘어지고 한쪽에만 날이 선 saber

**투석기** catapult; onager; **BE** slingshot 

  □ 투석기로 돌을 발사하다 launch rocks with a catapult

**표창** dart

**활** bow; (큰) longbow

  궁사, 궁수 archer

  석궁 crossbow 

  시위, 활시위 string

    □ 시위를 당기다 draw a bow

  화살 arrow; shaft

  화살대 arrow shaft

  화살촉 arrowhead; the barb[point] of an arrow

**화염병** Molotov cocktail; gasoline bomb; **BE** petrol bomb

  □ 시위대가 경찰을 향해 화염병을 던지기 시작했다.
  The demonstrators started throwing Molotov cocktails at the police.

catapult는 영국 영어로
새총을 뜻하기도 한다.

## 총, 종기 | gun; [f] firearm; [inf] shooter

### 개인화기 personal firearm[arms]

□ 개인화기로 무장한 군인들이 삼엄한 경계를 펼쳤다.
　 Soldiers armed with personal firearms solemnly stood guard.

### ⬌ 공용화기 crew-served weapon

□ 우리 분대의 공용화기로는 M60 기관총이 한 정 있다.
　 Our squad has one crew-served weapon, an M60 machine gun.

### 경화기 light arms[weapon; firearm]

### ⬌ 중화기 heavy weapon[firearm]

### 권총 pistol; handgun; (자동 권총) revolver; gun

□ 그는 허리에 권총을 차고 있었다. He had a gun on his belt.
□ 강도는 장난감 권총으로 은행 직원을 위협했다.
　 The robber threatened the bank employee with a toy gun.

　 **권총집 holster**
　 □ 권총을 권총집에 넣다 put *one's* gun in the holster / holster *one's* gun

총에 탄창을 끼우는 pistol　　회전식 탄창의 revolver

### 소총 rifle

　 경기관총, 기관단총 submachine gun; light machine gun

　 ⬌ 중기관총 heavy machine gun

　 기관총, 따발총 machine gun

　 반자동소총 semiautomatic rifle ➡ 자동소총 automatic rifle

　 보병총, 보총 assault rifle

　 산탄총 shotgun

　 유탄발사기 grenade launcher

### 소화기 small arms

### 자동화기 automatic weapon[firearm]

□ 정부군은 자동화기로 반군을 공격했다.
　 The government forces attacked the rebels with automatic weapons.

기관총은 탄창이 아닌 탄띠ammunition belt 교환
방식이기 때문에 한 번에 수백에서 수천 발을 발사할 수 있다.

탄창이 없고 약실에 총알을 장전하는 산탄총.
총알 안에는 작은 구슬이 들어 있다.

소총에 연결하는 유탄발사기는 수류탄과 비슷한
위력을 가진 폭탄을 멀리 발사할 수 있다.

# 총포의 구조

가늠쇠 front sight

가늠자 rear sight; sight

개머리판 gunstock

격발장치 percussion lock; gunlock

　공이 firing pin; striker

권총손잡이 pistol grip

노리쇠 bolt

멜빵, 어깨끈 sling

방아쇠 trigger

　☐ 방아쇠를 당기다 pull[squeeze] the trigger

　방아쇠울 trigger guard

소음기 silencer ①

　☐ 권총에 소음기를 장착하다
　attach a silencer to a gun

약실 (cartridge) chamber

양각대 bipod

조정간 select lever

　☐ 조정간을 '안전'에 놓으면 총이 발사되지 않는다.
　If you put the safety on, the gun won't fire.

조준경 scope; telescopic sight

총구, 포구, 포문 muzzle

　☐ 그는 나의 머리에 총구를 겨누었다.
　He pointed the muzzle of his gun at my head.

　소염기 flash suppressor[hider]

총신, 총열, 포열 (gun) barrel

　총열덮개 handguard

탄창 magazine

　☐ 총에 탄창을 끼우다 attach a magazine to a gun

　☐ 총에서 탄창을 제거하다 remove the magazine from a gun

총알을 약실에 장전하는 노리쇠

기관총을 쏠 때 총열이
흔들리지 않게 고정시켜 주는 양각대

망원경의 일종인 조준경은
주로 저격용 소총에 사용한다.

**①　소음기의 원리**

총을 쏘면 총알의 발사약, 즉 화약이 폭발하면서 발생하는 가스가 총알을 밀어내고 총열을 빠져나오게 된다. 총열을 빠져나온 가스는 급격히 팽창하면서 엄청난 굉음, 즉 총성을 일으킨다. 권총이나 소총에 부착하는 소음기의 내부는 여러 개의 칸막이로 구분되어 있어서 고압의 가스를 분산시켜 천천히 배출시키기 때문에 가스가 압력을 잃게 되고 결국 총성이 작아지는 효과를 얻을 수 있다. 그러나 그만큼 총알을 발사하는 힘도 약해지기 때문에 파괴력이 떨어진다는 약점이 있다.

# 총의 구조와 명칭

총을 목표물에 조준하는 가늠쇠
총열덮개
가늠쇠와 함께 목표물을 조준할 때 사용하는 가늠자. 가늠자를 상하좌우로 조정하면 사격의 정확성을 높일 수 있다.
개머리판
어깨끈
소염기
총열
총열 끝에 달린 소염기는 총구에서 나오는 화염을 줄여준다.
소총에 사용하는 긴 탄창에는 탄알이 좌우로 엇갈리게 들어가 있다.
조정간을 S, 즉 safe(안전)에 놓으면 방아쇠가 당겨지지 않고 F, 즉 fire(사격)에 놓으면 총이 발사된다.
방아쇠울
방아쇠권총손잡이
S

# 대포, 포 — 종류 cannon; (집합적) artillery

견인포, 이동포 towed artillery

고각포, 고사포 high-angle gun, 대공포 antiaircraft gun;
air defense artillery

□ 적의 대공포화에 아군 전투기 한 대가 추락했다.
One of our planes was taken down by enemy antiaircraft guns.

곡사포 howitzer

↔ 직사포, 평사포 direct-firing gun[artillery]

대전차포 antitank gun

□ 적의 전차는 아군의 대전차포를 맞고도 끄떡하지 않았다.
The enemy tank was completely unaffected by our antitank guns.

바주카포 bazooka

로켓포 rocket gun

다연장로켓포, 방사포 multiple launch rocket system (abb MLRS)

무반동총, 무반동포 recoilless rifle ❶

후폭풍 backblast

박격포 (trench) mortar ❷

□ 박격포 세 문 three mortars
□ 아군은 적에게 박격포를 발사했다. Our forces fired mortars at the enemy.

포다리 bipod

포판 base plate

야포 field gun; (집합적) field artillery

□ 아군의 155mm 야포 50문이 적을 향해 일제히 불을 뿜었다.
Our 155mm field guns shot 50 rounds at the enemy all at once.

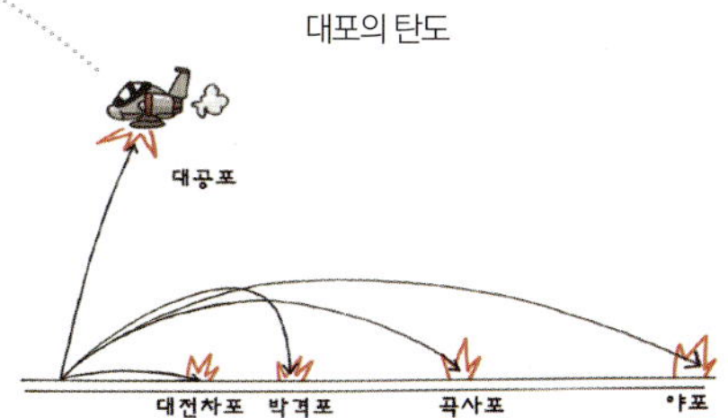

대포의 탄도

한 번에 여러 발의 로켓을
발사할 수 있는 다연장로켓포

## ❷ 박격포란?

박격포는 포신의 뒤쪽에서 포탄을 장전하는 후미 장전식breach-loading 포와는 달리 포구 안으로 포탄을 집어넣는 포구 장전식muzzle-loading이다. 박격포탄은 낙차가 큰 포물선을 그리며 날아가기 때문에 일반 곡사포로 공격할 수 없는 지점을 공격하거나 근접전·진지전에서 사용한다. 한국군 보병이 운영하는 박격포에는 60밀리 박격포60mm mortar, 81밀리 박격포81mm mortar, 4.2인치 박격포4.2 mortar(=107mm) 등이 있다.

## ❶ 무반동총의 원리

일반적인 포는 포신의 뒤가 막혀 있기 때문에 포탄이 발사될 때 그 반작용으로 반동recoil이 생겨 포신이 뒤로 후퇴한다. 반면 무반동총은 포신의 뒤쪽이 뚫려 있기 때문에 반동이 거의 없는 대신 많은 양의 폭약의 힘으로 포탄을 날리기 때문에 강력한 후폭풍이 발생한다. 후폭풍은 포신의 뒤쪽으로 뿜어져 나오는 엄청난 압력의 뜨거운 바람을 뜻하는데, 무반동총을 발사할 때 후폭풍 지역에 있다가는 말 그대로 뼈도 못 추릴 수 있다.

## 자주포 self-propelled artillery

자체적인 이동 능력이 없어서 차량으로 견인되는 견인포나 야포와 달리 자주포는 전투 차량에 고정되어 있기 때문에 스스로 이동할 수 있다. 자주포는 생김새가 전차와 비슷하지만, 포신이 360도 회전하는 전차와는 달리 일정한 각도와 높이에서만 포신이 움직이며, 전차포보다 사거리가 훨씬 길고, 직사포인 전차포에 비해 곡사포 방식을 사용하고 있다.

# 발포

### 난사하다 fire blindly; fire at random

□ 미국에서 총기 난사 사건이 발생해 10명이 숨졌다.
Ten people died in a random shooting incident in the United States.

### 불발 misfire

### 사격, 총격 fire; **f** discharge ❶

□ 사격하다, 쏘다 fire / shoot / **f** discharge

□ 사격 개시! Commence fire!

□ 사격 중지! Cease fire! / Stop fire!

□ 손 들어! 움직이면 쏜다! Hands up! If you move, I'll shoot!

□ 경찰은 실탄 두 발을 쏜 후에 범인을 붙잡았다.
The police caught the criminal after firing two shots.

### 교차사격 cross fire

### 대공사격 antiaircraft fire; flak

□ 적기가 나타나자 병사들은 대공사격을 가했다.
When an enemy plane appeared, our men fired flak at it.

### 십자포화 crossfire

### 야간사격 night firing; shooting at night

### 엄호사격 covering fire

□ 특공대는 헬기의 엄호사격 속에 해적들을 소탕했다. The special unit swept the pirates up under covering fire from a helicopter.

### 영점사격 zeroing fire; firing to calibrate the sight of a gun

□ 영점사격을 하다 zero a gun / test-shoot in order to calibrate a gun sight

### 일제사격 fusillade; salvo; volley

□ 병사들은 적을 향해 일제히 사격을 가했다.
The soldiers shot a volley of rounds at the enemy.

❶ 사격 자세의 종류

무릎쏴 kneeling position

서서쏴 standing position

앉아쏴 sitting (firing) position

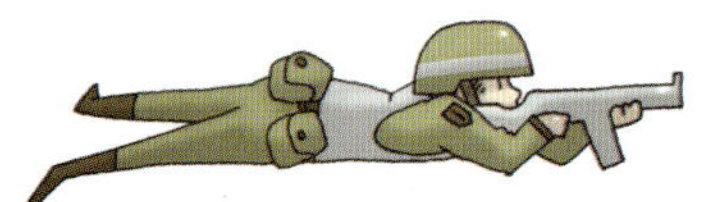

엎드려쏴 prone position
• 사수, 엎드려 쏴! Firers, assume the prone position!

쪼그려쏴 squatting position

정밀사격 precision fire; deliberate fire

포격, 포사격 artillery fire
□ 포격을 당한 우리 군은 즉각 대포병 사격으로 반격했다. When they came under artillery fire, our men immediately returned fire.

오발 (실수로 인한) accidental discharge; (아군을 향한) friendly fire
□ 군대에서 총기 오발 사고가 발생해 병사 한 명이 숨졌다.
One of the soldiers died when a firearm accidently discharged.

## 탄알

고무탄환 (시위 진압용) rubber bullet; plastic bullet

대포알, 포탄 (artillery) shell; cannonball
□ 아군 진지로 적 포탄 한 발이 떨어졌지만 다행히 불발이었다.
An enemy shell fell in our position, but fortunately it didn't go off.

불발탄 blind shell; dud

산탄 case shot; dum-dum

신호탄 flare

실탄 live ammunition ⬌ 공포탄 blank (cartridge) ❶

연습탄, 훈련탄 practice ammunition

예광탄 tracer (bullet; ammunition)

유산탄 shrapnel, 파열탄 dum-dum



유탄 (빗나간 총알) stray bullet
□ 이순신 장군은 적의 유탄에 맞아 전사하셨다.
Admiral Yi Sun-sin died in battle when he was hit by a stray bullet.

조명탄 illumination round; star shell
□ 조명탄이 터지자 사방이 대낮처럼 환해졌다. The scene lit up like broad daylight when the illumination round went off.

직격탄 direct shot[hit]

철갑탄 armor-piercing ammunition ❷

총알, 총탄 bullet; shot; inf slug; (둥근) pellet
□ 일제는 한국의 젊은이들을 총알받이로 이용했다. The Japanese imperialists used young Koreans as human shields against bullets.

❶ **실탄과 공포탄**

총알과 탄약은 같은 말일까? 그렇지 않다. 총알 bullet은 총에서 날아가는 발사체를 가리키고, 총알과 총알을 발사하는 데 필요한 화약이 들어 있는 통을 모두 합쳐 탄약cartridge이라고 한다. 그리고 총알을 발사한 후 남은 빈 탄약통을 탄피empty cartridge라고 한다. 공포탄은 실탄과 달리 탄약통 위에 총알이 없기 때문에 공포탄을 쏘게 되면 총성만 들리고 실제로는 상대에게 해를 입히지 못한다.

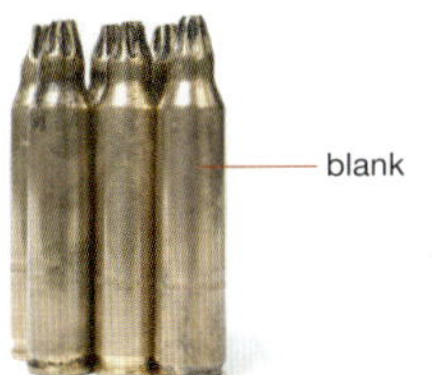


❷ **열화우라늄탄**

1990년 이라크가 쿠웨이트를 침공하자 미국이 주도하는 다국적군은 이듬해 1월부터 이라크와 전쟁을 벌여 승리하게 된다. 이 전쟁이 걸프전Gulf War이다. 그런데 걸프전이 끝난 후 많은 참전 군인들이 만성피로와 두통, 현기증, 기억상실 등의 각종 질환에 시달리게 되었고, 참전군인들의 2세들이 선천적인 기형을 가지고 태어나기도 했다. 이처럼 걸프전 참전군인들과 가족들이 겪고 있는 원인 불명의 각종 질병을 걸프전증후군Gulf War Syndrome이라고 한다. 걸프전증후군의 원인으로는 사린가스 등의 화학무기와 열화우라늄탄depleted uranium bullet이 꼽힌다. 열화우라늄탄이란 원자력발전이나 핵무기 제조 과정에서 생긴 우라늄 찌꺼기로 만든 총알이나 포탄을 가리키는데, 철갑탄에 비해 2배 이상 관통력이 높아 대전차용으로 많이 이용된다. 문제는 표적에 맞고 폭발할 때 방사능을 누출한다는 점이다. 미국은 처음에는 걸프전에서 열화우라늄탄을 사용하지 않았다고 부인했지만, 열화우라늄탄을 사용한 것이 확인된 지금은 열화우라늄탄과 걸프전증후군과의 상관 관계를 부인하고 있다.

# 탄알, 탄약, 탄환 (ball) cartridge; round; (집합적) ammunition; `inf` ammo

- 탄알 1발 장전! One round!
- 이 총은 분당 천 발의 탄알을 발사할 수 있다.
  This gun is capable of firing a thousand rounds per minute.

탄피 empty cartridge[shell]; cartridge case

## 관련표현

### 구경 caliber; gauge; bore ❶

- 38구경 권총 a 38-caliber handgun

### 명중하다 hit the mark[target]

- 그는 아홉 발의 총알을 모두 표적에 명중시켰다. All nine of his shots were on target.
- 아군의 포탄은 백 프로의 명중률을 보였다. Our force's shots hit their mark every time. / A hundred percent of our troops' shots hit their target.

### 반동 recoil

- 그 소총은 반동이 커서 한 번 쏠 때마다 어깨가 뒤로 밀린다. That rifle has such a strong recoil that your shoulder gets push back with every round fired.

### 사거리, 사정거리 range (of fire); distance of fire

- 적은 기관총의 사거리 밖에 있다.
  The enemy is out of range of our machine guns.
- 적이 사정거리에 들어올 때까지 총을 쏘지 마라.
  Don't fire until the enemy comes within range.

- 유효사거리 effective range
- 최대사거리 maximum range

### 사수 shooter

명사수 sharpshooter

총잡이 gunman; `inf` shooter

포수 gunner; artillerist; artilleryman

### 예포, 조포, 축포 gun salute ❷

- 예포를 쏘다 fire a gun salute

---

### ❶ 구경 계산법

총열이나 포열, 또는 탄두의 지름을 뜻하는 구경 caliber은 주로 밀리미터millimeter와 인치 inch(=2.54cm)로 나타낸다. 일반적으로 권총의 구경은 인치, 소총은 밀리미터를 사용하는데, 예를 들어 22구경 권총은 총열 또는 탄환의 탄두 지름이 0.22인치 (※22인치가 아닌 것에 주의), 즉 5.56mm라는 것을 알 수 있다. 한국군을 비롯한 북대서양조약기구, 나토NATO 소속 군대에서는 공통적으로 5.56mm와 7.62mm의 탄환을 사용하기 때문에 무기를 호환해서 쓸 수 있다. 구경이 클수록 파괴력도 커진다고 생각하기 쉽지만 꼭 그렇지만은 않다. 5.56mm 탄환은 9mm 탄환보다 파괴력이 훨씬 큰데, 탄두가 작은 대신 탄약통의 길이가 길어서 화약이 많이 들어가고 그만큼 높은 운동에너지를 가지고 빠른 속도로 날아가기 때문이다.

5.56mm      9mm

---

# 장전하다 load

- 이 총에는 실탄이 장전되어 있다. This gun is loaded.

# 조준(하다) aim

- 목표물에 총을 조준하다 aim a gun at a target
- 군인들은 시위대를 향해 조준 사격을 가했다.
  The soldiers aimed and fired at the demonstrators.

# 총상 bullet wound

- 그는 복부에 총상을 입고 쓰러졌다. He fell with a bullet wound in the abdomen.

  ## 관통상 piercing bullet wound

  - 그는 어깨에 관통상을 입었지만 생명에는 지장이 없다. A bullet pierced his shoulder,
    but the wound wasn't life-threatening. / He suffered a through-and-
    through gunshot wound in the shoulder, but it wasn't life-threatening.

# 총성, 총소리 shot; gunshot; gunfire

- 어디선가 총성이 울렸다. The sound of gunfire came from somewhere.

# 탄착군 shot pattern[group]

# 탄흔 bullet hole

- 건물 곳곳에는 탄흔들이 남아 있었다.
  There were bullet holes here and there on the building.

# 포성 sound of gunfire[cannon; artillery]

- 아군의 야포가 사격을 개시하자 포성이 천지를 뒤흔들었다. As our forces started
  shooting their field guns, the sound of artillery shook heaven and earth.

# 포술 gunnery

# 포연 gun smoke; smoke of artillery

- 전장에는 포연이 자욱하게 피어 올랐다.
  Gun smoke thickly filled the air over the battlefield.

# 폭발물 explosive, 폭탄 bomb

## 종류

**고폭탄** high explosive bomb

**사제폭탄** homemade bomb; (급조폭발물) improvised explosive device (**abb** IED)

- 사제폭탄을 만들다 make a homemade bomb
- 도로에 묻혀 있던 사제폭탄이 터져 미군 세 명이 사망했다.
  Three American soldiers were killed by an IED planted on the road.

**소이탄** incendiary (bomb; ammunition); firebomb

   네이팜탄 napalm bomb ❶

**수류탄** (hand) grenade ❷

- 수류탄을 던지다 throw a (hand) grenade

   섬광탄 stun grenade

**스마트폭탄** smart bomb; guided bomb

**시한폭탄** time bomb

- 공항에 시한폭탄을 설치했다는 협박 전화가 걸려 왔다. Someone phoned in a threat saying a time bomb had set to go off at the airport.

**우편폭탄** letter bomb; mail bomb; parcel bomb

**연막탄** smoke bomb

- 아군은 연막탄을 터뜨리며 퇴각했다.
  Our troops used a smoke bomb to cover their retreat.

   연막 smoke screen

**자동차 폭탄** car bomb

**집속탄** cluster bomb

하나의 폭탄 속에 여러 개의 소형폭탄이 들어 있는 폭탄. 모폭탄(母爆彈)이 공중에서 폭발하면 수류탄만한 크기의 자폭탄bomblet이 쏟아져 나와 축구장보다 넓은 지역을 공격할 수 있다.

**지뢰** mine; landmine

- 지뢰를 매설하다 lay a landmine
- 지뢰를 제거하다 dispose of mines

포탄에 기폭장치를 연결한 IED. 영화 〈허트 로커〉는 IED에 맞서 싸우는 이라크 주둔 미군 폭발물처리반의 이야기를 다루고 있다.

❶ **네이팜탄의 원리**

네이팜탄은 비누, 팜유(油), 휘발유 등을 섞어 젤리 모양으로 굳힌 네이팜napalm firebomb으로 만든 소이탄으로, 터지게 되면 3,000℃의 고열을 내면서 주변을 불바다로 만들어 사람을 태워 죽이거나 질식해서 죽게 만든다.

❷ **수류탄의 작동 원리**

수류탄을 던질 때는 수류탄의 몸체와 안전손잡이safety handle[lever]를 쥔 상태에서 안전클립 safety clip을 제거한다. 안전클립을 제거해야 둥근 고리를 당겨 안전핀safety pin을 제거할 수 있는데, 안전핀까지 제거된 상태라도 안전손잡이를 쥐고 있으면 수류탄은 터지지 않는다. 이 상태에서 수류탄을 던지면 안전손잡이가 떨어져 나가면서 수류탄 내부의 신관이 작동해 3~5초 후에 폭발하게 된다.

대인지뢰 antipersonnel mine ❶

□ 군인 한 명이 대인지뢰를 밟아 발목이 절단되는 사고가 발생했다.
There was an accident in which a soldier stepped on an antipersonnel mine and severed his foot at the ankle.

대전차지뢰 antitank mine

조명지뢰 flame mine; trip flare

지뢰밭, 지뢰지대 minefield

□ 지뢰밭을 통과하다 pass through a minefield

지뢰탐지기 mine detector

크레모아 claymore (mine) ❷

## 구조

폭약 explosive (compound)

고성능 폭약 high explosive; RDX

티엔티 TNT (trinitrotoluene의 약자) ❸

□ 그 폭탄은 티엔티 200kg에 상당하는 폭발력을 가지고 있다.
That bomb is the equivalent of 200 kilograms of TNT.

플라스틱 폭약 plastic explosive ◁

점토처럼 모양을 변형할 수 있는 폭약.
콤포지션 폭약으로 알려진
(composition) C4 등이 있다.

### ❷ 지상에 설치하는 지뢰 크레모아

정식 명칭이 M18A1인 크레모아는 땅 위에 설치하는 지뢰로서, 플라스틱 몸체 안에는 강력한 콤포지션 폭약과 수백 개의 쇠구슬이 들어 있다. 밟으면 터지는 일반 지뢰와는 달리 크레모아는 전선으로 연결해 전기 충격으로 터뜨리는데, 격발기를 누르면 폭약이 터지면서 쇠구슬이 전방으로 부채꼴로 날아가 인명을 살상하게 된다. 크레모아는 'FRONT TOWARD ENEMY', 또는 '적방향'이라고 써 있는 면을 적을 향하도록 설치해야 하는데, 한국전쟁 초기에는 크레모아에 익숙하지 않은 국군 병사들이 거꾸로 설치를 하는 바람에 아군이 사망하는 경우가 종종 있었다고 한다. 크레모아는 살상반경이 50m나 되고 후폭풍에 의한 피해 범위도 16m나 되기 때문에 반드시 멀찌감치 떨어진 곳에서 격발해야 한다.

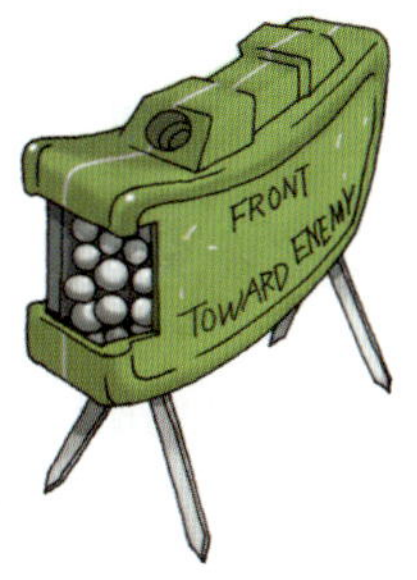


### ❸ 티엔티와 폭발력

티엔티는 '트라이나이트로톨루엔'이라고 하는 질소화합물의 약자로서 연한 노란색을 띠고 있다. 티엔티는 주로 폭탄이나 폭발물의 폭발력을 측정할 때 쓰이는데, 킬로톤kiloton은 티엔티 1,000톤, 메가톤megaton은 100만 톤, 기가톤은 10억 톤에 해당하는 폭발력을 뜻한다. 킬로톤은 주로 원자폭탄의 위력을 나타낼 때 쓰이고, 메가톤은 수소폭탄의 위력을 나타낼 때 쓰이는데, 히로시마에 투하되었던 원자폭탄이 티엔티 15킬로톤 정도의 폭발력을 지닌 데 반해 수소폭탄은 그보다 1,000배 이상 강력한 20메가톤 이상의 위력을 가지고 있다. 다행스럽게도 아직까지 기가톤급 핵폭탄은 개발되지 않았다.

### ❶ 대인지뢰의 종류

• 발목지뢰 toe popper
크기가 작고 플라스틱으로 만들어진 폭발형 지뢰 blast mine. 지뢰를 밟으면 발목에서 대퇴부까지 큰 부상을 입을 수 있다. 적을 죽이는 것이 아니라 부상자를 만들어 적의 전진을 느리게 만들기 위한 목적으로 사용된다.

• 도약식지뢰 bounding mine
지뢰 위의 뿔을 밟거나 뿔에 연결된 인계철선을 당기면 지뢰가 공중으로 1~2미터 정도 튀어올라 폭발해 사방으로 파편을 뿌린다.

뇌관 primer; detonator; (원통형의) blasting cap

기폭약, 기폭제 priming (powder); booster ❶

도화선 fuse; fuze

☐ 도화선에 불을 붙이다 light a fuse

뇌관은 포탄이나 탄환 등의 화약을 점화하는 데 쓰는 발화용 금속관



폭탄이 작은 충격에도 쉽게 폭발한다면 큰 문제가 될 수 있다. 그래서 폭탄에는 일반적으로 뇌관과 기폭제라는 것이 사용된다. 기폭제는 폭약이 폭발을 일으키도록 만드는 예민한 폭약이고, 뇌관은 기폭제가 들어 있는 금속관을 뜻하는데, 일정 수준 이상의 충격을 줘야 뇌관이 발화된다.

총알의 뇌관

## 관련표현

부비트랩 booby trap

인계철선 tripwire

☐ 병사 한 명이 인계철선을 건드리는 바람에 부비트랩이 폭발했다.
One of the soldiers touched a tripwire and set off a booby trap.

파편 fragment; chip; splinter; debris; (폭발로 인한) shrapnel

☐ 그는 수류탄 파편에 맞아 두 눈을 실명했다.
He was hit by grenade shrapnel and lost both eyes.

폭발력 blast power; (핵무기의) yield

킬로톤 kiloton (abb KT)

☐ 히로시마에 떨어진 원자폭탄은 15킬로톤의 폭발력을 보였다. The atom bomb that
was dropped on Hiroshima has a yield of 15 kilotons.

➥ 메가톤 megaton (abb MT)

➥ 기가톤 gigaton (abb GT)

# 미사일 **missile**

## 종류 − 목표물

공대수중미사일 air-to-underwater missile, 대잠미사일
 anti-submarine missile

공대지미사일 air-to-surface missile; air-to-ground missile

공대함미사일 air-to-ship missile

대공미사일 anti-aircraft missile

　공대공미사일 air-to-air missile
　　□ 그 전투기에는 4발의 공대공미사일을 장착할 수 있다.
　　　That fighter plane can carry four air-to-air missiles.

　지대공미사일 surface[ground]-to-air missile
　　□ 아군은 적의 전투기를 향해 지대공미사일을 발사했다.
　　　Our troops fired a surface-to-air missile at the enemy fighter.

　함대공미사일 ship-to-air missile

대전차미사일 anti-tank missile

대함미사일 anti-ship missile

지대지미사일 surface-to-surface missile;
 ground-to-ground missile

지대함미사일 ground-to-ship missile

함대함미사일 ship-to-ship missile

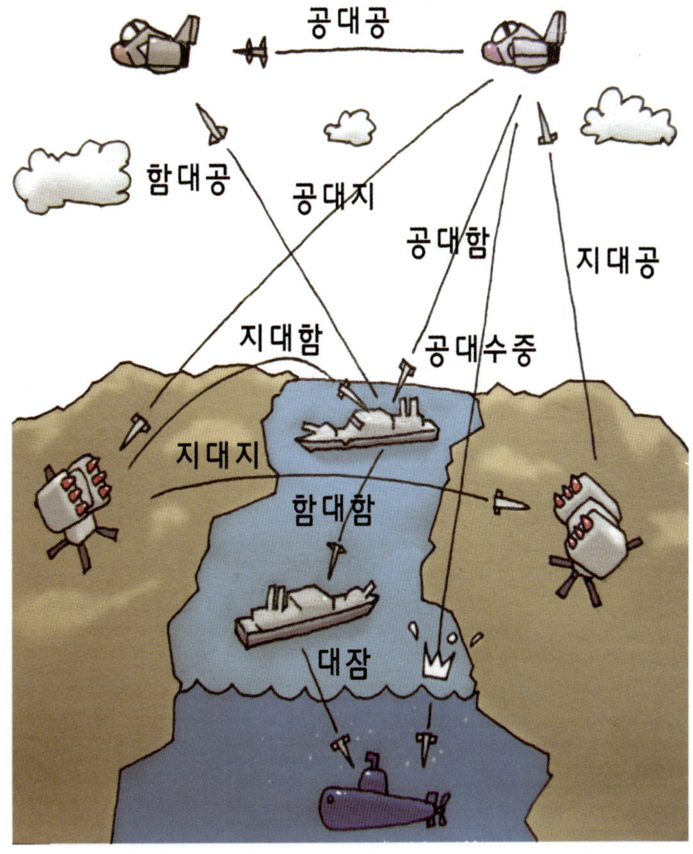

## 단거리 미사일 short-range missile

## ➡ 중거리 미사일 intermediate-range missile

## ➡ 장거리 미사일 long-range missile

□ 북한은 미국 본토까지 노릴 수 있는 장거리 미사일을 개발하고 있다.
North Korea is developing a long-range missile that could strike the continental United States.

## 순항미사일 cruise missile ❶

□ 미군은 이라크의 수도 바그다드에 수백 발의 순항미사일을 발사했다. The American forces fired hundreds of cruise missiles at the Iraqi capital of Baghdad.

## 요격미사일 intercept(or) missile; (탄도탄 요격용의) antiballistic missile; (미사일 요격용의) antimissile missile

□ 지상에서 발사한 요격미사일이 탄도미사일을 요격하는 데 성공했다. The antimissile missile succeeded in intercepting the ballistic missile.

패트리어트 미사일 MIM-104 Patriot; Patriot

## 유도미사일, 유도탄 guided missile

□ 탱크는 대전차 유도탄을 맞고 폭발했다.
The tank exploded when it was hit by a guided antitank missile.

## 탄도미사일, 탄도탄 ballistic missile ❶

대륙간탄도탄 intercontinental ballistic missile (abb) ICBM

## 핵미사일 nuclear missile; nuclear-tipped missile

탄도미사일을 요격하는 패트리어트
미사일

❶ **순항미사일과 탄도미사일**

순항미사일은 미리 입력된 좌표와 비행 경로를 따라 저공으로 비행하여 표적을 타격하는 미사일이다. 속도는 음속보다 낮아 느린 편이지만 저공으로 비행하기 때문에 레이더에 걸릴 가능성이 낮고, 탄도미사일에 비해 파괴력이 낮지만 원하는 표적만을 외과 수술하듯 정밀하게 공격할 수 있다. 미국의 토마호크Tomahawk 미사일이 대표적인 순항미사일이다. 이에 비해 탄도미사일은 포물선 탄도trajectory를 그리며 대기권을 벗어났다가 대기권에 재진입하면서 탄두가 분리되어 빠른 속도로 낙하하는 미사일이다. 떨어질 때 속도가 최소 마하 4~5 이상이기 때문에 떨어지는 탄도미사일을 요격하는 것은 거의 불가능하다. 탄도미사일은 이처럼 무시무시한 속도로 낙하하기 때문에 표적에 대한 정밀한 유도가 어렵지만, 사거리가 길고 요격이 어렵기 때문에 핵무기와 같은 대량살상무기를 탑재할 수 있다. 탄도미사일은 대기권에 재진입하기 이전에 요격하는 것이 최선의 방법인데, 미국은 미국 본토를 공격할 수 있는 사거리 5,500km이상의 대륙간탄도탄을 방어하기 위해 군사위성을 통해 미사일 발사 징후가 포착되는 즉시 요격하거나, 낙하하는 미사일은 패트리어트 미사일로 요격하는 것을 골자로 하는 미사일방어체제를 세우고 있다.

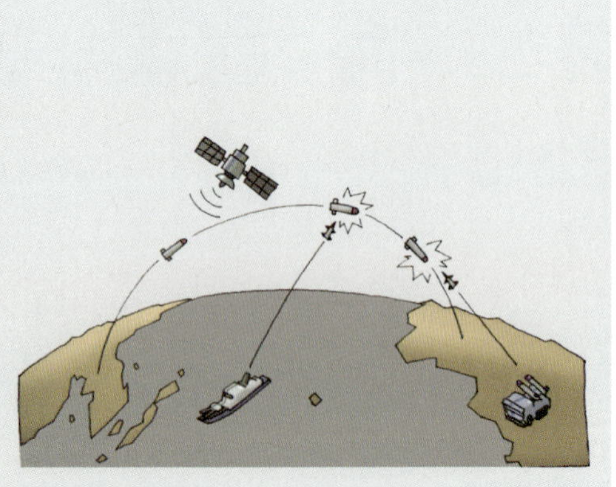

## 미사일방어체제 missile defense (abb MD)

국가미사일방어체제는 미국 본토를 향해 발사되는 대륙간탄도탄을 공중에서 요격하여 미국 본토를 방어한다는 미사일 방어 전략이고, 전역미사일방어체제는 해외 주둔 미군이나 미국의 동맹국을 향해 발사된 중거리탄도미사일을 공중에서 요격한다는 방어 전략이다. 미사일방어체제는 이 두 미사일 방어 전략을 아우른 최상위 개념이다.

국가미사일방어체제 National Missile Defense (abb NMD)

전역미사일방어체제 Theater Missile Defense (abb TMD)

## 발사대 (missile) launcher; launch(ing) pad

사일로 silo

## 탄두 warhead

핵탄두 nuclear warhead

☐ 그 미사일은 핵탄두를 장착할 수 있다.
A nuclear warhead can be attached to that missile.

대륙간탄도탄을 발사하는 사일로. 요즘은 보안상의 이유로 이동식 발사대를 사용하거나 잠수함에서 발사하는 방식으로 바뀌고 있다.

## 핵무기

### 핵, 핵무기 nuclear weapon; inf nuke, 핵폭탄 nuclear bomb ❶

- 이란은 핵무기 두 개를 만들 수 있는 분량의 우라늄을 보유하고 있다.
  Iran has enough uranium to build two nuclear weapons.
- 북한은 핵무기 개발을 포기하는 대가로 에너지 지원을 요구했다.
  North Korea has demanded energy aid in return for abandoning its program for developing nuclear weapons.

### 수소폭탄, 열핵폭탄 hydrogen[fusion] bomb; H-bomb

### 원자폭탄, 원폭 atom(ic) bomb

- 미국은 1945년 8월 6일 일본 히로시마에 원자폭탄을 투하했다. The United States dropped an atomic bomb on Hiroshima on the 6th of August 1945.

### 전략핵무기 strategic nuclear weapon ❷

### 전술핵무기 tactical nuclear weapon (abb TNW) ❷

### 중성자탄 neutron bomb; N-bomb

➡ 재래식무기 conventional weapons

## 핵무기 관련표현

### 낙진, 죽음의 재 fallout

- 핵폭발로 인한 낙진으로 주변 지역이 방사능에 오염되었다.
  The surrounding area was contaminated with radioactive material from the fallout of the nuclear bomb.

### 버섯구름, 원자구름 mushroom cloud

- 핵폭발 직후 거대한 버섯구름이 피어 올랐다. A huge mushroom cloud rose into the sky right after the nuclear bomb was detonated.

### 비핵지대 nuclear-free zone

❶ **원자폭탄, 수소폭탄, 중성자탄**

핵무기는 핵분열nuclear fission이나 핵융합 nuclear fusion에서 발생하는 에너지를 이용하는 무기를 가리키는데, 핵분열을 이용하는 폭탄을 원자폭탄, 핵융합을 이용하는 폭탄을 수소폭탄이라고 한다. 수소폭탄은 핵융합 과정에서 엄청난 열을 발생하기 때문에 열핵폭탄이라고 하며, 원자폭탄의 수백 배가 넘는 위력을 가지고 있다. 소비에트연방에서 1961년 개발한 차르 봄바Tsar Bomba라는 수소폭탄은 인간이 개발한 가장 강력한 무기로서 50메가톤의 파괴력을 가지고 있는데, 핵실험 당시 버섯구름이 높이 60km까지 치솟았고, 100km 바깥에서도 3도 화상에 걸릴 정도의 열이 발생했으며, 폭발에 의한 폭풍이 1,000km 밖에 있는 핀란드의 유리창을 깰 정도였다고 한다. 한편 중성자탄은 핵분열이나 핵융합 과정에서 나오는 중성자neutron가 시설물에는 피해를 주지 않으면서 생명체만 투과해서 인명을 상상하기 때문에 clean bomb, 즉 '깨끗한 폭탄'이라고 불린다.

버섯구름

❷ **전략핵무기와 전술핵무기**

전략핵무기는 주로 대도시나 국가 기반시설을 공격하기 위한 100킬로톤 이상의 위력을 가진 핵무기를 가리키고, 전술핵무기는 전장에서 적의 전력을 약화시키고 진격을 늦추는 목적으로 사용하는 파괴력이 작은 핵무기를 일컫는다. 2차 세계대전 당시 일본의 히로시마와 나가사키에 떨어져 일본의 항복을 받아 냈던 원자폭탄이 전략핵무기에 속한다. 전략핵무기는 보유하고 있다는 사실 자체만으로도 상대국에 공포심을 주어 전쟁 억제 효과가 있지만, 전시에 함부로 발사했다가는 보복 공격을 당할 수 있어 전쟁 당사국이 모두 공멸할 수 있는 위험성을 안고 있다.

## 비핵화 denuclearization

☐ 미국은 북한에 비핵화 이행을 촉구했다. The United States has pressed for the denuclearization of North Korea.

## 원자병 radiation sickness

## 폭심 ground zero; hypocenter 

## 피폭되다 be exposed to radiation

☐ 방사능에 피폭된 사람들은 원자병에 걸려 죽어갔다. Those exposed to the radiation came down with radiation sickness and died.

## 핵겨울 nuclear winter

## 핵무장 nuclear armament(s)

☐ 핵무장을 하다 arm *oneself* with nuclear weapons / `inf` go nuclear

## 핵보유국 nuclear power ⟷ 비핵국가 nuclear-free country

## 핵사찰 nuclear inspection

☐ 북한은 국제원자력기구의 핵사찰을 거부했다.
North Korea refused to be inspected by the IAEA.

## 핵실험 nuclear test(ing); nuclear test explosion; nuclear weapons testing ❷

☐ 북한은 지하 핵실험을 강행했다.
North Korea has conducted underground nuclear testing.

## 핵우산 nuclear umbrella

☐ 한국과 일본은 미국의 핵우산 밑에 들어가 있다.
Korea and Japan are under the nuclear umbrella of the United States.

핵무기가 없는 나라가 국가의 안전 보장을 위하여 핵보유국의 핵전력에 의존하는 것

## 핵폭발 nuclear explosion

❶ **세계무역센터와 그라운드제로**

폭심은 핵폭발이 일어난 지표면의 지점을 뜻하는데, 2001년 미국 뉴욕에서 9.11테러가 발생한 후로는 테러 공격을 받은 세계무역센터World Trade Center가 있던 자리를 ground zero로 부르고 있다.

---

❷ **핵실험의 종류**

- **지상 핵실험** atmospheric nuclear test
  가장 일반적인 형태의 핵실험. 핵폭발로 인해 생기는 막대한 양의 방사성 물질이 대기권을 심각하게 오염시키고 주변국에 피해를 준다. 미국, 영국, 소련은 1963년 부분적 핵실험금지조약Limited Test Ban Treaty을 체결하고 지상 핵실험을 중단했지만, 조약을 체결하지 않은 중국과 프랑스는 1980년까지 지상 핵실험을 실시했다.

- **대기권외핵실험** exoatmospheric nuclear test
  대기오염은 거의 일어나지 않지만, 폭발 시에 방출되는 미립자와 방사선 때문에 이온층에 변화가 생겨 통신 장애가 발생한다.

- **수중핵실험** underwater nuclear test
  선박에 핵폭탄을 연결해 수중에서 폭파시키는 실험. 주로 핵폭탄이 선박에 미치는 영향을 알아보거나, 어뢰, 기뢰 등의 무기를 개발하려는 목적으로 실시된다. 수중 핵실험을 실시하면 충격파로 인해 국지적인 해일이 일어나고 해양 생태계가 심각하게 훼손된다.

- **지하핵실험** underground nuclear test
  깊은 지하에서 실시하는 지하 핵실험은 약한 지진파가 발생할 뿐 방사능이나 낙진이 새어나올 염려는 거의 없다는 장점이 있다.

방사능무기 radiological weapons

생물학무기, 세균무기 biological weapons

화학무기 chemical weapons

독가스 poison gas
- 아군은 적군의 독가스 살포에 대비해 방독면을 착용했다. Our soldiers wore gas masks in case the enemy should use poison gas against them.

# 군함, 함정 **warship; naval ship**

## 종류

### 경비정, 초계정 patrol boat[ship]

□ 그 전투로 북한의 경비정 한 척이 반파되었다.
In that engagement a North Korean patrol boat was partially destroyed.

### 고속정 patrol killer medium (**abb** PKM)

### 공기부양정 landing craft air cushion (**abb** LCAC)

### 구축함 destroyer ❶

### 기뢰부설함 minelayer

### 기함 flagship; command ship

> 함대나 전대에서 사령관이 탑승하고 있는 군함. 대개 지휘관의 계급을 나타내는 깃발이 걸려 있다.

□ 그 구축함은 대한민국 해군 함대의 기함이다.
That destroyer is the flagship of the Republic of Korea's naval fleet.

### 대잠함 antisubmarine ship

□ 적의 잠수함이 있을 곳으로 추정되는 곳에 대잠함이 폭뢰를 투하했다.
The antisubmarine ship fired a depth charge at the position where the enemy submarine was estimated to be.

### 상륙함 landing ship tank (**abb** LST)

#### 상륙정 landing craft

□ 상륙정이 해안에 닿자 안에 타고 있던 해병대원들이 쏟아져 나왔다. The marines came pouring out of the landing craft as soon as it hit the shore.

### 소해정 minesweeper

> 수중에 부설된 기뢰를 제거하는 군함

### 수송함 transport ship; troopship

□ 이번 훈련에는 1만 톤급 대형 수송함도 참가한다.
A big 10,000-ton transport ship is participating in the current exercises.

### 순양함 cruiser

#### 미사일 순양함 guided missile cruiser

> 항공모함보다 작고 구축함보다 큰 전투함으로서 항속력이 크고 기동력이 좋은 것이 특징

### 어뢰정 torpedo boat

### 이지스함 Aegis destroyer; Aegis guided missile cruiser

❶ **구축함의 '구축'은 무슨 뜻일까?**

군함의 대명사로 불리는 구축함은 대함 및 대잠 공격을 주 임무로 하는 중대형 함정이다. 19세기 말에 어뢰가 발달하여 대형 전함이나 순양함들이 어뢰정의 공격을 받는 일이 잦아지자 어뢰정의 공격으로부터 자신을 보호하는 한편 자신도 어뢰로 적을 공격할 수 있는 전함이 필요하게 되었다. 이렇게 해서 탄생한 구축함의 원래 이름은 어뢰정 구축함torpedo-boat destroyer이었지만 나중에 구축함으로 바뀌게 되었다. 구축함의 구축(驅逐)은 '쫓아내다'라는 뜻이다.



이지스함은 특정 군함의 명칭이 아니라 미 해군의 통합전투시스템인 이지스 전투체계Aegis combat system을 탑재한 구축함이나 순양함을 가리킨다. 이 시스템은 고성능 컴퓨터 소프트웨어와 같아서 레이더로 동시에 수백 개의 목표물을 탐지, 추적하여 그 중 20여 개의 목표물을 동시에 공격할 수 있다. 예를 들어, 적이 수십 발의 어뢰와 미사일 등으로 이지스함을 동시에 공격하더라도 이지스함은 그 목표물들을 원거리에서부터 추적하여 격추시킬 수 있다. 그렇기 때문에 이지스함을 침몰시키려면 이지스 전투체계가 감당할 수 없을 만큼 많은 미사일을 동시에 발사하거나, 이지스함에 탑재된 방어 무기가 바닥날 때까지 계속해서 공격해야 한다. 이지스 전투체계는 워낙 고가이기 때문에 전 세계적으로 5개 나라만이 이지스함을 보유하고 있는데, 우리나라는 세종대왕함을 비롯한 3척의 이지스함을 보유하고 있다.

# 잠수함 submarine

- 적 잠수함이 아군 구축함을 향해 두 발의 어뢰를 발사했다.
  The enemy submarine fired two torpedoes at our destroyer.

  원자력잠수함, 핵잠수함 nuclear-powered submarine

  잠망경 periscope
  - 잠망경 심도로 부상하라! Rise to periscope depth!

# 적함 enemy[hostile] (war)ship; (집합적) hostile craft

# 전함 battleship ❶

# 철갑선 armored battleship

  거북선 the Turtle Ship

# 항공모함, 항모 aircraft carrier; flattop

- 항공모함에서 전투기들이 잇따라 발진했다.
  One after another the fighters took off from the aircraft carrier.

  원자력 항공모함 nuclear-powered aircraft carrier

# 호위함 convoy


## 무기, 장비

# 기뢰 (naval) mine ❷

  폭뢰 depth charge[bomb] ❷

# 소나, 음파탐지기 sonobuoy; (배에 설치된) sonar

- 음파탐지기에 적 잠수함의 움직임이 포착되었다.
  Our sonar caught the movements of the enemy submarine.

# 어뢰 torpedo

- 1번 어뢰 발사! Fire torpedo number one!

  유도어뢰 homing torpedo

# 함포 guns of a warship

- 함포사격을 하다 fire the ship's guns


❶ **전함과 군함은 같은 말일까?**

군함은 전투에 참가하는 해군 선박으로서 구축함, 순양함, 항공모함, 잠수함 등이 군함에 속한다. 전함은 2차 세계대전까지 활약했던 군함으로서 갑판에 다수의 대구경(大口徑) 함포가 장착된 것이 특징이다. 그때까지만 해도 사거리가 긴 함포는 해군력을 결정짓는 주된 요소였지만, 항공모함이 등장하면서 사정이 바뀌었다. 전함은 항공모함에서 발진한 전투기의 공격에 속수무책이었고, 유도미사일이 개발되고 나자 거대한 구경의 함포 자체가 불필요해졌다. 전함은 2차 세계대전을 기점으로 대부분 퇴역했는데, 일본의 태평양전쟁 항복 문서 조인식이 열린 미주리호 USS Missouri는 하와이 진주만에서 전쟁 박물관으로 쓰이고 있다.

❷ **기뢰와 폭뢰**

기뢰는 적의 함선을 파괴하기 위해 물속이나 수면 위에 설치한 폭탄으로서, 부유기뢰drifting mine와 수중기뢰underwater mine, 함선에 접촉하면 폭발하는 접촉기뢰contact mine, 함선이 내는 소리에 반응하는 음향기뢰acoustic mine 등이 있다. 폭뢰는 물속으로 던지면 일정한 깊이에서 자동으로 폭발하는 폭탄으로서 잠수함을 공격할 때 쓰인다.

2차 대전 당시 소련군이 사용한 기뢰

군항 fortified port

전투배치 general quarters

주력함 capital ship

함대 fleet

함장 captain

부함장 executive officer; staff officer
□ 현 시간부로 부함장이 본 함정의 지휘를 맡는다.
As of now, the executive officer will assume command of the ship.

# 군용기 warplane; military plane

## 종류

공중급유기, 급유기 aerial tanker

공중급유 aerial refueling; in-flight refueling
- 공중급유를 받다 get refueled in flight

공중조기경보통제기, 조기경보기 AWACS aircraft ❶

공중조기경보통제시스템 airborne early warning and control (abb AEW&C); airborne warning and control system (abb AWACS)

수송기 troop carrier

수직이착륙기 VTOL (vertical takeoff and landing의 약자)

스텔스기 stealth aircraft

아군기 friendly plane[aircraft] ⬌ 적기 enemy plane[aircraft]

전투기 fighter (plane)

요격기 interceptor ❷
- 아군의 요격기가 적의 정찰기 요격에 성공했다. Our interceptor succeeded in intercepting the enemy reconnaissance plane.

전투폭격기, 전폭기 fighter-bomber

정찰기 reconnaissance plane; surveillance aircraft

공중정찰, 항공정찰 air[aerial] reconnaissance

무인정찰기 surveillance UAV (unmanned aerial vehicle의 약자); surveillance drone

- 우리 군은 무인정찰기를 띄워 적에 대한 공중정찰을 실시했다. Our forces carried out aerial surveillance of the enemy with surveillance drones.

제트기 jet (plane)

초계기 patrol plane[aircraft]

비행 상태에서 다른 비행기에 급유를 할 수 있는 공중급유기

미군의 무인정찰기 글로벌호크
Global Hawk

### ❶ 하늘의 사령관, 공중조기경보통제기

1, 2차 세계대전을 배경으로 하는 전쟁영화에서는 전투기들이 근거리에서 공중전을 벌이는 장면을 볼 수 있다. 하지만 무기가 고도로 발달한 현대전에서는 더 이상 이런 모습을 기대하기 어렵다. 고성능 레이더와 장거리 미사일로 무장한 전투기들은 수십 킬로미터 밖에 떨어진 보이지도 않는 적기를 향해 미사일을 발사하는데, 공격을 당하는 입장에서는 위험을 무릅쓰고 미사일로 맞대응하거나 재빨리 도망쳐야만 한다. 그렇기 때문에 공중전은 정보전으로 불릴 만큼 정보의 역할이 중요하다. 공중조기경보통제기는 고성능 레이더를 통해 수백 킬로미터 밖의 아군기와 적기를 탐지하여 아군의 전투를 지휘하는 항공기인데, 자체 방어 능력이 취약하고 대당 가격이 수천억 원을 상회할 만큼 고가인 것이 단점이다. 우리나라는 2013년도까지 피스아이Peace Eye라고 이름 붙여진 공중조기경보통제기 4대를 도입할 예정이다.

### ❷ 전투기와 요격기의 차이

요격기는 적의 폭격기와 정찰기를 요격하는 임무를 맡은 전투기로서, 기체가 가볍고 엔진이 강력해서 빠른 속도를 낼 수 있지만 전투기에 비해 무기 성능이 떨어지고 항속거리가 짧은 편이다.

초음속기 supersonic plane[aircraft]

음속 sonic speed, 마하 mach

초음속 supersonic speed

폭격기 bomber

장거리폭격기 long-range bomber

전략폭격기 strategic bomber

함재기 carrier-based aircraft

헬기, 헬리콥터 helicopter; inf chopper; copter

공격용 헬기, 무장 헬기 attack helicopter; gunship

훈련기 trainer (aircraft)

## 관련표현

격추하다 shoot down

□ 그는 첫 출격에 적기 두 대를 격추시키는 전과를 올렸다.
He distinguished himself on his first sortie
by shooting down two enemy aircraft.

기총소사 strafing

□ 무장 헬기의 기총소사를 당한 자동차는 벌집이 되어 폭발했다. The car that was strafed
by an armed helicopter got riddled with bulletholes and exploded.

긴급발진(하다) scramble

□ 적기가 출현하자 아군 전투기들이 긴급발진했다. As soon as the enemy aircraft
appeared, our fighters scrambled to take off.

비행 flight; flying

고공비행 high-altitude flight

저공비행 low-altitude flight; terrain flight

비행금지구역 no-fly zone

□ 유엔 안보리는 리비아 상공에 비행금지구역을 설정했다. The United Nations
Security Council has designated Libyan airspace a no-fly zone.

조종사 (military) pilot

에이스 ace (fighter pilot); flying ace ❶



❶ **에이스의 조건**

일반적으로 전투에서 5대 이상의 적기를 격추한 조종사에게 에이스라는 칭호가 붙는다. 그래서 적기를 한 대 격추할 때마다 기체에 표시를 남기는 관습이 있다. 에이스 중의 에이스로는 '붉은 남작red baron'이라는 별명을 가진 만프레드 폰 리히트호펜 Manfred Von Richthofen이라는 독일군 조종사를 꼽을 수 있는데, 그는 1차 세계대전 당시 기관총만으로 80대의 적기를 격추시킨 것으로 알려져 있다. 한편 한국 공군은 매년 실시되는 공군 사격대회에서 최고의 성적을 거둔 조종사에게 탑건top gun 이라는 칭호를 수여한다.

붉은 남작이 조종했던 삼엽기triplane 모형

# 채프 chaff; window, 플레어 flare 

□ 미사일이 접근하자 전투기는 플레어를 뿌리며 회피 기동에 들어갔다.
  With the approach of a missile, the fighter dropped flares and started executing evasive maneuvers.

# 출격(하다) sortie

□ 전투기에 출격 명령이 떨어졌다. The fighter was commanded to sortie.

□ 그 전투기는 오늘 하루 동안에 세 번 출격했다.
  That fighter has gone on three sorties today.

# 폭격 bombardment; bombing

□ 적군은 민간인 거주 지역에 무차별 폭격을 가했다.
  The enemy forces indiscriminately bombed an area where civilians lived.

  고공폭격 high-altitude bombing

  오폭 (아군에 대한) friendly fire

  융단폭격 carpet[area] bombing

# 항속거리 range

□ 그 전투기의 항속거리는 1,500km에 이른다. The range of the fight jet is 1,500kms.

**❶ 채프와 플레어**

적기를 향해 발사된 미사일은 비행기의 엔진에서 뿜어져 나오는 적외선을 쫓아가거나, 미사일을 발사한 전투기에서 레이더를 쏘아 방향을 유도하게 된다. 이때 쫓기는 비행기는 미사일을 교란하기 위해 채프나 플레어와 같은 미끼를 뿌리게 되는데, 채프는 알루미늄박을 잘게 자르거나 유리섬유에 알루미늄박을 입힌 물체를 가리키고, 플레어는 마그네슘이 주성분으로 2,000°C 이상의 고온으로 타오르는 인화성 물질이다. 보통 열추적 미사일에는 플레어, 레이더 추적 미사일에는 채프를 발사하는데, 쫓아오는 미사일의 종류를 모르기 때문에 두 가지를 한꺼번에 발사하는 경우가 많다. 예전에는 조종사가 수동으로 채프와 플레어를 발사했지만 요즘에는 미사일이 감지되면 기체에서 자동으로 발사된다.

플레어를 발사하는 헬리콥터

# 무기 기타, 관련표현

## 무기 기타 1

**장갑차** armored car[vehicle]; (수륙양용의) landing vehicle tracked (**abb** LVT)

**전차, 탱크** tank

□ 정부군은 탱크까지 동원해 시위대를 진압했다.
The government forces even mobilized tanks to suppress the demonstrations.

□ 우리 군의 전차가 적의 장갑차를 향해 전차포를 발사했다.
Our army's tanks fired its guns on the enemy's armored vehicles.

**경전차** light tank ⬌ **중전차** heavy tank

**무한궤도** caterpillar (track); caterpillar tread; track

**전차포, 주포** tank gun

**포탑** turret

**화염방사기** flamethrower

□ 화염방사기를 발사하다 fire a flamethrower

전투보다는 인원 수송을 목적으로 하는 장갑차는 전차에 비해 장갑armor이 얇기 때문에 소총 공격은 막을 수 있지만 전차포나 대전차미사일의 공격에는 취약하다. 장갑차는 무한궤도를 장착 하기도 하고 바퀴를 사용하기도 한다.

## 무기 기타 2

**대공화기** antiaircraft weapon

**비밀무기** secret weapon

**신무기** new weapon

**최첨단 무기** state-of-the-art weapons

□ 이라크군은 최첨단 무기로 무장한 미군의 상대가 되지 않았다. The Iraqi Army was no match for the American forces with their state-of-the-art weaponry.

**현대식 무기** modern weapons

**전략무기** strategic arms[weapons]

□ 전략무기감축협정 Strategic Arms Reduction Talks (**abb** START)

## 국방비, 군사비, 방위비 defense expenditure[budget; spending; costs]; military expenses[expenditure]; national defense expenses

- 중국은 군사비를 꾸준히 증강하고 있다.
  China keeps increasing its defense expenditure.
- 정부는 올해 국방비를 10% 삭감했다.
  This year, the government reduced the defense budget by 10 percent.

## 군비(軍備) armaments; arms

### 군비경쟁 arms race

- 중국의 군비 강화는 아시아 각국의 군비경쟁을 부추기고 있다.
  China's drive to improve its armaments is stimulating an arms race among Asian countries.

### 군비축소, 군축 disarmament; arms reduction; armaments reduction; reduction of armaments

- 군축 회담을 벌이다 conduct disarmament talks / conduct arms-reduction talks

## 무장 armaments

- 무장하다 arm
- 무장을 해제하다 unarm
- 완전무장하다 be armed to the teeth / arm *oneself* completely
- 중무장하다 arm (*oneself*) heavily (with) / be heavily armed
- 그들은 비무장한 민간인들을 잔인하게 살해했다.
  They mercilessly slew unarmed civilians.

### 재무장 rearmament

- 아시아 국가들은 일본의 재무장에 우려를 나타내고 있다.
  Asian countries are showing concern about Japanese rearmament.

## 살상반경 casualty radius

- 그 폭탄은 살상반경이 20미터에 이른다.
  The casualty radius of that bomb is 20 meters.

## 화력 firepower

- 모든 화력을 동원해 적을 공격하라! Attack the enemy with all available firepower!
- 우리는 적에 비해 병력은 적지만 화력이 월등히 우세하다.
  We have fewer troops than the enemy, but our firepower is far superior.

# 04 군장 soldier's gear

## 종류

**갑옷** armor; (한 벌의) suit of armor ❶

□ 병사들은 갑옷으로 무장을 했다. The soldiers are dressed in armor.

미늘 갑옷 scale armor

사슬 갑옷 mail; chain mail[armor]

판금 갑옷 plate armor

**군견, 군용견** military working dog; K-9

**군모, 전투모** field cap; (장교모) peaked cap; (정글모) boonie hat

□ 전투모를 쓰다 wear a field cap

**군번줄** identification tag (on a ball chain); dog tag

군번 (army) serial number

인식표 identification tag; **AE** dog tag

**군복** military[service] uniform

견장 epaulet(te)

□ 그는 어깨에 분대장을 상징하는 초록색 견장을 달고 있었다.
He had green epaulettes that indicated that he was the squad leader.

---

❶ **갑옷의 종류**

가죽 위에 금속조각을 붙인 미늘갑옷

사슬갑옷은 판금갑옷 이전에 기사들의 갑옷으로 애용되었다.

잘 만들어진 판금갑옷은 무게가 20kg에 불과하다.

계급장 (military) insignia; (견장에 다는) shoulder mark
- 8주간의 신병훈련을 마치고 이등병 계급장 달게 되었다. I finished my eight weeks of boot camp and got my insignia as a private second class.

부대마크 shoulder patch[flash]; shoulder sleeve insignia

야전상의, 야전잠바 field jacket

얼룩무늬 군복, 위장복 camouflage (fatigues)

전투복 combat uniform[fatigues]; battle dress

정복 (full) dress uniform; ceremonial full dress

군화, 전투화 military[combat] boots; (무릎까지 올라오는) jackboot; (사막화) desert boots

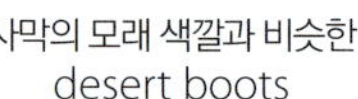
사막의 모래 색깔과 비슷한
desert boots

낙하산 parachute; **inf** chute
- 낙하산을 펴다 open *one's* parachute

더플백 duffle bag

물통, 수통 water bottle; canteen
- 수통에 물을 가득 채워라. Fill up your canteen with water.

방독면 gas mask; protective mask
- 방독면을 벗다 take off *one's* gas mask
- 방독면 착용훈련을 하다 carry out a gas-mask drill
- 방독면을 쓰다 put on a gas mask / wear a gas mask

방탄조끼 bulletproof vest; flak jacket
- 그는 복부에 총을 맞았지만 입고 있던 방탄조끼 덕분에 생명을 건졌다. He was shot in the abdomen but survived thanks to the bulletproof vest he was wearing.

방패 shield

야간관측장비 night observation equipment, 야시경 night vision goggles

야전삽 military shovel; entrenching tool
- 병사들은 야전삽으로 참호를 팠다.
  The soldiers dug a trench with their entrenching tools.

야전침대 camp bed; **AE** cot

전투식량 field rations; MRE (meal ready to eat의 약자)

철모, 투구 helmet
  방탄모 bulletproof helmet
  턱끈 chin strap

탄띠 cartridge belt; (어깨에 매는) bandolier

## 관련표현

### 군장검사 inspection of the military gear

군인의 복장을 검사하는 것

□ 행군을 출발하기 전에 중대장이 병사들의 군장검사를 실시했다.
  Before setting off on the march, the company commander inspected the soldiers' gear.

### 군표 military currency

군표는 전투 지역이나 점령지에서 군대에 필요한 물품을 구입할 때 사용하는 통화(通貨)를 가리킨다. 두 나라의 통화 기준의 차이와 본국 통화를 점령지로 대량 수송하는 데 따르는 자국의 경제적인 영향, 위조 통화의 방지 등의 이유에서 군표를 사용하는 것이 통례이다.

태평양전쟁 종전 이후 미국이 일본의 오키나와에서 발행한 군표

### 병참선, 보급로, 보급선 supply line[route]; line of communication

□ 아군의 보급로가 막혀 탄약 보급이 중단되었다.
  Our supply of ammunition was cut off when our supply line was blocked.

### 완전군장 full combat[battle] gear

## 5.1 전쟁의 종류

### 종류 – 일반

각개전투 individual combat[battle]

게릴라전, 유격전 guerilla war(fare)
- 공비들은 남한의 후방 지역에서 게릴라전을 벌였다. Communist combatants conducted guerrilla warfare behind South Korean lines.

공중전 air war; aerial warfare

국지전 local[regional] war; limited war(fare)
- 국경 지역에서 발생한 국지전이 전면전으로 치달았다. The limited warfare conducted near the national border turned into all-out war.

⬌ 전면전, 총력전 total[all-out; full-scale] war

근접전 close quarters combat (abb CQC); close quarters battle (abb CQB)

기갑전 armored warfare; tank warfare

기동전 maneuver warfare; mobile warfare

난전, 혼전 melee; (치열한 싸움) intense[fierce] battle[fight]
- 적과 아군이 뒤섞여 혼전이 벌어졌다.
  A melee broke out when enemy soldiers got mixed up with our troops.

내전 civil war; fratricidal war
- 리비아의 반정부 시위가 내전으로 확대되었다.
  The antigovernment demonstrations in Libya have escalated into civil war.

냉전 cold war ❶
- 1989년 베를린 장벽의 붕괴는 냉전의 종식을 알리는 신호탄이었다.
  The collapse of the Berlin Wall in 1989 signaled the end of the Cold War.

단기전 short-term war ⬌ 장기전, 지구전 prolonged[protracted; long; drawn-out] war; protracted warfare
- 단기전으로 끝날 줄 알았던 전쟁이 장기전의 양상을 띠고 있다.
  What we thought would be a short-term war has taken on the appearance of prolonged warfare.

대리전쟁 proxy war(fare)

대잠수함전, 대잠전 antisubmarine warfare

독립전쟁 war of independence

❶ 냉전의 상징
- 철의 장막 Iron Curtain
1946년 당시 영국 총리였던 처칠이 소련을 비롯한 동유럽 공산주의 국가의 폐쇄적이고 비밀주의적인 대외정책을 풍자한 말.

독일의 베를린 장벽이 세워져 있던 곳을 알려 주는 금속판

- 죽의장막 Bamboo Curtain
1949년 공산화된 중국이 아시아의 비(非)공산국가에 대해 취한 고립정책.

모의전투 mock combat ⬌ 실전 actual fight[battle; warfare]

□ 두 나라는 실전을 방불케 하는 군사훈련을 벌였다. The two countries carried out military exercises that resembled actual warfare.

방어전쟁 defensive war

⬌ 침략전쟁 war of aggression[conquest]; aggressive war

백병전, 육박전, 육탄전 hand-to-hand fight[combat]

섬멸전 war of annihilation; annihilation war

성전 holy war; (이슬람의) jihad

십자군 (원정) Crusades; (군인) crusader; soldier[warrior] of the Cross

소모전 war of attrition; attrition warfare

□ 양측은 도시를 점령하기 위해 지루한 소모전을 벌였다. In order to occupy the city, the two armies carried on a wearisome war of attrition.

시가전 street battle; street fighting

신경전 war of nerves, 심리전 psychological warfare

전격전 blitzkrieg; lightning war ❶

전자전 electronic warfare

전초전 skirmish

□ 이번 보궐선거는 내년 총선의 전초전 성격을 띠고 있다. This by-election is just a skirmish leading up to the general election next year.

접전 close battle

□ 양측 군대는 곳곳에서 치열한 접전을 벌이고 있다.
Here and there, the two armies are locked in fierce battle at close range.

정규전 conventional warfare ⬌ 비정규전 unconventional warfare

정보전 information warfare

조우전 meeting engagement

지상전 ground[land] warfare

□ 전차는 '지상전의 왕'으로 불린다. The tank is called the king of ground warfare.

참호전 trench warfare

총격전, 총싸움 gunfight; shoot-out

□ 도심 한복판에서 경찰과 무장강도들 사이에 총격전이 벌어졌다.
There was a shoot-out between the police and some armed robbers right in the middle of the downtown area.

❶ 독일군의 전격전

제1차 세계대전까지만 해도 전쟁은 보병 위주의 섬멸전과 소모전의 양상을 띠었다. 피아간의 전력이 비슷하면 전쟁은 고착상태에 빠지고, 양측은 땅따먹기 하듯 지루한 참호전을 벌이기 일쑤였다. 하지만 1차 세계대전 말에 전차라는 신무기가 등장하면서 전쟁의 양상이 바뀌었다. 1939년 독일은 폴란드를 침공하면서 기동력이 우수한 전차를 앞세웠는데, 독일군의 빠른 진격 속도에 놀란 외신 기자들이 lightning war, 즉 '번개처럼 갑작스럽게 들이닥치는 전쟁'이라는 뜻의 독일어 blitzkrieg를 처음 사용하게 되었다. 전격전은 일반적으로 폭격기를 동원해 적의 주요 거점을 폭격한 후, 포병의 지원사격을 받는 기갑부대와 보병으로 단숨에 적진을 깊숙이 돌파하여 적에게 큰 충격을 주고 그에 따른 혼란을 일으키는 것을 목적으로 하는 전술을 가리킨다.

## 추격전 running battle; (car) chase

☐ 고속도로에서 경찰차와 도난 차량간에 추격전이 벌어졌다. There was a car chase on the expressway with the cops going after a stolen vehicle.

## 칼싸움 swordplay

## 특수전 special warfare

☐ 북한은 세계 최고 수준의 특수전 병력을 보유하고 있다.
North Korea has the highest level of special forces in the world.

## 해상전, 해전 naval[sea] battle; sea fight; naval warfare

## 혁명전쟁 revolutionary war; revolution

☐ 프랑스 혁명전쟁 the French Revolution

## 현대전 modern war[warfare]

## 혈전, 혈투 desperate fight[struggle]; internecine battle[warfare]

☐ 두 나라는 10년 넘게 피비린내 나는 혈투를 벌였다. The two countries carried on internecine warfare for more than a decade.

## 화생방전 CBR warfare (chemical, biological, and radiological warfare의 약자); NBC warfare (nuclear, biological, and chemical warfare의 약자)

생물학전, 세균전 biological warfare; germ warfare ; biowar

핵전쟁 nuclear[atomic] war[warfare]

화학전 chemical warfare


## 종류 — 역사적 전쟁 historic war

### 펠로폰네소스전쟁 Peloponnesian War

기원전 431년부터 기원전 404년까지 아테네를 중심으로 하는 델로스 동맹과, 스파르타를 중심으로 하는 펠로폰네소스 동맹이 벌인 전쟁. 스파르타가 승리했다.

### 포에니전쟁 Punic Wars

기원전 264년에서 기원전 146년 사이에 로마와 카르타고가 지중해의 지배권을 둘러싸고 벌인 세 차례의 전쟁. 카르타고는 패망하고, 로마는 지중해의 패권을 쥐게 되어 세계제국으로 발전하는 계기를 맞게 된다.

### 백년전쟁 Hundred Years' War

1337년부터 1453년까지 백여 년 동안 영국과 프랑스가 여러 차례 일으킨 전쟁. 프랑스의 왕위 계승 문제와 양모(羊毛) 공업지대인 플랑드르에서의 주도권 싸움이 원인이 되어 영국군이 프랑스에 침입해서 전쟁이 일어났는데, 잔 다르크Joan of Arc 등의 활약으로 프랑스의 승리로 끝났다.

## 장미전쟁 Wars of the Roses

1455년부터 1485년까지 영국의 랭커스터가(家)와 요크가(家) 사이에서 벌어졌던 왕위 쟁탈전. 랭커스터
가는 붉은 장미, 요크가는 흰 장미를 가문의 문장(紋章)으로 삼았는데, 이 전쟁을 통해 귀족과 기사의 세력이
꺾이고 왕권이 강화되어 영국은 절대주의 시대로 접어들게 되었다.

## 임진왜란 Japanese invasion of Korea in 1592

왜구 Japanese raiders

## 미국독립전쟁 the American Revolution; the American Revolutionary War; the American War of Independence

1775년에 영국의 새로운 간섭 정책에 반발하여 북아메리카의 13개 영국령 식민지가 일으킨 전쟁.
1783년 체결된 파리 조약으로 독립을 인정받았다.

## 워털루전투 Waterloo

1815년 벨기에 남동부의 워털루에서 영국 · 네덜란드 · 프로이센의 연합군이 나폴레옹이 이끄는 프랑스군
을 격파한 전투. 이 전투는 나폴레옹 최후의 전투이며 여기서 패한 나폴레옹은 세인트헬레나 섬으로 유배되
어 그곳에서 죽게 된다.

## 크림전쟁 Crimean War

1853년 제정러시아가 흑해로 진출하기 위해 우크라이나 남부의 크림반도에서 영국 · 프랑스 · 터키의 연
합군과 벌인 전쟁. 1856년 체결된 파리조약으로 종전되었고, 러시아의 남진 정책이 좌절되었다. 이 전쟁에
서 영국의 간호사인 나이팅게일이 활약했다.

## 남북전쟁 the Civil War

노예제도의 폐지를 주장하는 미국 북부와 존속을 주장하는 남부 사이에 일어난 내전. 1860년에 링컨이 대
통령에 당선되자 남부의 11개 주가 연방을 탈퇴하여 전쟁이 벌어졌는데, 남부가 1865년 항복함으로써 연
방은 보존되었으며, 노예제가 폐지되고 해방노예에게 시민권이 주어졌다.

남군 the Confederacy ⬌ 북군 the Union

노예해방령 the Emancipation Proclamation

남북전쟁 당시 남군의 깃발이었던 남부연합기
Confederate flag. 미국 남부에서는 아직도
남부연합기를 건 집들을 찾을 수 있다.

## 청일전쟁 the (First) Sino-Japanese War

청나라와 일본제국이 조선의 지배권을 놓고 1894년에서 1895년까지 벌인 전쟁. 전쟁에 이긴 일본은 급
속한 발전을 이루었고, 조선과 중국은 일본 및 제국주의 열강의 침탈의 대상이 되었다.

## 러일전쟁 Russo-Japanese War

1904년에서 1905년 사이 만주와 대한제국의 배타적인 지배권을 둘러싸고 러시아와 일본이 벌인 전쟁. 승
리한 일본은 포츠머스조약을 체결하여 제국주의 열강으로부터 대한제국에 대한 암묵적인 지배권을 승인 받
았고, 대한제국은 일본의 식민지로 전락하게 되었다.

## 제1차 세계대전 the First World War; World War I; the Great War

1914년 7월 28일부터 1918년 11월 11일까지 4년 4개월간 지속된 세계적 규모의 전쟁. 오스트리아의 황태자 페르디난트 대공이 세르비아의 청년에게 암살되는 사라예보 사건으로 촉발되었다. 프랑스 · 대영제국 · 러시아 · 미국 등이 참여한 연합국Allied Powers과, 독일제국 · 오스트리아-헝가리 · 오스만제국 등의 동맹국Central Powers이 참전했으며 약 900만 명이 전사했다. 연합국이 승리하여 베르사유 조약 the Treaty of Versailles을 체결했다.

## 중일전쟁 the Second Sino-Japanese War

1937년 일본군과 중국군이 베이징 근처에 있는 루거우차오 다리Marco Polo Bridge에서 충돌하면서 발발한 전쟁. 1945년 8월 15일 일본이 패망할 때까지 이어졌으며, 어부지리로 승리를 챙긴 중국은 청일전쟁 당시 일본에 빼앗겼던 타이완 등의 영토를 반환 받았다.

## 제2차 세계대전 the Second World War; World War II

1939년 9월 1일 나치독일이 폴란드를 침공하면서 제2차 세계대전이 일어났다. 나치독일은 1941년에 소련을 침공했고, 일본제국은 같은 해 12월에 하와이의 진주만을 기습 공격하여 태평양전쟁을 일으켰다. 추축국의 일원인 이탈리아 왕국은 1943년, 나치독일은 1945년 5월 8일 각각 항복을 선언했고, 1945년 8월 6일과 9일에 히로시마와 나가사키에 원자탄이 떨어진 일본은 1945년 8월 15일 항복을 선언했다. 1945년 9월 2일 일본이 항목문서에 서명함으로써 전쟁은 막을 내렸다.

가미카제 kamikaze

위안부, 정신대 comfort women; the group of young women taken to
　Japanese rape camps during World War II

유대인 대학살, 홀로코스트 the Holocaust

태평양전쟁 the Pacific War

## 육이오전쟁, 한국전쟁 the Korean War

한국전쟁은 1950년 6월 25일 새벽 4시 북한이 북위 38도선, 즉 삼팔선을 넘으면서 시작되었고, 1953년 7월 27일 판문점에서 휴전협정이 조인되면서 마무리되었다. 어느 한쪽도 항복을 하지 않았고, 잠시 휴전을 맞은 것에 불과하기 때문에 한국과 북한은 여전히 전쟁 중인 셈이다.

## 베트남전쟁, 월남전 the Vietnam War

민족주의적인 공산주의자들인 베트남민주공화국(북베트남)과 남베트남 민족해방전선(베트콩Vietcong)이 베트남공화국(남베트남)에 맞서 싸운 일종의 내전. 1955년 시작되었으며, 미군이 철수한 직후인 1975년 4월 30일 남베트남의 사이공이 함락되면서 북베트남이 전쟁에서 승리했다.

## 이라크전쟁 Iraq War

2001년 9월 11일 미국 뉴욕에서 9.11테러가 일어난 뒤 2002년 1월 미국은 북한, 이라크, 이란을 '악의 축Axis of evil'으로 규정하고, 이라크가 보유하고 있는 것으로 의심되는 대량살상무기(WMD)를 제거한다는 명분으로 2003년 3월 20일, 이라크의 수도 바그다드에 미사일 폭격을 가하면서 전쟁을 시작했다. 이라크의 독재자는 체포되어 처형되었고, 미국의 대통령 오바마는 2010년 8월 31일 이라크전쟁의 종전을 선언했다.

9.11테러 공격을 받고 무너진 세계무역센터 빌딩

# 공격과 방어

## 공격

### 공격 attack; assault; offensive; onslaught

- 내가 명령하기 전까지는 절대 공격하지 마라.
  Do not attack before I give the order to do so.
- 독재자는 연합군의 공격에 맞서 결사 항전을 선언했다. The dictator announced that he would fight to the death against the attacks of the allied forces.
- 사령관은 적의 정면과 측면을 동시에 공격하기로 했다. The commander decided to assault the enemy with a frontal attack and a flank attack simultaneously.

  공격개시시간 H-hour; zero hour

  공격개시일, 디데이 D-day ❶
  - 연합군은 1944년 6월 6일을 노르망디 상륙작전의 디데이로 정했다. The allied forces decided on the 6th of June 1944 as D-day for the Normandy landings.

### 공습 air raid[attack; strike]; (정밀한) surgical strike

  공습경보 air-raid siren[alarm; warning; alert]
  - 공습경보가 울리자 시민들이 방공호로 대피했다. When the air-raid siren went off, the people took refuge in bomb shelters.

  등화관제 blackout
  - 등화관제를 실시하다 enforce a blackout

적의 야간 공습 등에 대비해 일정 지역 내의 불을 모두 끄거나 가리게 하는 일

### 급습, 기습, 습격 raid; blitz; surprise[sudden] attack; coup de main

- 일본은 진주만을 기습 공격했다.
  Japan carried out a surprise attack on Pearl Harbor.

### 돌격 charge, 약진 rush

- 돌격, 앞으로! Charge!

### 매복(하다) ambush

- 적의 매복 공격으로 아군은 병력의 절반을 잃었다.
  We lost half of our troops in enemy ambushes.
- 아군의 한 소대가 매복하고 있던 적에게 공격당했다.
  One of our platoons was ambushed by enemy troops.

---

❶ **공격개시일은 왜 디데이일까?**

디데이D-Day는 원래 제2차 세계대전의 판도를 바꾼 노르망디 상륙작전Normandy landings의 공격개시일을 가리키는 말이다. 요즘은 의미가 확장되어 어떤 중요한 일을 실행하기로 한 날을 디데이라고 부르는데, 디데이의 정확한 뜻과 유래는 무엇일까? 여러 가지 의견들이 많지만 D-Day의 D는 day를 의미한다고 보는 것이 정설이다. 이와 유사하게 공격개시시간을 뜻하는 H-Hour의 H는 hour를 의미한다고 보는 설에 무게가 실린다. 즉 D-Day는 'Day-Day' 또는 'Day of Days', H-Hour는 Hour-Hour라는 셈인데, 우리말로는 확실한 날짜나 시간이 정해지지 않은 '모(某) 일', '모(某) 시'로 풀이할 수 있다. 적군인 나치독일도 연합군의 상륙작전 계획을 어느 정도 눈치채고 있었기 때문에 스파이를 동원해 군사정보를 빼내려고 했고, 연합군은 아군의 정보를 노출시키지 않기 위해 이런 애매모호한 표현을 사용했던 것으로 보인다. D-Day나 H-Hour에 플러스와 마이너스 기호를 붙여 D+3, H-3과 같이 표시하기도 하는데, D+3는 공격개시일로부터 3일이 지났다는 뜻이고, H-3은 공격개시로부터 3시간 전이라는 뜻이다.

## 반격, 역습 counterattack; (대규모의) counteroffensive

- 아군은 전열을 가다듬고 반격에 나섰다.
  Our troops formed battle lines for a counterattack.

## 선제공격 preemptive attack

- 선제 핵공격을 하다 make a preemptive nuclear attack

## 총공격 all-out attack; full-scale attack

- 정부군은 반군의 거점 도시에 총공격을 감행했다. Government forces conducted an all-out attack on the city that was the rebels' stronghold.

## 침공, 침략 invasion; aggression; incursion

- 그 나라는 오랫동안 외세의 침략을 당해 왔다.
  The country has suffered foreign aggression for a long time.

## 협공 pincer movement

- 아군은 적의 양쪽 측면에서 협공을 가했다.
  Our forces attacked the enemy with a pincer movement.

# 방어

## 방어 defense

- 공격은 최선의 방어라는 말이 있다. They say that attack is the best defense.
- 적의 기습을 당한 아군은 방어할 새도 없이 전투에 패하고 말았다.
  Under a surprise attack by the enemy, our forces lost the battle without even having a real chance to put up a defense.

### 마지노선 the Maginot Line ❶

### 방어선 line of defense

- 아군의 최후 방어선이 무너졌다. Our troops' last line of defense has fallen.
- 무슨 일이 있어도 끝까지 방어선을 사수하라!
  No matter what happens, maintain our line of defense to the very last!

❶ **난공불락의 마지노선**

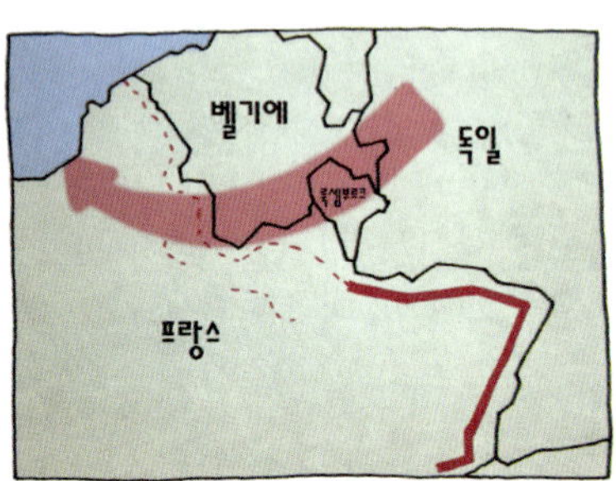


제1차 세계대전으로 엄청난 인명피해를 입은 프랑스는 독일의 침략에 대비해 동쪽 국경을 따라 튼튼한 방어선을 구축하기로 한다. 당시 국방장관이었던 앙드레 마지노의 이름을 따서 마지노선이라고 명명된 이 방어선은 당시 돈으로 30억 프랑이라는 어마어마한 돈을 들여 1930년부터 1940년에 걸쳐 건설되었다. 마지노선은 흔히 생각하듯이 만리장성처럼 하나로 연결된 방어선이 아니라, 여러 개의 군사 요새가 일정한 간격을 두고 건설된 형태이다. 그 중 가장 규모가 큰 ouvrage라고 하는 요새는 천 명이 넘는 병력을 수용할 수 있는 규모인데, 대략 9마일마다 하나씩 건설되었고 사이사이에 수백 개의 포대 casement와 방공호, 그리고 관측소가 건설되었다. 남쪽으로는 험준한 알프스산맥이 이탈리아의 침입을 막아 주었고, 북쪽의 벨기에는 우방국이고, 가운데의 스위스는 중립국이었기 때문에 자연히 독일과의 국경선을 따라 방어선이 집중되었는데, 프랑스의 예상과는 달리 나치독일은 마지노선을 우회해 벨기에를 통해 프랑스로 진격했고 마지노선은 무용지물로 전락하고 말았다.

마지노선에 건설된 포대

## 진격(하다), 진공(하다), 진군(하다) advance; push; march

- 부대는 곧장 적국의 수도로 진격했다.
  Our troops advanced directly into the enemy's capital city.

## 포위 siege

- 아군은 적에게 겹겹으로 포위를 당했다.
  Our forces were repeatedly under siege by the enemy.

## 저항, 항전 resistance

- 적은 아군의 공격에 완강히 저항했다. The enemy doggedly resisted our attacks.

## 철군, 퇴각, 후퇴 retreat; pullback; pullout; withdrawal

- 전원 후퇴하라! Pull back! / Retreat!
- 지휘관은 퇴각 명령을 내렸다.
  The commanding officer ordered his men to retreat.

## 투항, 항복 surrender; submission; capitulation

- 일본은 연합국에 무조건항복을 선언했다.
  Japan announced its unconditional surrender to the Allies.

### 백기 white flag; flag of truce

- 궁지에 몰린 적은 백기를 들고 투항했다.
  The cornered enemy raised the white flag and surrendered.

### 항복문서 surrender document

- 항복문서에 서명하다 sign a surrender document

## 관련자

### 전우 comrade in arms; fellow soldier

□ 그는 그 전투에서 전우 열 명을 잃었다.
He lost ten of his fellow soldiers in that battle.

전우애 comradeship

### 전투원 combatant ⟷ 비전투원 noncombatant

### 포로 prisoner; prisoner of war (abb POW)

□ 포로를 본국으로 송환하다 repatriate prisoners of war
□ 아군의 지휘관이 적의 포로로 잡혔다.
Our commanding officer was taken prisoner by the enemy.

국군포로 South Korean prisoners of the Korean War

반공포로 anticommunist prisoner (of war)

포로수용소 prison camp; POW camp; internment camp

## 관련표현

### 개전 the outbreak of war

### 교전수칙 rules of engagement (abb ROE)

□ 적이 공격하면 교전수칙에 따라 대응하라.
If the enemy attacks, respond in accordance with the rules of engagement.

### 군사비, 군자금 war chest

### 군사행동 military action

□ 북한은 남측에 군사행동을 취하겠다고 위협했다.
North Korea threatened military action against the South.

### 무공, 전공, 전과 distinguished military[war] service; meritorious[distinguished] service in war; military merit[distinction]

□ 그는 최근 전투에서 큰 전공을 세워 훈장을 받았다.
He was decorated for meritorious service in the recent battles.

훈장 medal; decoration ❶

### 선전포고 declaration of war

□ 그 나라는 선전포고도 없이 이웃 나라로 쳐들어갔다.
That nation invaded a neighboring country without officially declaring war.

❶ 훈장과 약장

훈장은 일반적으로 전투에서 뛰어난 공을 세운 군인에게 수여되지만, 특정 전투에 참가하거나 특정 시기에 군 복무를 한 사람에게도 훈장이 수여된다. 이런 훈장을 기장(記章)이라고 하는데, 예를 들어 노르망디 상륙작전과 같은 특정 군사작전에 참가한 군인에게는 campaign medal이라는 기장이 주어지고, 2차 세계대전이 벌어질 당시에 군 복무를 했다면 service medal이라는 기장을 받을 수 있다. 훈장은 정복 상의의 가슴에 다는데, 메달처럼 생긴 훈장을 주렁주렁 달기도 하지만, 편의를 위해 약장ribbon을 다는 경우가 많다. 약장은 작은 막대 모양의 약식 훈장인데, 약장을 달 때는 등급이 높은 무공훈장Military Distinguished Service Medal; the Order of Military Merit을 가장 위쪽에 달고 등급이 낮은 훈장과 기장을 아래쪽에 단다. 약장은 훈장에 달린 띠와 디자인이 동일하기 때문에 약장을 통해 그 사람이 어떤 훈장이나 기장을 받았는지 알아낼 수 있다.

훈장

약장

## 승리, 승전 victory; triumph ⟷ 패배, 패전 defeat

### 승전국 victorious country ⟷ 패전국 defeated[vanquished] nation

### 승전보 news of victory

- 국가대표 축구팀이 외국에서 승전보를 알려 왔다.
  We received news from overseas of our national soccer team's victory.

## 적지 enemy territory[land]

- 그는 부하들을 적지에 남겨둔 채 혼자 도망쳤다. He escaped alone, leaving his subordinates behind in enemy territory.

## 전리품 spoils (of war); loot; **f** booty

- 전쟁에 승리한 병사들은 닥치는 대로 전리품을 약탈했다.
  Having won the war, the soldiers started looting indiscriminately.

## 전비 war expenditures; the cost of war

- 미국은 이라크 전쟁에 천문학적인 전비를 지출했다.
  America's war expenditures in Iraq have been astronomical.

## 전선 front (line)

### 전방 front (line); battlefront

- 그는 중부전선의 최전방 부대에서 군 복무를 했다. He served in the military in a unit stationed at a central location on the front line.

### 후방 the rear

## 전세, 전황 war situation; aspect of a war; progress of a battle

- 전황을 보고하다 report on the war situation
- 전세는 점점 아군에게 유리해지고 있다.
  The war situation is gradually turning in our favor.

## 전시 war; wartime ⟷ 평시 peacetime

## 전열 battle line; line of battle

- 우리 군은 전열을 가다듬고 반격에 나섰다. Our forces have reformed their battle line and gone on the counteroffensive.

### 종대 column; file ⟷ 횡대 rank; line

- 1열 종대로 집합! Fall in single file!

## 전운 clouds of war

- 중동 지역에 전운이 감돌고 있다. Clouds of war are gathering in the Middle East.

## 전의 fighting spirit; will to fight

- 전의를 상실한 병사들이 하나 둘씩 투항하기 시작했다. Soldiers who had lost the will to fight began to surrender one or two at a time.

## 전장, 전쟁터 battlefield; battleground

- 북한의 포격을 당한 지역은 전쟁터를 방불케 했다.
  The area bombarded by North Korea looked like a battlefield.

1904년에서 1944년까지 사용된 명예훈장

## 전쟁배상금 reparations

□ 제1차 세계대전의 패전국인 독일에 막대한 전쟁배상금이 부과되었다. After losing the
First World War, Germany was forced to pay huge amounts in reparations.

## 전투력 combat power; military strength

□ 정부는 신무기를 도입해서 우리 군의 전투력을 높일 계획이다.
The government is planning to increase our combat power through the
introduction of new weaponry.

## 전투준비태세 combat readiness

## 점령 occupation, 정복 conquest

□ 히틀러는 세계 정복을 꿈꿨다. Hitler dreamed of conquering the world.

□ 한반도는 미소 양국에 의해 분할 점령되었다. The Korean Peninsula was divided and
occupied by the United States and the Soviet Union.

### 정복자 conqueror

## 정전 truce, 휴전 ceasefire; armistice

□ 적군이 우리 군에 휴전을 제의해 왔다.
The enemy forces proposed an armistice to our military.

### 정전협정, 휴전협정 ceasefire agreement
□ 휴전협정을 체결하다 conclude[sign] a ceasefire agreement

### 휴전선 ceasefire line; (한반도의) the Military Demarcation Line (**abb** MDL)
□ 남북한은 휴전선 일대에 병력을 집중시켜 놓았다. North Korea and South Korea
concentrated their military forces along the ceasefire line.

### 휴전회담 ceasefire talks

## 종전 end[termination] of the war; cessation of hostilities[the war]

□ 오바마 미국 대통령이 이라크 전쟁의 종전을 선언했다. President Obama, of the United
States, has declared an end to the war in Iraq.

## 주전론 warmongering; pro-war argument

## ⬌ 주화론 pacifism; advocacy of peace

### 주전론자 warmonger ⬌ 주화론자 pacifist; advocate of peace

## 진, 진영 camp; (진지) position

□ 배수진을 치다 have *one's* retreat cut off / fight with *one's* back to the wall[sea] /
burn *one's* boats / burn *one's* bridges (behind *oneself*)

### 적진 enemy camp[position]
□ 그들은 적진 한가운데 떨어진 조종사를 구출하는 데 성공했다. They managed to save
the pilot who had fallen into the middle of the enemy position.

## 참전하다 enter[fight] a war; take part in a war; be in a war

□ 그의 할아버지는 한국전쟁에 참전했다. His grandfather fought in the Korean War.

### 참전용사 war veteran

# 06 군사작전, 훈련

## 6.1 군사작전, 작전 (military) operation

## 종류

### 구출(작전) rescue operation

- 인질 구출작전은 실패로 돌아갔다. The operation to rescue the hostages failed.

### 도하작전 river-crossing operation

### 상륙작전 landing (operations); amphibious operation

- 노르망디 상륙작전 Normandy landings
- 맥아더 장군은 인천상륙작전을 성공적으로 이끌었다.
  General MacArthur successfully led the Incheon landing.

### 소탕(작전) mop-up[mopping-up] (operation); cleanup operation

- 우리 해군은 해적들을 소탕하고 인질들을 구출했다.
  Our navy mopped up the pirates and saved the hostages.

### 수색 patrol; scout; search operation

- 연대 수색대가 비무장지대로 수색 작전을 들어갔다. The regiment's scouts conducted a search operation in the demilitarized zone.

### 양동작전 demonstration operation

### 연합작전, 합동작전 combined operation

### 정찰 reconnaissance; recon

- 적의 동태를 정찰하다 conduct reconnaissance of the enemy's movements

### 초토화작전 scorched earth policy

- 미군은 포병과 폭격기를 동원해 그 지역을 초토화시켰다.
  The United States Army mobilized artillery and bombers in a scorched earth policy against that region.

### 침투 infiltration operation

- 1996년 북한의 잠수함이 동해상으로 침투했다. In 1996 a North Korean submarine infiltrated South Korean waters in the East Sea.

### 특수작전 special operations

## 병법, 전법 (전술) tactics; (전략) strategy ❶

▢ 그 장수는 병법에 능하다. That general excels at tactics.

병법가 tactician; strategist

## 작전권 command

### 전시 작전권 operational control

▢ 한미 양국은 전시작전통제권을 2015년에 한국군에 전환하기로 합의했다.
Korea and the United States have agreed that wartime operational control of armed forces in Korea will be turned over to the ROK Army in 2015.

## 전략 strategy

▢ 그 지역은 전략적 요충지이기 때문에 우리가 반드시 점령해야 한다.
That region is a strategical position that we absolutely must occupy.

전략가 strategist

'전략strategy'은 장기적이고 근본적인 계획을 뜻하고, '전술tactics'은 그러한 전략을 달성하기 위해 하는 여러 활동을 뜻한다.

## 전술 tactics

연막작전, 연막전술 smokescreen tactics[strategy]; smoke operation

인해전술 human-wave attack

▢ 국군은 중공군의 인해전술에 밀려 후퇴할 수밖에 없었다.
The ROK Army had no choice but to retreat as it was pushed back by the Chinese Army's human-wave attack.

전술가 tactician

---

❶ **손자병법에는 삼십육계가 없다**

〈손자병법The Art of War〉은 중국 춘추시대의 오나라의 장수 손무(孫武)가 편찬한 병법서로서, 총 13편으로 구성되어 있다. 흔히 〈손자병법〉 안에 삼십육계가 들어 있다고 생각하기 쉬운데, 삼십육계는 〈손자병법〉이 아닌 〈삼십육계Thirty-Six Stratagems〉라는 작자 미상의 책에 나오는 내용이다. 〈삼십육계〉에는 우리가 잘 알고 있는 '성동격서', '미인계', '공성계', '반간계' 등의 36가지 계략이 나오는데, 36번째 계략이 '승산이 없으면 도망쳐라If all else fails, retreat'라는 뜻의 주위상(走爲上)이다. 한편 〈손자병법〉의 제3편인 '모공(謀攻)'의 마지막에는 다음과 같은 말이 나온다.

- 知彼知己 百戰不殆(지피지기 백전불태)
  적을 알고 나를 알면 백 번을 싸워도 위태롭지 않다.
- 不知彼而知己 一勝一負(부지피이지기 일승일부)
  나를 알고 적을 모르면 한 번 이기고 한 번 진다.
- 不知彼不知己 每戰必敗(부지피부지기 매전필패)
  적과 나를 알지 못하면 매번 싸워 매번 진다.

흔히 '지피지기 백전불태'를 '지피지기 백전백승'으로 잘못 알고 있는 경우가 많은데, 〈손자병법〉에는 그런 말이 나오지 않는다는 사실을 기억하자.

**ex** 이럴 때는 삼십육계 줄행랑이 최고다.
In this situation, **retreating** is the wisest thing to do.

# 훈련 (military) training; drill

## 종류

가상훈련 simulation training, 워게임 war game; military simulation

　대항군 aggressor forces; opposing forces

　모의전투 simulated combat

기동훈련 maneuvers; (야외의) field maneuvers[exercises]; field training exercise

기초군사훈련 basic military training

☐ 8주간의 기초군사훈련을 받다 receive basic training for eight weeks

동원훈련 mobilization training (for reservists)

분열식, 열병식 march-past; military parade

비상 emergency alert

☐ 병사 한 명이 무장탈영하자 부대에 비상이 걸렸다. The unit went on emergency alert when an armed soldier went AWOL(absent without leave).

사격술예비훈련 PRI (Preliminary Rifle Instruction의 약자)

연합훈련, 합동훈련 joint training

☐ 서해상에서 한미 연합훈련이 실시되었다. Joint training was carried out on the Yellow Sea by the Korean and American forces.

유격훈련 ranger training

주특기훈련 special qualification training

혹한기훈련 (intense) cold weather training

화생방훈련 CBR warfare training

# 제식훈련 close-order drill ❶

□ 제식훈련을 받다 undergo close-order drill

## 행군(하다) march

□ 병사들은 30km를 행군해서 기지에 도착했다.
The soldiers marched 30 kilometers to their base.

❶ **제식훈련이란?**

집단적이면서도 통일성이 필요한 군인에게 절도와 규율을 익히게 하는 훈련을 제식훈련이라 한다.

**제식훈련 구령**

- 걸음 바꾸어 갯! Change step, march !
- 뒤로 돌아! About face! / To the rear!
- 뛰어 갯! Double time, march!
- 바로! Ready front!
- 반보 앞으로 갯! Half step, march!
- 반우향 앞으로 갯! Half right turn, march! ⇔ • 반좌향 앞으로 갯! Half left turn, march!
- 반우향 우! Half right turn! ⇔ • 반좌향 좌! Half left turn!
- 번호! Count off!
- 쉬어! At ease! / Carry on! / Stand at ease! ⇔ • 편히 쉬어! Rest!
- 앞으로 갯! Forward, march!
- 양팔 간격, 우로 나란히! Double interval, dress right, dress!
- 열중쉬어! Parade rest!
- 우로 나란히! Dress right, dress! ⇔ • 좌로 나란히! Dress left, dress!
- 우로 봐! Eyes right! ⇔ • 좌로 봐! Eyes left!
- 우측 기준! Guide right! ⇔ • 좌측 기준! Guide left!
- 우향 앞으로 갯! By the right flank, march! ⇔ • 좌향 앞으로 갯! By the left flank, march!
- 우향우! Right face! ⇔ • 좌향좌! Left face!
- 원 위치! Recover!
- 일렬종대로 집합! Cover!
- 제자리걸음으로 갯! Mark time, march!
- 제자리에 섯! Halt!
- 좁은 간격, 우로 나란히! Close interval, dress right, dress!
- 좌향좌! Left face! ⇔ • 우향우! Right face!
- 집합! Gather around! / Fall in! ⇔ • 해산! Dismiss! / Fall out!
- 차렷! Attention!

# 07 군사 관련표현

## 남북한의 대치상황

### 군사분계선 Military Demarcation Line (abb MDL)

□ 북한 군인 한 명이 군사분계선을 넘어 귀순했다. A North Korean soldier crossed the Military Demarcation Line to defect to the South.

### 군사정전위원회 United Nations Command Military Armistice Commission (abb UNCMAC)

중립국감독위원회 Neutral Nations Supervisory Commission (abb NNSC)

### 민간인출입통제선, 민통선 the Civilian Control Line

### 남방한계선 the Southern Limit Line (abb SLL)

### 북방한계선 the Northern Limit Line (abb NLL) ❶

□ 북한 경비정 한 척이 서해 북방한계선을 침범하는 사건이 일어났다.
There has been an incident whereby a North Korean patrol boat violated the Northern Limit Line in the Yellow Sea.

### 비무장지대 demilitarized zone (abb DMZ)

### 판문점 Panmunjeom

공동경비구역 Joint Security Area (abb JSA)

### 휴전선 cease-fire line; truce line

□ 휴전선 부근에는 남북한의 군사력이 집중되어 있다. The North Korean and South Korean military are concentrated along the cease-fire line.

## 명령

국가 비상시 국가 안녕과 공공질서 유지를 목적으로 헌법 일부의 효력을 일시 중지하고 군사권을 발동하여 치안을 유지할 수 있는 국가긴급권의 하나로, 최고 통치권자의 고유 권한

### 계엄령 martial law

□ 시위가 발생한 지역에 계엄령이 선포되었다. Martial law has been declared in the region where demonstrations broke out.

비상계엄 emergency martial law

### 동원령 mobilization order; order to mobilize

□ 전쟁이 발발하자 예비군들에게 동원령이 발령되었다.
When war broke out, the Army Reserves were mobilized.

---

❶ **북방한계선과 해상 군사분계선**

1953년 7월 27일 유엔군사령부와 북한은 휴전협정 문서에 서명을 했다. 당시 양측은 육지에서의 군사분계선 설정에는 합의를 보았지만 서해의 해상 경계선은 합의를 보지 못했다. 같은 해 8월 30일, 유엔군사령부는 서해상에서의 남북한의 군사적 충돌을 막기 위해 백령도와 연평도와 같은 서해 5도를 남한의 영토로 편입시키는 북방한계선을 설정하고 그 사실을 남측에만 통보하고 북측에는 공식 통보하지 않았다. 북한은 이같은 북방한계선에 대해 이의를 제기하지 않다가 1973년부터 갑자기 서해 5도 수역을 자신들의 영토라고 주장하며 남측을 도발하기 시작했다. 그리고 1999년에는 일방적으로 서해 해상 군사분계선West Sea Military Demarcation Line을 설정하고, 서해 5도를 출입하는 선박은 폭이 1마일 남짓 되는 통항질서 수로(水路)를 통해서만 통행해야 하며 그렇지 않으면 예고 없이 발포하겠다고 위협하고 있다.

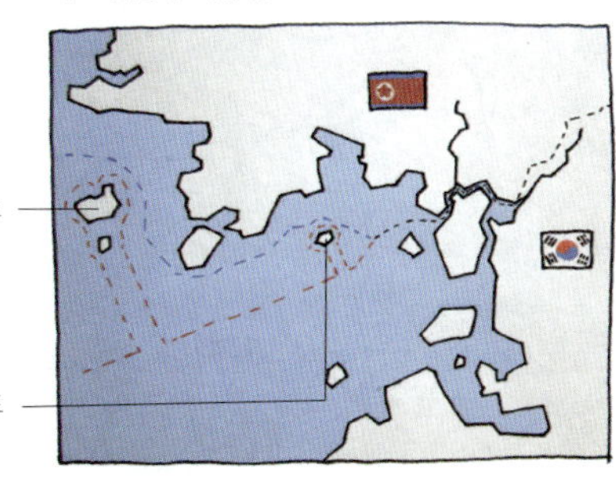

## 명령(하다) order; command

- 당장 그 지역을 벗어나라. 이건 명령이다.
  Get out of that area right now. That's an order.
- 지휘관은 병사들에게 공격 명령을 내렸다.
  The commanding officer ordered the soldiers to attack.

## 소집령 the draft; conscription; call-up


## 관련표현

## 거수경례(하다), 경례(하다) salute ❶

- 국기에 대하여 경례! Salute the flag!
- 그는 대대장을 보고 황급히 경례를 했다.
  He hurriedly saluted the battalion commander.

## 군가 military song

## 군기, 군율 military discipline

- 그 부대는 군기가 세기로 유명하다.
  That unit is known for its strict military discipline.
- 새로 들어온 이등병은 군기가 바짝 들어 있다.
  The newly arrived private is very well disciplined.

## 군사우편 military postal service; military mail

- 군대에 간 아들에게서 군사우편으로 편지가 왔다.
  A letter has arrived by military mail from my son in the army.

## 기합, 얼차려 (disciplinary) punishment

- 소대장은 병사들에게 얼차려로 팔굽혀펴기 30회를 지시했다.
  The platoon leader punished the soldiers by making them do 30 push-ups.

## 불복종 disobedience, 하극상, 항명 insubordination; mutiny

- 그는 지휘관의 명령에 불복종했다가 영창으로 보내졌다. He got sent to the guardhouse
  for insubordination when he disobeyed his commanding officer.

## 병적, 병적부 military record[register]


❶ 미군은 경례를 하지 않는다?

한국군에서는 입대 날짜가 조금이라도 차이가 나면 같은 사병끼리도 상급자에게 경례를 한다. 하지만 미군은 사병과 부사관, 즉 이등병에서부터 원사까지는 서로 경례를 하지 않고 장교에게만 경례를 하는 것이 특징이다. 즉 새파란 이등병은 나이 지긋한 원사에게 경례를 하지 않아도 되지만, 원사는 나이 어린 소위에게 경례를 해야 한다. 그리고 계급이 낮은 장교는 상급 장교에게 경례를 한다. 그리고 특별한 경우가 아니면 실내에서는 경례를 하지 않고, 부대 밖에서는 마주치는 낯선 장교에게도 경례를 해야 한다. 우리나라에서는 경례를 할 때 '충성'과 같은 구호를 외치지만 미군에서는 특별한 구호 없이 "Good morning, sir[ma'am]."와 같이 간단한 인사를 건넨다.

# 소원수리 grievance



□ 중대장은 이등병들을 대상으로 소원수리를 받았다.
The company commander accepted grievances from the privates.

# 수하 challenge ❶

□ 보초는 어둠 속에서 접근하는 사람에게 수하를 실시했다.
The sentry challenged someone who was approaching in the dark.

암구호, 암호 (문어) sign; (답어) countersign; password; parole

# 위장(하다) (military) camouflage; disguise

□ 병사들은 적군으로 위장하고 적진에 침입했다.
The soldiers entered the enemy camp disguised as enemy soldiers.

위장망 camouflage net; **inf** camo

# 지휘계통 chain of command

□ 북한군의 침투 사실은 지휘계통을 통해 대통령에게 전달되었다.
The president was informed through the chain of command about the infiltration by North Korean soldiers.

# 통수권 prerogative of supreme command; right[authority] to exercise supreme command (over)

□ 국군의 통수권은 대통령에게 있다.
The president has supreme command over the nation's armed forces.



❶ 손 들어, 움직이면 쏜다!

군대에서는 보초를 서고 있을 때 신원을 알 수 없는 사람이 접근하면 그 사람이 적인지 아군인지 확인하기 위해 수하를 실시한다. 수하(誰何)는 '누구냐'라는 뜻의 한자어인데, 수하를 할 때는 먼저 몸을 낮춰 사격 자세를 취하고 나지막하고 위협적인 목소리로 "손 들어. 움직이면 쏜다."와 같이 말한다. 접근하던 사람이 멈추면 그날의 암호인 암구호를 교환하는데, 보초가 '화랑'이라고 문어를 말하면 다른 사람은 미리 정해진 답어(答語)인 '담배'를 말해야만 한다. 평시에는 장난스럽게 수하를 실시하기도 하지만, 전시에 암구호를 누설하는 사람은 사형에 처해질 수 있고, 제때 답어를 하지 못하면 목숨이 위태로울 수 있다. 노르망디 상륙작전 당시 독일군이 점령하고 있던 프랑스에 낙하한 미 공수부대원들은 첫날 flash-thunder 라는 암구호를 사용했는데, 독일군들은 독일어의 특성상 thunder를 된소리로 발음했기 때문에 피아 구별이 용이했다고 한다.

# PART 4

# Unit 4

경제 일반

# 01 경제체제 economic system

## 사회주의 socialism ❶

### 공산주의 communism ⬌ 반공주의 anticommunism

- 그 나라는 반공을 국시로 삼고 있다. That country's guiding principle is anticommunism. (※국시: 국가 이념이나 국가 정책의 기본 방침)
- 20세기 후반에 많은 나라들이 공산주의를 포기하고 자본주의를 도입했다. During the latter half of the 20th century, many countries gave up communism and introduced capitalism.

  공산국가, 공산주의국가 communist country[nation; state]
  - 공산국가를 수립하다 found a communist nation

  공산주의자 communist, 빨갱이 commie; ▣ red

  ⬌ 반공주의자 anticommunist
  - 보수단체들은 진보단체 회원들을 빨갱이로 간주했다. Conservative organizations have characterized the members of liberal organizations as commies.

### 국가사회주의 state socialism

### 마르크스주의, 마르크시즘 Marxism

마르크스주의자 Marxist

### 부르주아, 유산계급 the bourgeoisie

### ⬌ 무산계급, 프롤레타리아 the proletariat

노동자혁명, 프롤레타리아혁명 proletarian revolution

### 사회주의경제 socialist economy

### 사회주의국가 socialist country[nation; state]

### 사회주의자 socialist

## 자본주의 capitalism ❷

### 자본가, 자본주의자 capitalist ⬌ 노동계급 the working class

### 자본주의경제 capitalist economy

### 자본주의국가 capitalist country[nation]; capitalistic state

### 자유방임주의 laissez-faire (※'레세페르'로 발음)



---



- 레닌주의 Leninism
  레닌주의자 Leninist
- 마르크스-레닌주의 Marxism-Leninism
- 수정주의 revisionism

# 02 경제의 종류

## 가계, 가정경제 household[family] finances

☐ 아내가 벌어오는 돈이 가계에 큰 보탬이 되고 있다.
The money my wife earns is a big help to our family finances.

### 가계부 household account[accounting] book; household ledger
☐ 가계부를 쓰다 keep a household ledger

## 개방경제 open economy



## 계획경제 planned economy; command economy

☐ 그 나라는 계획경제에서 시장경제로 전환을 시도했다. That country has tried to switch from a planned economy to a market economy.



## 국민경제 national economy



☐ 수출 둔화는 국민경제에 큰 영향을 미칠 것으로 예상된다. Declining exports are expected to have a big effect on the national economy.

### 경제성장률 economic growth rate



☐ 이사분기 경제성장률은 1%를 밑돌 것으로 예상된다. It is predicted that economic growth during the second quarter will be less than one percent.
☐ 중국은 10년 연속 두자릿수의 경제성장률을 기록했다. China has recorded double-digit economic growth continuously for a decade.

### 경제활동인구 economically active population, 노동인구 labor[working; employed] population
☐ 고령화가 진행되면서 노동인구가 급격히 감소하고 있다.
In our aging society, the working population is rapidly decreasing.

## 국내총생산 GDP (gross domestic product의 약자) ❶

## 국민소득 national income, 일인당 국민소득 per capita income

## 개인소득 personal income

## 가계소득 household income

## 가처분소득, 실소득 disposable income

## 국민총생산 GNP (gross national product의 약자) ❶

## 국민총소득 GNI (gross national income의 약자)

## 물가지수 price index, 소비자물가지수 the consumer price index (**abb** CPI); **BE** the retail price index

## 실업률 unemployment rate

---

**❶ 국내총생산 VS 국민총생산**

국내총생산(GDP)은 국내에서 생산된 모든 최종생산물의 가치를 집계한 것이다. 따라서 생산에 참여한 사람의 국적과 상관없이 국내에서 생산된 모든 것을 포함한다. 한편 국민총생산(GNP)은 국내외를 통틀어서 그 나라 국적을 가진 국민이 생산한 최종생산물의 가치를 집계한다. 다시 말해 GDP는 국경의 개념으로, GNP는 국민의 개념으로 총생산을 규정한다. GDP와 GNP는 한 나라의 경제 수준을 보여주는 중요한 지표이다. 요즘은 경제활동의 세계화 추세에 따라 나라의 경제지표의 척도로 GNP보다는 GDP를 많이 사용한다.

국제경제 world[global; international] economy

경상수지 current balance[account]

국가신용도 sovereign credit rating ❶

국제수지 international balance of payments; balance of international payments[accounts]

모라토리엄 moratorium ❷

무역수지 trade balance; balance of trade
□ 무역수지 적자 trade deficit[gap]
□ 무역수지 흑자 trade surplus

무역외수지 balance of invisible trade

외환보유고 foreign exchange reserves

시장경제 market economy; free market

신경제 (인터넷 주도의) the new economy

⬌ 구경제 old economy

실물경제 real economy

지하경제 underground economy

혼합경제 mixed economy

화폐경제 monetary economy

국제수지 = 경상수지+자본수지

1990년대부터 2000년대 초까지 미국이 디지털 정보통신 기술을 기반으로 누린 장기 호황 현상. 기존의 경제원리를 토대로는 설명할 수 없기에 '신경제'라 불림.

❶ 나라에도 신용등급이 있다

국가신용도는 한 나라가 국제금융시장에서 채무를 이행할 능력과 의사가 얼마나 있는지를 등급으로 판단한 것이다. 국가신용도에 따라 그 나라에 대한 투자 여부와 대출 금리 등이 결정된다. 안정적인 정부 재정과 경제성장률, 외환보유고 및 외채 등의 경제상황뿐 아니라 정치나 안보 등이 국가의 신용도를 평가하는 기준으로 사용된다. 국제적으로 공인된 국가신용도를 평가하는 기관으로는 미국의 무디스Moody's와 스탠더드앤드푸어스S&P(Standard & Poor's), 영국의 피치Fitch 등이 있다.

❷ 돈 못 갚아요!

'모라토리엄'은 라틴어 'morari(지체하다)'에서 파생된 말로, 말 그대로 국가나 지방단체가 부채를 갚을 시기가 되었지만 갚을 능력이 없어서 상환을 연기한다는 의미의 용어이다. 모라토리엄은 언젠가는 상환을 한다는 지급유예이고, 아예 지불할 능력이 없다고 선언해버리는 것은 '디폴트default'이다. 모라토리엄을 선언하게 되면 국제적으로 신용이 하락하고 대부분의 거래가 사실상 중단되는 등, 심각한 타격을 받게 된다.

# 03 경제용어 economic terms

## 재화와 용역

### 서비스, 용역 service

### 재화 goods; commodities ❶

경제재 economic goods

내구재 durable goods; **BE** consumer durables

대체재 substitute goods

보완재 complementary goods

생산재 producer[production] goods ⬌ 소비재 consumer goods

자유재 free goods

## 수요와 공급

### 공급 supply; provision

공급자 supplier; provider

공급망 supply chain

### 수요 demand

소고기 가격이 오르면서 돼지고기의 수요가 증가했다.
With the increase in the price of beef, the demand for pork has increased.

내수 domestic[home] demand[consumption]

자동차 업체의 내수와 수출이 모두 전년 대비 감소했다.
Automobile makers have suffered a reduction in both domestic demand and exports as compared to last year.

소비자, 수요자 consumer; buyer

유기농 제품을 찾는 소비자들이 점점 늘고 있다.
More and more consumers are shopping for organic products.

수요 공급의 법칙 law of supply and demand

잠재수요 potential[latent] demand

특수 emergency[special procurement] demands[orders]

치킨집과 피자집이 월드컵 특수를 톡톡히 누리고 있다.
Thanks to the World Cup, chicken franchises and pizza parlors are enjoying a huge increase in special orders.

---

❶ **재화 나누기**

- **경제재** 일정한 대가를 지불하고 구입하는 재화. 흔히 말하는 재화는 이 경제재에 속한다.
- **자유재** 경제재에 반대되는 개념으로 대가를 지불하지 않고도 얻을 수 있는 재화. 공기나 태양열 등이 이에 해당한다.
- **내구재** 단용재와 반대되는 개념으로, 1년 이상 여러 번 사용할 수 있는 재화. 집이나 기계, 자동차 등이 해당한다.
- **대체재** 서로 비슷한 기능을 가져서 대체할 수 있는 재화. 소고기와 돼지고기, 커피와 녹차 등이 이에 해당한다. 한쪽 재화의 가격이 상승하면 다른 한쪽의 수요가 증가한다.
- **보완재** 상호 보완 관계에 있는 재화. 컴퓨터와 소프트웨어, 자동차와 휘발유 등이 해당한다. 한쪽 재화의 가격이 상승하면 다른 한쪽의 수요가 감소한다.
- **소비재** 일상생활에서 소비되는 재화.
- **생산재** 소비재를 생산하는 데 필요한 재화.

# 생산과 소비

생산 production
생산의 3요소 – 토지(land; ground), 노동(labor), 자본(capital)

대량생산 mass production

분업 division of labor

⬌ 협업 cooperation; collaboration; cooperative work

생산비 production cost; cost of production

생산자 producer; manufacturer

소비 consumption, 지출 expense; spending; expenditure

과소비 excessive consumption[spending]; overspending; spending binge

소비자 consumer

소비자지출 consumer spending

컨슈머리즘 consumerism

1960년대 후반 대규모 제품 개발 및 대량 소비로 인해 야기된 과대광고, 부당한 가격인상, 유해식품 등의 왜곡된 현상을 고치고 소비자 권리를 보호하고자 발생한 소비자주권운동

# 통화 currency

경화 hard currency, 동전, 주화 coin; coinage

⬌ 연화 soft currency, 지폐 bill; note; **f** banknote; paper money

기축통화 key[basic] currency

단일통화 single currency ⬌ 공통통화 common currency

인플레이션, 통화팽창 inflation ⬌ 디플레이션, 통화수축 deflation ❶

스태그플레이션 stagflation

준비통화 reserve currency

통화량 money supply; the amount of money in circulation

☐ 시중 통화량이 지난 6개월째 감소하고 있다. The amount of money in circulation has been falling over the last six months.

통화가치, 화폐가치 value of money

평가절상 appreciation; revaluation

⬌ 평가절하 depreciation; devaluation

• 경화: 미국의 달러 등과 자유 교환할 수 있는 통화
• 연화: 미국의 달러 등과 자유 교환할 수 없는 통화

금 외에 국제간 금융거래 등에 사용되는 통화

**❶ 무슨 플레이션이라고?**

지속적으로 물가가 상승하는 인플레이션은 대표적으로 총수요가 총공급을 초과할 경우, 생산비용이 증가할 때 발생한다. 물가가 상승하면 같은 물건을 사도 더 많은 돈을 지불해야 하므로, 통화가치는 하락하게 된다. 이와는 반대로 물가는 하락하고 통화가치가 상승하는 것은 디플레이션이다. 일반적으로 호황기에는 물가가 상승하는 인플레이션이, 불황기에는 물가가 하락하는 디플레이션이 나타나지만, 불황기에도 물가가 상승하는 경우가 있다. 이를 스태그플레이션이라고 하는데, 경기침체를 뜻하는 '스태그네이션 stagnation'과 '인플레이션'이 합쳐진 말로 경기침체와 물가상승이 동시에 나타나는 경우를 말한다.

## 경기침체, 불경기, 불황 (economic) slowdown[recession; slump]; depression; stagnation

□ 불경기 속에서도 백화점 매출은 증가했다.
 Even during the economic slowdown, department store sales increased.

 공황 economic crisis, 대공황 the (Great) Depression

⬌ 호경기, 호황, 활황 (economic) boom; economic prosperity

경착륙 hard landing ⬌ 연착륙 soft landing ❶

기업경기실사지수 BSI (business survey index의 약자)

비수기 off-season; slow[low] season ⬌ 성수기 peak[busy; high] season

□ 봄철 결혼 성수기를 앞두고 웨딩 업계가 각종 이벤트를 준비하고 있다. The wedding industry is gearing up for its peak spring season with a variety of events.


## 기타

경제성 economic feasibility; economics

경제지표 economic indicator; business index

경제특구 exclusive industrial zone

기회비용 opportunity cost

주문 order

□ 주문하다 order / place[give] an order

 발주 order

 □ 발주하다 order / place[award; send out] an order

 수주액 the amount of an order[a contract]

 수주하다 obtain order; win a contract

 □ 한국의 건설사가 싱가포르에서 4천억 원 규모의 지하철 공사를 수주했다.
 A Korean construction company has won a 400-billion-won contract to build a subway line in Singapore.

기업인들이 내린 전반적인 경제 동향 (현재 경기에 대한 판단 및 향후 경기에 대한 예측)을 지수화한 것

❶ **경착륙과 연착륙**

연착륙soft landing이란 비행기가 서서히 하강하여 별다른 충격 없이 착륙하는 것을 뜻하고, 반대로 경착륙hard landing은 비행기가 갑자기 하강하여 착륙하는 것을 뜻한다. 일반적으로 착륙을 할 때 분당 120미터 이내의 속도로 하강을 해야 하는데, 그보다 가파른 속도로 하강을 하게 되면 경착륙을 할 위험성이 높아진다. 연착륙과 경착륙은 경제용어로도 자주 쓰이는데, 경제나 경기가 완만한 하락세를 보이면 경기가 연착륙했다고 말하고, 급격히 안 좋아지면 경착륙을 했다고 표현한다. 최근 수년간 고도의 경제 성장을 이룩한 중국에서 경기 과열에 대한 우려의 목소리가 나오는 것은 중국 경제가 경착륙을 할 수 있기 때문이다.

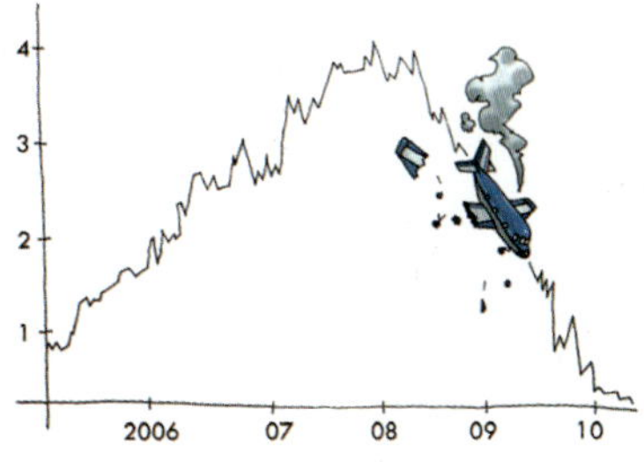

# PART 4

# Unit 5

## 금융

# 01 돈, 비용, 요금



**가입비** membership[subscription] fee, **참가비** entry fee

□ 저희는 가입비를 받지 않습니다. We don't charge a membership fee.

**개런티, 출연료** an actor's pay[salary] (for performing; a movie; a TV series) ❶

**개발비** development expense[cost; expenditure]

**거금, 거액, 큰돈** fortune; large sum[amount] of money; `inf` big money; a lot of money; mint; `AE` `inf` big bucks; large[sizable; substantial; considerable] sum (of money); king's ransom; `inf` megabucks

↔ **소액, 잔돈, 푼돈** (small) change; small sum (of money); pocket money; `inf` peanuts; chicken feed; (급여) pittance

□ 거금을 들여서 최신 스마트폰을 장만했다.
I paid big bucks to get the latest smartphone.

**격려금** incentive, **장려금** (정부에서 지급하는) (government) grant

출산 장려금 childbirth grant

**계약금, 착수금** deposit; down payment; earnest money

**공과금** utility bill

**공금** (정부의) public[government] money[funds]; (회사의) company funds

↔ **사비, 자비** *one's* own expense[charge; money]

□ 한 시청 공무원이 공금 수억 원을 횡령해 도주했다. A city hall employee absconded with hundreds of millions of won in public funds.

**공돈** unexpected money

**공탁금** deposit, **예치금, 예탁금** (bank) balance, **위탁금** trust money; money in trust

**관리비, 유지비** management cost[expenses; fee]; cost of maintenance

□ 요즘은 연료비와 유지비를 아낄 수 있는 경차가 대세이다. Nowadays the trend is to buy smaller cars that let you save on fuel and maintenance.

**교부금, 보조금** subsidy; welfare; benefit

국고보조금 government[state] subsidies; (중앙정부에서 지방정부에 지원하는) block grant

육아보조금 child benefit

**금일봉** gift of money[gratuity] (given in an envelope)

---

❶ **No! 개런티**

개런티는 배우가 방송 프로그램이나 영화 등에 출연하면서 받는 출연료를 뜻한다. 흥행 결과에 따라 출연료를 받는 것은 러닝개런티라고 하는데, 이는 배우뿐 아니라 참여하는 감독과 스태프에게도 적용될 수 있다. 이와는 반대로, 출연료를 받지 않고 출연하는 것은 노 개런티라고 한다.

급전 emergency fund

급행료 express charge[fee; fare]

기금 fund

  연기금 pension fund

기부금, 성금, 후원금 contribution; donation; subscription; largess(e); (스포츠경기 등의) sponsorship
  □ 나는 매년 겨울 불우이웃돕기 성금을 낸다.
    Every winter, I give a donation to help our less fortunate neighbors.
  모금 collection; fund-raising
  모금액 collection
  모금함 collection box
  모금행사 fundraiser

단기자금, 단자 short-term fund[loan]

당첨금 (lottery) prize money

대금 payment; price

대여료 rent; rental fee

대관료 venue[space] rental fee

등록비 registration fee

로열티, 상표사용료 royalty

미납액, 체납액 the amount in arrears; the amount outstanding; arrearages

미수금 outstanding[unpaid; uncollected] amount

배상금, 보상금 compensation; recompense; (전쟁으로 인한) reparations; (법률) (punitive) damages; indemnity
  □ 그 여자는 전 직장 상사에게 당한 정신적 피해에 대해 거액의 배상금을 요구했다.
    She demanded a huge amount of money in compensation for psychological damage inflicted on her by her former boss.

보관료, 보관비 storage fee

봉사료, 팁 tip; gratuity; service charge; (음식점의) cover charge ❶

분담금 share of the expenses; allotted charges; allotment

비상금 nest egg

비자금 secret fund; slush fund
  □ 억대의 비자금을 조성한 혐의로 건설회사 대표가 구속되었다. The president of the construction company was arrested on suspicion of having accumulated secret funds in the hundreds of millions.

❶ 누구에게 얼만큼?

미국에서는 흔히 팁을 낸다. 우선 팁이 필요한 장소를 꼽자면 레스토랑, 호텔, 미용실, 택시, 술집이 대표적이다. 레스토랑에서는 좌석에 앉아서 서비스를 받으면 음식 가격의 15~20%에 해당하는 팁을 남기는 것이 관례이다. 물론 본인이 받은 서비스 수준에 따라서 비율을 달리할 수도 있다. 고급 레스토랑일수록 높은 비율의 팁을 남기며, 패스트푸드점에서는 팁을 줄 필요가 없다. 술집에서 음료를 주문할 경우, 한 잔당 보통 1달러의 팁을 주며, 직접 바의 바텐더에게서 술을 주문해 받아오는 경우에도 역시 팁을 주는 것이 좋다. 호텔에 머물 경우에는 하루 1달러 정도를 침대나 책상 위에 두고, 포터가 짐을 들어다 주었을 경우에 1~2달러, 주차 서비스를 받았을 경우, 2~5달러 정도를 팁으로 주면 된다. 다만 계산서에 봉사료가 포함되어 있거나, 상대방이 사양하는 경우에는 팁을 주지 않아도 된다.

사례금, 수고비 reward; compensation; remuneration

　뇌물, 리베이트 bribe; kickback; payoff; payola; (입막음용의) hush money ❶

사용료, 이용료 fee; charge; (정기적으로 내는) dues

상금, 포상금, 현상금 reward; prize money; cash prize; (범인 등에 내거는) bounty; price on *sb's* head

　현상금 사냥꾼 bounty hunter

생계비, 생활비 living expenses[costs]; the cost of living ❷

　□ 세계의 주요 도시 중 일본 도쿄는 가장 생활비가 많이 드는 도시로 조사되었다.
　In a survey of the cost of living in major cities of the world, Tokyo was found to be the most expensive.

　최저생계비 the minimum cost of living

설치비 installation charges[fees]

소개비, 수수료, 중개료 commission; brokerage

수리비, 수선비 repair cost

수익금 proceeds

식대, 식비 food expenses

실비 actual expense

양육비 maintenance; child support; child rearing expenses

연구비 research funds[expenses]

연체료 late (payment) fee; arrears charge

　□ 대출기간을 초과하여 책을 반납하는 경우 연체료가 부과됩니다. You will be charged a late fee if you return borrowed books after the due date.

예산 budget

외화, 외환 foreign exchange; forex; FX

　고정환율제 fixed[pegged] exchange rate system

　⬌ 변동환율제 fluctuating[floating] exchange rate system

　외환딜러 currency trader[dealer]; FX dealer

　외화보유고 foreign exchange reserves

　환율 exchange rate; rate of exchange

　환차손 foreign-exchange loss ⬌ 환차익 foreign-exchange profit

　환투기 foreign-exchange speculation




---

❶ **쉿!**

hush는 우리말로 하면 조용히 하라고 할 때 내는 의성어 '쉿'이라는 뜻이다. 그래서 hush money가 '입막음용 돈'이라는 뜻이 되었다. hush를 두 번 연결한 hush-hush는 '쉬쉬하는'이란 뜻의 형용사이다.

**ex** 그 은행은 비리를 폭로하겠다고 한 직원에게 입막음용으로 1억 원을 건넸다.
A bank employee was given a hundred million won in **hush money** when he threatened to expose the bank's corrupt dealings.

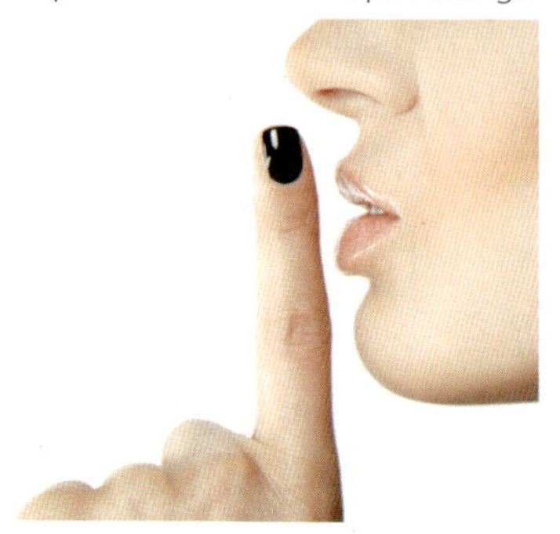

❷ **엥겔계수 Engel's coefficient**

식료품비는 생활비 중에서 뺄 수 없는 필수 항목이다. 그렇다 보니 가계 소득이 안 좋으면 다른 지출은 줄여도 식료품비는 줄이는 데 한계가 있기 때문에 상대적으로 전체 지출에서 차지하는 비율이 높아진다. 저소득일수록 가계지출에서 식료품비가 차지하는 비율이 높아지고 고소득일수록 이 비율이 낮아지는데, 이러한 현상을 '엥겔의 법칙Engel's law'이라고 하며 가계지출에서 식료품비가 차지하는 비율은 '엥겔계수 Engel's coefficient'라고 부른다. 엥겔의 법칙은 19세기 독일의 통계학자인 에른스트 엥겔Christian Lorenz Ernst Engel이 벨기에에 거주하는 153가구의 가계지출을 조사한 결과 발견한 법칙이다. 통상적으로 엥겔계수가 25% 이하이면 최상층, 70% 이상이면 극빈층으로 분류된다.

용돈 allowance; spending[pin] money; **BE** pocket money
- 아빠, 용돈 좀 올려주세요. Dad, please raise my allowance.

운영비 running[operating] costs; operating expense

위로금, 위자료 compensation; (이혼할 때 주는) alimony; (동거한 사람에게 지급하는) palimony

유흥비, 접대비 entertainment expenses

이월금 carryover

종자돈 seed money[capital]

지원금 support fund

인건비 personnel expenses[expenditure]; (노동에 대한 비용) labor costs; cost of labor

입장료 admission (fee); entrance fee; (입산료) climbing fee
- 5세 미만의 어린이는 입장료를 받지 않습니다. Children under 5 are admitted free of charge.

잡비 miscellaneous[petty; incidental] expenses

적립금 saved[accumulated] money

제작비 production cost; the cost of production

지불액 (지불한 금액) amount paid; (지불할 금액) amount due

지참금 (결혼의) dowry

추가비용 surcharge; extra[additional] charge; **BE** (특히 호텔의) supplement
- 투숙객들은 추가비용 없이 호텔 내의 헬스클럽을 이용할 수 있다. Our guests are allowed to use the hotel's health club without any additional charge.

통행료 toll
- 서울에서 부산까지 고속도로 통행료가 얼마인가요? How much is the toll on the expressway from Seoul to Busan?

판공비 official expenses[expenditure]

피해액 damage
- 폭우로 인한 피해액이 200억 원을 넘어선 것으로 추정되었다. It has been estimated that the heavy rains caused more than 20 billion won's worth of damage.

합의금 settlement money
- 그는 교통사고를 내 합의금으로 300만 원을 냈다. Because of a traffic accident he caused, he paid a settlement of three million won.

현금 cash

환급금 refund; return; rebate; (보험의) surrender value

# 02 증권



## 종류

공모주 stocks for public subscription

관리종목 company under (court) administration

국민주 government-issued stock

대형주 large-cap stocks ⬌ 중소형주 small and medium cap stocks

□ 나는 대형주 위주로 투자한다. I invest mainly in large-cap stocks.

배당주 stock dividend

상장주 listed stocks[shares]

⬌ 비상장주 unlisted stocks[shares], 장외주식 unlisted stock; over-the-counter stock

□ 장외주식 시장이 사흘 만에 다시 상승세로 돌아섰다. After three days, the over-the-counter maket turned around and started rising again.

성장주 growth stock

신주 new stocks[shares]

신주인수권 preemptive right; subscription right

실권주 forfeited stocks[shares]

우량주, 블루칩 blue chip; blue-chip[superior] stocks

□ 우량주라고 무조건 오르는 건 아니다. Just because it's a blue-chip stock, that doesn't necessarily mean it will go up.

우리사주 employee ownership

스톡옵션, 주식매수선택권 stock option

□ 그는 스톡옵션으로 수백억 원의 차익을 남겼다.
He made tens of billions of won on stock options.

우선주 preferred stocks[shares]

자사주 treasury stock

자사주 매입 (경영진에 의한) management buyout

## 주주 stockholder; **BE** shareholder

대주주 big stockholder, 최대주주 the biggest stockholder

소액주주 small stockholder

주식중매인 stockbroker

주주총회 general meeting of stockholders[shareholders]; general
  stockholders'[shareholders'] meeting; annual meeting
  의결권 voting right


## 주식거래 stock trading

내부자거래 insider trading[dealing]

단기매매, 데이트레이딩 day trading

매도 selling
  □ 매도하다 sell
  손절매하다 sell *one's* stocks at a loss

매수 buying
  □ 매수하다 buy / purchase

장외거래 off-exchange[-board] transaction; (주식의) outside dealing
  □ 장외거래를 하다 sell *sth* over the counter

환매 (되팔기) resale; (되사기) repurchase


## 주가 stock[share] price; price of a share; (주당 가격) unit price ❶

공모가 offer price

상한가 upper limit price ⬌ 하한가 lower limit price
  □ 다락원이 상장 첫날 상한가를 기록하며 순조롭게 출발했다.
  Darakwon enjoyed a good first day of its IPO with the price of its stock
  having reached the upper limit.

시가 opening price

액면가 par (value); nominal value

종가 closing price

❶ **서킷 브레이커**

전기회로가 과열되면 자동으로 회로를 차단하는 장치
인 서킷 브레이커circuit breaker. 주식 시장에서
도 주가가 갑자기 급락하는 경우, 충격을 완화하기 위
해 주식 매매를 중단시키는 제도를 '서킷 브레이커'라
고 한다. 1987년 뉴욕증권거래소에서 처음으로 시작
하였으며, 우리나라는 1998년에 도입하였다. 종합주
가지수가 전일 대비 10% 이상 폭락해 1분 이상 지속
될 경우 발동된다. 발동되면 20분간 주식 거래가 중
지되고, 그 후의 10분간은 호가만 접수하여 단일가격
으로 처리한다. 주식 시장 개장 5분 후부터 장이 끝나
기 40분 전인 2시 20분까지, 하루에 한 번만 발동된다.

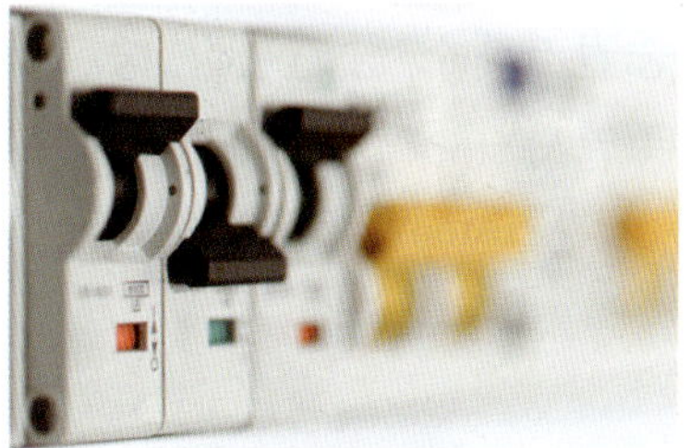

주가수익률 PER (Price-to-Earnings Ratio의 약자); P/E ratio; price-earnings ratio[multiple]

주가조작 manipulation of stock prices

주가지수 stock index; **BE** share index
- 국제 유가가 급등하면서 국제 주가지수가 하락하고 있다. With the sharp rise in international oil prices, international stock indexes are falling.

호가 bid price

## 관련표현

거래량 (exchange) volume
- 뉴욕 증시는 오늘 연중 최저 거래량을 기록했다. The volume of trade at the New York Stock Exchange today was the lowest ever for this year.

거래액 the volume[amount] of business; turnover

기업공개 IPO (initial public offering의 약자)

배당, 배당금 dividend
- 배당하다 pay a dividend
  배당률 dividend rate

일반 투자자 대상의 첫 주식 공매

상장되다 be listed (on the stock exchange); go public
- 우리 회사는 내년에 상장될 예정이다. Our company is going public next year.
- 그 회사가 상장되었을 때 공모주 청약 경쟁률은 20대 1이었다. When that company went public, competition to buy its stocks was twenty to one.

시가총액 market capitalization; market cap

시황 market conditions ❶

강세장 bull[bullish; strong] market

약세장 bear[bearish; weak] market

액면분할 stock split

주당 순이익 earnings per share

증권거래소, 증권시장, 증시 stock exchange[market]; exchange ❷

증권사 stock trading[exchange] firm

객장 customer lounge

❶ **주식은 황소를 좋아해**

세계 증권 시장의 중심인 뉴욕 월가에는 돌진하는 황소상이 있고 우리나라 여의도에 위치한 증권 거래소에는 곰을 뿔로 들이박고 있는 황소상이 있다. 황소가 증시와 연관될 때는 지속적인 강세장bull market을 의미한다. 이와 반대로, 곰은 지속적인 약세장 bear market을 의미한다. 형용사 bullish는 '주가가 상승세인'이란 뜻이고, bearish는 '주가가 하락세인'이란 뜻으로 쓰인다. 증시와 관련해 곰과 황소가 쓰이게 된 유래에는 여러 가지 설이 있는데, 그 중 한 가지는 황소와 곰의 공격 모습과 연관이 있다. 뿔을 위로 치켜들고 싸우는 황소와 앞발을 아래로 내려치는 곰의 모습이 증시가 오르고 내리는 모습과 닮았다고 해서 쓰기 시작한 것이라고 한다.

❷ **증권시장과 주가지수의 종류**
- 나스닥 NASDAQ (National Association of Securities Dealers Automated Quotations)
- 코스닥 KOSDAQ (Korea Securities Dealers Automated Quotations)
- 종합주가지수, 코스피 KOSPI (Korean Composite Stock Price Index)
- 다우존스공업평균지수 the Dow Jones (Industrial) Average; Dow Jones Index; the Dow (Jones)
- 항셍지수 Hang Seng index
- 니케이지수 the Nikkei (index); Nikkei average
- S&P 500지수 Standard & Poor's 500 Index

## 어음 bill; note ❶

부도어음 dishonored bill

상업어음 commercial paper

신종기업어음 commercial paper

약속어음 promissory note; postdated check

할인 discount

　할인율 discount rate

환어음 bill of exchange

> 기업이 단기 자금을 쉽게 조달할 수 있게 돕는 목적으로 시행되고 있는 어음 형식. 자금 수급에 따라 금리가 변동된다.

❶ **어음 발행을 남발하지 마세요**

어음은 발행자가 지정한 날짜에 일정한 금전을 지급하겠다고 약속한 유가증권이다. 발행인 자신이 지급을 약속하는 것을 약속 어음이라 하고, 발행인이 제3자에게 지급을 위탁하는 것을 환어음이라고 한다. 지급 기일이 되었는데도 어음발행인이 어음상의 금액을 지급 은행의 당좌계좌에 입금하지 않으면 어음은 부도 처리 된다.

## 유가증권 marketable securities

교환권 coupon

바우처 voucher

> 정부가 노인이나 아동, 장애인과 같은 특정 수혜 대상이 교육, 의료 등의 복지 서비스를 구매할 때 필요한 비용을 보조하기 위해 지불을 보증하여 발행하는 쿠폰의 일종

상품권 gift certificate; token; (카드로 된) store[gift] card

　도서상품권 bookstore gift certificate[card]; book token

　문화상품권 gift certificate to books, movies, etc.

　백화점 상품권 department store gift certificate

소액환, 우편환 money order; postal order

수표 check; cheque

▢ 수표로 계산해도 될까요? Can I pay by check?

　가계수표, 개인수표, 당좌수표 personal check; certified check

　배서, 이서 endorsement

　　▢ 배서하다, 이서하다 endorse
　　▢ 수표 뒷면에 이서해 주십시오. Could you please endorse the back of the check?

　백지수표 blank check[cheque]

　보증수표, 자기앞수표 cashier's check; bank check

　부도수표 bounced[bad] check; rubber check

　수표책 checkbook; chequebook

　여행자수표 traveler's check

　위조수표 forged check; counterfeit check

식권 meal ticket[coupon]; (직원에게 지급되는) luncheon voucher; (식량배급표) food stamp

쿠폰, 할인권, 할인쿠폰 (discount) coupon; money-saving coupon
□ 패밀리 레스토랑에서 할인쿠폰으로 40%를 할인 받았다.
I got 40 percent off at a family restaurant with a discount coupon.

## 채권 bond ❶

공채 (government) bond; public bond

### 국채 government bond
□ 정부는 재정 적자를 보충하기 위해 10조원 가량의 국채를 발행하기로 했다.
The government decided to issue about ten trillion won's worth of government bonds to help offset the deficit.

### 지방채 municipal bond

기명채권 registered bond

채권 표면에 투자자의 성명이 기재된 채권. 기재되지 않은 채권은 무기명채권이다.

⬌ 무기명채권 unregistered[bearer] bond[debenture]; bond to bearer

사채(社債), 회사채 debenture; company stock; corporate bond

### 전환사채 convertible bond (abb CB)

정크본드 junk bond ❷

❶ **채권과 주식의 차이**

채권은 일정한 이자를 정해서 돈을 빌려주고 받는 일종의 차용증서로, 채권 발행은 정부나 회사가 일반 대중을 상대로 많은 자금을 한번에 조달하고자 할 때 쓰는 방법이다. 채권은 발행기간에 따라 국채, 지방채, 회사채 등으로 나뉜다. 채권은 정부나 지방자치단체 등에서 발행하고 이자가 확정되어 있기 때문에 안정적인 투자의 방법으로 알려져 있다. 운용 실적에 따라서 배당하는 주식과는 달리 채권은 일정한 기한 뒤에 정해진 이자와 원금을 돌려주어야 한다.

❷ **채권계의 정크푸드**

열량은 높고 영양가는 낮은 패스트푸드나 인스턴트 음식을 정크푸드junk food라고 하듯이, 정크본드는 신용등급이 낮은 기업이 발행하는 부실 채권을 말한다. junk는 '쓰레기', '쓸모 없는 것'이란 뜻이다. 신용등급이 낮아 부도의 위험이 많은 채권이니만큼 일반 채권보다 많은 이자를 지급한다. 수익은 높을 수 있지만 동시에 위험도 높은 채권이 정크본드이다. 그래서 정크본드를 high yield(높은 수익)를 써서 하이일드본드high-yield bond라고도 한다. (길게는 high-risk, high-yield bond라고 표현)

# 03 보험 insurance; assurance

## 관련자

보험가입자 policyholder, 피보험자 the insured

보험설계사 insurance agent; insurance broker; insurer

손해사정인 insurance adjuster; BE loss adjuster



## 종류 ❶

건강보험 health insurance

고용보험 unemployment[employment] insurance

변액보험 variable insurance

보증보험 surety insurance

산재보험 industrial accident compensation insurance; occupational
health and safety insurance; workers' compensation

상해보험 accident insurance; casualty insurance

생명보험 life insurance

손해보험 property (damage) insurance; indemnity insurance

암보험 cancer insurance

연금보험 annuity insurance

의료보험 medical insurance; (미국의) Medicaid; Medicare

□ 의료보험이 있으세요? Do you have medical insurance?

자동차보험 car insurance; auto(mobile) insurance; motor insurance

□ 내 자동차보험 만기가 8월 25일이다.
My car insurance runs out on the 25th of August.

대물배상보험 automobile property damage liability insurance

대인배상보험 automobile bodily injury liability insurance

자차보험, 자기차량손해보험 collision damage waiver

### ❶ 은행 + 보험 = ?

보험설계사가 아닌 은행을 거쳐 팔리는 보험을 '방카슈랑스bancassurance'라고 한다. 방카슈랑스는 프랑스어로, '은행banque'과 '보험assurance'의 합성어이다. 보험사는 은행이라는 채널을 통해 판매를 넓히고, 은행은 보험 판매에 따른 수수료 수입을 챙기므로 보험사와 은행이 상부상조할 수 있는 하나의 예이다. 우리나라에서는 2003년부터 시행되면서 단계별로 방카슈랑스의 범위를 확대하고 있지만, 모든 보험상품이 열려 있는 것은 아니다. 이와는 정반대로 보험사가 보험설계사를 통해서 은행상품을 판매하는 것은 '아슈르방킹assurbanking'이라고 한다.

종신보험 whole[straight; ordinary] life insurance

□ 종신보험에 가입하려고 하는데 어떤 상품이 좋을까요? I'd like to get straight life insurance. What kind of policy would be best for me?

책임보험 liability insurance

퇴직보험 retirement insurance

해상보험 (ocean) marine insurance

화재보험 fire insurance

## 관련표현

보험금 insurance

보험료 (insurance) premium; insurance

□ 보험료로 매달 20만 원씩 나간다.
My insurance premium is 200,000 won a month.

보험약관, 보험증서 insurance policy

# 04 부동산 (real) property; real estate; realty

**땅값, 지가** price[value] of land; land value[price]

□ 전국적으로 땅값이 많이 올랐다.
  Land prices have gone up a lot all over the country.

  공시지가 appraised value of land

**복부인** woman who speculates in real estate, **투기꾼** speculator

**부동산 개발업자** (property) developer

**분양하다** sell (land) in lots[parcels]

  분양가 parcel price

  분양권 ownership of a lot[parcel]

**임대차계약** lease; rental contract

  권리금 premium

  방세, 임대료, 집세 (house) rent
  □ 밀린 집세를 내라고 주인이 성화다. The landlord is after us to pay the back rent.

  보증금 deposit; security deposit; earnest money
  □ 보증금은 돌려받는 건가요? Do I get the security deposit back?

  세입자, 임차인 tenant; renter; (법률) lessee; (무단점거자) squatter ❶

  임대 lease; let

  임대인 (법률) lessor; (남자) landlord; (여자) landlady

  임대차계약서 lease

  임차 tenancy

  전전세 sublease

  전전세자 subtenant

**전매** resale

❶ **무단점거자**

버려진 집이나 건물, 토지에 무단으로 사는 사람들을 '스쿼터squatter', 이런 행위를 '스쿼팅squatting'이라고 한다. 서양 대도시의 스쿼팅은 주로 재개발을 위해 비워진 건물이나, 주변 환경이 열악하거나 화재가 나서 버려진 건물 등에서 이루어지는데, 이런 버려진 건물은 범죄자들의 은신처가 되기도 한다. 아시아나 아프리카, 남아메리카에서는 습지나, 오염된 산업지대 등의 위험하고 버려진 땅에 스쿼터들이 집을 지어 거대한 슬럼을 형성한다.

# 05 경매 auction; public sale

경매인 auctioneer ①

경매장 auction house; saleroom

공매 public auction

- 경매: 법원이 채권자의 신청을 받아 채무자의 물건을 매각하는 것
- 공매: 기업이나 금융기관의 비업무용 재산과 세금 체납에 의한 압류재산을 자산관리공사가 매각하는 것

수의계약 private contract; a contract ad libitum

입찰 · 경쟁 등의 방식이 아니라 상대방을 임의로 선택해 체결하는 계약

역경매 Dutch auction

입찰 bid; bidding; tender

낙찰 successful bid

낙찰가 (successful) bid; winning bid ②

□ 피카소의 〈Nude, Green Leaves and Bust〉가 1억 640만 달러로 미술품 경매사상 가장 높은 낙찰가를 기록했다. Picasso's *Nude, Green Leaves and Bust* sold at auction for 164 million dollars, the highest bid ever made at an auction.

낙찰자 successful bidder

담합 collusion; fix; (가격의) price-fixing

시작가, 최초 경매가 starting price

유찰되다 be left unbid (on; for)

응찰하다 bid[tender] for; make a bid for

□ 수도권에 위치한 24평형 아파트 경매에 총 8명이 응찰했다. A total of eight people made bids for a 24-*pyeong* apartment in the Seoul metropolitan area.

입찰가, 입찰액 bid; bidding[tender] price

입찰자 bidder; tendering party

입찰제 bidding[tender] system

- 최고 입찰가 highest bid[tender]
- 최저 입찰가 lowest bid[tender]

컨소시엄 consortium

정부나 기관이 추진하는 건설 공사 등의 대규모 사업 수주에 여러 업체가 모여 하나의 회사 형태로 참여하는 것.
유가증권 액수가 지나치게 높아 단독 인수가 어려울 경우, 이 증권의 매수를 위해 다수의 인수업자들이 공동으로 창설하는 조합도 컨소시엄이라 불린다.

① **땅땅땅!**

경매에서 경매인은 망치처럼 생긴 경매봉hammer을 내리쳐서 경매에 나온 물건이 낙찰되었음을 알린다. 그래서 go[come] under the hammer라고 하면 '경매되다', '경매로 팔리다'라는 뜻이 된다.

ex 마릴린 먼로가 영화에서 입었던 드레스가 경매에 부쳐졌다. A dress worn by Marilyn Monroe in a movie **has gone under the hammer**.

② **어마어마한 낙찰가**

1억 640만 달러, 한화로 약 1180억 원. 2011년에 경매로 나온 파블로 피카소Pablo Ruiz Picasso의 1932년 작 〈누드, 녹색 잎과 상반신〉의 최종 낙찰 가격이다. 유명 작가의 미술품들은 국내외 경매에서 어마어마한 가격에 낙찰되고 있다. 그 중 파블로 피카소는 위에 나온 작품 외에도 〈파이프를 든 소년〉(1억 410만 달러), 〈고양이와 함께 있는 도라 마르〉(9,510만 달러) 등을 세계 경매 최고가에 올려놓았다. 파블로 피카소 외에도 구스타프 클림트Gustav Klimt가 그린 자신의 초상화 〈아델레 블로흐 바우어〉는 2006년 뉴욕 경매에서 8,790만 달러에, 영국 화가 프란시스 베이컨Francis Bacon의 〈트립틱〉도 8,630만 달러에 낙찰된 바 있다.

미술품 외에도 다양한 물건들이 경매에 부쳐진다. 마릴린 먼로Marilyn Monroe가 영화 〈7년만의 외출〉에 입고 나왔던 하얀색 드레스는 의상 경매에서 460만 달러에 낙찰됐고, 1721년에 제작된 스트라디바리우스Antonio Stradivari의 바이올린은 980만 파운드, 약 172억 원에 낙찰되었다. 물건은 아니지만 유명한 투자가 워런 버핏Warren Buffett과 함께 하는 점심도 경매에 부쳐지는데, 투자에 대한 그의 의견을 듣기 위해 263만 달러를 기꺼이 낸 낙찰자도 있었다.

# 06 투자, 펀드



## 투자 — 종류 investment

간접투자 indirect investment ⬌ 직접투자 direct investment

민간투자 private investment

설비투자 equipment[facility] investment

장기투자 long-term investment

재테크 investment techniques

투기 speculation

　투기꾼 speculator

　투기지역 speculative zone[area]; speculation-prone zone[area]

포트폴리오 portfolio

해외투자 foreign[overseas; international] investment


## 투자가, 투자자 investor; financier

소액투자가 small investor

개인투자가 private[individual] investor

기관투자가 institutional investor

외국인 투자가 foreign investor

□ 코스피 200 선물지수가 외국인 투자가의 매수에 힘입어 급등했다. Futures on the KOSPI 200 have jumped on the strength of foreign investment.

큰손 big investor; big player

## 펀드 (trust) fund ❶

- 펀드에 가입하다 join a fund
- 펀드의 수익률이 계속 떨어져서 환매할 계획이다.
  I plan to sell off the fund because its profitability has continued to fall.

### 뮤추얼 펀드 **AE** mutual fund; **BE** unit trust

### 사모펀드 private equity fund

### 적립식 펀드 installment fund

### 주식형 펀드 equity[stock] fund

- 국내 주식형 펀드에 투자했다가 원금이 반 토막 났다.
  I invested in a domestic equity fund and lost half the money I put into it.

### 헤지펀드 hedge fund

## 펀드매니저, 자산운용책임자 fund manager

❶ **펀드에 입문하기**

펀드란 불특정한 다수로부터 돈을 모아 주식이나 채권 등에 투자해서, 실적에 따라 수익을 배당하는 금융 상품을 뜻한다.

- **뮤추얼펀드** 펀드 자체가 법인회사인 펀드. 공개적으로 다수의 소액 투자자를 공모, 모은 자금을 운용 회사에서 운용한다. 투자자가 곧 주주가 되므로 투자자는 뮤추얼 펀드의 운영 및 투자에 의견을 반영할 수 있다.
- **사모펀드** 불특정 다수가 아닌 제한된 소수의 거액 투자자들로부터 비공개로 돈을 모아 운용하는 펀드. 다수의 참여로 자금 운용에 제한이 많은 일반펀드와는 달리 보통 50명이 넘지 않는 투자자들이 참여하는 사모펀드는 운용이 자유롭다.
- **적립식펀드** 정기적금처럼 일정 금액을 일정 기간마다 납입하는 펀드. 한번에 투자하는 것이 아니기 때문에 소액으로도 투자가 가능하다.
- **주식형펀드** 투자자들로부터 모은 자금 중에서 주식이나 주식 파생상품에 60% 이상 투자하여 고위험을 감수하고 고수익을 추구하는 펀드.
- **헤지펀드** 고위험, 고수익의 단기 펀드. 일정 규모 이상의 소수 투자자들로부터 모은 자금을 운용한다. 각국의 금리 차이와 환율 변동 등을 예상해 투자하는 투기성 높은 펀드.

# 07 세금, 조세 tax

## 관련자

납세자 taxpayer
  고액 납세자 large taxpayer
세무사 (licensed) tax accountant
탈세자 tax evader[dodger]

## 종류

가산세 additional tax; surtax

간접세 indirect tax ⟷ 직접세 direct tax

국세 national tax ⟷ 지방세 local[council] tax

관세 duty; tariff; customs

□ 양국간의 무역협정이 체결되어 공산품에 대한 관세가 대폭 낮아졌다.
  With the conclusion of a trade agreement between the two countries, duties on industrial products have been greatly reduced.

  관세장벽 tariff wall[barrier]; customs barrier
    □ 한국과 칠레간 FTA 체결 이후 관세장벽이 철폐되었다. The tariff barrier has been abolished since Korea and Chile signed a free-trade agreement.

  반덤핑관세 antidumping duty

  보복관세 retaliatory tariff[duties]

  보호관세 protective tariff

  수입관세 import duty ⟷ 수출관세 export duty

교육세 education tax

누진세 progressive[cumulative; graduated] tax

□ 이번 달에는 누진세 때문에 전기요금이 많이 나왔다.
  Our electric bill was a lot this month because of cumulative increases.

등록세 registration tax

면허세 license tax

목적세 objective tax, 특별세 special tax

특정 사업목적을 달성하기 위해 부과하는 세금으로 교육세, 교통세, 방위세 등이 있다.

방위세 defense tax

법인세 corporation tax; corporate tax

보유세 holding tax

부가가치세 value-added tax (**abb** VAT)

부가세 surtax; additional tax

부유세 wealth tax; tax on the wealthy; tax on high-income brackets

상속세 inheritance[succession] tax; **AE** death tax

소득세 income tax

　양도세, 양도소득세 transfer tax

　종합소득세 composite[consolidated] income tax
　　□ 2011년도 종합소득세는 이달 말까지 신고해야 한다. The deadline for filing income tax returns for 2011 is the end of this month.

소비세 sales tax; consumption tax

　특별소비세 special excise tax

연방세 **AE** federal tax

인두세(人頭稅) poll tax, head tax, capitation tax ❶

인지세 stamp duty[tax]

입국세 entry permit tax ⬌ 출국세 departure tax

자동차세 car[auto; automobile; vehicle] tax; property tax on *one's* car
　□ 자동차세는 6월과 12월, 연간 2회 고지된다. The bill for automobile tax comes twice a year, in June and December.

재산세 property tax; capital levy
　□ 이번에 부과된 재산세의 납부기한은 7월 31일까지이다. The payment of property tax for this term comes due on July 31.

주민세 residence tax

준조세 quasi tax
조세는 아니지만 부담금, 사회보험료, 행정제재금, 수수료, 기부금 및 성금 등 조세와 같은 성질의 비자발적 공과금이나 기부금

증여세 donation[gift] tax
　□ 아버지에게서 아파트를 증여받으면서 증여세로 3,000만 원을 내야 했다. When I got my apartment from my father, I had to pay 30 million won in gift tax.

취득세 acquisition tax

❶ **머릿수에 부과되는 세금**

인두세는 각 개인 또는 '머릿수head'에 부과되는 세금을 말한다. 프랑스에서는 대혁명 이전, 전쟁 비용을 충당하기 위해 1695년에 부과되었는데, 왕족까지 포함하여 모든 국민들을 22등급으로 나누어 세금을 차등 부과하였다. 계급에 따라 차등 부과하던 인두세를 18세기 초에는 지방 관리들이 할당하도록 부과방식을 바꾸었는데, 결과적으로는 비특권계층이 대부분의 세금을 책임지게 되었고, 이후 혁명과 함께 폐지되었다. 미국에서는 인두세 납부를 투표의 선행조건으로 삼는 헌법을 만들어 궁핍한 흑인과 일부 백인들의 투표권을 박탈하였다. 몇몇 주에서는 제1차 세계대전이 끝나고 수년 내에 인두세를 폐지했지만 남부의 여러 주에서는 20세기까지 유지하였다.

감세 tax cut ⬌ 증세 tax increase

과세 taxation

- 비과세의 tax-free
- 과세하다 tax / impose[levy; put] a tax

  과세연도 tax year

  과세율, 세율 tax rate; rate of taxation

  과세표준 tax base; standard of assessment

  과세품 taxable item; dutiable article[goods]

  누진세율 progressive[graduated] tax rate

  비례세율 proportional tax rate

  원천과세, 원천징수 withholding tax; PAYE (pay as you earn의 약자)

  중과세 heavy taxation

  탄력세율 flexible[elastic] tax rate

  표준세율 standard tax rate

과세표준의 많고 적음에 관계없이 과세표준 한 단위에 대해 부과하는 동일한 비율의 세율

경기조절을 위해 정부가 법률로 정한 기본세율을 탄력적으로 조정하여 임시적으로 변경 · 운영하는 세율

납세 payment of taxes

  납세 신고서 tax return

면세 tax exemption

- 면세의 tax-exempt
- 다자녀 가구는 자동차 구입시 취득세가 면세된다. Households with lots of children qualify for tax exemptions when they buy a car.

세금감면 tax incentive; tax relief

- 하이브리드 자동차를 구매하면 세금감면의 혜택을 받는다. People who buy a hybrid car get a tax incentive.

세무 tax affairs; taxation business

  세무조사 tax investigation[probe; audit]

세원 source of taxation[tax revenue]

세입 tax revenue(s) ⬌ 세출 annual expenditure

연체, 체납 default

- 연체되다 be in arrears / be overdue

  연체료 late (payment) fee; arrears charge
  - 이번 달 관리비에 지난달 미납분 3,450원이 포함되어 있다. This month's maintenance fees include a 3,450-won unpaid balance from last month.

연체자, 체납자 defaulter

체납 세금 back tax

## 절세 tax avoidance

## 조세회피국 tax haven ❶

☐ 유럽연합은 탈세의 온상이 되고 있는 조세회피국들에 대한 규제를 강화하기로 했다.
The European Union has decided to strengthen its regulations against countries that have become tax havens for tax evaders.

## 탈세, 포탈 tax evasion; tax dodge

☐ 탈세하다 evade[dodge] tax

❶ **세금의 안식처**

haven은 '피난처', '안식처'라는 뜻을 가진 단어이다. 영어로 '세금 안식처', 즉 tax haven은 외국 자본이나 기업을 유치하기 위해 법인세나 소득세를 부과하지 않거나 아니면 극히 낮은 비율로 부과하는 나라나 지역을 말한다. 그 중에서도 세금을 전혀 부과하지 않는 나라를 '세금 천국'이란 뜻으로 tax paradise, 국외 원천소득에 대해서는 과세하지 않고 국내 원천소득에 대해서만 과세하는 나라를 '세금 피난처'란 뜻의 tax shelter, 특정 기업이나 사업에 세금상의 혜택을 주는 나라를 '세금 리조트tax resort'로 구분하기도 한다. tax paradise에 속하는 나라로는 바하마와 버뮤다 등이 있으며, 홍콩 말레이시아 등이 tax shelter로, 룩셈부르크나 네덜란드, 스위스 등이 tax resort로 구분된다.

## 은행 일반

### 관련자

**은행원** teller; bank clerk; (직위가 높은) banker

☐ 월말이라 모든 은행원이 매우 바쁘다.
It's the end of the month, so all the tellers are really busy.

은행에서 돈의 출납과 회계 등의 업무를 맡고 있는 은행원을 teller라고 부른다. banker는 요직을 맡고 있는 관리자급의 은행원을 말한다.

**은행장** president of a bank

### 종류

**국립은행** national bank

**국책은행** government-financed bank

**상업은행** commercial bank

**신탁은행** trust bank

**외환은행** foreign-exchange bank

☐ 나는 외환은행에서 원화를 태국 바트화로 환전했다.
I changed some Korean won into Thai baht at the foreign-exchange bank.

**저축은행** savings bank

☐ 저축은행은 일반은행보다 저축금리가 높지만 대출금리도 높다.
Savings banks offer higher interest rates on savings accounts than ordinary banks, but their interest rates on loans are higher, too.

**주거래은행** main (creditor) bank

☐ 나는 대한은행을 주거래은행으로 이용한다. My main bank is Daehan Bank.

**중앙은행** central bank

연방준비은행 the Federal Reserve; **inf** the Fed

한국은행 Bank of Korea

**지방은행** local[provincial] bank

**투자은행** investment bank

**특수은행** specialized bank

## 시설

### 금고실 vault; strongroom

- 금고 safe; strongbox
- 대여금고 safe-deposit box; safety deposit box
- 야간금고 night depository; night safe

### 동전교환기 coin-exchange machine

### 창구 (teller's) counter; teller's (transaction) window

### 현금인출기, 현금자동지급기 ATM (automated[automatic] teller machine의 약자); CD (cash dispenser의 약자); BE cash machine; cash dispenser; cashpoint ❶

- 이 주변에서 가장 가까운 현금인출기가 어디에 있죠? Where's the nearest ATM?

일정 수준 이상의 (투자)자금을 단기적으로 보관할 수 있는 계좌. 월 인출 금액의 제한이 있고 고금리를 받기 위해서는 일정 액수 이상의 통장 잔액을 유지해야 한다.

## 계좌

### 계좌 (bank; savings) account

- 계좌를 개설하다 open an account (with a bank)
- 계좌를 없애다 close an account (with a bank)
- MMA계좌 MMA (money market account의 약자)
- 가명계좌 false-name account
- 무기명계좌 numbered account
- 비밀계좌 secret bank account
- 주식계좌 margin account
- 차명계좌 borrowed-name bank account; bank account in a borrowed name
- 휴면계좌 dormant account

예금한 사람(들)은 있는데 명확한 예금주가 없어 통장을 소유한 사람이 주인이 되는 계좌

### 계좌번호 account number

- 계좌번호 좀 불러주실래요? May I have your account number?

### 비밀번호 password; PIN (personal identification number의 약자); PIN number

- 비밀번호를 누르세요. Please enter your PIN.

---

❶ **돈을 내어주는 기계**

현금인출기를 뜻하는 ATM은 automated teller machine, 즉 '자동화된 은행원 기계'의 약자이다. 최초의 현금인출기는 1967년 영국 런던의 바클레이즈 은행Barclay's Bank에 설치되었는데, 당시에는 현금 지급이 주 용도였기 때문에 '(기계 등이) 물건을 내어주다, 판매하다'란 뜻의 dispense를 써서 cash dispenser(CD)라고 불렸다. 이 최초의 현금지급기를 개발한 사람은 존 셰퍼드 배런이라는 영국인으로, 현재 우리가 사용하고 있는 4자리의 비밀번호도 그에 의해 시작된 것이다. 처음에는 6자리의 번호를 누르도록 개발했지만, 너무 길다는 부인의 충고로 현재처럼 4자리로 줄여서 설계했다고 한다. 지금은 현금인출기로 현금인출뿐 아니라 예금, 이체, 신용카드 거래 등 다양한 업무를 볼 수 있지만 아직까지 CD라는 명칭으로도 불리고 있다.

## 대출 – 종류 loan; financing

### 가계대출 household[home] loan

### 구제금융 bailout

□ 그리스 정부는 지난해 유럽연합과 국제통화기금으로부터 1,100억 유로의 구제금융을 받았다.
Last year the Greek government received 110 billion euros in bailout money from the EU and the IMF.

### 단기 대출 short-term loan ⬌ 장기 대출 long-term loan

### 담보대출 secured loan; collateralized loan

근저당 collateral security; fixed collateral[mortgage], 담보, 저당 security; collateral

보증, 지급보증 (payment) guarantee

보증인 surety; bondsman

□ 보증을 서다, 보증인이 되다 stand surety (for)

연대보증인 joint surety

주택담보대출, 모기지론 mortgage (loan); home loan

□ 나는 3년 약정으로 고금리 주택담보대출 2억을 빌렸다.
I took out a three-year high-interest mortgage for 200 million won.

### 사채(私債) private loan

□ 그는 사채를 끌어다 도박자금으로 사용했다.
He took out a private loan to fund his gambling.

### 소액대출 microcredit

### 신용대출 credit loan

신용 credit

신용도, 신용등급 credit rating

□ 카드값을 제때 내지 못하면 신용등급이 낮아질 수 있다. If you don't pay off your credit cards on time, your credit rating might drop.

신용불량자 delinquent borrower; credit delinquent

□ 그녀는 대출한 학자금을 갚지 못해 신용불량자가 되었다. She's listed as a credit delinquent because she failed to pay off her student loan.

신용조회 credit check[inquiry]; inquiry into financial status[credit standing]

신용한도 credit limit

### 외채 foreign loan[debt; liabilities]

### 일수 daily installment loan

학자금 대출 student loan

현금 서비스 cash advance

□ 해외 출장 중 나는 부득이하게 신용카드로 현금서비스를 받아야만 했다.
During a business trip overseas I had no recourse but to take a cash advance on my credit card.

## 대출 — 관련표현

### 대출금, 융자금 loan

□ 대출금을 갚느라 등골이 휠 지경이다.
I'm having a terrible time trying to pay back a loan I took.

### 대출 한도 credit line

### 부채, 빚, 채무 debt; liabilities; payables

국가채무, 국채 national debt

악성 채무 bad debt

### 상환 repayment

□ 갚다, 상환하다 repay / pay back / redeem

만기, 만기일 maturity

□ 정기예금의 만기일이 이미 지났다.
The maturity date on my time deposit has already passed.

### 연체되다 be in arrears; be overdue

□ 이번 달 카드 대금이 연체되었다. My credit card payment for this month is overdue.

### 지급불능 insolvency ⬌ 지불능력 solvency

### 차용증 promissory note; IOU (I Owe You의 약자)

### 채권(債權) receivables

부실채권 bad debt

채권자 creditor; lender ⬌ 채무자 debtor; borrower

추심 collection

### 채무불이행 default

# 원리금 principal and interest

## 원금 principal

- 펀드는 투자한 원금 손실의 가능성이 있다. It's possible that you'll lose even the principal you've invested in a fund.

## 이자 interest

- 무이자의 interest-free

### 가산금리 spread

### 금리, 이율, 이자율 interest rate; rate of interest; lending rate

- 금리를 인상하다 raise the interest rate / raise interest rates
- 금리 인하하다 lower the interest rate / lower interest rates

### 고금리, 고리 high interest (rate) ⬌ 저금리, 저리 low interest (rate)

- 고금리의 대부업체를 찾는 일반 시민들이 점점 늘고 있다.
  More and more ordinary citizens are resorting to taking out loans from businesses that charge high interest rates.

### 고정금리 fixed rate ⬌ 변동금리 variable rate

### 기준금리 base interest rate, 표준금리 standard rate

### 단리 simple interest

### 대출이자 interest on a loan

### 복리 compound interest

- 이 예금은 월 복리로 이자가 지급된다.
  The interest on this account is compounded monthly.

### 연리 annual (interest) rate; (interest) rate per annum

### 연체이자 overdue interest; interest on arrears

### 우대금리 prime rate

### 콜금리 call rate ❶

- 중국 내 단기자금 시장이 경색되면서 콜금리가 천정부지로 치솟았다.
  With the short-term capital market tightening up in China, the call rate has gone sky-high.

### 최저금리 prime rate

### 확정이자 fixed interest

---

❶ **은행에 돈이 모자라면?**

은행이나 증권사, 보험사와 같은 금융기관에서는 들어온 돈을 가지고 영업을 하는 과정에서 일시적으로 돈이 모자랄 수가 있다. 이럴 때 금융기관들이 남거나 부족한 돈을 서로 빌려주고 빌려오는데, 이것을 콜call이라고 부른다. 일시적으로 자금이 부족한 금융기관이 빌려가는 돈을 콜 머니call money라 하고, 여유 자금이 있는 측에서 돈을 빌려주는 것을 콜 론call loan이라고 한다. 이 콜은 30일 이내로 이루어지며 대부분은 하루짜리 거래로, 이때 발생하는 금리가 콜금리이다.

# 예금, 저축 – 종류 ❶

국고 state coffers; public purse

당좌예금 **AE** checking account; **BE** current account ❷

보통예금 ordinary[general] deposit[account]

저축예금 savings deposit[account]

적금, 정기적금 installment savings
- 매월 30만원 정도 적금을 들고 싶어요. I want to start an installment savings plan whereby I pay in about 300,000 won a month.

정기예금 fixed[time] deposit

주택청약저축 (housing) subscription deposit account


# 예금, 저축 – 관련표현

양도성예금증서 certificate of deposit (**abb** CD)

여신 loan (program)

> 금융기관이 고객에게 돈을 빌려주는 일

예금액 savings; deposit

예금자, 예금주 depositor; account holder
- 예금주 본인이신가요? Are you the account holder?

예금통장, 저금통장, 통장 bankbook; passbook
- 통장정리를 하다 update *one's* bankbook

  마이너스 통장 credit line
- 나는 1천만 원 한도의 마이너스 통장을 개설했다. I've opened a credit line of ten million won.

은행거래내역서 bank statement

잔고, 잔액 (bank) balance
- 잔액이 얼마나 남았나요? What's my balance? / How much is left in my account?

저금통 coin bank; piggy bank; coin box; moneybox
- 그는 남은 동전을 저금통에 넣었다. He put his leftover coins in his piggy bank.

  돼지저금통 piggy bank


## ❶ 돈을 모으다

우리말로 돈을 '모은다'고 해서 영어에서도 동사 collect(모으다)를 쓰면 콩글리쉬가 된다. collect는 여기저기 흩어져 있는 것들을 '모으다'라는 의미로, 취미로 뭔가를 모으거나 여기저기서 돈을 모금할 때 같은 경우에 쓸 수 있다. 돈을 모아서 '저금하다'는 의미로는 동사 save를 사용하는 것이 올바르다.

**ex** 나는 오랫동안 열심히 일해서 많은 돈을 모았다. (save) I've been working hard for quite a while and have managed **to save** a lot of money.

우리는 수재민들을 위한 수재의연금을 모으고 있다. (collect) We**'re collecting** donations for the flood victims.

세계 각국의 지폐들을 모으는 게 내 취미이다. (collect) My hobby **is collecting** the paper money of countries around the world.


## ❷ 내가 발행하는 수표

우리나라와는 달리 북미나 유럽은 개인수표의 사용이 일상화되어 있다. 개인수표로 월세나 관리비, 보험료 등을 내기도 하고 일반 상점에서도 사용한다. 이 개인수표를 발행하는 데 필요한 것이 당좌예금이다. 은행에서 당좌예금 계좌를 개설하면 수표책check book을 주는데, 여기에 필요할 때마다 날짜와 받는 사람, 금액 등을 적고 서명을 해 사용한다. 이렇게 발행된 수표를 받은 사람이 수표를 은행에 입금시키면 1~2일 뒤에 수표 발행자의 은행 계좌에서 해당 금액만큼 수취인의 계좌로 송금된다. 발행자의 실수로 당좌예금에 남아 있는 잔액보다 더 큰 금액의 수표를 발행하면 수취인은 해당 금액을 받지 못하고 발행자는 벌금이 부과되거나 은행 거래에 불이익을 받게 된다.

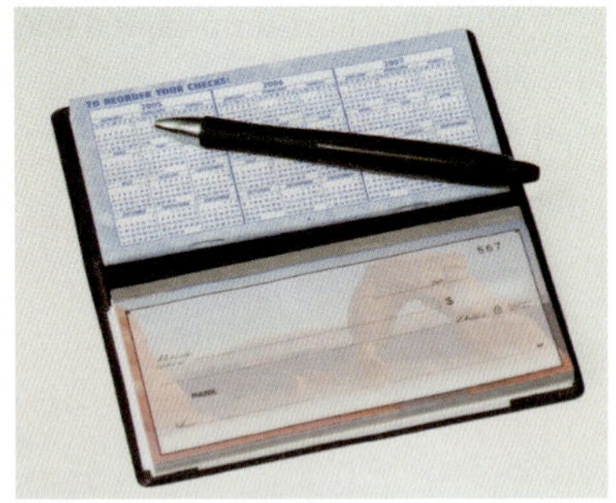

수표책

# 기타 은행 업무

## 모바일뱅킹 mobile banking, 폰뱅킹 phone banking; telephone banking ❶

## 송금, 이체 remittance; wire transfer

▫ 송금하다, 이체하다 wire / transfer

송금액 remittance

자동이체 electronic transfer; automatic withdrawal; direct debit
  ▫ 우리 집은 아파트 관리비를 자동이체로 납부한다.
  We pay our apartment maintenance fee by direct debit.

지로 electronic billing system; giro
  ▫ 관리비는 지로로 납부하시면 됩니다. You can pay your maintenance fee by giro.

## 온라인 뱅킹 online banking, 인터넷 뱅킹 electronic[Internet] banking; e-banking

▫ 온라인 뱅킹으로 송금하다 send money by online banking

## 인출, 출금 withdrawal

▫ 인출하다, 출금하다 withdraw / (은행에서) debit

## 입금 deposit

▫ 입금하다 deposit / (은행에서) credit

## 텔레뱅킹 telebanking

## 홈뱅킹 home banking ❷

## 환전 exchange

환전상 (foreign) exchange booth

환전소 money changer; bureau de change



모바일뱅킹과 폰뱅킹은 전화기를 사용한다는 면에서는 같지만 방식에서 차이가 있다. 폰뱅킹은 전화를 걸어서 음성통화로 은행업무를 처리하는 것을 말하고, 모바일뱅킹은 인터넷이 가능한 휴대전화를 이용해서 인터넷 방식으로 거래를 하는 것을 뜻한다. 모바일뱅킹은 인터넷 방식을 이용하기 때문에 휴대전화로만 가능하지만, 폰뱅킹은 유선전화나 핸드폰 모두 사용할 수 있다. 텔레뱅킹은 폰뱅킹과 같은 말이다.



온라인을 통해 은행 업무를 보는 것을 '홈뱅킹'이라고 한다. 홈뱅킹에서 홈home 대신 회사, 기업이라는 뜻의 펌firm을 넣은 '펌뱅킹firm banking'도 있다. 홈뱅킹은 주 사용자가 개인인데 반해 펌뱅킹의 사용자는 기업이다. 펌뱅킹 시스템을 이용하면 기업과 은행간에 연결한 컴퓨터 전용회선으로 기업에서 은행을 방문하지 않고도 사무실에서 직접 은행업무를 처리할 수 있다.

# PART 4

# Unit 6

# 01 경영 management; administration

## 종류

감량경영 downsizing

긴축경영 (management of) retrenchment; austerity management;
 belt-tightening

부실경영 poor[bad] management; mismanagement; insolvent operation

지식경영 knowledge(-based) management

## 관련표현

경영권 management right; control of a company
- 정회장은 물러나면서 그의 아들에게 회사 경영권을 물려줬다. When he retired, Chairman Jeong turned over the control of his company to his son.

기업사냥꾼 corporate raider; raider

백기사 white knight ❶

경영난 financial difficulties[problems]
- 올해 들어 중소기업들의 경영난이 더욱 심해졌다. The financial difficulties faced by small and medium-sized enterprises have gotten much worse this year.

경영전략 business strategy

위기관리 risk management

❶ **도와줘요, 백기사!**

M&A는 Merger and Acquisitions(합병과 인수)의 약어이다. 두 기업이 협상을 통해 원만하게 인수 합병을 진행하는 것을 우호적 M&A, 상대 기업의 동의 없이 밀어붙이는 식의 M&A를 적대적 M&A라고 한다. 적대적인 M&A는 대상 기업의 주식을 대량으로 매입하거나 주총에서 의결권을 갖고 있는 위임장을 많이 확보해 경영권을 억지로 빼앗는 방식으로 이루어진다. 이때 적대적 M&A의 위협을 받는 기업 편에 서서 지분을 매입해 주거나 의결권을 모아 경영권을 지켜주는 세력을 '백기사white knight'라고 한다. 예전부터 white knight는 곤경에 처한 사람들을 도와주는 '영웅', '구원자' 등의 의미로 사용되었다. 반대로 적대적 M&A를 시도하는 기업의 편에 서서 도와주는 세력은 '흑기사black knight'라고 부른다.

# 02 사업 business; enterprise

## 종류

공공사업 public works; state enterprise

국책사업 national[government-operated] project

사회사업 social work[service]

수익사업 profit-making business; cash cow ❶

자선사업 charitable[charity; philanthropic] work

　독지가, 자선사업가 philanthropist; benefactor

자영업 self-employment; (의사, 변호사 등의) private practice

　☐ 자영업을 하다 be self-employed / have *one's* own business

　자영업자, 프리랜서 freelancer; freelance; self-employed person

　　☐ 그녀는 프리랜서 기자로 일하고 있다. She works as a freelance reporter.

주력사업 key[major; main] business

## 관련표현

사업 감각 business sense

사업 계획서 business plan; prospectus

❶ **캐쉬카우**

암소cow는 사료만 잘 주면 지속적으로 우유를 생산해낸다. 그래서 현금cash에 암소cow를 붙인 캐쉬카우cash cow는 암소에서 우유를 짜내듯 '회사에 지속적으로 이익을 가져다 주는 사업'을 뜻하게 되었다. 시장에서 점유율이 크고 수익성도 높지만 큰 추가 비용이 들어가지 않기 때문에 캐쉬카우에서 얻은 수익은 다른 사업 분야의 밑거름이 된다. 캐쉬카우 외에도 수익은 높으나 성장성이 높아 추가 비용도 많이 들어가는 사업은 '스타star', 막 신제품이 출시되어 성장성은 높지만 아직 수익성은 낮은 사업을 '프라블럼 차일드problem child', 성장성과 수익성이 모두 낮은 사업은 '도그dog'라고 한다.

**멍키 비즈니스**

멍키 비즈니스monkey business는 원숭이를 사고파는 것과는 무관하게 '협잡', '속임수', '바보 같은 짓' 등의 의미로 쓰이는 말이다. 이와 같이 monkey는 '원숭이'란 뜻 외에도 경망스럽다거나 조롱하는 의미로 자주 쓰인다. monkey가 그와 같은 의미로 쓰인 표현에는 make a monkey out of *sb*(~을 바보로 만들다), monkeyshine(짓궂은 장난) 등이 있다.

ex 우리 선생님은 학생들의 속임수를 그냥 넘어가지 않을 것이다.
Our teacher will not tolerate any **monkey business** from her students.

## 종류 1

**공기업, 공사, 국영기업** public[state; national; government] enterprise; government[state]-run company[firm; corporation]; state-owned company; (전기, 수도 등의) public utility, (국민주로 설립된) public corporation[company]; **BE** public limited company (**abb** PLC)

**다국적기업** multinational (company; corporation)

**대기업** major[large] company[firm]; big corporation; (자회사를 거느린) conglomerate, 재벌 (한국의) *chaebol;* (일본의) zaibatsu

☐ 그의 아버지는 대기업 임원이다. His father is an executive at a big corporation.

**민간기업, 민영기업, 사기업** private enterprise[company; corporation]; privately-owned company

**중소기업** small and-medium-sized business[enterprise]; smaller[minor] business[enterprise]

☐ 그녀는 직원 50명을 둔 중소기업을 운영하고 있다.
She runs a small company with 50 employees.

## 종류 2

**경쟁사** competitor; rival company

☐ 우리는 경쟁사의 움직임을 예의주시하고 있다.
We keep a close eye on our competitors' movements.

**독점기업** monopolist; monopolizing business; market-dominating company

**모기업, 모회사** parent (company), **지주회사** holding company

**➡ 계열사, 자회사** subsidiary; affiliate; affiliated company

☐ 우리 회사는 대한그룹의 계열사이다. Our company is an affiliate of Daehan Group.

**벤처기업** venture company[business]

☐ 스마트폰 열풍으로 벤처기업에 대한 투자가 확대되고 있다. With the smartphone business booming, investment in venture companies is increasing.

**닷컴기업** dotcom; dot-com enterprise[company]

**사내 벤처** in-house venture; in-company venture

본사 headquarters; head office
- 그 회사는 서울에 본사가 있다. That company's headquarters are in Seoul.

지국, 지사 branch (office); local office
- 그는 본사에서 인천 지사로 발령받았다.
  He was transferred from the main office to the Incheon branch.
  지국장, 지사장 branch manager; manager of a branch

부실기업 insolvent enterprise; improperly-run enterprise

원청회사 original contractor

하청업체, 협력업체 subcontractor
  도급 contract, 아웃소싱, 외주 outsourcing
  하도급, 하청 subcontract

유령회사 bogus company
- 유령회사를 세우다 set up a bogus company

페이퍼컴퍼니 paper company ❶

협찬사, 후원사 sponsor
- 올림픽 공식 후원사 official Olympic sponsor


## 종류 3 ― 법적 분류

개인회사 private company

법인 corporate body
  법무법인, 로펌 law firm
  - 그는 다락법무법인 대표 변호사이다.
    He's the chief partner of Darak Law Firm.
  사단법인 corporation; body corporate
  영리법인 business corporation
  비영리법인 nonprofit[non-profitmaking] organization
  재단법인 (nonprofit) foundation
  학교법인 educational foundation
  해외법인 foreign corporation
  - 우리는 싱가포르를 비롯한 4곳에 해외법인을 설립했다. We've set up corporations in
    four overseas locations, including Singapore.
  회계법인 accounting firm

❶ 실체 없는 회사

종이 회사라는 영어 뜻 그대로 페이퍼컴퍼니는 '서류상으로만 존재하는 회사'를 말한다. 직원도 없고, 사무실도 없고, 생산활동도 없지만, 사업자등록이 되어 있어 합법적으로 존재하는 회사이기 때문에 유령회사와는 다르다. 페이퍼컴퍼니는 바하마나 케이맨제도와 같은 조세회피국에 설립되어 돈세탁이나 세금 회피 등의 불법적인 방법으로 이용되는 경우가 많지만 모든 페이퍼컴퍼니가 불법적인 용도로 설립되는 것은 아니다. 펀드 자체가 법인회사인 뮤추얼펀드가 대표적인 페이퍼컴퍼니이며, 독자적으로 운영하는 사업 없이 주식을 보유하는 것만으로 은행이나 증권사, 보험사 등을 자회사로 소유하고 있는 금융지주회사도 일종의 페이퍼컴퍼니라고 할 수 있다.

상장기업, 상장사 listed company[firm]; quoted company; public corporation[company]

□ 코스닥 상장기업 a company listed on the KOSDAQ

⬌ 비상장기업, 비상장사 unlisted company

유한(책임)회사 limited liability company (**abb** LLC); limited company (**abb** Ltd.) ❶

⬌ 무한(책임)회사 unlimited company

주식회사 corporation (**abb** Corp.); incorporated company (**abb** Inc.); stock company; joint-stock company ❶

□ 다락원 주식회사는 2011년 11월 11일에 설립되었다.
　Darakwon Inc. was established on November 11, 2011.

합명회사 general[unlimited] partnership

합자회사 (limited) partnership

　파트너 (senior; junior) partner

합작회사 joint venture; joint-venture company

□ A사와 B사가 유럽 시장 공략을 위해 합작회사를 설립하기로 했다.
　Company A and Company B have decided to set up a joint venture to get into the European market.

❶ **주식회사 VS 유한회사**

흔히 회사명 뒤에 Inc.나 Co., Ltd. 등이 표시된 것을 볼 수 있다. 다락원Darakwon이라는 회사를 예로 들면 Darakwon Inc.나 Darakwon Co., Ltd.와 같이 표시할 수 있다. Inc.는 주식회사를 뜻하는 Incorporated의 약자이며 Co., Ltd.는 유한회사를 뜻하는 Limited Company의 약자인데, 이 두 단어의 순서가 도치되면서 Company, Limited, 즉 Co., Ltd가 된 것이다.

주식회사와 유한회사는 둘 다 회사에 돈을 투자한 주주(주식회사의 경우)와 사원(유한회사의 경우)이 투자한 금액만큼의 책임을 질뿐 그 이상의 책임은 지지 않는다. 하지만 주주의 수에 제한이 없는 주식회사에 비해 유한회사는 사원의 수가 최대 50명을 넘지 못하는 소규모이며, 주식회사는 회사 지분을 유가증권화해 양도할 수 있지만 유한회사에서는 지분을 증권화할 수 없다는 차이가 있다.

## 종류 4 — 업종 type[category] of business

감리회사 inspection company

건설회사, 건축회사 construction company

결혼정보업체 dating service (company)

□ 결혼정보업체에 가입하다 join a dating service

광고회사 advertising company

금융회사 financial company; finance company

　단자회사 short-term investment finance company

　보험사 insurance company

　신탁회사 trust company

　종금사 merchant bank

　증권사 stock trading[exchange] firm

　카드사 credit card company

투신사, 투자신탁회사 investment trust company; mutual fund;
 **BE** unit trust

펀드사 fund

## 기획사, 매니지먼트사 management agency

□ 그는 S기획사 소속이다. His (management) agency is the S Company. /
He's managed by the S Agency.

공연기획사 production agency

연예기획사 entertainment management company[agency]

## 대행사, 에이전시 agency

광고대행사 advertising agency

## 리서치회사 research company

## 무역회사, 상사 import-export company; international trade company;
 trading company[firm]

## 방송사 broadcasting company[network]; (TV; radio) network

□ 뉴스 중 방송사고로 해당 방송사에 항의가 쇄도하고 있다.
Because of a botched news report, the broadcasting company involved is
being swamped with complaints.

## 선박회사 shipbuilder

## 식품회사 food company

제과회사 confectionery[baking] company

## 신문사 newspaper (publishing company)

□ 나는 신문사 기자로 일하고 있다. I work as a reporter for a newspaper.

## 신용평가기관 credit-rating agency

## 신용정보회사, 채권추심회사 **AE** collection agency

## 여행사 travel agency[bureau]; tour operator

□ 나는 여행사의 패키지 상품을 이용해 여행을 가려고 한다.
I'm planning to go on a package tour arranged by a travel agency.

## 영화사 (제작사) film company[studio]; (배급사) film distribution company

□ 그녀는 영화사로부터 영화 배역을 제의받았다.
A film studio has offered her a part in a movie.

독립 영화사 indie

## 용역회사 service company

## 운수회사 carrier; transportation company

## 음반회사 record company; (record) label

의류회사 fashion house

이삿짐 업체 movers

자동차회사 automobile company; automaker; car maker

정유회사 oil company

제약회사 pharmaceutical company[firm]
   □ 나는 제약회사 영업사원이다. I work in sales at a pharmaceutical company.

제지회사 paper-manufacturing company

주류회사 distiller

창업투자회사, 창투사 venture capital company[firm]

철도회사 railroad company; railway company

출판사 publisher; publishing company[house]
   □ 나는 출판사 3곳에 원고를 투고했다.
   I submitted my manuscript to three publishing companies.

컨설팅 회사 (business) consulting company; consultancy
   경영 컨설턴트 management consultant
   컨설턴트 consultant
   컨설팅 consulting

택배회사 logistics[parcel delivery] service company; special transport
   company

통신사 news[press] agency; press association; wire service

통신회사 telecommunications company
   인터넷 회사 Internet service provider (abb ISP)

항공사 airline
   □ 더 많은 여행객들이 저가 항공사를 이용하여 동남아로 가고 있다. More and more
   travelers to Southeast Asia are using no-frills airlines.
   □ 9시 출발 파리행 대한항공사 324편이 1번 게이트에서 탑승 중입니다. Daehan Airlines
   flight 324 departing for Paris at nine o'clock is now boarding at Gate 1.

해운회사 shipper; shipping company

개업, 창사, 창업 foundation; establishment; founding; inception

창업자 founder

기업개선작업, 워크아웃 (corporate) workout program, 법정관리 (court) receivership

☐ 그 회사는 법정관리에 들어갔다. That company is under court receivership.

도산, 부도, 파산 bankruptcy; failure; (흑자도산) insolvency

☐ 그 회사는 부실 경영에 재정 위기까지 겹치면서 파산 직전에 다다랐다. Incompetent management and the financial crisis have brought that company to the brink of bankruptcy.

개인파산 personal bankruptcy

파산선고 declaration of bankruptcy

파산신청 petition for bankruptcy; bankruptcy petition

동업하다 be[work] in partnership (with)

동업자 partner

민영화 privatization

인수합병 mergers and acquisitions (**abb** M&A); takeover

합병 merger

☐ A사가 B사와의 합병에 최종 합의했다. A final agreement has been reached on the merger of Company A and Company B.

제휴 alliance; partnership; cooperation; tie-up

전략적 제휴 strategic alliance

청산 liquidation

폐업 closure

합작 collaboration; cooperation

# 영업 business, 판매 sale(s)

## 종류

### 급매, 땡처리 distress sale
□ 부도난 의류업체에서 모든 재고품을 땡처리로 내놓았다. A clothing manufacturer that defaulted on payments has put everything in stock up for distress sale.

### 다단계판매, 피라미드판매 pyramid scheme[selling]; multilevel marketing (scheme)

### 방문판매 door-to-door sales
□ 나는 방문판매로 화장품을 구입했다.
I bought some cosmetics from a door-to-door salesperson.

### 보상판매 trade-in program

### 위탁판매 consignment sales; sales on consignment

### 통신판매 (우편판매) mail order (business); (전화판매) telemarketing

### 현장판매 on-site sales

## 관련표현

### 무허가 영업 business without a license

### 박리다매 high-volume, low-profit sales

### 영업부 sales (department); business department
□ 그 사안은 영업부와 협의한 후 알려드리겠습니다. I'll let you know about that case after consulting with the sales department.

### 영업사원 (traveling) salesperson; sales representative[rep]; (남성) salesman; (여성) saleswoman; (집합적) sales force
□ 우리 남편은 제약사 영업사원이다.
My husband is a sales rep for a pharmaceutical company.

### 영업시간 business hours; office hours
□ 저희 가게 영업시간은 오전 10시부터 밤 11시까지입니다.
Our shop's business hours are 10 a.m. to 11 p.m.

### 영업일 AE business day

### 판로 market
□ 판로를 개척하다 break into new markets

---

**일상도 정상영업 중**

business as usual은 평상시처럼as usual 영업business을 하다, 즉 '정상영업 중'이라는 표현이다. 일상에서 business as usual이라고 하면 '여느 때와 다름 없는, 일상적인 일'이라는 의미이다. 특히 힘들고 좋지 않은 일 이후, 다시 평상시로 돌아온 상황을 표현할 때 흔히 쓴다.

**ex** 어머니의 장례를 치른 후 그는 평소의 모습으로 돌아왔다. Since his mother's funeral, he has been back to **business as usual**.

# 인사 personnel matters[affairs]; human resources affairs

**강등 demotion** ↔ **승진, 진급 promotion; advancement**
- 승진하다, 진급하다 get[win; gain] a promotion / be promoted (to)

   특진 special promotion

**결원, 공석 vacancy; (job) opening**

**고과, 인사고과 performance evaluation[appraisal; assessment; rating]; merit rating**
- 이번 시험 결과는 인사고과에 반영될 예정입니다. The results of this test will be included as part of your performance evaluation.

**고용, 채용 employment; recruitment; engagement**
- 고용하다, 채용하다 employ / hire / take on

   공개 채용, 공채 open recruitment

   종신 고용제 lifetime employment; permanent employment

   특별 채용, 특채 special recruitment; special hiring

**구인광고 help-wanted ad[advertisement]; job advertisement**

**구조조정 restructuring, 정리해고 layoff; redundancy ❶**
- 대대적인 구조조정을 단행하다 conduct a broad restructuring
- 직원을 정리해고하다 lay off some workers

**근로계약서 employment contract[agreement]**
- 근로계약서에 서명하다 sign an employment contract

**발령, 임명 appointment; nomination**

**복직 reinstatement**
- 복직하다, 복직시키다 reinstate
- 판사는 부당하게 해고된 근로자들을 복직시키라고 판결했다. The judge ordered that the workers who had been unfairly fired be reinstated.

**스카우트, 헤드헌팅 headhunting**
- 스카우트하다 headhunt
- 그는 우리 회사의 경쟁사로 스카우트되었다. He was headhunted away from our company by one of our competitors.

   헤드헌터 headhunter

**인력 labor (force); workforce; human resources (abb HR)**

   구인난, 인력난 labor shortage; shortage of labor; manpower shortage

**인사관리 personnel management[administration]**

❶ **lay off와 fire의 차이**

회사에서 누군가를 해고할 때 dismiss라는 표현을 쓰는데, 좀 더 구어적인 표현으로는 동사 fire를 빈번히 사용한다. 또 lay off도 '해고하다'란 뜻을 가지고 있지만, fire가 본인의 잘못이나 업무상의 능력부족으로 해고되는 것을 뜻하는 반면, lay off는 구조조정 등 회사의 어쩔 수 없는 상황 때문에 해고되는 것을 의미한다. fire는 완전한 해고를, lay off는 회사의 사정이 나아지거나 상황이 바뀌면 복직할 수도 있는 단기적인 해고이다.

ex 당신은 해고야! You're fired!
   경기 침체가 지속되면서 많은 근로자들이 해고되었다. With the economy continuing to stagnate, a lot of workers **have been laid off.**

## 조직개편 shake-up

□ 회사에서 대대적인 조직개편을 단행할 거라는 소문이 돌고 있다.
Rumor has it that there's going to be a big shake-up at our company.

## 징계 disciplinary action

### 감봉 wage cut

□ 감봉하다 cut[reduce; dock] *one's* wages[pay; salary]

### 면직 removal

### 정직 suspension

### 파면 expulsion

□ 파면하다 expel
□ 그는 공금 횡령 사실이 탄로 나 파면되었다. He was expelled from his position
when it came to light that he had embezzled public funds.

## 취업설명회 (대학교의) **AE** on-campus recruiting; **BE** the milk round

## 탄력근무제 flextime; flexitime

□ 우리 회사는 내년에 탄력근무제를 실시할 예정이다.
Our company is instituting flextime next year.

## 해고, 해임 discharge; dismissal; the sack

□ 미국에서는 고용주들이 보다 자유롭게 근로자를 고용하고 해고할 수 있다.
In the United States employers are freer to hire and fire as they wish.

### 부당해고 unfair[wrongful] dismissal

### 해고통보서 notice of layoff[dismissal]; **AE** **inf** pink slip ❶

# 입사 서류

## 이력서 résumé; curriculum vitae (**abb** CV)

□ 이력서를 작성하다 write a résumé

영문 이력서 English résumé

## 입사지원서 job application (form)

□ 입사지원서를 작성하다 fill out a job application (form)

## 자기소개서 cover letter; covering letter

□ 경력자는 경력 위주로 자기소개서를 작성해 주세요.
If you have previous job experience, you should make that experience the
main topic of your cover letter.

## 추천서 (letter of) reference; (letter of) recommendation

□ 나는 대학원 지도 교수님께 추천서를 써 달라고 부탁했다. I asked my graduate school
faculty adviser to write me a letter of recommendation.

❶ **핑크 쪽지의 의미**

핑크 쪽지라고 하면 로맨틱한 뭔가가 연상되지만 회사에서 핑크 쪽지pink slip를 받았다면 해고됐다는 의미이다. 'get *one's* pink slip'으로 사용되며, 예전에 미국에서 해고통지서를 분홍색 용지에 인쇄해서 주었다는 데에서 유래된 말이라고 한다. pink slip을 받고 해고된 실직자들과 기업의 구인자들, 인력업체 사람들이 모여서 일자리 정보를 교환하는 모임을 pink slip party라고 한다.

**ex** 나는 지난주에 회사에서 해고되었다.
I got a **pink slip** last week.

### 면접 (job) interview

□ 나는 서류 전형은 통과했지만 면접에서 떨어졌다.
My written application was accepted, but I didn't pass the interview.

□ 내일 그 회사에 면접을 보러 간다. I'm going to that company for an interview
tomorrow. / Tomorrow I'm going to be interviewed at that company.

면접관 interviewer

### 시험, 입사시험 employment exam

□ 그녀는 입사시험을 1등으로 통과했다.
She passed the employment exam with the top score.

서류 전형 document screening process

신체검사 (physical; medical) examination; physical

□ 신체검사를 받다 get a physical (examination)

인성검사 personality test

적성검사 aptitude test

□ 적성검사를 치르다 take an aptitude test

### 신원 조회 character reference; background check[investigation]

□ 신원 조회를 하다 take up a reference

□ 그는 신원 조회 결과 부적격자로 판명이 나서 입사가 취소되었다.
His hire was canceled when a background check revealed that he was
unsuitable for employment.

 **광고 advertisement, 마케팅 marketing, 홍보 public relations**

## 관련자

**광고주** advertiser

**광고모델** commercial model; advertising model

- 그녀는 유명 화장품 광고모델로 섭외되었다. She's been tapped to work as a model in advertisements for a renowned cosmetic brand.

 **내레이터 모델** promotional model

 ❌ narrator model

**마케터** marketer

**카피라이터** copywriter

**홍보대사** honorary ambassador; public relations ambassador

- 피겨 여왕 김연아는 평창 동계올림픽 유치 홍보대사로 활동했다.
 Yuna Kim, the queen of figure skating, worked as a public relations ambassador to bring the Winter Olympics to Pyeongchang.


## 광고 advertisement; ad; inf promo; (광고활동) advertising

**간접광고** product placement (abb PPL); embedded marketing

- 이 드라마는 간접광고를 포함하고 있습니다.
 This TV series incorporates some embedded marketing.

**공익광고** public service announcement[advertisement] (abb PSA)

- 음주 운전을 줄이기 위한 공익광고들이 제작되었다.
 Some public service advertisements have been produced to aim at reducing the numbers of incidents of driving under the influence.

**구인광고** help-wanted advertisement; job ad[advertisement]

- 인터넷에 올리신 귀사의 구인광고를 보고 연락 드렸습니다.
 I'm contacting you about the help-wanted ad you placed on the Internet.

**기업광고** corporate advertisement

**방송광고** commercial message (abb CM); commercial (break); TV advertisement

 CM송, 시엠송 jingle

**배너광고** banner ad[advertising]

**신문광고** classified ad[advertisement]; small ads; the classifieds

**옥외광고** outdoor advertisement

인터넷 광고 Internet ad(vertisement); Internet commercial; intermercial

인포머셜 infomercial

키워드 광고 keyword advertising

팝업광고 pop-up ad

'정보(information)'와 '광고(commercial)'의 합성어.
소비자의 이해를 돕기 위해 제품에 대한 정보를
상세하게 제공하여 구매를 촉진하는 광고.

허위과장광고 hype; false and exaggerated advertisement
  - 화장품업체 30여 곳이 허위과장광고로 적발되었다. More than thirty different cosmetic makers have been caught for false advertising.


## 마케팅 marketing (campaign)

구전 마케팅 mouth-to-mouth marketing

바이러스 마케팅 viral marketing

스포츠 마케팅 sports marketing

온라인마케팅 Internet marketing

체험 마케팅 experiential[experience] marketing

텔레마케팅 telemarketing; (판매를 위한) telesales

  아웃바운드 outbound telemarketing

  인바운드 inbound telemarketing

  텔레마케터 telemarketer ❶
    - 나는 지난주에 텔레마케터를 통해 암보험을 들었다.
      Last week, I took out cancer insurance through a telemarketer.

❶ 차가운 전화

텔레마케터로부터 보험 상품이나 대출 상품 등을 홍보하는 전화가 걸려오면 차갑게 전화를 끊어버리는 사람들이 많다. 이렇게 전혀 모르는 이에게 전화를 걸어 영업 행위를 하는 것을 '콜드콜cold call'이라고 하는데, 전화 받는 사람의 태도가 비호의적이라서 '냉담한'이란 뜻의 cold를 써서 cold call이 되었다. 이밖에도 대학 강의에서 교수가 무작위로 학생을 호명하여 질문하는 것도 cold call이라고 한다.
ex 난 거의 매일 금융상품 관련 판촉 전화를 받는다.
I get a **cold call** just about every day promoting financial products.


## 홍보 public relations (abb PR); publicity

간판 sign; BE signboard, 광고판 AE billboard; BE hoarding
- 간판을 걸다 put up a sign
- 간판을 내리다 take down a sign
  입간판 storefront sign
  샌드위치 보드 sandwich board

네온사인 neon sign[light]

홍보물 promotion[promotional; PR] materials
  광고지, 전단 flyer; flier; leaflet; handbill; printout; handout
    - 우편함에 근처 대형 할인점의 전단이 꽂혀 있었다.
      In the mailbox there was a flyer for a nearby big-box discount store.

디렉트메일 direct mail (**abb** DM)

애드벌룬 ad[advertising] balloon

카탈로그 catalog(ue); brochure, 팸플릿 pamphlet; brochure; booklet
- 봄 시즌 카탈로그가 우편으로 도착했다. The spring catalogue arrived in the mail.

포스터 poster
- G20 정상회담 홍보 포스터가 서울 시내 곳곳에 붙어 있었다.
  There were PR posters about the G20 Summit all over Seoul.

플래카드, 현수막 banner **❶**

## 관련표현

광고비 advertising expenses[rates]

브랜드, 상표 trademark (**abb** TM); brand name; trade name; (자동차 등의)
marque

- 이 백화점에는 해외 명품 브랜드들이 다수 입점해 있다.
  This department store stocks a lot of well-known brands from abroad.
- 국내 미유통 브랜드의 청바지들이 온라인에서 인기를 끌고 있다.
  Brand-name jeans that aren't available on the domestic market are popular items for online shoppers.

대표 브랜드 brand leader; (일반명사가 된) household name **❷**

브랜드 충성도 brand loyalty

자체상표 (상점의) store brand

시장조사 market(ing) research[survey]

판촉 sales promotion

판촉행사 (sales) promotional event
- 판촉행사를 열다 hold a promotional event

**❶ 플래카드? 플랜카드?**

플래카드인지 플랜카드인지 아리송한 경우가 있다. 사실 둘 다 틀린 표현으로, 긴 천에 문구나 광고 등을 넣어 높이 내걸어 놓은 것을 얘기하고 싶다면 현수막이라고 하는 것이 올바르다. 현수막은 플래카드 placard가 아니라 영어로는 banner가 맞는 표현이다. 영어로 placard라고 하면 두꺼운 종이나 플라스틱 보드로 만든 포스터 등을 말한다.

**❷ 누구나 알고 있는**

household name은 '누구나 아는 이름'이란 뜻으로, 처음에는 특정 상품의 브랜드였지만, 너무 유명해져서 일반명사화 된 브랜드도 household name이라고 한다. 예를 들어, 미용티슈를 일컫는 말인 크리넥스Kleenex는 미국의 제지회사인 킴벌리클라크Kimberly-Clark Corporation사에서 생산하는 미용 티슈 이름이 일반명사화 된 것이다. 이 밖에도 물에서 기포가 나오는 월풀 욕조인 자쿠지Jacuzzi, 플라스틱 원반인 프리스비Frisbee, 블록 장난감 레고Lego, 카세트플레이어인 워크맨Walkman 등도 household name들이다.

Kleenex

Jacuzzi

Frisbee

Lego

Walkman

## 관련자

감사 inspector; auditor

회계사 accountant; accountancy; **inf** bean counter

공인회계사 **AE** certified public accountant (**abb** CPA); **BE** chartered accountant
- 나는 공인회계사를 통해 종합소득세를 신고했다.
 I had a certified public accountant file my income tax return for me.

## 회계장부 ledger

결산서, 대차대조표 balance sheet

대변 credit ⬌ 차변 debit

손익계산서 income statement; profit-and-loss statement ❶

손익계정 profit and loss account

손익분기점 breakeven; break-even point
- 영화 〈다락원〉이 개봉한 지 5일 만에 손익분기점인 500만 명에 도달했다.
 The movie *Darakwon* broke even with five million in box office earnings just five days after it opened.

이윤, 이익 profit; gain
- 이윤을 남기다 make a profit / be profitable
- 이윤이 없다 have no profits left / be unprofitable

당기순이익 net profit[income] during the term

세전이익 pretax profit ⬌ 세후이익 after-tax profit

수익률, 이익률 rate of return; (이윤 폭) profit margin

순이익 net profit[income]
- 2012년 A사는 10억 원의 매출을 올리고 4억 원의 순이익을 거뒀다.
 In 2012, Company A recorded sales of a billion won and made 400 million won in net profit.

영업외이익 nonoperating income[profit]

영업이익 operating income[profit]; business profits

총수익 gross profit; (백분율로 나타낸) gross margin

매출액 sales (figures); turnover; takings
- 작년에 우리 회사 매출액이 30% 뛰었다.
 Our company's sales jumped 30 percent last year.

연매출 annual sales[turnover]

---

❶ **중요한 것은 하단에**

한 회계 기간 동안에 발생한 기업의 수익과 비용을 계산해서 순이익을 표시한 것을 손익계산서라고 한다. 총 이익에서 인건비, 관리비, 이자 등의 지출 비용을 제하다 보면 제일 하단에 순이익을 표시하게 된다. 순이익net income은 맨 아래bottom 줄line에 들어간다고 해서 'bottom line'이라고도 부른다. bottom line은 회화에서도 'The bottom line is ~(결론은~, 중요한 것은)'와 같은 형태로 '핵심', '결론' 등의 의미로도 빈번하게 사용된다.
- **ex** 결론은 아무도 그들을 도와주려고 나서지 않는다는 것이다. **The bottom line is** that no one is coming forward to help them.

손실 loss
- 최근에 몰아친 폭풍우로 인해 전국적으로 큰 손실이 발생했다.
  There were big losses nationwide because of the recent rainstorms.

당기순손실 net loss during the term

순손실 net loss

## 재무제표 financial statements


## 관련표현

결산 settlement of accounts; balancing[closing] accounts

부기 bookkeeping ❶
- 단식부기 single-entry bookkeeping
- 복식부기 double-entry system

부채 debt; (채무) liabilities
- 나는 가지고 있던 물건들을 팔아서 부채를 청산했다.
  I sold the personal items I had and paid off my debts.
- 가계부채 household debt
  - 은행권의 가계부채가 급증하고 있다.
    Household debt owed to banks is skyrocketing.
- 고정부채 fixed liabilities
- 부채비율 debt ratio; debt-to-equity ratio
- 유동부채 current[floating] liabilities

소득, 수입 income; earnings; revenue ⬌ 지출 expense; spending; expenditure; outgoings
- 수입이 늘다 income increases
- 수입이 줄다 income decreases
- 세전 수입 pretax income ⬌ 세후 수입 after-tax income
- 순수입 net income[earnings; profit; margin]
- 채산성 export profitability
- 총소득, 총수입 total[gross] income; gross revenue
- 흑자 surplus; black ink ⬌ 적자 deficit; loss; red ink
  - 우리 회사가 약 1년 만에 흑자로 돌아섰다.
    Our company is back in the black after about one year.

예산 budget
- 예산을 더 늘려주세요. Please increase[raise] the budget.
- 재원 coffers; finances; source of income[revenue]

## 원가 prime cost; cost price; production cost

- 원자재 가격 등 원가가 너무 올라서 이윤이 거의 남지 않는다. Costs such as the price of materials have gone up leaving us hardly any profits.

### 감가상각비 depreciation cost

### 경상비 operating cost[expense]

### 직접비 direct cost ⬌ 간접비 indirect cost

## 자본, 자본금 capital

- 나는 고작 자본금 500만 원으로 사업을 시작했다.
  I started a business with initial capital of just five million won.

### 감자 reduction of capital; capital reduction

⬌ 증자 capital increase; increase of capital

- 무상증자 capital increase without consideration; bonus issue
- 유상증자 recapitalization; capital increase by issuing new stocks

### 고정자본 fixed capital

### 소자본 little[limited] capital

### 유동자본 circulating capital

### 자기자본 personal net worth; equity capital; shareholder's equity; net worth

### 자기자본비율 the ratio of owner's equity[net worth]

- 국내 은행들의 자기자본비율이 15% 선으로 조사되었다. Surveys show that the ratio of owner's equity at domestic banks stands at 15 percent.

### 외국자본, 외자 foreign capital[funds]

- 외자를 유치하다 attract foreign capital

### 운전자본 working capital

회사를 경영할 때 필요한 자산으로 즉시 현금화할 수 있는 돈[자본]

### 출자 investment

### 회전율 turnover ratio

일반적으로 특정 주식의 1년간 거래량을 총 발행주식의 백분율로 표시한 것. 주식의 상대적 활동성을 측정하는 지표로 활용된다.

## 자산 assets; property

- 젊어서 하는 고생은 훗날 큰 자산이 된다. Going through some hardship when young proves to be a big asset later in life.

### 고정자산 fixed assets[property]; permanent assets ❶

### 무형자산 intangible assets

⬌ 유형자산 tangible assets

- 우리는 보유하고 있는 유형자산 매각을 검토하고 있다.
  We're looking into the possibility of selling our tangible assets.

---

**❶ 고정자산의 종류**

고정자산이란 기업의 보유 자산 중 토지나 기계, 건물처럼 장기간 보유하고 있는 자산이다. 유형고정자산은 토지, 건물, 기계처럼 형태가 있는 자산을 뜻하며, 무형고정자산은 특허권처럼 형태는 없지만 경영에 실질적인 보탬이 되는 자산을 말한다.

유동자산 liquid[current; floating] assets

유동성 liquidity

# 회계 accounting

감사, 회계감사 auditing; audit

분식회계 accounting fraud; fraudulent accounting; **BE** false accounting **①**

회계연도 fiscal year (**abb** FY); financial year
- 우리 회사의 회계연도는 1월 1일부터 12월 31일까지이다.
  Our company's fiscal year coincides with the calendar year.

**① Cook the Books**

책book을 요리하다cook, 즉 cook the books 하면 불법행위로 경찰에 붙잡히게 된다. cook에 '조작하다'란 뜻이 있어서 cook the books라고 하면 '회계장부를 불법적으로 조작하다'란 의미의 표현이 되기 때문이다. 보통 자산이나 수입은 실제보다 늘리고 지출이나 부채는 줄여서 회사의 재정상태를 좋게 보이게 하는 것이 목적이다.

**ex** 그는 회사의 회계장부를 조작해 수억 원의 공금을 빼돌렸다. He embezzled hundreds of millions of won by **cooking the company books**.

# 교역, 무역 trade; commerce

## 수출입 exportation and importation; import and export

### 수입 import; importation

□ 한국은 미국산 쇠고기의 수입을 개방했다.
  Korean has opened its market to imports of American beef.

  수입면장 import license

  수입품 imports; imported goods

  직수입 direct import[importation]

### 수출 export; exportation

□ 우리 회사는 올해 수출 호조로 흑자를 기록했다.
  Thanks to strong exports this year, our company is in the black.

  수출품 exports; exported goods

  직수출 direct export[exportation]

## 종류

### 가공무역 processing[reexport] trade

### 간접무역 indirect trade ⬌ 직접무역 direct trade

### 국경무역 border trade

□ 최근 열린 회담에서 양국은 국경무역을 확대하는 데 합의했다.
  In recent talks, the two countries agreed to expand their border trade.

### 국제무역, 해외무역 foreign[overseas; international] trade

### 보호무역 protective trade ⬌ 자유무역 free trade

  보호무역주의 protectionism

  자유무역주의 free trade ❶

  자유무역지대 free trade zone[area]

Free Trade Agreement
(abb FTA) 자유무역협정

### 삼각무역 triangular trade

### 중개무역 transit[intermediary; intermediate] trade

□ 싱가포르에서는 중개무역 비중이 절대적이다.
  Intermediary trade is absolutely essential to Singapore.

### 해상무역 maritime trade

두 나라 사이에 무역 불균형이 발생했을 때
제3국을 개입시켜 제3국과의 무역을 통해 무역
수지의 균형을 맞추는 무역 방법

## ❶ 착한 소비를 위한 무역

커피 한 잔 당 생산자에게 돌아가는 수익률은 판매가의 0.5% 정도. 나머지는 판매자와 중간 상인들의 몫으로 돌아간다. 이렇게 생산자를 착취하여 이윤을 추구하는 자유무역주의에 맞서 발생한 무역 형태가 '공정무역fair trade'이다. 공정무역은 생산자와 노동자에게 공정한 대가를 지불하고 그들의 경제적인 자립을 돕는 데 목적을 두고 있다. 그리고 생산자와의 장기적인 직거래를 통하여 유통마진을 줄이고 친환경적인 방법으로 제품을 생산하도록 유도한다. 이런 공정무역의 기준을 지킨 제품에 대해서 세계공정무역인증기구(Fair Trade Labeling Organizations International, FLO)에서는 인증 마크를 부여하고 있다. 공정무역으로 거래되는 주요 상품으로는 커피와 차, 설탕, 코코아, 면화 등이 있다.

### 검역 quarantine

□ 아시아권에서 조류 독감이 확산됨에 따라 외래관광객에 대한 검역정책이 강화되었다.
With the spread of avian flu in Asia, the quarantine policy regarding inbound travelers has been strengthened.

검역소 quarantine station

### 금수(禁輸) embargo ❶

□ 미국은 쿠바에 대해 금수 정책을 펴고 있다.
The United States has an embargo against Cuba.

### 덤핑 dumping

### 무역마찰 trade conflict[friction]

□ 중국과 미국이 무역마찰을 빚고 있다.
There is trade friction between China and the United States.

### 무역보복 trade retaliation

### 무역 상대국 trading partner

### 무역장벽 trade barrier

### 세관 customs

□ 세관을 통과하다 go through customs

보세구역(保稅區域) bonded area

보세창고 bonded warehouse

보세품 bonded goods

세관신고서, 통관신고서 customs declaration (form)
□ 기내에서 작성한 세관신고서를 제출해주세요.
Please hand in the customs declaration you filled out on the plane.

세관원 customs officer

통관절차 customs clearance; customs formalities[procedure]
□ 농수산물은 통관절차가 까다롭다. Getting agricultural and maritime products cleared through customs is complicated.

### 송장 invoice

□ 송장을 발행하다 issue an invoice

### 신용장 letter of credit ( abb L/C)

---

**❶ 엠바고의 두 가지 뜻**

상대편 나라의 항구에 수출입 선박의 입출항을 금지하는 것을 금수, 혹은 '엠바고embargo'라고 한다. 수출입뿐만 아니라 모든 경제 교류를 금지하여 상대국을 경제적으로 고립시키기 위해 내리는 조치로, 미국이 40여 년 동안 쿠바에 대해 경제 제재를 하고 있는 것이 그 예이다.

최근에는 '일정 시점까지 언론보도를 금지한다'는 뜻으로 엠바고를 더 빈번히 사용하고 있다. 언론사와 기자들에게 어떤 뉴스를 일정 기간이 지난 후에 보도하도록 공개적으로 요청하는 것이다. 국가 안보나 공익에 해가 될 경우나 인명 피해가 우려되는 경우, 혹은 외교적인 관례에 따라 엠바고가 요청된다.

수입 및 수출 절차를 밟지 않은 화물을 관세를 매기지 않고 적재, 보관할 수 있는 지역

# 기타

경리 bookkeeping; accounting; accountancy

□ 저는 회사에서 경리 업무를 담당하고 있습니다.
I'm in charge of accounting[keeping the books] at my company.

고객관리 customer service[relations]

기획 planning

□ 기획팀에서 신입사원을 채용하였다.
The Planning Department has hired a new staff member.

연구개발 R&D (research and development의 약자)

재고관리 stock control

재고조사 stocktaking

재고품 stock; inventory

총무 general affairs

품질관리 quality assurance (abb QA); quality control (abb QC)

□ 저희 회사는 품질관리를 최우선으로 하고 있습니다.
Our company makes quality control a first priority.

품질검사 quality test[control]

PART 4

# Unit 7

# 산업 일반

## 종류

게임산업 game industry

군수산업 munitions[war; military] industry, 방위산업 defense industry

굴뚝산업 smokestack industry

철강, 자동차, 선박, 전자제품 등,
큰 굴뚝smokestack에서 연기가
피어오르는 공장을 운영하는 제조업

기간산업 key[basic; pivotal] industry

노동집약산업 labor-intensive industry

⬌ 자본집약산업 capital-intensive industry

☐ 인건비가 상승함에 따라 노동집약산업이 큰 타격을 받고 있다. With the cost of labor on the rise, labor-intensive industries are taking a big hit.

도박산업 gaming industry

레저산업, 여가산업 leisure industry

성장산업 growth industry ⬌ 사양산업 declining[sunset] industry

연예산업 entertainment industry[business]; show business[biz]

- 연예인 entertainer; (유명한) celebrity
- 매니저 manager
- 로드매니저 road manager
- 코디네이터 (의상, 화장 등을 해주는) beauty stylist

☐ 다락원이 연예산업에 진출하며 세간의 이목을 끌고 있다. Darakwon is attracting public attention with its advance into the entertainment industry.

지식산업 knowledge industry

첨단산업 high-tech industry

캐릭터 산업 (promotional) character industry

캐릭터 상품 character product; products featuring popular comic characters

틈새산업 niche industry ❶

**❶ 산업의 틈새**

niche는 '벽면의 움푹 들어가 있는 작은 구멍/공간'을 뜻한다. 큰 가구를 놓진 못하지만 양초나 화분 같은 작은 것들이 들어가기엔 안성맞춤이다. 벽면의 작은 틈새를 뜻하는 niche란 단어를 조합해 만든 niche industry(틈새산업)는 대중적이진 않지만 잠재적인 수요가 있는 미개발된 시장을 찾아 새로운 아이디어와 혁신적인 제품으로 승부하는 사업을 의미한다. 틈새산업 외에도 틈새시장niche market, 틈새마케팅niche marketing, 틈새상품 niche product 등도 자주 쓰는 용어이다.

작은 소품이 들어가기 안성맞춤인 niche

관련표현

산업규격 industrial standard
산업재해, 산재 industrial accident
산업체 business; industry
산업혁명 the Industrial Revolution
산업화 industrialization

## 광산 mine

**갱도** mine; (수직 갱도) gallery; (수평 갱도) pit; shaft ❶

**갱목(坑木)** mining timber; mine post[pillar]; pit wood; mine timber; mine[pit] prop

- 갱도를 받치고 있던 갱목 하나가 부러지면서 광부 한 명이 탄광에 갇혔다. A miner was trapped in the mine when one of the wooden support posts broke.

**금광** gold mine

**노천광산** open-cut mine; strip mine

**탄광** coal mine; pit; colliery

**폐광** abandoned mine; dead mine

## 관련표현

**광맥** vein

　노다지 bonanza; rich mine (of ore)
- 노다지를 캐다 strike a bonanza

**광물** mineral ❷

- 우리나라는 광물 자원이 풍부하다. Our country has abundant mineral resources.

**광부** miner; mine worker; digger; coal miner; pitman

**광석** ore

　원광, 원석 (raw) ore; (rough) gem(stone); precious stone

**매장량** reserves; (광물의) deposit

- 아랍에미리트의 원유 매장량 규모는 세계 6위이다. The crude oil reserves of the Arab Emirates are the sixth largest in the world.

**채굴** mining; digging; exploitation

　채굴권 mineral rights; mining concessions
- 채굴권을 획득하다 acquire mineral rights

---

**❶ 탄광 속의 카나리아**

카나리아canary는 울음소리가 아름다워서 애완용으로 많이 키우는 새이다. 하지만 옛날에 광부들이 카나리아를 탄광 속으로 데려갔던 이유는 아름다운 울음소리 때문은 아니었다. 카나리아는 다른 동물들보다 탄광 속에서 배출되는 메탄이나 일산화탄소와 같은 유해가스에 민감하여 노출되면 바로 죽어버리기 때문에 인부들은 카나리아가 죽는 것을 보고 탄광에서 대피했던 것이다. 기술이 발달한 요즘은 카나리아를 탄광 속에 데려가지 않지만 그 의미는 남아서, '탄광 속의 카나리아a canary in a coal mine'라고 하면 광부들의 목숨을 위해 희생된 카나리아처럼 '위험을 미리 알려주는 것(사람)/상황', '희생양' 등을 뜻한다.

**❷ 아름다운 광물, 보석**

- 금, 황금 gold
- 다이아몬드, 금강석 diamond
- 루비 ruby
- 백금 platinum
- 비취, 옥 jade
- 사파이어 sapphire
- 석류석 garnet
- 수정 crystal
- 에메랄드 emerald
- 오팔 opal
- 은 silver
- 지르콘 zircon
- 터키석 turquoise
- 토파즈, 황옥 topaz
- 호박 amber

## 2.2 농사, 농업 agriculture; farming; farming[agricultural] industry

## 관련자

**농민, 농부, 농사꾼** farmer; (작물을 재배하는) grower
　부농 rich[wealthy] farmer ⬌ 빈농, 영세농 poor farmer; **AE** dirt farmer
　소작농, 소작인 peasant; tenant farmer; sharecropper
　자작농 independent farmer; farm owner
　전업농 professional farmer

**부재지주** absentee landlord

**영농 후계자** future[next-generation] agriculturalist

## 농법 agricultural[farming] techniques[methods]

**근교농업** agriculture in suburban areas

**기업농** enterprise[commercialized; market] farming

**논농사, 벼농사, 쌀농사** rice farming[growing]
　▢ 저희 부모님은 시골에서 벼농사를 지으세요.
　My parents live in the countryside and farm rice.

**밭농사** dry-field farming

**수경법, 수경재배** hydroponics

**유기농** organic farming
　▢ 요즘 들어 유기농 농산물을 찾는 사람들이 늘고 있다. Nowadays more and more
　people are seeking out organic farm products.
　▢ 그는 유기농 토마토를 재배해 부농이 되는 꿈을 꾸고 있다. He dreams of becoming a
　prosperous farmer by growing tomatoes organically.

**원예, 원예농업** horticulture; gardening; (화초재배) floriculture
　가지치기, 전지 pruning; trimming
　꺾꽂이 cuttage ◄╍╍╍╍
　접목, 접붙이기 grafting

식물의 가지, 줄기, 눈, 잎, 뿌리 등을 자르거나
꺾어서 흙 속에 따로 묻어 새로운 뿌리를 내리게 하거나
새싹을 틔우게 하는 무성생식방법

**이모작** double-cropping; two-crop farming ➡ **삼모작** triple-cropping
　▢ 베트남 남부 지역에서는 쌀의 삼모작이 가능하다.
　Triple-cropping of rice is feasible in the southern regions of Vietnam.

**혼합농업** mixed farming

# 경작지, 농경지 | farmland; arable[agricultural] land

## 개간지 cultivated land ⟷ 미개간지 uncultivated land

- 내륙쪽 얕은 산지는 개간지로 개발되었다. The inland areas of low mountains have been developed as cultivated land.

## 곡창지대 breadbasket; granary

- 전라도는 한국의 곡창지대로 알려져 있다.
  The Jeolla provinces are known as the granary of Korea.

  기름지다, 비옥하다 fertile; rich; fruitful; fat

  ⟷ 척박하다 barren; infertile; sterile; hardscrabble
  - 이 지역은 토양이 척박해 벼농사가 어렵다.
    The land in this region is infertile, making rice farming difficult.

breadbasket = breadbasket
빵 바구니   곡창지대

## 논 rice paddy; paddy

- 논두렁을 쌓다 build levees around rice paddies

  계단식 논 terraced farm fields

  물꼬 sluice (gate) of a paddy
  - 물꼬를 트다 open the sluice

  천수답 rain-fed rice paddy[paddy field]

저수지나 펌프 시설 없이 자연적인
강수만으로 벼를 재배하는 논

## 밭 (dry) field; farm

- 밭을 매다 weed a field

  텃밭 vegetable[kitchen] garden; market garden; truck farm
  - 나는 텃밭에 상추와 고추를 심었다.
    I planted lettuce and chili peppers in my vegetable garden.

  화전 slash-and-burn field

  화전민 slash-and-burn farmers

## 휴한지(休閑地) fallow land

토지의 비옥도 회복을 위해 일정 기간
경작하지 않고 묵히고 있는 땅

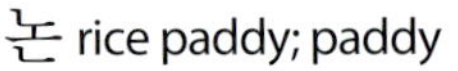

# 농사일 farming; farm work

## 경작 tillage

## 관개 irrigation

  관개수로 irrigation canal

## 김매다 weed a field; pick weeds out of a field; root out weeds from a field

- 할머니는 김매러 밭에 나가셨다. Grandmother has gone out to weed the field.

김매기: 논밭의 잡초를 뽑는 일

shovel   spade

## 모내기 rice planting[plantation]

- 들판에서는 농부들의 모내기가 한창이다.
  In the fields the farmers are busy planting rice.

수확, 추수 harvest
　　수확기 harvest (time)

타작, 탈곡 threshing

파종하다 sow; seed
　　□ 요즘은 마늘을 파종하는 시기이다. Now is the time for sowing garlic.

• 갈퀴: 부챗살 모양으로 엮은 철사나 대쪽, 플라스틱의 한쪽 끝을 우그러 뜨려서 검불이나 곡식 등을 긁어 모으는 데 쓰는 기구
• 쇠스랑: 서너 개의 쇠로 된 발을 가진 갈퀴 모양의 농기구. 땅을 고르거나 두엄 등을 쳐내는 데 씀.

## 농기구 farm[agricultural] implement; farming[farm] tool[equipment]

가래 shovel (with a rope attached to each side of the blade)

갈퀴 rake

꽃삽, 모종삽 (garden) trowel; hand shovel

낫 (자루가 짧은) sickle; (자루가 긴) scythe
　　□ 낫으로 풀을 베다가 팔을 다쳤다.
　　I hurt my arm cutting down some grass with a sickle.

도리깨 flail

멍에 yoke

곡식의 낟알을 떠는 데 쓰는 기구

삽 shovel; (네모난) spade
　　□ 나는 삽으로 땅에 구멍을 파서 거기에 김장독을 묻었다.
　　I dug a hole with a spade and buried a kimchi pot in it.

쇠스랑 pitchfork

작두 (non-mechanical) straw cutter

쟁기 plow; plough
　　보습 plowshare

전지가위 (pruning) shears; (크기가 작은) secateurs

지게 (Korean) A-frame (carrier; backpack)
　　□ 지게를 매다 carry an A-frame

키 winnow; winnowing basket

호미 (short half-moon) hoe

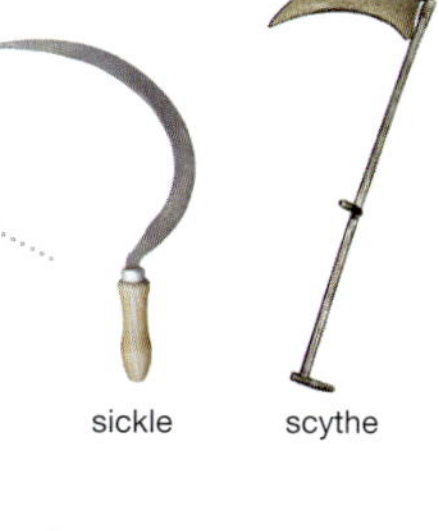
sickle　　scythe

yoke　　flail

pitchfork

rake

plowshare

winnow

shears　　secateurs

## 농기계 agricultural[farm] machine[machinery]

경운기 cultivator
- 경운기를 몰다 drive a cultivator

수확기 harvester; reaper

　콤바인 combine (harvester)

양수기 water pump
- 양수기로 물을 퍼내다 pump out water

이앙기 rice transplanter; rice-planting machine

탈곡기 threshing machine; thresher

트랙터 tractor

파종기 planter

펌프 (hydraulic) pump





## 농업 관련 시설, 물품

거름, 두엄, 퇴비 (배설물로 만든) manure; muck; (짚 · 풀 등을 썩힌) compost,
비료 fertilizer
- 음식물 쓰레기로 만든 퇴비는 훌륭한 비료가 된다.
  If you compost food waste, it makes excellent fertilizer.

　유기농비료, 친환경비료 organic fertilizer

　화학비료 chemical fertilizer
- 우리 농장의 농작물은 화학비료를 전혀 사용하지 않고 재배하였다. Our farm products
  were grown without using any chemical fertilizers whatsoever.

과수원 orchard; grove
- 과수원의 사과나무에 열매가 주렁주렁 달렸다.
  The apple trees in the orchard are in full fruit.

농로(農路) farm road

농약 agricultural pesticides[chemicals]; agrochemical
- (작물에) 농약을 치다 spray pesticide (on crops)
- 상추나 깻잎에 농약이 남아 있을 가능성이 높으므로 잘 씻어야 한다.
  It's highly likely that some pesticides may remain on lettuce or sesame
  leaves, so they have to be thoroughly washed.

농업용수 water for agricultural use

계곡이나 도로 위를 지나가는 수로를 받치기
위한 다리

농원, 농장 farm; farmstead; (커피 · 사탕수수 등을 재배하는 대규모 농장) plantation

□ 그 농장에서는 오리와 닭을 기르고 있다.
On that farm, they raise ducks and chickens.

국영농장 state(-run) farm

농장 근로자 farmhand; field hand

주말농장 weekend farm; hobby farm
□ 지난 주말 나는 주말농장에 다녀왔다. I went to my weekend farm last weekend.

집단농장, 협동농장 collective farm; (이스라엘의) kibbutz; (구소련의) kolkhoz

못자리, 묘판 seedbed
> 볍씨를 뿌려 볏모를 기르는 논바닥

모 rice seedling; young rice plants

모종 seedling

볍씨 rice seed
> 나뭇잎, 초목, 식물 등이 흙 속에서 썩으면서 만들어진 유기적 성분이 풍부한 토양

부식토(腐植土) humus; mold
> 낙엽을 퇴적 · 부패시켜 생긴 토양

부엽토(腐葉土) potting soil; **BE** potting compost

비닐하우스 vinyl greenhouse
□ 요즘은 비닐하우스 덕에 한겨울에도 여름 과일을 맛볼 수 있다. Thanks to today's vinyl greenhouses, we can enjoy summer fruit even in the middle of winter.

사일로, 저장탑 granary; silo

수도교, 수로 aqueduct

수문 sluice

온실 greenhouse; glasshouse; conservatory; hothouse

왕겨 chaff; rice husks
> 벼의 낟알을 찧을 때 생기는 벼 껍질. 주로 가축사료나 비료로 사용됨.

원두막 lookout hut on stilts

지푸라기, 짚 straw ❶

볏단 rice-sheaf; sheaf of rice

볏짚 rice straw

새끼, 새끼줄 straw (rope)
> 짚으로 꼬아 줄처럼 만든 것. 한국에서는 가마니를 만들고 짚신을 묶는 데 많이 사용됨.

짚단 sheaf; bundle of straw

허수아비 scarecrow
□ 허수아비를 세우다 put up a scarecrow

곡물이나 사료 등을 저장하는 원통 모양의 저장고

**❶ 마지막 지푸라기**

영어 속담 중에 It's the last straw that breaks the camel's back., 즉 '낙타의 등을 부러뜨린 건 마지막 지푸라기 하나였다'란 속담이 있다. 이미 짐을 가득 싣고 있는 낙타의 등에 아주 가벼운 지푸라기 하나를 올린 순간, 낙타의 한계를 초과하여 등이 부러졌다는 말로, '이미 한계에 도달했을 때는 작고 사소한 것도 견딜 수 없다'란 뜻이다. 이것을 줄여 the last straw라고 하면 '뭔가의 용량을 초과하게 하는 것'이나 '사람의 인내심의 한계를 벗어나게 하는 사소한 것/행동/말' 등을 가리킨다.
**ex** 더 이상은 못 참아! 나 사표 낼 거야!
That's **the last straw**! I quit!

고랑, 이랑 furrow

구황작물 hardy plants ❶

귀농하다 (원래 농민이었던 사람이) return[go back] to farming; (농민이 아니었던 사람이) become a farmer; turn to farming; take up farming

☐ 나는 회사 은퇴 후 아내와 함께 귀농할 계획이다.
　After I retire, my wife and I plan to take up farming.

냉해, 한해(寒害) cold weather damage; damage from cold weather

☐ 냉해를 입다 suffer damage from cold weather

녹색혁명, 농업혁명 the green revolution

농번기 busy season for farmers; (busy) farming season

☐ 농번기인 요즘은 일손이 매우 부족하다.
　There's a great shortage of hands during this busy farming season.

◀▶ 농한기 agricultural off-season

병충해 damages from blight and harmful insects

☐ 잦은 비로 농작물 병충해가 기승을 부리고 있다.
　Frequent rainfall has caused rampant blight and insect damage to the crops.

상품작물, 환금작물 cash crop

영농자금 farming capital

작황 harvest; crop; yield

☐ 올해는 고추 작황이 매우 좋아서 작년에 비해 수확량이 훨씬 늘었다. The chili crop has been very good this year, so the harvest is much greater than last year's.

품종 kind; variety

　개량종 enhanced strain[variety]

　신품종 new variety

　우량종 good breed

풍년 bumper[rich] year; year of good[bumper] crops[harvest]

　풍작 bumper crop; good harvest[crop]
　☐ 올해 농사는 풍작이다. This has been a year of bumper crops.

흉년 bad[lean] year; year of bad[poor] harvest

　기근 famine
　☐ 아프리카에서는 기근으로 수많은 사람들이 굶어 죽고 있다.
　　Many people are starving to death because of the famine in Africa.

　흉작 bad[poor; lean] harvest[crop]
　☐ 올해는 여름철 집중 호우로 농산물 수확이 흉작이다.
　　Excessive rains this past summer have led to a poor harvest.

❶ 밥 대신 감자나 고구마로 끼니 때우기

흉년이나 장마 등으로 기근이 심할 때 주식 대신 먹을 수 있는 농작물. 감자, 고구마, 메밀 등이 대표적인 구황작물로, 재배기간이 짧고 가뭄이나 장마에 큰 영향을 받지 않으며 양분이 충분치 않은 토양에서도 가꿀 수 있는 작물이다.

# 축산업 livestock industry; husbandry, 목축업 (livestock) farming

## 관련자

**감별사 (성별을 감별하는)** sexer

병아리 감별사 chicken sexer

**목동, 양치기** herder; stockman; herdsman; (남성) shepherd (boy);
(여성) shepherdess; (염소를 기르는) goatherd

☐ 목동이 양떼를 풀이 더 무성한 곳으로 몰아가고 있다. The shepherd is driving the flock
to a place where there's more abundant grass.

**목축업자, 축산업자** stock breeder

**카우보이** cowhand; (남성) cowboy; wrangler; **AE** **inf** buckaroo;
(여성) cowgirl

## 종류

**낙농(업)** dairying; dairy industry[business]

☐ 덴마크는 전통적인 낙농업 국가로 알려져 있다.
Denmark is a country traditionally known for its dairy industry.

낙농업자 dairy farmer

**양계** poultry farming[keeping]; chicken raising

☐ 부모님께서는 양계업에 종사하십니다. My parents work in the poultry industry.

가금류 fowl; poultry

부화장 hatchery

양계업자 poultryman

양계장 poultry farm; chicken farm[run]

인공부화기 incubator

• 돼지 pig; (식용의) hog; (유아어) piggy
• 수돼지 boar
• 암돼지 sow
• 멧돼지 (wild) boar; wild pig
• 새끼 돼지 piglet; suckling pig; (식용의) porker

**양돈(업)** hog[pig; swine] raising[farming]; pig keeping[breeding; farming];
pork industry

양돈업자 hog farmer

**양봉(업)** beekeeping; bee raising[farming]; (대규모의) apiculture

꿀, 벌꿀 honeybee

☐ 꿀을 채취하다 harvest[collect] honey
☐ 이 지역 농민들은 토종 벌꿀 양봉으로 높은 소득을 올리고 있다.
The farmers in this region have raised their income to a high level by
keeping a local type of honeybee.

꿀벌 honeybee
- 꿀벌을 치다 keep bees

밀랍 beeswax

벌집, 벌통 (bee)hive; (honey)comb

양봉업자 beekeeper

양봉장 apiary

양잠(업) sericulture; silkworm farming

누에 silkworm

누에고치 (silkworm) cocoon

뽕잎 mulberry leaves

양잠업자 sericulturist

## 시설

목장 farm; (북미의 대규모 목장) ranch
- 이 목장에서는 젖소 300여 마리를 사육하고 있다.
  On this ranch, they raise more than three hundred dairy[milch] cows.

우리, 축사 barn; pen; cage; stable; hutch
- 돼지 축사에서 불이 나 1억여 원의 재산 피해를 냈다.
  A fire in the hog barn caused the loss of over a hundred million won.

개집 doghouse; kennel

닭장 chicken coop; hen house; chicken run
- 나는 닭을 닭장에 몰아 넣었다. I drove the chickens into the chicken coop.

돈사, 돼지우리 pigsty; pigpen; piggery

마구간 stable; (종마 사육장) stud farm

새장 cage; birdcage; nest box ❶

❶ 새장 같은 인생

금을 입힌 새장에 사는 새는 행복할까? 환경은 호사스럽겠지만 새는 새장에 갇혀 있는 신세일 뿐이다. 영어로 '금을 입힌 새장gilded cage'이라고 하면 새를 가두는 금빛 새장처럼 부유하고 안락하지만 자유롭지 못한 생활, 환경을 뜻한다. 연예인과 같은 유명인들이 그 예이다. 물질적으로 풍요로울 수 있지만 동시에 집 밖을 자유롭게 나다니지 못하는 등, 행동에 제약이 많기 때문이다.

외양간, 우사 cowshed; cattle shed ❶

착유기 milking machine

토끼장 rabbit hutch





## 동물 관련 질병

### 광우병 BSE (bovine spongiform encephalopathy의 약자); mad cow disease

□ 서쪽 지역에서 광우병에 걸린 소가 또 발견되었다. In the western region, another case of a cow with mad cow disease has been discovered.

### 구제역 foot-and-mouth disease; **AE** hoof-and-mouth disease

□ 구제역 여파로 올해 젖소의 우유 생산량이 감소할 전망이다.
It looks as though dairy production will decrease this year because of the spread of hoof-and-mouth disease.

### 돼지콜레라 swine fever; hog[pig] cholera

### 조류 인플루엔자 avian influenza (**abb** AI); bird flu

□ 조류 인플루엔자가 다시 유행할 조짐이다.
There are signs that avian flu is going to break out again.

## 관련표현

### 가축 stock; livestock; domestic animals

□ 폭염으로 인해 가축 폐사가 잇따르고 있다.
There has been a series of livestock deaths because of the heat wave.

### 고삐 reins; bridle; halter, 굴레 harness, 코뚜레 nose ring for cows, 재갈 (말에 물리는) bit

□ 재갈을 물리다 put the bit in the horse's mouth

### 기르다, 사육하다 breed

□ 우리는 안마당에서 닭 10마리를 기르고 있다.
We're raising ten chickens in the front courtyard.

### 도살 slaughter; butchery

도살장, 도축장 slaughterhouse; **BE** abattoir

도축업자 butcher

❶ 소 잃고 외양간 고친다

소를 잃고 외양간을 고쳐봤자 없어진 소가 돌아오지 않듯이 일을 그르친 후에는 아무리 후회해봐야 소용 없다는 의미의 속담이다. 영어에도 꽤 비슷한 속담이 있다. 'Close the stable door after the horse has bolted.'로, 해석하면 '말이 도망간 후에 문을 닫는다'란 뜻이다. 여기서 stable door는 위와 아래가 나뉜 문으로서, 마구간의 문도 stable door로 되어 있다. 같은 상황에 쓸 수 있는 표현으로 After the death, to call the doctor.도 있다. 죽은 후에 의사를 찾아봐야 소용없다는 뜻이다.

먹이, 모이, 사료 food; feed; (육식동물의) prey; (초식동물의) fodder; (새의) birdseed, 여물 fodder; forage

□ (가축에게) 사료를 주다 feed (the livestock)

□ 할아버지가 송아지에게 먹일 여물을 준비하고 있다.
   Grandfather is getting some fodder for the calf.

   건초 hay; dry grass

   구유, 여물통 trough; manger

   꿀꿀이죽 pigwash; pigswill; swill; slops

   먹이통 feeder

방목장, 방목지 pasture; (말을 기르는) paddock

   방목하다 graze; pasture

축산물 livestock products

□ 해외 여행을 끝내고 귀국할 때 외국산 축산물의 국내 반입이 금지된다.
   When you return from a trip overseas, you're not allowed to bring foreign
   livestock products back into the country.

편자 horseshoe

□ 편자를 박다 shoe a horse

폐사하다 die; collapse and die

품종 breed

# 수산업, 어업 fishing (industry); fishery; fisheries

## 관련자

### 어민, 어부 fisherman

### 잠수부 diver

□ 잠수부가 등에 산소통을 매고 바닷속으로 뛰어들어갔다.
The diver put his air tank on his back and jumped into the water.

#### 잠수 submergence

□ 잠수하다 dive / go underwater

#### 잠수병 diver's disease; decompression sickness ( abb DCS); caisson disease; the bends ❶

□ 많은 해녀들이 잠수병에 시달리고 있다. Many *haenyeo* suffer from the bends. / Many *haenyeo* suffer from decompression sickness.

#### 잠수종 diving bell

사람을 넣고 수심 깊은 곳에서 일할 수 있게 만든 종 모양의 소형 잠수기구

### 해녀 *haenyeo*; female diver

□ 해안에서 해녀들이 해산물을 거두고 있다.
The *haenyeo* are gathering seafood items off the coast.

## 종류

### 고래잡이, 포경업 whaling; whale hunting[fishing]

□ 환경단체들이 고래잡이 반대 시위를 벌이고 있다.
Environmentalist groups are holding demonstrations against whaling.

#### 포경업자 whaler

### 근해어업 offshore fishery[fishing], 연안어업 coastal[inshore] fishery[fishing]

### 내수면어업 inland fishery

### 새우잡이 shrimping

□ 새우 철을 맞아 강화도 앞바다에 새우잡이 배들이 몰려들었다. With shrimp in season, lots of shrimpboats have gathered off the coast of Ganghwa Island.

### 양식업 aquaculture industry; fish farming

#### 양식장 (fish) farm; aquafarm

□ 최근의 태풍으로 굴 양식장이 큰 피해를 입었다.
Oyster farms suffered great damage in the recent typhoon.

#### 양어장 fish farm; fishery; hatchery

### 원양어업 ocean[deep-sea; pelagic] fishery[fishing]

❶ 잠수병은 왜 걸릴까?

바다의 수면은 지표면과 같은 1기압이지만 10m씩 깊어질 때마다 1기압씩 높아지게 된다. 예를 들어 수심 30M에서는 3기압이 작용하게 된다. 우리가 호흡하는 공기는 질소 78%, 산소 21%로 이루어져 있는데, 바다 깊숙이 들어갈수록 기압이 높아지면 질소가 호흡으로 배출되지 않고 혈액 내로 과다하게 용해된다. 심해에 있던 다이버가 급격히 수면으로 올라올 경우, 혈액에 용해돼 있던 질소가 다시 기체로 변하면서 이 질소가스가 혈관을 막아 생기는 병이 잠수병이다. 잠수병은 호흡곤란이나 두통, 복통, 구토, 설사, 출혈 증상 등을 동반하고 뇌경색이나 심근경색을 일으키기도 하며 심한 경우 사망에 이른다. 잠수병을 예방하기 위해서는 깊은 곳에서 잠수할수록 올라오는 중간중간 충분히 휴식을 취하면서 혈액 내에 녹아 있는 질소를 배출해야 한다.

# 낚시도구, 어구 fishing gear[tackle]

## 갈고리 gaff

## 고깃배, 어선 fishing boat[craft; vessel]; (작은) smack

□ 난 젊었을 적에 어선을 타고 바다를 누볐다.
When I was young, I went to sea on a fishing vessel.

공모선, 공선 factory ship

원양어선 deep-sea[pelagic] fishing vessel

저인망어선 trawler

□ 저인망어선은 일반적으로 불법 조업을 한다.
Trawlers commonly flout the law.



## 그물, 어망 (fishing) net; fishnet ❶

□ 그물을 끌어올리자 그 안에 물고기가 가득했다.
As we raised the net, it was completely full of fish.

그물코 net knot; mesh of a net

유자망, 유망 drift (gill) net

저인망 dragnet; trawl (net)

정치망 set net

투망 cast net

**❶ 그물의 종류**

- 유자망 바다나 호수에 던져 놓고 물의 흐름에 따라 자유롭게 흐르게 하는 그물
- 저인망 바다 밑바닥을 쓸면서 깊은 바다 속에 서식하는 물고기를 잡는 그물
- 정치망 물고기 떼가 다니는 길목에 고정시켜 놓는 그물
- 투망 물에 던지면 좍 퍼지면서 바닥에 가라앉는 원추형 모양의 그물. 바닥에 닿은 뒤에 당겨 올려 고기를 잡는다.

## 낚싯대 fishing rod[pole]

미늘 barb

낚싯바늘 (fishing) hook

□ 낚싯바늘에 미끼를 달고 물에 던졌다.
I put some bait on the hook and threw it in the water.

낚싯봉, 봉돌 sinker

낚싯줄 fishing line

떡밥 paste bait

릴 reel

미끼 bait

찌 float

낚싯줄의 끝에 매달아 낚시 바늘을
바닥에 가라앉히는 낚싯봉

## 어항, 통발 fish trap

## 작살 harpoon



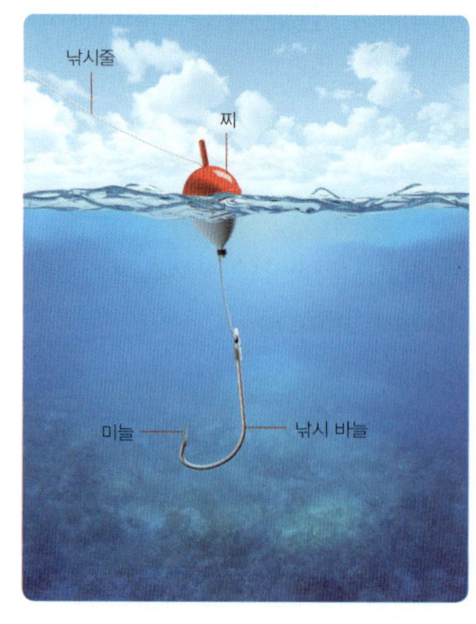

공동규제수역 jointly controlled waters[fishing zone; coastal area]

배타적경제수역 exclusive economic zone (abb EEZ)

□ 우리측 배타적경제수역에서 조업하던 중국 어선 두 척이 나포됐다.
Two Chinese vessels were seized for fishing in our exclusive economic zone.

어로 fishing; fishery

어업협정 fisheries agreement

□ 한일 어업협정 the Korean-Japanese Fisheries Agreement

어장 fishery; fishing ground

황금어장 fertile fishing ground

□ 남해 바다는 유명한 관광지일 뿐만 아니라 황금어장이기도 하다. The sea off our south coast is not only a renowned tourist area but also a fertile fishing ground.

어획고 haul (of fish); catch (of fish)

□ 어선 한 척당 최고 1억 원어치의 어획고를 올렸다.
Each fishing boat brought in a catch worth up to a hundred million won.

어획물 fish; catch

## 염업, 제염업 salt industry

### 염전 salt pond[pan; field; farm]
□ 이 염전에서는 세계 최고 품질의 소금이 난다.
The world's best sea salt comes from this salt pond.

## 임업 forestry; tree farming

나무꾼, 벌목꾼 logger; lumberjack; woodcutter ❶

벌목 logging

벌목업 logging

목재소, 제재소 lumbermill; sawmill

석공 mason; stonemason

채석공 quarryman

채석장 quarry; stone pit

❶ **패셔니스타 럼버잭**

빨강과 검정, 혹은 초록, 노랑 등의 다양한 색깔의 큰 격자무늬plaid가 들어간 셔츠는 여성이나 남성 모두에게 좋은 패션 아이템이다. 이렇게 격자무늬로 된 셔츠를 '럼버잭 셔츠lumberjack shirt'라고 부른다. 예전에 북미의 벌목꾼lumberjack들이 작업할 때 착용했던 스타일이라고 해서 붙은 이름이다. 벌목꾼들이 추운 숲 속에서 나무를 벨 때 입었던 셔츠라 따뜻한 플란넬flannel 소재에 검정과 빨강 격자무늬로 된 것이 전형적인 럼버잭 셔츠이다.

## 종류

가공업 processing industry

가공품 processed goods

경공업 light industry[industries] ⬌ 중공업 heavy industry

□ 한국은 60년대 경공업 위주로 경제 개발을 시작했으나 70년대 이후부터는 중공업을 육성하기 시작했다. Korea began its economic development with light industries in the 1960s, but since the '70s it has advanced into heavy industries.

반도체산업 semiconductor industry

□ 반도체산업은 한국의 기간산업이다.
The semiconductor industry is a mainstay of the Korean economy.

반도체 semiconductor

방적업 spinning industry

방적 공장 spinning mill

방적기 spinning machine

• 방적업: 섬유를 가공하여 실을 만드는 섬유공업
• 방직업: 실로 피륙을 짜서 상품화하는 산업

방직업 textile[weaving] industry

□ 방직업은 노동집약적 산업이다. The textile industry is labor-intensive.

□ 산업혁명은 방직업용 기계의 발달과 함께 시작하였다.
The industrial revolution began with the mechanization of the textile industry.

방직 공장 textile factory[mill]

방직기 (power) loom; spinning and weaving machinery

물레 spinning wheel

□ 나는 할머니네 다락방에서 오래된 물레를 찾아냈다.
I found an old spinning wheel in my grandmother's attic.

물렛가락, 방추 spindle

물레로 실을 자아낼 때 실을 감는 쇠꼬챙이

베틀 loom

섬유산업 textile[fiber] industry; textiles ❶

□ 이탈리아의 밀라노는 섬유산업의 중심지로 유명하다.
Milan, Italy, is renowned as a center of the textile industry.

섬유 fiber

옷감, 원단, 천 cloth; fabric; material; textile

❶ **땀공장 sweatshop**

땀을 뜻하는 sweat을 붙여서 sweatshop이라고 하면 '적은 임금을 주고 열악한 환경에서 긴 시간의 노동을 강요하는 악질적인 공장'을 뜻한다. 이런 곳은 노조 결성을 금지하며 미성년자를 불법 고용하기도 하는데, 옷이나 가방, 신발과 같은 패션업종에 많다.

## 수공업 manual industry; handicraft manufacturing[industry]

### 가내수공업 cottage industry
□ 이 지역 사람들은 가내수공업으로 생계를 유지한다.
The people of this region make their living through cottage industries.

## 양조업 brewing industry
□ 독일의 뮌헨은 맥주 양조업이 매우 발달하였다.
The beer-brewing industry is very highly developed in Munich, Germany.

### 양조업자 brewer

### 양조장 (맥주의) brewery; (양조주의) distillery; (포도주의) winery

## 의류산업 clothing industry

## 옷, 의류, 의복 clothes; dress; wear; **f** garb; (제품으로서의) apparel;
garments; (집합적) clothing; wardrobe

## 자동차산업 car[auto; motor] industry
□ 미국 미시간주의 디트로이트는 미국 자동차산업의 중심지이다. Detroit, Michigan, is the
center of the automotive industry in the United States.

### 자동차, 차 car; automobile

## 제약산업 pharmaceutical industry
□ 한미 FTA가 체결되면 한국의 제약산업은 큰 타격을 입을 것으로 보인다.
The Korean pharmaceutical industry is likely to take a big hit if the
Korean-American Free Trade Agreement goes through.

### 약, 의약품 medicine drug

## 제지업 paper(-manufacturing) industry

### 제지 공장 paper mill; paper manufactory

### 종이 paper; writing paper

### 펄프 wood pulp
□ 이 기저귀는 천연 펄프로 만들었다.
These diapers are made of natural wood pulp.

## 제철업 iron[steel] industry
□ 한국 정부는 제철업의 발전을 촉진시키기 위해 포스코를 설립했다.
The Korean government established POSCO in order to promote
the development of the steel industry in Korea.

### 거푸집, 주형 mold; cast, 도가니 crucible

### 고로, 용광로 blast furnace; (제련용) smelting furnace; smelter

### 제철소 steel mill; steelworks

### 주물공장 foundry

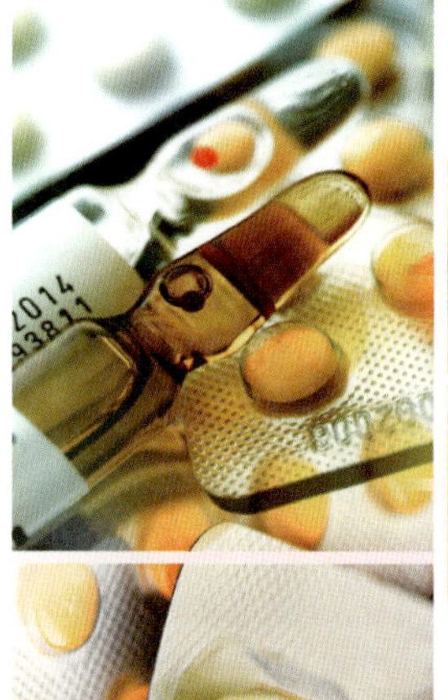

쇠붙이를 쇳물로 녹이고, 쇳물로 주형을
제작하는 등의 주조 작업을 전문으로 하는 공장

### 철광석 iron ore
□ 호주는 주요 철광석 수출 국가 중 하나이다.
Australia is one of the world's main exporters of iron ore.

## 조선업 shipbuilding (industry)

□ 한국은 세계 제일의 조선업 국가이다.
Korea is the world's number-one shipbuilding country.

배, 선박 ship; vessel; boat

조선소 dockyard; shipyard; shipbuilding yard; dry dock; (소규모의) boatyard
□ 거제도는 조선소가 많기로 유명하다.
Geoje Island is famous for its many shipyards.

## 중화학공업 heavy chemical industry

□ 1970년대에 한국 정부는 중화학공업을 육성하는 데 총력을 기울이기 시작했다.
In the 1970s, Korea began concentrated efforts to promote the heavy
chemical industry.

석유화학공업 petrochemical industry
□ 여수는 한국의 가장 중요한 석유화학공업 단지 중 한 곳이다. Yeosu is one of Korea's
most important centers of the petrochemical industry.

석유화학제품 petrochemical

철강산업 steel industry

화학공업 chemical industry

## 항공산업 aviation industry

□ 보잉과 에어버스는 항공산업계의 라이벌이다.
Boeing and Airbus are rivals in the aviation industry.

비행기, 항공기 plane; aircraft; **AE** airplane; **BE** aeroplane


# 공산품, 공업제품 industrial goods[products]

## 냉매 refrigerant

□ 자동차 에어컨의 냉매를 교체할 때가 되었다.
It's time to change the refrigerant in the car air conditioner.

냉동기 등 공업용 냉동 시스템에서 쓰는 매체로
저온 물체로부터 열을 빼앗아 고온 물체로 끌어가는 물질.
암모니아, 프레온, 이산화유황 등이 있다.

레이온, 인조견사 rayon

세라믹 ceramics

셀로판 cellophane

셀룰로이드 celluloid

스티로폼 polystyrene; (상표명) Styrofoam

아크릴 acrylic

유리 glass

강화유리 tempered glass, 안전유리 safety glass
□ 이 창문은 강화유리로 만들어져서 잘 깨지지 않는다.
This window is made of tempered glass, so it won't break easily.

반투명유리 semitransparent[translucent] glass; (젖빛의) frosted glass

방탄유리 bulletproof glass

색유리, 착색유리 colored[tinted] glass; (어두운 색의) smoked glass

섬유유리 fiberglass

일방향유리 one-way mirror; two-way-mirror

창유리 (window)pane; glazing

판유리 (얇은) sheet glass; (두꺼운) plate glass

## 철강 steel

강철 steel

금속판, 판금 sheet metal

무쇠, 주철 cast iron; pig iron

## 타르 tar

□ 타르는 담배의 유해 물질 중 하나이다.
Tar is one of the harmful substances in tobacco.

## 파라핀 paraffin

## 폴리에스테르 polyester

□ 이 옷은 폴리에스테르로 지어졌다. This garment is made of polyester.

## 폴리우레탄 polyurethane

## 폴리프로필렌 polypropylene

## 합금 alloy

놋쇠, 황동 brass

백랍 pewter

스테인리스 stainless steel
□ 스테인리스의 장점은 녹이 슬지 않는다는 것이다.
The advantage of stainless steel is that it doesn't rust.

아말감 amalgam

양은 nickel silver; German silver

청동 bronze
□ 철을 사용하기 전에 인류는 청동을 이용하여 여러 기구와 그릇을 만들었다. Before they
began to use iron, people used bronze to make utensils and vessels.

형상기억합금 shape memory alloy

일정 형상을 기억해 일정 온도 이하에서는
형태가 변해도 일정 온도 이상이 되면 이전
모습으로 되돌아가는 특이한 성질의 합금

## 합성고무 synthetic rubber

□ 타이어 제조에는 합성고무가 주원료로 사용된다.
The main material used in the manufacture of tires is synthetic rubber.

## 합성수지 synthetic resins

### 비닐 plastic; vinyl, 비닐봉지 plastic bag
- 요즘은 비닐봉지 사용을 줄이기 위해 장바구니 사용을 권장하고 있다.
  Nowadays it's recommended to use a personal shopping bag in order to
  reduce the use of plastic bags.

### 실리콘 silicone
- 실리콘은 성형 수술 재료로 많이 쓰이나 부작용으로 인해 최근엔 사용이 줄어들고 있다.
  Silicone is used a lot in plastic surgery, but because of adverse side
  effects, its use has declined recently.

### 폴리염화비닐 PVC (polyvinyl chloride의 약자)
- 이 마루는 PVC로 만들어졌다. This flooring is made of PVC.

### 플라스틱 plastic


## 공장 factory; plant ❶

가마 kiln, 벽돌공장 brickyard; brickfield; brickworks


❶ **공장도 조금씩 달라요**

**factory** 큰 건물에서 기계를 사용하여 대량으로 상품을 생산하는 공장

자동차 공장 car factory

**shop** 상품을 만들거나 수리하는 공장

목공소 carpenter's shop

**mill** 주로 면직물이나 모직, 철강 등을 생산하는 공장

방직공장 textile mill

**plant** 동력을 생산하거나 화학 물질을 처리 · 공정하는 공장

발전소 power plant

**foundry** 금속을 주조하는 공장

철공소 iron foundry

**yard** 특정한 사업 용도로 쓰이는 제조장

조선소 shipyard

목공소 carpenter's shop; woodworking shop

봉제공장 sewing factory

□ 인건비 상승으로 인해 대부분의 봉제공장들이 중국과 동남아로 이전했다.
Because of increased labor costs, most sewing factories have moved to
China and Southeast Asia.

염색공장 dye works[house]

□ 염색공장은 유독 폐기물을 배출하는 것으로 악명 높다.
Dye works are notorious for their harmful waste products.

정유공장 oil refinery, 정유시설 oil-refining facility

제련소 smelter; smelting factory; ironworks

철공소 ironworks; iron foundry

화학 공장 chemical plant


## 공장 관련표현

가동률 rate of operation

공단, 공업단지 industrial complex[park; estate]; **BE** trading estate

공업용수 industrial water; water for industrial use

공업지대 industrial[manufacturing] area[belt; part; district; zone; site]

공업화 industrialization

□ 환경오염은 급격한 공업화로 발생한 부작용 중 하나이다. Environmental pollution is
one of the bad side effects of rapid industrialization.

공원(工員) factory worker[hand]; industrial worker

□ 공원들이 임금 인상을 요구하며 파업을 벌이고 있다.
Factory workers have gone on strike, demanding higher wages.

기능공 technician; technical engineer

숙련공 skilled worker[hand] ↔ 미숙련공 unskilled worker[laborer]

□ 숙련공의 임금은 미숙련공에 비해 높다.
Skilled workers are paid more than unskilled workers.

여공 female factory worker

전기공 electrician

공장장 plant manager

기술 (훈련 등으로 얻은) skill; (전문적인) technique; (과학 · 공업 등의) technology

- 우리 회사는 이 제품의 생산에 필요한 기술을 보유하지 못해서 로열티를 내고 그것을 사용하고 있다. Our company doesn't own the technology needed to make this product, so we pay royalties for it.

기사, 기술자, 엔지니어 engineer; technician ❶

나노기술 nanotechnology

신기술 new technology

원천기술 original[source] technology

첨단기술 advanced[high; cutting-edge; state-of-the-art] technology

- 이 자동차에는 첨단기술이 사용되었다.
  This automobile incorporates state-of-the-art technology.

핵심기술 core technology

- 그 연구원은 핵심기술을 경쟁업체로 빼돌렸다는 혐의를 받고 있다. That researcher is under suspicion of having leaked core technology to a competitor.

생산라인, 조립라인 assembly line; production line

- 많은 회사들이 비용을 절감하기 위해 생산라인을 중국으로 옮기고 있다. Many companies are moving their production lines to China in order to reduce costs.

생산설비 production[productive] facilities

선반(旋盤) lathe ← 회전하는 금속 소재를 깎거나 도려내는 데 쓰는 기계

원료, 원자재, 원재료 raw material(s)

- 이 제품의 제조에 사용되는 모든 원자재를 수입하고 있다. All of the raw materials used in the manufacture of this product are imported.

캐드, 컴퓨터이용설계 CAD (computer-aided design의 약자)

캠, 컴퓨터이용제조 CAM (computer-aided manufacturing의 약자)

컨베이어 벨트 conveyor[conveyer] (belt)

- 헨리 포드는 컨베이어 벨트 시스템을 활용하여 자동차를 대량생산하는 데 성공했다. Henry Ford successfully used a conveyor-belt system to mass-produce automobiles.

❶ **차가 고장 났을 때**

**ex** 차가 고장 나서 정비공에게 맡겨야겠어.

❌ My car has just broken down so I need to take it to an **engineer**.

⦿ My car has just broken down so I need to take it to a **mechanic**.

engineer는 공학 분야에 전문 지식을 가지고 기계나 엔진, 교각이나 도로, 철도 등을 설계하고 만드는 사람을 말한다. 도로나 교각 등을 설계하는 civil engineer(토목기사), 기계나 생산 설비와 시스템 등을 연구하고 계발하는 mechanical engineer(기계 공학자) 등이 있다. computer engineer(컴퓨터 기사)처럼 기계나 전기장치를 수리하는 사람도 engineer라고 한다. 하지만 엔진, 특히 자동차 엔진을 수리하는 사람은 engineer가 아닌 mechanic(정비공)이라고 해야 맞다.

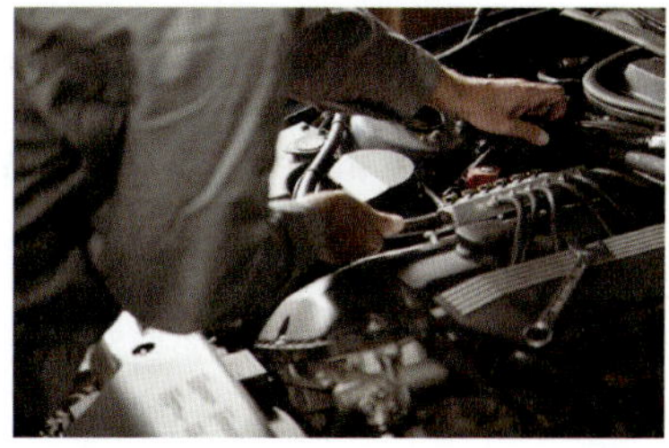

# 건설업, 건축업 construction[building] industry

## 관련자

### 건설사, 시공사 constructor; builder; construction company; contractor
□ 이번 달 안으로 이 프로젝트의 시공사 선정을 마칠 것이다. The selection of a contractor for this project will be completed within the month.

### 건설업자, 건축업자 builder

### 건축가 architect
□ 가우디는 스페인의 유명한 건축가이다. Gaudi is a famous Spanish architect.

### 건축기사 authorized[registered] architect

### 건축 노동자, 막노동자 construction worker
- 목수 carpenter
- 미장이 plasterer
- 벽돌공 bricklayer

### 십장(什長), 조장 foreman; the chief workman
일꾼들을 감독하고 지시하는 우두머리

### 인테리어 디자이너 interior designer[decorator]; **AE** decorator

### 페인트공 painter (and decorator)

### 현장감독 (field) supervisor; superintendent
□ 이 공사의 현장감독은 매우 엄격한 사람이다.
The supervisor of this construction project is a very strict person.

## 건축공사 construction

### 개조, 구조변경, 리모델링 remodeling; structural alterations to a building
□ 집을 리모델링했더니 새 집인 것 같은 기분이 든다.
Since remodeling my home, I feel as if I'm living in a brand-new place.

### 개축, 재건축 reconstruction; rebuilding
- 개축하다 rebuild; reconstruct

### 배선(공사) wiring

### 보수공사 renovation; repair[maintenance] work

### 부실공사 shoddy[poor] construction
□ 부실공사에 대한 책임을 지고 건설사 사장이 사임했다.
The president of the construction company resigned, taking responsibility for an incident of shoddy construction.

재개발 redevelopment

증축 (building) extension

　증축하다 extend[enlarge; add to] a building

토목(공사) earthwork


## 건축공사 관련표현

공사장 construction site

건축부지 building site

건축허가 construction[building] permit

□ 건축허가가 아직 나지 않아서 착공이 연기되고 있다. The groundbreaking has been put off because the construction permit hasn't been issued yet.

공구(工區) area; zone

기공, 착공 groundbreaking



　기공식, 착공식 groundbreaking ceremony

　□ 오늘 새 교량공사에 대한 착공식을 열었다.
　Today we held a groundbreaking ceremony for the new bridge.

　기공하다 break ground

납땜 soldering

　납땜하다 solder

도면, 평면도 floor[ground] plan, 조감도 bird's eye view; aerial[air] view, 청사진 blueprint, 투시도 three-dimensional image ①

도배 paperhanging

　도배사 paperhanger; paperer

　도배하다 paper; wallpaper

　□ 이사한 집이 매우 깨끗해서 새로 도배할 필요가 없다.
　The house I moved to is so clean, I don't need to repaper it.

도색, 도장, 페인트칠 painting

배관 plumbing; piping; (파이프) pipe; (집합적) pipework

　배관공 plumber; pipe fitter[layer]

　□ 녹슨 파이프를 교체하기 위해 배관공을 불렀다.
　I called in a plumber to replace the rusted pipes.

　배관도 piping diagram

**❶ 도면의 종류**

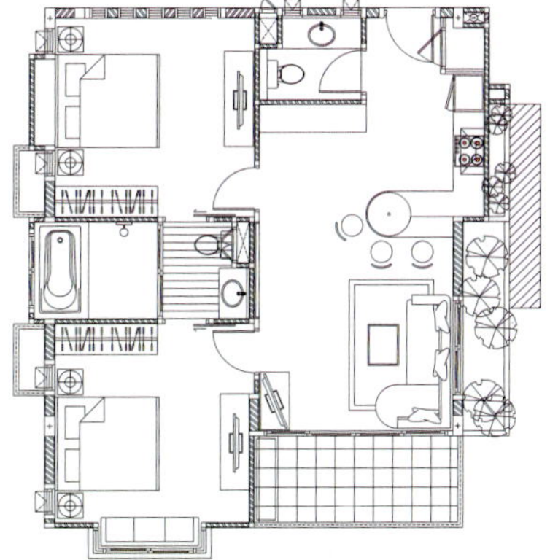

위에서 바라본 평면 구조, 평면도

청색 바탕에 건축이나 기계 등의 도면을 복사한 청사진

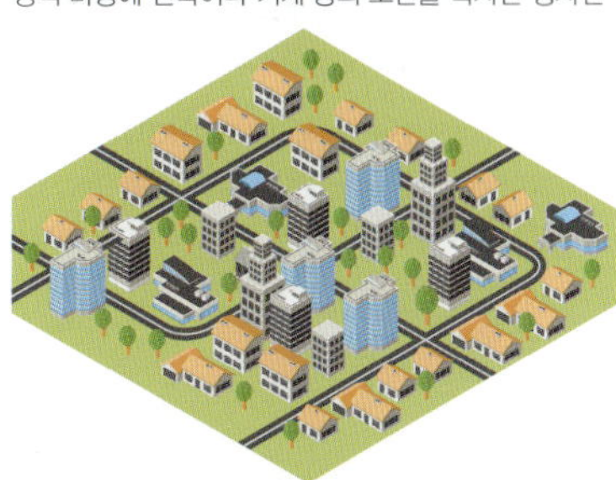

높은 곳에서 내려다본 조감도

원근법을 사용하여 입체적으로 표현한 투시도

## 설계 design

### 내진설계 earthquake-proof[-resistant] engineering
□ 도쿄의 빌딩들은 내진설계가 되어 있다.
In Tokyo, the buildings are constructed to be earthquake-proof.

### 설계도 plan; (청사진) blueprint
□ 그는 이 원대한 계획의 설계도를 그린 사람이다.
He's the one who drafted this far-reaching plan.

### 설계자 designer; planner; draftsman

## 완공, 준공 completion (of a building)

### 준공검사 pre-delivery inspection

### 준공식 building dedication[completion] ceremony
□ 2년간의 공사 끝에 오늘 드디어 새 빌딩의 준공식을 가졌다.
After two years of construction work, today we finally held a dedication
ceremony for the new building.

## 용접 welding
□ 용접은 위험한 직업이다. Welding is a dangerous job.

### 용접공 welder

### 용접기 welding machine; (소형의) blowtorch; torch; **BE** blowlamp

### 용접봉 welding rod

### 용접하다 weld
□ 접합된 부분을 새로 용접해야 한다. The seam needs to be rewelded.

## 측량(하다) survey

### 측량기 surveying instrument

### 측량기사 surveyor

### 측량술 surveying technique
□ 피라미드를 건설할 정도로 고대 이집트인들의 측량술은 수준이 대단히 높았다.
The ancient Egyptians had such outstanding surveying techniques that
they were able to build the pyramids.


# 자재, 건축자재 building[construction] material

## 기와 (roof) tile

## 내장재 interior material
□ 이 아파트는 고급 내장재를 사용하였다.
This apartment building used high-quality interior materials.

### 바닥재 flooring (material); (원목 등의) floorboard

단열재 insulator; insulation

도료, 안료, 페인트 paint ❶, 색소 pigment

마감재 finishing material

목재, 재목 lumber; timber

□ 아마존 정글에서는 뗏목을 이용해 목재를 운반한다.
  In the Amazon jungle, timber is transporting down the river on rafts.

  널빤지, 판자 board; plank

  베니어판, 합판 plywood; veneer; chipboard

  원목 hardwood; solid wood

  통나무 log

  하드보드 hardboard

방음재 soundproofing[sound-absorbing; sound-deadening] material;
sound insulation

□ 새로 생산된 자동차들은 방음재를 사용하여 소음을 아주 많이 줄였다. Through the use of
  soundproofing materials, the latest cars have greatly reduced noise.

벽돌 brick

  시멘트 벽돌, 콘크리트 블록 cinder block; **BE** breeze block

  흙벽돌 adobe; dried mud brick

벽지 wallpaper

□ 우리는 거실 벽에 초록색 벽지를 발랐다.
  We papered the living room with green wallpaper.

석고 plaster (of Paris); gypsum; (설화석고) alabaster

□ 이번 미술 시간에는 석고상을 보고 연필 스케치를 하기로 했다.
  In this art class, we are to do a pencil sketch of a plaster bust.

석고보드 gypsum board; plasterboard; wallboard; (상표명) Sheetrock

석면 asbestos, 유리섬유 glass fiber; fiberglass; glass wool

석재 (building) stone

슬레이트 slate

시멘트 cement

  시멘트 공장 cement factory[plant]

장판 linoleum; **BE** lino

철물, 철재 steel; iron; hardware

  양철 (아연을 입힌) galvanized steel; (주석을 입힌) tinned iron; tinplate

  철근 rebar

❶ 페인트의 종류
• 유성 페인트 oil(-based) paint
• 수성 페인트 water(-based) paint
• 에나멜 enamel
• 야광페인트 luminous paint
• 스프레이페인트 spray paint

철망, 철조망 wire mesh[netting; fence]
- 해안선엔 적의 침입을 막기 위해 철조망이 쳐져 있다. There are barbed-wire fences along the coast to prevent infiltration by the enemy.

철사 (steel) wire

함석 tin (sheet); galvanized steel sheet

아연을 표면에 도금한 얇은 철판

## 콘크리트 concrete

레미콘, 회반죽 ready-mix concrete

철근 콘크리트 ferroconcrete; reinforced concrete
- 이 건물은 철근 콘크리트로 지어졌다. This building is made of reinforced concrete.

## 타일 tile

## 파이프 pipe; tube; main
- 파이프가 낡아서 물이 새고 있다. The pipes are so old, they leak.

## 패널 panel

벽을 바르는 용도로 쓰는 건축용 널빤지

# 공구, 연장 tool

나무나 돌, 금속 등의 손질 및 형상제작, 세공작업에 사용되는 공구. 흔히 나무망치나 쇠망치로 손잡이 머리부분을 쳐서 작업한다.

곡괭이 pickax(e); pick

공구상자, 연장통 toolbox; tool chest

끌, 정 chisel; (둥근 끌) gouge; (페인트 등을 벗기는) (paint) scraper

나사 screw

수나사, 볼트 bolt; male screw

십자나사 phillips(-head) screw

암나사, 너트 nut; female screw

일자나사 standard[slot-head] screw

니퍼 wire cutters

전선, 철사를 절단하는 데 쓰는 공구

다림줄, 추선 plumb line

수평인지 수직인지 볼 때 쓰는 줄로, 추가 달림

다이너마이트 dynamite
- 알프레드 노벨은 다이너마이트를 발명해서 큰돈을 벌었다. Alfred Nobel made his fortune with the invention of dynamite.

달구지, 수레 wagon; cart; (손수레, 리어카) handcart; pushcart; (바퀴가 하나인) wheelbarrow; barrow

대패 plane

도끼 ax(e)

  손도끼 hatchet

도르래 pulley; block and tackle

▫ 그 마을 사람들은 도르래에 달린 양동이로 우물에서 물을 긷는다. The people of the village draw water from the well with a bucket on a pulley.

드라이버 screwdriver

  십자 드라이버 phillips screwdriver

  일자 드라이버 flathead[flat-bladed; flat-tip] screwdriver

드릴 drill; (전동 드릴) electric drill; (도로공사용 착암기) jackhammer; **BE** pneumatic drill

십자 드라이버

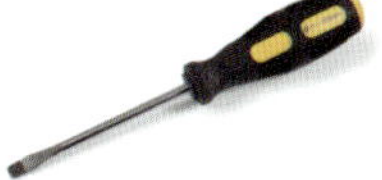

일자 드라이버

렌치, 스패너 wrench; spanner

만능공구 multipurpose tool

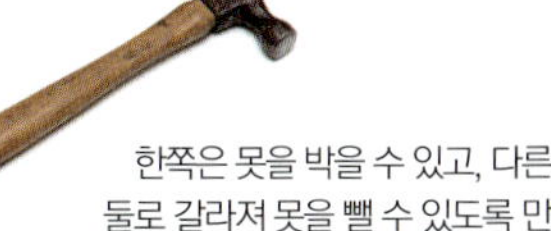

망치, 해머 hammer; sledgehammer

  고무망치, 나무망치 mallet

  쇠망치 (iron) hammer

  장도리 claw hammer

한쪽은 못을 박을 수 있고, 다른 한쪽은
둘로 갈라져 못을 뺄 수 있도록 만든 공구

맥가이버칼 Swiss army knife ❶

못 nail

  나사못 drive screw; screw nail

  대못 large[big] nail

벽돌지게 hod

비계 scaffold

건설 현장이나 건물 청소 등
을 할 때 인부와 자재를 들
어올리고 받쳐주기 위해 하
나 또는 여러 개의 발판재를
알맞은 모양과 쓰임새에 맞
게 다양한 방식으로 받쳐서
만든 발판구조

사다리 ladder; (A자로 벌리는) stepladder; (줄사다리) rope ladder

rope ladder

stepladder



❶ **맥가이버칼**

미국 드라마 〈맥가이버MacGyver〉에서 주인공이 위급 상황마다 꺼내 들었던 다용도 칼. 그래서 우리에겐 맥가이버칼이라는 이름으로 유명한 이 칼의 실제 이름은 '스위스 군용 칼Swiss army knife'이다. 스위스의 빅토리녹스Victorinox 사가 스위스 육군에 납품했던 칼로, 요즘은 등산할 때나 여행을 떠날 때 등 많은 사람들이 다양한 용도로 애용하고 있다. 맥가이버칼은 칼 외에 가위, 코르크스크루, 핀셋, 이쑤시개, 일자 드라이버 등 여러 가지 도구를 손잡이 안으로 집어넣게 되어 있다. 빨간색이 전형적인 맥가이버칼의 손잡이 색이며, 손잡이에는 빅토리녹스의 작은 십자가 로고가 박혀 있다.

사포 sandpaper

송곳 awl; bradawl; (나사송곳) gimlet; (얼음송곳) ice pick

수준기, 수평기 level

면의 경사를 조사하거나
평평한지 재는 데 쓰는 기구

작업대 workbench

전동공구 power tool

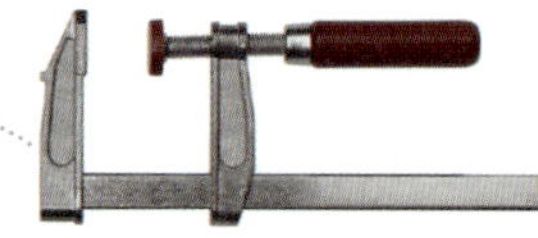

절단기 cutting machine; cutter

죔쇠 clamp; cramp; vise

줄 file; (이가 굵은) rasp

금속 등을 다듬을 때 사용하는 연장.
쇠붙이의 면을 문질러 쓸거나 깎는다.

지레, 지렛대 lever; crowbar

　지렛목 fulcrum

물체를 떠받치는 지렛대를
괴어 놓은 지점

체 sieve; (액체를 거르는) strainer

톱 saw; handsaw

　쇠톱 hacksaw

　실톱 fretsaw

　양날톱 double-edged saw

　전기톱 electric saw; chain saw; (둥근 톱) circular[buzz] saw;
　(틀에 고정된) jigsaw

　줄톱 (톱날이 삼각형으로 생긴) compass saw

펜치 pliers; pincers

흙손 trowel

# 건설기계, 중장비 | heavy equipment[machinery] ❶



굴착기, 포클레인 excavator; backhoe; hydraulic shovel; digger

기중기, 크레인 crane; (선박 기중기) derrick

레미콘차 truck mixer; ready-mix truck; concrete mixer truck

롤러 steamroller

불도저 bulldozer

콘크리트 믹서 concrete mixer; cement mixer

파일드라이버 pile driver

❶ 우락부락 중장비들

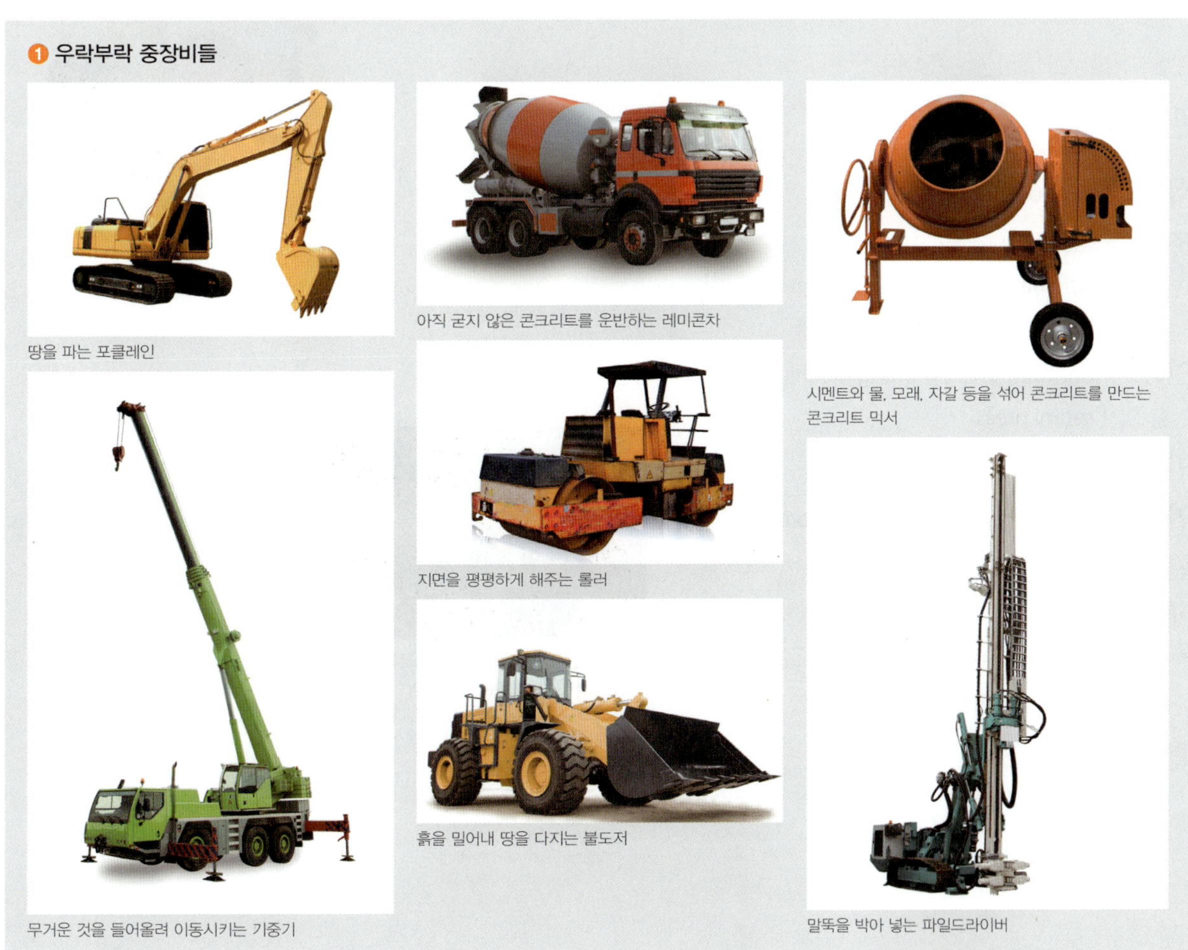

땅을 파는 포클레인

아직 굳지 않은 콘크리트를 운반하는 레미콘차

시멘트와 물, 모래, 자갈 등을 섞어 콘크리트를 만드는 콘크리트 믹서

지면을 평평하게 해주는 롤러

흙을 밀어내 땅을 다지는 불도저

무거운 것을 들어올려 이동시키는 기중기

말뚝을 박아 넣는 파일드라이버

## 종류

공판인쇄 stencil printing
스크린 인쇄 silk screen (process); silk-screening

볼록판 인쇄 relief printing
목판인쇄 woodblock printing
활판인쇄 letterpress; typographic printing

석판인쇄 lithography; lithographic printing

오목판인쇄 intaglio printing

평판인쇄 planographic printing; planography; lithographic printing

## 관련표현

식자공 compositor; typesetter

조판 typesetting
□ 조판하다 set (something) in type; typeset
조판소 typesetting shop; typesetter's

인쇄기 (printing) press; printing machine
윤전기 rotary press

인쇄물 printout; printed matter

인쇄소 printing house[office; shop]; printer's

인쇄술 printing (technique)

제본 bookbinding
제본소 (book)bindery
제본업자, 제책업자 bookbinder

활자 type
금속활자 metal type

인쇄 4원색 CMYK

자연의 색을 완벽히 표현하는 데는 3개의 기본 색(CMY)과 검은색(K), 즉 4개의 원색이 필요하다. CMYK는 '감산혼합'이라고 하여, 색을 서로 섞어 더욱 탁하고 어두운 색을 표현하는 방식이다. 기본 3색은 청록색cyan과 '마젠타'라고도 불리는 자홍색magenta, 노란색yellow으로, 이 세 가지 색을 섞어 다양한 색을 표현하게 된다. (원래 검은색은 영어로 black이나 blue와의 혼동을 피하기 위해 K로 표시한다.) CMYK는 잉크나 물감으로 색을 표현하는 곳에서 사용되는 기법으로, 인쇄/출판 등에 사용된다.

인쇄기의 일종. 서로 반대 방향으로 회전하는 2개의 원통으로 이루어진 것이 기본으로, 두 원통 사이에 인쇄용지를 끼워 인쇄한다. 신문 인쇄와 같은 고속 연속작업에 주로 쓰인다.

## 4.1 상업 commerce; business

### 종류

도매업 wholesale trade[business]

소매업 retail trade[business]

### 거래, 상거래 business transaction[deal]; commercial transaction[dealing]

공정거래 fair trade ⬌ 불공정거래 unfair trade

☐ 한국 소비자보호원에서는 그 업체가 한 불공정거래 행위에 대해 경고했다.
The Korea Consumer Protection Board gave the company a warning about its unfair trading practices.

매매 dealing; trading

매물 offerings; item[article] for sale

비매품 Not For Sale; item[article] not for sale

물물교환 barter; trade; swap

선물 futures

선물시장 futures market; **BE** forward market

옵션 option

신용거래, 외상거래 credit transaction; dealings[sales] on credit, 외상계정 charge[credit] account

옵션 거래: 주식이나 채권과 같은 특정 자산을 미래의 어느 시점에 미리 정한 가격으로 사고 팔 수 있는 권리를 매매하는 거래

암거래 black-market dealings; illegal[illicit] trade[trafficking]

암거래상 black marketer

암달러상 illegal dollar dealer

암달러 black-market dollar

온라인 상거래, 전자 상거래 e-commerce; e-business; m-commerce; mobile commerce

☐ 2000년대 이후 그 나라의 전자 상거래 비중은 높아졌다.
Since 2000s, the portion of e-commerce in that country has increased.

기업 간 전자상거래 B2B (business to business의 약자)

직거래 direct dealing[transaction]; (전화, 이메일 등을 통한) direct marketing

현금거래 cash transaction

현물거래 spot dealing[trading; transaction]

환매 (되팔기) resale; (주식의) redemption; (되사기) repurchase


## 거래 관련표현

거래액 turnover; volume[amount] of business

거래처 account; customer, 바이어 buyer

계약 contract; (정치적, 사업적인) deal

   계약금 deposit; down payment; earnest money

   계약자 contractor; contracting party

잔금, 잔액 (bank) balance; final[balance] payment

중도금 middle[second; intermediate; interim] payment

해약 cancellation; (법률) rescission

   위약금 damages for a breach of a contract[agreement]

   해약금 cancellation fee


## 시장, 장 market; the marketplace

공개시장, 오픈마켓 open market

국내시장 domestic[home] market

해외시장 foreign[overseas] market

금융시장 financial[investment; money] market

노동시장 labor market

단일시장 single market

부동산시장 property market; real estate market

사채시장 private[underground] money[loan] market

암시장 black market

외환시장 foreign exchange market

주식시장 the stock market[exchange], 증권시장 securities market
  강세장, 활황장 bull[bullish; strong] market
  약세장 bear[bearish; weak] market
틈새시장 niche market
현물시장 spot market
  현물가격 spot price



## 시장지배형태

과점 oligopoly ❶
  카르텔 cartel
  콘체른 combine; pool
  트러스트 (business) trust
독점 monopoly
  독점시장 monopolistic market

## 시장 관련표현

시장 가치 market value

시장성 marketability

시장점유율 market share; percentage of the market; share of the market
  □ 우리 회사의 내년 목표는 두 자릿수의 시장점유율을 달성하는 것이다. Our company's
    goal for next year is to reach a market share in the double digits.

시장지배기업, 시장지배제품 market leader

❶ **독과점을 막아라**

'카르텔'은 독일어 kartell에서 나온 말로서 유럽식 기업연합이고, '트러스트'는 미국에서 발생한 기업결합 형태이다. 카르텔이 동종업계에 속한 독립된 기업들이 시장 통제를 목적으로 단독기업처럼 협정에 의해 결합하여 경쟁을 피하면서 각자 이윤을 증대시킨다면, 트러스트는 동종업계의 기업들이 시장 독과점을 목적으로 각자의 독립성은 완전히 포기하고 새로운 하나의 거대 기업으로 연합하는 것이다. 카르텔보다 더 상위개념이 트러스트로, 카르텔의 기업들이 서로의 독립성을 포기하고 대자본 형성을 위해 더 강력하게 결합하게 되면 그 조직은 트러스트가 된다. 이런 종류의 독과점에 의한 국민 경제의 피해를 방지하기 위해 반트러스트법이 제정되고 있다. '콘체른' 또한 독일어 konzern에서 나온 말로, 법률상으로는 독립된 별개의 기업들이나 실질적으로 경제상·경영상으로는 결합되어 통일된 지배를 받는 기업연합 형태를 말한다. 거대기업이 여러 산업의 여러 기업을 통제하고 지배하기 위해 형성되는데, 한국의 대기업 및 그 계열사/자회사 구조가 이에 속한다.

## 종류

육상운송 overland transport; land transport; shipping by land

    퀵서비스 motorcycle courier[delivery] service

    택배 parcel (delivery) service

항공운송 air transport(ation); transport by air

해운업 shipping industry; marine[sea; ocean] transport(ation) industry

    해상운송 shipping; marine transport; transport(ation) by sea

    해운업자 shipping agent

## 관련표현

운송업자, 운수업자 carrier; freight forwarder; **AE** haulier; **BE** hauler

배달, 배송 shipping; delivery; shipment; round

▫ 배달하다 deliver / make a delivery (of)

▫ 최근에 내린 폭설 때문에 제품의 배송이 늦어졌다. Because of the recent heavy snowfall, the delivery of the products has been delayed.

    배달원 courier; delivery man[boy]

    배송비, 운반비, 운송료 delivery[shipping; transport] charge[fee; cost]; shipping and handling charge[fee]; freight charge

선적 shipment; shipping

송장, 운송장 invoice

## 종류

자비 출판 vanity publishing; vanity press

전자출판 electronic publishing; desktop publishing (**abb** DTP);
  e-publishing

## 관련자

감수자 editorial supervisor

교열자, 교정자 proofreader; copy editor; **BE** subeditor

발행인 publisher

엮은이, 편찬자 compiler

저자, 집필자 writer; author

  집필진 writing staff

출판인 publisher

편집자 editor

  □ 출판에서의 편집자의 역할은 음반업계에서의 프로듀서의 역할과 비슷하다. The role of
  editors in publishing is similar to that of producers in the music industry.

  편집장 editor-in-chief; chief[managing] editor

## 출판 업무

간행, 발행, 출간 publication

감수 editorial supervision

집필 writing

  고료, 원고료 writer's fee; money paid for a manuscript[writing
  submission]

  기고 contribution, 투고 submission

  원고 manuscript; copy
    □ 내 원고를 교정해줄 사람이 필요하다.
    I need someone to proofread my manuscripts.

유고 posthumous work

초고 first[rough] draft ↔ 퇴고 revision

탈고 completion of a manuscript[book]

편집 edit; editing

교정, 교열 proofreading

교정기호 proofreading marks; proofreaders' marks

교정지 proof

편집 디자인 publication design

편찬 compilation


## 출판물의 종류 types of publication

광고지, 전단 leaflet; flier; flyer

단행본, 서적, 책자 book(s), publication(s)

브로슈어, 소책자, 팸플릿 brochure; booklet; (여행용) shell folder; pamphlet ❶

신문 (daily) newspaper; inf paper

잡지 magazine

월간지 monthly magazine

주간지 weekly; (뉴스 · 시사) newsweekly

카탈로그 catalog


## 관련표현

ISBN (international standard book number의 약자) ❷

삽화, 일러스트레이션 illustration; artworks

삽화가 illustrator

인세 royalties

전지 whole paper

절판되다 go[be] out of print

☐ 그 책은 절판되었습니다. That book went out of print.

❶ **팸플릿과 브로슈어의 차이는 뭘까?**

최근에는 팸플릿과 브로슈어를 차별 없이 쓰는 경향이 있지만 팸플릿과 브로슈어는 엄연히 차이가 있다. 팸플릿과 브로슈어를 나누는 기준을 살펴보면 일반적으로 회사를 홍보하고 소개하는 내용을 담아 광고용으로 제작하는 것을 팸플릿이라 하고, 회사에 대한 보다 구체적인 정보나 제품 설명을 담아 더 고급스럽게 제작하는 것이 브로슈어이다. 그렇다면 카탈로그와는 어떤 면에서 다를까? 카탈로그는 일반적으로 회사에 대한 PR보다는 회사에서 생산한 제품들을 각각의 사진과 간단한 소개와 함께 나열하여 보여주며 제품 홍보와 판매를 목적으로 하는 선전물의 일종이다.

❷ **ISBN의 숫자가 담고 있는 비밀**

ISBN이란 국제표준 도서번호로, 총 13자리로 되어 있다. 책의 뒷표지 바코드 밑에 적힌 번호가 바로 ISBN으로, 13자리 숫자에는 그 숫자들이 의미하는 비밀(?)이 숨어 있다. 그 비밀을 본책 〈덩어리 VOCA 4〉의 ISBN을 통해 파헤쳐보도록 하겠다. 〈덩어리 VOCA 4〉의 ISBN은 978-89-277-0043-2 14740인데, 맨 앞의 978은 해당 제품이 '책/서적'임을 나타낸다. 뒤의 89는 부여된 국가번호로 대한민국에서 출간된 책은 모두 89란 번호가 달린다. 277은 한국문헌번호센터에서 '다락원'이라는 출판사에 부여한 고유번호고, 그 뒤의 0043은 다락원 출판사가 발행되는 자사의 출간물에 순차적으로 부여하는 번호이다. 마지막 한 자리인 2는 체크기호라고 하는데, 이는 해당 ISBN의 정확성을 점검한 기호이다.
13자리의 숫자 뒤에 5자리의 숫자 14740이 나오는데, 이 5자리 숫자는 부가기호라고 하여, 이것에도 비밀이 숨어 있다. 부가기호의 첫 자리 번호는 대상 독자가 누구인지를 알려주며, 두 번째 숫자는 발행형태를, 뒤의 두 자리는 책의 내용을 분류하며, 마지막은 항상 숫자 0을 붙인다. 즉, 1은 일반인을 대상으로 한 실용서라는 표시이고, 4는 여러 권으로 이루어진 시리즈(전집, 다권본, 총서)라는 것을 나타내며, 셋째 자리의 7은 이 책이 '어학'용 도서임을, 넷째 자리의 4는 어학 중에서도 '영어'책임을 알려주는 표시이다.

정오표 erratum



초판 the first[original] edition

출판 기념회 (book) publishing party

판각본, 판본 woodblock-printed book



판권 publication right; copy right

☐ 판권 소유자의 사전 동의 없이 이 책의 어느 부분도 그 어떠한 형태로든 생산될 수 없다.
No part of this publication may be reproduced in any form without the prior permission of the copyright owner.

**관광산업** tourism (industry); tourist industry[business; trade]

　가이드, 안내인 (tour[travel]) guide; tour conductor; **BE** courier

**광고업** advertising (business[industry])

　광고업자 advertiser; adman

**교육산업** education industry

**대행업** agency business, **중개업** brokerage; broking (agency)

　브로커, 에이전트, 중개업자 agent; broker; middleman; go-between

**사금융(업)** financial[banking] business

　고리대금업 loan-sharking (business), 대금업, 사채업 moneylending
　business

　고리대금업자 loan shark, 사채업자 (private) moneylender
　　□ 그는 악독한 사채업자로부터 거금을 빌렸다.
　　　He borrowed big money from an infamous moneylender.

**섹스산업** the sex industry, **윤락업** prostitution, **포르노 산업**
　pornography industry

□ 경제가 어려워짐에 따라 매춘에 뛰어드는 젊은이들이 늘고 있다. Economic hardship has
　forced many young people to engage in prostitution.

　매춘부, 윤락여성, 창녀 prostitute; hooker; **inf** working girl; street walker;
　whore; (전화로 부르는) call girl ⬌ 남창 hustler; male prostitute

　사창가, 윤락가, 홍등가 red-light district

　성매매 sex trade

　윤락업소, 환락업소 house of prostitution; brothel; whorehouse

　화대 money (paid) for sex

**숙박업** lodging industry; (호텔업) hotel business

**식음료업, 외식산업, 요식업** food service industry; restaurant industry

**영화산업** film[movie] industry

**유통업** distribution industry

　물류, 유통 distribution

　물류비 (physical) distribution costs

　물류창고 warehouse

**유흥업, 향락산업** adult entertainment industry[business] ❶

　유흥업소, 향락업소 entertainment[amusement] spot

---

❶ **밤의 향락**

외국 여행 중 도시에 간 관광객들이 꼭 한번 가보고 싶어하는 곳 중 하나는 각 도시의 (나이트)클럽과 같은 각종 유흥업소이다. 자기네 나라의 밤 문화와 여행하는 나라의 밤 문화는 어떻게 다른지, 클럽의 분위기는 어떤지, 해당 나라의 젊은이들은 어떻게 유흥을 즐기는지 등을 알고 싶어하는 호기심이 있는 것이다. 또한 미드 수사물을 보면 유흥업소를 배경으로 사건이 벌어지는 경우가 많아서 다음과 같은 몇 가지 표현을 추가로 알아두면 알아듣는 데 도움이 될 것이다.

• 나이트클럽, 디스코, 스탠드바 nightclub; club; nightspot
• 스트립바 strip club; strip joint
• 스트립쇼 striptease; strip (show); girlie show; peepshow
• 스트립 댄서 stripper; go-go dancer
• 쇼걸 showgirl
• 포주, 뚜쟁이 panderer; pimp; ponce
• 기둥서방 pimp
• 호스트바 host club

임대업 leasing service
  임대료 (집, 주택 등의) (house) rent; (자동차, 물건 등의) rental
  임대인 lessor
  임차인 lessee
정보기술산업 IT industry (IT: information technology의 약자)
통신업 telecommunication service
패션산업 fashion industry
  패션 디자이너 fashion designer
  패션 모델 fashion model, (초일류) supermodel
  패션 코디네이터 fashion coordinator

human FOOD disease VOCA tissue love building complexion

nose trunk brain reproductive organ seasoning mouth

kitchenware trunk digestive organ nerve voice home appliance

accessories eating room fashion sweetener

appearance ear complexion interest reproductive organ nerve leg

circulatory system muscle clothes

kitchenwa the ha mental str arm

furniture

# index

발음기호

abandoned [əbǽndənd]

abattoir [ǽbətwɑ̀ːr]

abdomen [ǽbdəmən]

abduct [æbdʌ́kt]

abductee [æbdʌ́ktiː]

abduction [æbdʌ́kʃən]

abet [əbét]

abolish [əbáliʃ]

abrogation [ǽbrəgéiʃən]

absentee [æ̀bsəntíː]

absolutism [ǽbsəlùːtizəm]

abstention [æbsténʃən]

abundant [əbʌ́ndənt]

abuse [əbjúːz]

accessory [æksésəri]

accompaniment [əkʌ́mpənimənt]

accordance [əkɔ́ːrdəns]

accountancy [əkáuntənsi]

accumulate [əkjúːmjulèit]

accusation [æ̀kjuzéiʃən]

accuse [əkjúːz]

ace [eis]

acknowledge [æknálidʒ]

acquaintance [əkwéintəns]

acquire [əkwáiər]

acquisition [æ̀kwiziʃən]

acquittal [əkwítəl]

acrylic [əkrílik]

ad libitum [æd-líbitəm]

adhere [ædhíər]

adherence [ædhíːərəns]

adjective [ǽdʒiktiv]

adjourn [ədʒə́ːrn]

adjudge [ədʒʌ́dʒ]

adjuster [ədʒʌ́stər]

adjutant [ǽdʒətənt]

adman [ǽdmæn]

administrative [ædmínəstrèitiv]

admiral [ǽdmərəl]

admiralty [ǽdmərəlti]

admission [ædmíʃən]

adobe [ədóubi]

adulterer [ədʌ́ltərər]

adulteress [ədʌ́ltəris]

adultery [ədʌ́ltəri]

advancement [ædvǽnsmənt]

adverse [ædvə́ːrs]

advertisement [ædvərtáizmənt]

advisory [ædváizəri]

advocacy [ǽdvəkəsi]

advocate [ǽdvəkèit]

Aegis [íːdʒis]

aerial [ɛ́əriəl]

aeronautics [ɛ̀ərənɔ́ːtiks]

aeroplane [ɛ́ərəpléin]

affiliate [əfílièit]

affirmative [əfə́ːrmətiv]

Afghan [ǽfgæn]

Afghanistan [æfgǽnəstæn]

a-frame [éifrèim]

aggression [əgréʃən]

agrément [ɑ̀ːgreimɑ́ːnt]

agriculturalist [æ̀grəkʌ́ltʃərəlist]

agriculture [ǽgrəkʌ̀ltʃər]

agrochemical [æ̀groukémikəl]

aid [eid]

aide-de-camp [éiddəkǽmp]

aidman [éidmæ̀n]

airborne [ɛ́ərbɔ̀ːrn]

airman [ɛ́ərmən]

air-raid [ɛ́ərrèid]

alabaster [ǽləbæ̀stər]

Albania [ælbéiniə]

alcohol [ǽlkəhɔ̀ːl]

alert [ələ́ːrt]

Algeria [ældʒíəriə]

Algerian [ældʒíəriən]

alibi [ǽləbài]

alien [éiljən]

alimony [ǽləmòuni]

allegiance [əlíːdʒəns]

alliance [əláiəns]

allied [əláid]

allies [ǽlaiz]

allotment [əlátmənt]

alloy [ǽlɔi]

alteration [ɔ̀ːltəréiʃən]

alternative [ɔːltə́ːrnətiv]

amalgam [əmǽlgəm]

ambassador [æmbǽsədər]

ambush [ǽmbuʃ]

amendment [əméndmənt]

ammo [ǽmou]

ammunition [æ̀mjəníʃən]

amnesty [ǽmnəsti]

amphibious [æmfíbiəs]

amusement [əmjúːzmənt]

anarchism [ǽnərkìzm]

anarchist [ǽnərkist]

Andorra [ændɔ́ːrə]

Andorran [ændɔ́ːrən]

Angolan [æŋgóuələn]

anklet [ǽŋklit]

annihilate [ənáiəlèit]

annuity [ənjúːəti]

annum [ǽnəm]

anthem [ǽnθəm]

anthropophagy [æ̀nθrəpáfədʒi]

antiballistic [æ̀ntibəlístik]

anticommunism [æ̀ntikámjunizəm]

antidumping [æ̀ntidʌ́mpiŋ]

antigovernment [æ̀ntigʌ́vərnmənt]

Antiguaand Barbuda

[æntíːgə and bɑːrbúːdə]

Antiguan [æntíːgən]

antimissile [æ̀ntimísəl]

antipersonnel [æ̀ntipə̀ːrsənél]

antisubmarine [æ̀ntisʌ̀bməríːn]

antitank [æ̀ntitǽŋk]

apartheid [əpáːrtʰèit]

apiary [éipièri]

apiculture [éipəkʌ̀ltʃər]

apparel [əpǽrəl]

appellate [əpélət]

appraisal [əpréizəl]

appreciation [əprìːʃiéiʃən]

apprehension [æ̀prihénʃən]

apprentice [əpréntis]

approbation [æ̀prəbéiʃən]

approval [əprúːvəl]

aptitude [ǽptətjùːd]

aquaculture [ǽkwəkʌ̀ltʃər]

aquafarm [ǽkwəfáːrm]

aqueduct [ǽkwədʌ̀kt]

Arab Emirates [ǽrəb imíərəts]

Arabia [əréibiə]

Arabian [əréibiən]

arable [ǽrəbl]

archer [áːrtʃər]

architect [áːrkətèkt]

Argentina [àːrdʒəntíːnə]

Argentine [áːrdʒəntìːn]

Argentinian [àːrdʒəntíːniən]

aristocracy [æ̀rəstákrəsi]

armament [áːrməmənt]

Armenia [aːrmíːniə]

Armenian [aːrmíːniən]

armistice [áːrməstis]

armory [áːrməri]

armour [áːrmər]

arms [áːrmz]

army [áːrmi]

arraignment [əréinmənt]

arrearage [əríəridʒ]

arrears [əríərz]

arrest [ərést]

arrowhead [ǽrouhèd]

arsenal [áːrsənl]

arson [áːrsn]

arsonist [áːrsnist]

article [áːrtikl]

artillerist [aːrtílərist]

artillery [aːrtíləri]

artilleryman [aːrtílərimən]

artwork(s) [áːrtwə̀ːrk]

asbestos [æsbéstəs]

assailant [əséilənt]

assassin [əsǽsn]

assault [əsɔ́ːlt]

assembly [əsémbli]

assemblyman [əsémblimən]

assessment [əsésmənt]

assets [ǽsets]

assign [əsáin]

assistant [əsístənt]

assume [əsjúːm]

assurance [əʃúərəns]

astronomical [æ̀strənámikəl]

asylum [əsáiləm]

athlete [ǽθliːt]

Atlantic [ətlǽntik]

atom [ǽtəm]

atomic [ətámik]

atop [ətáp]

attach [ətǽtʃ]

attaché [æ̀təʃéi]

attempt [ətémpt]

attest [ətést]

attic [ǽtik]

attorney [ətə́ːrni]

attract [ətrǽkt]

attrition [ətríʃən]

auction [ɔ́ːkʃən]

auctioneer [ɔ̀ːkʃníər]

audit [ɔ́ːdit]

augmentation [ɔ̀ːgmentéiʃən]

austerity [ɔːstérəti]

Austria [ɔ́(ː)striə]

Austrian [ɔ́(ː)striən]

author [ɔ́ːθər]

authority [əθɔ́ːrəti]

authorized [ɔ́ːθəràizd]

autocracy [ɔːtákrəsi]

autocrat [ɔ́ːtəkræt]

automated [ɔ́ːtəmèitid]

automatic [ɔ̀ːtəmǽtik]

automobile [ɔ̀ːtəməbíːl]

automotive [ɔ̀ːtəmóutiv]

autopsy [ɔ́ːtɑpsi]

auxiliary [ɔːgzíljəri]

avian [éiviən]

aviation [èiviéiʃən]

avoidance [əvɔ́idəns]

awl [ɔːl]

ax(e) [æks]

axis [ǽksis]

aye [ai]

Azerbaijan [àːzərbaidʒáːn]

Azerbaijani [àːzərbaidʒáːni]

<table><tr><td>B</td></tr></table>

backblast [bǽkblæst]

backhoe [bǽkhou]

backpack [bǽkpæk]

Baghdad [bǽgdæd]

Bahamian [bəhéimiən]

Bahrain [baːréin]

Bahraini [baːréini]

bail [beil]

bailiff [béilif]

bailout [béilàut]

bait [beit]

ballistic [bəlístik]

ballot [bǽlət]

bamboo [bæmbúː]

bandolier [bændəlíər]

Bangladesh [bæ̀ːŋglədéʃ]

Bangladeshi [bǽ:ŋglədèʃi]

banknote [bǽŋknòut]

bankrupt [bǽŋkrʌpt]

bankruptcy [bǽŋkrəptsi]

barb [bɑːrb]

Barbadian [bɑːrbéidiən]

Barbados [bɑːrbéidouz]

barbed-wire [bɑ́ːrbdwáiər]

barely [bɛ́ərli]

baron [bǽrən]

barracks [bǽrəks]

barrel [bǽrəl]

barren [bǽrən]

barrier [bǽriər]

barrister [bǽrəstər]

barrow [bǽrou]

barter [bɑ́ːrtər]

Basotho [bəsoútou]

baton [bætán]

battalion [bətǽljən]

battery [bǽtəri]

battleaxe [bǽtlæks]

battlefield [bǽtlfìːld]

battlefront [bǽtlfrʌ̀nt]

battleground [bǽtlgràund]

bayonet [béiənit]

bazooka [bəzúːkə]

beachhead [bíːtʃhèd]

bearer [bɛ́ərər]

bearish [bɛ́əriʃ]

beaurocracy [bjuərákrəsi]

beaurocrat [bjúərəkræt]

beekeeper [bíːkìːpər]

beeswax [bíːzwæks]

behead [bihéd]

Belarus [bélərus]

Belarusian [bèlərúːʃən]

Belgian [béldʒən]

Belgium [béldʒəm]

Belize [bəlíːz]

Belizean [bəlíːzən]

belligerent [bəlídʒərənt]

belt-tightening [bélttàitniŋ]

benefactor [bénəfæ̀ktər]

beneficiary [bènəfíʃièri]

Benin [beníːn]

Beninese [bènəníːz]

bequeath [bikwíːð]

Bhutan [buːtáːn]

Bhutanese [buːtəníːs]

bicameral [baikǽmərəl]

bicameralism [baikǽmərəlizm]

bid [bid]

bigamy [bígəmi]

bilk [bilk]

bindery [báindəri]

binge [bindʒ]

biological [bàiəládʒikəl]

biowar [bàiouwɔ́ːr]

bipod [báipɑd]

birdcage [bə́ːrdkèidʒ]

birdseed [bə́ːrdsìːd]

birthplace [bə́ːrθplèis]

birthright [bə́ːrθràit]

blackmail [blǽkmèil]

blackout [blǽkàut]

blest [blest]

blitz [blits]

blitzkrieg [blítskrìːg]

blockhouse [blákhàus]

blowlamp [blóulæ̀mp]

blowtorch [blóutɔ̀ːrtʃ]

blue-chip [blúːtʃíp]

blueprint [blúːprìnt]

boatyard [bóutjàːrd]

bodyguard [bádigàːrd]

bogus [bóugəs]

Bolivarian [bəlivέəriən]

Bolivia [bəlíviə]

Bolivian [bəlíviən]

bolt [boult]

bomb [bɑm]

bombard [bɑmbáːrd]

bombardment [bɑmbáːrdmənt]

bomber [bámər]

bonanza [bənǽnzə]

bond [bɑnd]

bondsman [bándzmən]

booby [búːbi]

bookbinding [búkbàindiŋ]

bookkeeping [búkkìːpiŋ]

booklet [búklit]

boom [buːm]

boomerang [búːməræ̀ŋ]

boonie [búːniː]

booster [búːstər]

boot [buːt]

booth [buːθ]

bootlegging [búːtlègiŋ]

booty [búːti]

borough [bə́ːrou]

Bosnia [bázniə]

Bosnian [bázniən]

botch [bɑtʃ]

Botswana [bɑtswáːnə]

Botswanan [bɑtswáːnən]

bounce [bauns]

boundary [báundəri]

bounty [báunti]

bourgeoisie [bùərʒwɑːzíː]

bovine [bóuvain]

bow [bau]

bracket [brǽkit]

bradawl [brǽdɔ̀ːl]

brandishing [brǽndiʃiŋ]

brand-new [brǽndnjùː]

brass [bræs]

Brazilian [brəzíljən]

breach [briːtʃ]

breadbasket [brédbæ̀skit]

breakeven [breikí:vən]

breakout [bréikàut]

breath [breθ]

Breathalyzer [bréθəlàizər]

breed [bri:d]

breeze [bri:z]

brewer [brú:ər]

brewery [brú:əri]

bribe [braib]

bribery [bráibəri]

brickfield [bríkfì:ld]

bricklayer [bríklèiər]

brickworks [bríkwə̀:rks]

brickyard [bríkjà:rd]

bridgehead [brídʒhèd]

bridle [bráidl]

brig [brig]

brigade [brigéid]

brigadier [brìgədíər]

Britain [brítən]

British [brítiʃ]

brochure [brouʃúər]

brokerage [bróukəridʒ]

bronze [branz]

brothel [bráθəl]

Brunei [brú:nai]

Bruneian [brunáiən]

brutal [brú:tl]

buck [bʌk]

buckaroo [bʌ̀kərú:]

bucket [bʌ́kit]

budget [bʌ́dʒit]

buffer [bʌ́fər]

bug [bʌg]

Bulgaria [bʌlgɛ́əriə]

Bulgarian [bʌlgɛ́əriən]

bulldozer [búldòuzər]

bullet [búlit]

bulletproof [búlitprù:f]

bullish [búliʃ]

bumper [bʌ́mpər]

bundle [bʌ́ndl]

bunker [bʌ́ŋkər]

bunting [bʌ́ntiŋ]

bureau de change [bjuərou də ʃɔ́:nʒ]

bureaucracy [bjuərákrəsi]

burglar [bə́:rglər]

Burkina Faso [bə:rkì:nə fá:sou]

Burkinabé [bə́:rkinəbéi]

Burmese [bə:rmí:z]

bursting [bə́:rstiŋ]

Burundi [bərʌ́ndi]

Burundian [bərʌ́ndiən]

bust [bʌst]

butchery [bútʃəri]

buyout [báiàut]

buzz [bʌz]

by-election [báiilèkʃən]




cadet [kədét]

caisson [kéisən]

calf [kæf]

caliber [kǽləbər]

calibrate [kǽləbreit]

Cambodia [kæmbóudiə]

Cambodian [kæmbóudiən]

Cameroon [kæmərú:n]

Cameroonian [kæmərú:niən]

camouflage [kǽməflà:ʒ]

campaign [kæmpéin]

campus [kǽmpəs]

Canadian [kənéidiən]

canal [kənǽl]

cancellation [kæ̀nsəléiʃən]

cancer [kǽnsər]

candidacy [kǽndidəsi]

candidate [kǽndidèit]

candidature [kǽndidətʃər]

cangue [kæŋ]

cannabis [kǽnəbis]

cannibal [kǽnəbl]

cannibalism [kǽnəbəlìzm]

cannon [kǽnən]

cannonball [kǽnənbɔ̀:l]

canteen [kæntí:n]

capable [kéipəbl]

capacity [kəpǽsəti]

Cape Verde [kéipvə́:rd]

Cape Verdean [kéip və́:rdiən]

capital [kǽpətl]

capitalism [kǽpətəlìzm]

capitalist [kǽpitlist]

capitation [kæ̀pətéiʃən]

capitulation [kəpìtʃuléiʃən]

career [kəríər]

caretaker [kɛ́ərtèikər]

carpenter [ká:rpəntər]

carrier [kǽriər]

cartel [ka:rtél]

cartridge [ká:rtridʒ]

casemate [kéismèit]

cashier [kæʃíər]

cashpoint [kǽʃpɔ̀int]

cast [kæst]

caste [kæst]

castration [kæstréiʃən]

casualty [kǽʒuəlti]

catalog [kǽtəlɔ̀:g]

catapult [kǽtəpʌ̀lt]

category [kǽtəgɔ̀:ri]

caterpillar [kǽtərpilər]

Caucasian [kɔ:kéiʒən]

caucus [kɔ́:kəs]

cavalry [kǽvəlri]

cavalryman [kǽvəlrimən]

cease [si:s]

cease-fire [sí:sfaiər]

cell [sel]

cellophane [séləfèin]

celluloid [séljəlɔ̀id]

cement [simént]

centralism [séntrəlìzm]

ceramics [sərǽmiks]

ceremonial [sèrəmóuniəl]

ceremony [sérəmòuni]

certificate [sərtífikət]

certification [sə̀ːrtəfikéiʃən]

certified [sə́ːrtəfàid]

cessation [seséiʃən]

Chad [tʃæd]

Chadian [tʃǽdiən]

chaff [tʃæf]

chairman [tʃɛ́ərmən]

challenge [tʃǽlindʒ]

chamber [tʃéimbər]

chamberlain [tʃéimbərlin]

chancellor [tʃǽnsələr]

chaplain [tʃǽplin]

characteristic [kæ̀riktərístik]

characterize [kǽriktəràiz]

chargé d'affaires [ʃɑːrʒéi dəfɛ̀ər]

charitable [tʃǽritəbəl]

charity [tʃǽrəti]

charter [tʃɑ́ːrtər]

chemical [kémikəl]

chequebook [tʃékbùk]

Chicago [ʃikɑ́ːgou]

Chile [tʃíli]

Chilean [tʃíliən]

chipboard [tʃípbɔ̀ːrd]

chisel [tʃízəl]

chivalrous [ʃívəlrəs]

chivalry [ʃívəlri]

chloride [klɔ́ːraid]

cholera [kálərə]

chopper [tʃápər]

cinder [síndər]

circular [sə́ːrkjulər]

circulation [sə̀ːrkjuléiʃən]

circumstance [sə́ːrkəmstæns]

circumstantial [sə̀ːrkəmstǽnʃəl]

citation [saitéiʃən]

cite [sait]

citizen [sítəzən]

citizenry [sítəzənri]

citizenship [sítəzənʃip]

civilian [sivíljən]

clampdown [klǽmpdàun]

claw [klɔː]

claymore [kléimɔ̀ːr]

clearance [klíərəns]

client [kláiənt]

clique [kliːk]

closure [klóuʒər]

cloth [klɔːθ]

clothes [klouz/klouðz]

clothing [klóuðiŋ]

cloudless [kláudlis]

cluster [klʌ́stər]

coalition [kòuəlíʃən]

coastal [kóustəl]

cocktail [káktèil]

cocoon [kəkúːn]

code [koud]

coerce [kouə́ːrs]

coffer [kɔ́ːfər]

coin [kɔin]

coinage [kɔ́inidʒ]

coincide [kòuinsáid]

collaboration [kəlæ̀bəréiʃən]

collapse [kəlǽps]

collateral [kəlǽtərəl]

collateralize [kəlǽtərəlàiz]

colliery [káljəri]

collision [kəlíʒən]

colonel [kə́ːrnl]

colonial [kəlóuniəl]

colonialist [kəlóuniəlist]

colonize [kálənàiz]

colony [káləni]

column [káləm]

comb [koum]

combat [kámbæt]

combatant [kəmbǽtənt]

combine [kəmbáin]

commandant [káməndæ̀nt]

commando [kəmǽndou]

commerce [káməːrs]

commercial [kəmə́ːrʃəl]

commercialize [kəmə́ːrʃəlàiz]

commie [kámi]

commission [kəmíʃən]

committee [kəmíti]

commodity [kəmádəti]

commonwealth [kámənwèlθ]

communism [kámjunìzm]

communist [kámjunist]

community [kəmjúːnəti]

commutation [kàmjutéiʃən]

Comorian [kəmɔ́ːriən]

Comoros [káməròuz]

compass [kʌ́mpəs]

compatriot [kəmpéitriət]

compensation [kàmpənséiʃən]

competition [kàmpətíʃən]

competitive [kəmpétətiv]

competitor [kəmpétətər]

compilation [kàmpəléiʃən]

compiler [kəmpáilər]

complainant [kəmpléinənt]

complaint [kəmpléint]

complementary [kàmpləméntəri]

complete [kəmplíːt]

completion [kəmplíːʃən]

complex [kəmpléks/kámpleks]

complicated [kámpləkèitid]

compose [kəmpóuz]

composite [kəmpázit]

compositor [kəmpázitər]
compost [kámpoust]
compound [kámpaund]
comprehensive [kàmprihénsiv]
comrade [kámræd]
comradeship [kámrædʃìp]
conceal [kənsíːl]
concentrate [kánsəntrèit]
concern [kənsə́ːrn]
concession [kənséʃən]
conclude [kənklúːd]
conclusion [kənklúːʒən]
concord [kánkɔːrd]
concrete [kánkriːt]
concubine [kánkjubàin]
condemned [kəndémd]
conditioner [kəndíʃənər]
confectionery [kənfékʃənəri]
confederacy [kənfédərəsi]
confederation [kənfèdəréiʃən]
confession [kənféʃən]
confidence [kánfədəns]
confine [kənfáin]
confinement [kənfáinmənt]
confirmation [kànfərméiʃən]
confiscate [kánfəskèit]
confiscation [kánfiskèit]
conflict [kánflikt]
confusion [kənfjúːʒən]
conglomerate [kənglámərit]
Congolese [kàŋgəlíːz]
congress [káŋgris]
conquer [káŋkər]
conqueror [káŋkərər]
conquest [káŋkwest]
conscience [kánʃəns]
conscientious [kànʃiénʃəs]
conscript [kənskrípt]
consent [kənsént]
conservative [kənsə́ːrvətiv]

conservatory [kənsə́ːrvətɔ̀ːri]
considerable [kənsídərəbəl]
consideration [kənsìdəréiʃən]
consignment [kənsáinmənt]
consolidated [kənsálədèitid]
consortium [kənsɔ́ːrʃiəm]
conspiracy [kənspírəsi]
conspirator [kənspírətər]
constable [kánstəbl]
constituency [kənstítʃuənsi]
constituent [kənstítʃuənt]
constitutionalism [kànstətjúːʃənəlìzəm]
constitutionality [kànstətju:ʃənǽləti]
consul [kánsəl]
consular [kánsələr]
consulate [kánsəlit]
consult [kənsʌ́lt]
consultancy [kənsʌ́ltənsi]
consultant [kənsʌ́ltənt]
consumer [kənsúːmər]
consumerism [kənsjúːmərìzəm]
consumption [kənsʌ́mpʃən]
contaminated [kəntǽmənèitid]
contempt [kəntémpt]
continental [kàntənéntl]
contingency [kəntíndʒənsi]
contraband [kántrəbænd]
contract [kántrækt]
contribution [kàntrəbjúːʃən]
contributor [kəntríbjutər]
controversy [kántrəvə̀ːrsi]
convertible [kənvə́ːrtəbəl]
conveyer [kənvéiər]
conviction [kənvíkʃən]
convoy [kánvɔi]
coop [kúːp]
cooperation [kouàpəréiʃən]
cooperative [kouápərətiv]
coordinator [kouɔ́ːrdənèitər]
copter [káptər]

copycat [kápikæt]
copyright [kápiràit]
copywriter [kápiràitər]
cordon [kɔ́ːrdn]
coronation [kɔ́ːrənèiʃən]
coroner [kɔ́ːrənər]
corporal [kɔ́ːrpərəl]
corporation [kɔ̀ːrpəréiʃən]
corpsman [kɔ́ːrmən]
correctional [kərékʃənəl]
corruption [kərʌ́pʃən]
cosmetic [kazmétik]
Costa Rica [kástə ríːkə]
cot [kɑt]
Côte d'Ivoire [kòut divwáːr]
cottage [kátidʒ]
council [káunsəl]
counsel [káunsəl]
counselor [káunsələr]
counterattack [káuntərətæ̀k]
counterfeit [káuntərfìt]
counteroffensive [kàuntərəfénsiv]
countersign [káuntərsàin]
county [káunti]
coup [kuː]
couple [kʌ́pl]
coupon [kúːpan]
courier [kə́ːriər]
court [kɔːrt]
court-appointed [kɔ́ːrtəpɔ̀intid]
courthouse [kɔ́ːrthàus]
court-martial [kɔ́ːrtmàːrʃəl]
courtyard [kɔ́ːrtjàːrd]
cowgirl [káugə̀rl]
cowhand [káuhænd]
cowshed [káuʃèd]
crackdown [krǽkdàun]
crane [krein]
credence [kríːdəns]
credential [kridénʃəl]

**credit** [krédit]

**crew** [kruː]

**crime** [kraim]

**Crimean** [kraimíːən]

**crime-ridden** [kráimrídn]

**criminal** [krímənl]

**crisis** [kráisis]

**criticism** [krítəsìzm]

**Croat** [króuæt]

**Croatia** [krouéiʃtə]

**Croatian** [krouéiʃiən]

**crook** [kruk]

**crossbow** [krɔ́ːsbòu]

**cross-examination**
[krɔ(ː)sigzæmənéiʃən]

**crowbar** [króubàːr]

**crucible** [krúːsəbl]

**crude** [kruːd]

**cruise** [kruːz]

**crusade** [kruːséid]

**crusader** [kruːséidər]

**Cuban** [kjúːbən]

**cudgel** [kʌ́dʒəl]

**cuff** [kʌf]

**culprit** [kʌ́lprit]

**cultivate** [kʌ́ltəvèit]

**cumulative** [kjúːmjulətiv]

**currency** [kə́ːrənsi]

**curriculum** [kəríkjuləm]

**cushion** [kúʃən]

**custody** [kʌ́stədi]

**customary** [kʌ́stəmèri]

**customer** [kʌ́stəmər]

**customs** [kʌ́stəmz]

**cuttage** [kʌ́tidʒ]

**cutter** [kʌ́tər]

**cutting-edge** [kʌ́tiŋédʒ]

**cybercrime** [sáibərkràim]

**cyber-terrorism** [sáibərtérərìzm]

**Cypriot** [sípriət]

**Cyprus** [sáiprəs]

**Czech** [tʃek]


# D

**dagger** [dǽgər]

**dairy** [dɛ́əri]

**damage** [dǽmidʒ]

**Dane** [dein]

**Danish** [déiniʃ]

**dawn** [dɔːn]

**de facto** [diː fǽktou]

**dealing** [díːliŋ]

**death-row** [déθróu]

**debenture** [dibéntʃər]

**debit** [débit]

**debris** [déibriː]

**debt** [det]

**debtor** [détər]

**decade** [dékeid]

**decapitation** [dikæ̀pitéiʃən]

**deceased** [disíːst]

**decentralization** [diːsèntrəlizéiʃən]

**decision** [disíʒən]

**declaration** [dèkləréiʃən]

**declare** [diklɛ́ər]

**decline** [dikláin]

**decompression** [dìːkəmpréʃən]

**decoration** [dèkəréiʃən]

**decree** [dekríː]

**dedication** [dèdikéiʃən]

**deed** [diːd]

**defamation** [dèfəméiʃən]

**default** [difɔ́ːlt]

**defect** [difékt/díːfekt]

**defendant** [diféndənt]

**deferred** [difə́ːrd]

**deficit** [défəsit]

**deflation** [difléiʃən]

**defraud** [difrɔ́ːd]


**degenerate** [didʒénərèit]

**delegate** [déligət/déligèit]

**deliberate** [dilíbərət]

**delinquency** [dilíŋkwənsi]

**delinquent** [dilíŋkwənt]

**demarcation** [dìːmɑːrkéiʃən]

**demilitarize** [diːmílətəràiz]

**democracy** [dimɑ́krəsi]

**democrat** [déməkræt]

**demonstration** [dèmənstréiʃən]

**demote** [dimóut]

**demotion** [dimóuʃən]

**Denmark** [dénmɑːrk]

**denuclearization** [diːnjùːkliərəzéiʃən]

**deny** [dinái]

**departure** [dipɑ́ːrtʃər]

**dependency** [dipéndənsi]

**deport** [dipɔ́ːrt]

**deportation** [dìːpɔːrtéiʃən]

**deposit** [dipɑ́zit]

**depository** [dipɑ́zətɔ̀ːri]

**depreciation** [diprìːʃiéiʃən]

**depression** [dipréʃən]

**deprivation** [dèprəvéiʃən]

**depth** [depθ]

**deputy** [dépjuti]

**dereliction** [dèrəlíkʃən]

**derrick** [dérik]

**desert** [dézərt/dizə́ːrt]

**deserted** [dizə́ːrtid]

**desertion** [dizə́ːrʃən]

**designate** [dézignèit]

**designated** [dézignèitid]

**desolation** [dèsəléiʃən]

**desperate** [déspərət]

**despot** [déspət]

**destroy** [distrɔ́i]

**destruction** [distrʌ́kʃən]

**detached** [ditǽtʃt]

**detain** [ditéin]

**detainee** [dìteiníː]

**detector** [ditéktər]

**détente** [deitáːnt]

**detention** [diténʃən]

**detonate** [détənèit]

**detonator** [détənèitər]

**Detroit** [ditrɔ́it]

**devaluation** [diːvæ̀ljuéiʃən]

**device** [diváis]

**diagram** [dáiəgræm]

**diaper** [dáiəpər]

**dictator** [díkteitər]

**dictatorial** [dìktətɔ́ːriəl]

**dictatorship** [diktéitərʃ̀ip]

**diet** [dáiət]

**digit** [dídʒit]

**dignitary** [dígnitèri]

**dimensional** [diménʃənl]

**dimly** [dímli]

**diplomacy** [diplóuməsi]

**diplomat** [dípləmæ̀t]

**director** [diréktər]

**dirt** [dəːrt]

**disability** [dìsəbíləti]

**disabled** [diséibld]

**disarmament** [disáːrməmənt]

**disaster** [dizǽstər]

**disciplinary** [dísəplənèri]

**discipline** [dísəplin]

**disclose** [disklóuz]

**discord** [dískɔːrd]

**discrimination** [diskrìmənéiʃən]

**disease** [dizíːz]

**disguise** [disgáiz]

**dishonor** [disánər]

**dishonorable** [disánərəbl]

**disillusion** [dìsilúːʒən]

**disloyal** [dislɔ́iəl]

**dismiss** [dismís]

**dismissal** [dismísəl]

**disobedience** [dìsəbíːdiəns]

**disobey** [dìsəbéi]

**dispatch** [dispǽtʃ]

**dispenser** [dispénsər]

**disposable** [dispóuzəbl]

**dispose** [dispóuz]

**disqualification** [diskwàləfikéiʃən]

**disqualified** [diskwáləfàid]

**dissatisfied** [dissǽtisfàid]

**distiller** [distílər]

**distinguished** [distíŋgwiʃt]

**distress** [distrés]

**distribution** [dìstrəbjúːʃən]

**district** [dístrikt]

**disturbance** [distə́ːrbəns]

**dividend** [dívədènd]

**divine** [diváin]

**division** [divíʒən]

**divorce** [divɔ́ːrs]

**Djibouti** [dʒibúːti]

**Djiboutian** [dʒibúːtiən]

**dockyard** [dákjàːrd]

**document** [dákjumənt]

**dodge** [dadʒ]

**domain** [douméin]

**domestic** [dəméstik]

**dominating** [dámənèitiŋ]

**donation** [dounéiʃən]

**dormant** [dɔ́ːrmənt]

**dotcom** [datkàm]

**doth** [dʌθ/dəθ]

**double-edged** [dʌ́blédʒd]

**dove** [dʌv]

**dowry** [dáuəri]

**draft** [dræft]

**draftee** [dræftíː]

**draftsman** [drǽftsmən]

**dragnet** [drǽgnèt]

**drawn-out** [drɔ́ːnáut]

**dread** [dred]

**drift** [drift]

**drone** [droun]

**drug** [drʌg]

**drunk** [drʌŋk]

**dual** [djúːəl]

**Dubai** [duːbái/dəbái]

**Duchy** [dʌ́tʃi]

**dud** [dʌd]

**due** [djuː]

**duffle** [dʌ́fl]

**dugout** [dʌ́gàut]

**dukedom** [djúːkdəm]

**dum-dum** [dʌmdʌm]

**dump** [dʌmp]

**dungeon** [dʌ́ndʒən]

**durable** [djúərəbl]

**Dutch** [dʌtʃ]

**dutiable** [djúːtiəbl]

**duty** [djúːti]

**dye** [dai]

**dynamite** [dáinəmàit]

**dynasty** [dáinəsti]

## E

**earnest** [ə́ːrnist]

**earthquake-proof** [ə́ːrθkwèikprùːf]

**earthwork** [ə́ːrθwə̀ːrk]

**East Timor** [íːst tíːmɔːr]

**eastern** [íːstərn]

**economic** [ìːkənámik]

**Ecuador** [ékwədɔ̀ːr]

**Ecuadorian** [èkwədɔ́ːriən]

**edict** [íːdikt]

**edition** [idíʃən]

**editorial** [èdətɔ́ːriəl]

**Egypt** [íːdʒipt]

**Egyptian** [idʒípʃən]

**El Salvador** [el sǽlvədɔ̀ːr]

**elastic** [ilǽstik]

election [ilékʃən]

electioneering [ilèkʃəníəriŋ]

electorate [iléktərət]

electrician [ilektríʃən]

electrocution [ilèktrəkjú:ʃən]

electronic [ilektránik]

electroshock [iléktrəʃàk]

element [éləmənt]

eligible [élidʒəbl]

eliminate [ilímənèit]

elite [ilí:t]

emancipation [imænsəpéiʃən]

embargo [imbá:rgou]

embassy [émbəsi]

embedd [imbédid]

embezzle [imbézl]

emblem [émbləm]

embroil [imbrɔ́il]

emergency [imá:rdʒənsi]

emigrant [émigrənt]

emigrate [émigrèit]

émigré [émigrèi]

Emirati [imíərəti]

emissary [éməsèri]

emperor [émpərər]

empire [émpaiər]

empress [émpris]

encephalopathy [ensèfəlápəθi]

endorse [indɔ́:rs]

enforce [infɔ́:rs]

engage [ingéidʒ]

engross [ingróus]

enhanced [inhǽnst]

enlarge [inlá:rdʒ]

enlist [inlíst]

enrichment [inrítʃmənt]

ensign [énsain]

enterprise [éntərpràiz]

enthronement [inθróunmənt]

entity [éntəti]

entrance [éntrəns]

entrant [éntrənt]

entrapment [intrǽpmənt]

entrenching [intréntʃiŋ]

entry [éntri]

environment [inváiərənmənt]

environmentalist

 [invàiərənméntəlist]

envoy [énvɔi]

epaulet(te) [épəlèt]

equality [ikwáləti]

equatorial [ìkwətɔ́:riəl]

equestrian [ikwéstriən]

equipment [ikwípmənt]

equity [ékwəti]

equivalent [ikwívələnt]

Eritrea [èritrí:ə]

Eritrean [èritrí:ən]

erratum [irá:təm]

escalate [éskəlèit]

escapee [iskèipí:]

espionage [éspiənà:ʒ]

estate [istéit]

estimate [éstəmèit]

Estonia [estóuniə]

Estonian [estóuniən]

eternal [itá:rnəl]

Ethiopia [ì:θióupiə]

Ethiopian [ì:θióupiən]

ethnic [éθnik]

ethnicity [eθnísiti]

eunuch [jú:nək]

evade [ivéid]

evader [ivéidər]

evaluation [ivæljuéiʃən]

evasion [ivéiʒən]

evasive [ivéisiv]

exaggerated [igzǽdʒərèitid]

examiner [igzǽmənər]

excavator [ékskəvèitər]

excellent [éksələnt]

excessive [iksésiv]

exchange [ikstʃéindʒ]

exclusive [iksklú:siv]

ex-convict [èkskánvikt]

excuse [ikskjú:z]

execute [éksikjù:t]

execution [èksikjú:ʃən]

executioner [èksikjú:ʃənər]

executive [igzékjutiv]

exempt [igzémpt]

exhausted [igzɔ́:stid]

exile [égzail]

expeditionary [èkspədíʃənèri]

expel [ikspél]

expenditure [ikspénditʃər]

experiential [ikspìəriénʃəl]

explode [iksplóud]

exploitation [èksplɔitéiʃən]

explosion [iksplóuʒən]

exportation [ekspɔ́:rtéiʃən]

exposure [ikspóuʒər]

expulsion [ikspʌ́lʃən]

extenuating [iksténjuèitiŋ]

extradition [èkstrədíʃən]

extramarital [èkstrəmǽritl]

extraordinary [ikstrɔ́:rdənèri]

extraterritoriality

 [èkstrətèrətɔ́:riǽləti]

eyewitness [áiwìtnis]


F


fabric [fǽbrik]

facial [féiʃəl]

facility [fəsíləti]

factional [fǽkʃənəl]

faculty [fǽkəlti]

fallout [fɔ́:làut]

fallow [fǽlou]

falsely [fɔ́:lsli]

famine [fǽmin]

fare [fɛər]

farmstead [fá:rmstèd]

fascism [fǽʃizm]

fascist [fǽʃist]

fatality [feitǽləti]

fate [feit]

fatigue [fətí:g]

feasibility [fì:zəbíləti]

feasible [fí:zəbl]

federal [fédərəl]

federalism [fédərəlìzm]

federative [fédərèitiv]

fee [fi:]

felon [félən]

felony [féləni]

ferroconcrete [fèroukánkri:t]

fertile [fɔ́:rtl]

fertilizer [fɔ́:rtəlàizər]

fetter [fétər]

feudal [fjú:dl]

feudalism [fjú:dlìzm]

fiber [fáibər]

fierce [fiərs]

fighter-bomber [fáitərbámər]

Fiji [fí:dʒi:]

Fijian [fí:dʒiən]

filch [filtʃ]

filial [fíliəl]

Filipino [filəpí:nou]

financial [fainǽnʃəl]

financier [fàinənsíər]

fingerprint [fíŋgərprìnt]

Finland [fínlənd]

Finn [fin]

firearm [fáiərà:rm]

firebomb [fáiərbàm]

fiscal [fískəl]

fisherman [fíʃərmən]

fishery [fíʃəri]

fitfully [fítfəli]

fitter [fítər]

flagrant [fléigrənt]

flagstaff [flǽgstæf]

flail [fleil]

flak [flæk]

flamethrower [fléimθròuər]

flashpoint [flǽʃpɔ̀int]

flat-bladed [flǽtbléidid]

flathead [flǽthèd]

flattop [flǽttàp]

fledgling [flédʒliŋ]

fleet [fli:t]

flexible [fléksəbl]

flexitime [fléksətàim]

flier [fláiər]

float [flout]

flogging [flágiŋ]

floorboard [flɔ́:rbɔ̀:rd]

floral [flɔ́:rəl]

floriculture [flɔ́:rəkʌ̀ltʃər]

flotilla [floutílə]

flu [flu:]

fluctuating [flʌ́ktʃuèitiŋ]

flyer [fláiər]

fodder [fádər]

foe [fou]

footlocker [fútlàkər]

forage [fɔ́:ridʒ]

forcibly [fɔ́:rsəbli]

foreigner [fɔ́:rənər]

foreman [fɔ́:rmən]

forensics [fərénsiks]

forex [fɔ́:reks]

forfeit [fɔ́:rfit]

forfeiture [fɔ́:rfitʃər]

forge [fɔ:rdʒ]

formality [fɔ:rmǽləti]

formula [fɔ́:rmjulə]

fort [fɔ:rt]

fortification [fɔ̀:rtəfikéiʃən]

fortified [fɔ́:rtəfàid]

fortress [fɔ́:rtris]

forum [fɔ́:rəm]

forwarder [fɔ́:rwərdər]

foul [faul]

founder [fáundər]

foundry [fáundri]

fowl [faul]

foxhole [fákshòul]

fragment [frǽgmənt]

franchise [frǽntʃaiz]

fratricidal [frætrisáidl]

fraud [frɔ:d]

fraudulent [frɔ́:dʒulənt]

freelance [frí:læns]

freemen [frí:mən]

freight [freit]

fretsaw [frétsɔ:]

friction [fríkʃən]

frisk [frisk]

frontal [frʌ́ntl]

frontier [frʌntíər]

frosted [frɔ́:stid]

fuel [fjú:əl]

fugitive [fjú:dʒətiv]

fulcrum [fúlkrəm]

fulfill [fulfíl]

fund [fʌnd]

fundamental [fʌ̀ndəméntl]

fundraiser [fʌ́ndrèizər]

furnace [fɔ́:rnis]

furrow [fɔ́:rou]

fuse [fju:z]

fusillade [fjú:səlèid]

fusion [fjú:ʒən]

fuze [fju:z]

Gabon [gæbɔ́:ŋ]

Gabonese [gæbəní:z]

gaff [gæf]

gallantly [gǽləntli]

gallery [gǽləri]

gallows [gǽlouz]

galvanized [gǽlvənàizd]

Gambia [gǽmbiə]

Gambian [gǽmbiən]

garb [ga:rb]

garment [gá:rmənt]

garrison [gǽrisn]

gasoline [gǽsəlì:n]

Gaudi [gáudi]

gauge [geidʒ]

gear [giər]

gem [dʒem]

gender [dʒéndər]

generalissimo [dʒènərəlísəmòu]

genocide [dʒénəsàid]

Georgian [dʒɔ́:rdʒən]

germ [dʒə:rm]

Ghana [gá:nə/gǽnə]

Ghanaian [gá:niən/gǽniən]

gibbet [dʒíbit]

gigaton [gígətʌn]

gigolo [dʒígəlòu]

gill [gil]

gimlet [gímlit]

giro [dʒáirou]

glazing [gléiziŋ]

gleam [gli:m]

gloom [glu:m]

goatherd [góuthə̀:rd]

godfather [gá:dfà:ðər]

goggle [gágl]

goods [gudz]

gouge [gaudʒ]

government-in-exile [gʌ́vərnməntinégzail]

granary [gréinəri]

gratuity [grətjú:əti]

grave [greiv]

graze [greiz]

Grenada [grənéidə]

grenade [grinéid]

Grenadian [grinéidian]

Grenadines [grènədí:nz]

grievance [grí:vəns]

gross [grous]

groundbreaking [gráundbrèikiŋ]

grove [grouv]

guarantee [gæ̀rəntí:]

guardhouse [gá:rdhàus]

guardian [gá:rdiən]

guardroom [gá:rdrù:m]

guardsman [gá:rdzmən]

Guatemala [gwà:təmá:lə]

Guatemalan [gwà:təmá:lən]

guerilla [gərílə]

Guiana [giǽnə]

guidon [gáidn]

guillotine [gílətì:n]

guiltless [gíltlis]

guilty [gílti]

Guinea-Bissau [gínibisáu]

Guinean [gíniən]

gunlock [gʌ́nlàk]

gunnery [gʌ́nəri]

gunrunner [gʌ́nrʌ̀nər]

gunshot [gʌ́nʃàt]

gunstock [gʌ́nstàk]

guy [gai]

Guyana [gaiǽnə]

Guyanese [gàiəní:z]

gypsum [dʒípsəm]



habitual [həbítʃuəl]

hacksaw [hǽksɔ̀:]

hail [heil]

Haiti [héiti]

Haitian [héiʃən/héitiən]

halter [hɔ́:ltər]

handbill [hǽndbìl]

handcart [hǽndkà:rt]

handcuff [hǽndkʌf]

handguard [hǽndga:rd]

handgun [hǽndgʌ̀n]

handicraft [hǽndikræ̀ft]

handout [hǽndàut]

handsaw [hǽndsɔ̀:]

harasser [hərǽsər]

harassing [hǽrəsiŋ]

harassment [hərǽsmənt]

hardboard [há:rdbɔ̀:rd]

hardscrabble [há:rdskræ̀bl]

hardship [há:rdʃip]

hardware [há:rdwɛ̀ər]

hardwood [há:rdwùd]

hardy [há:rdi]

harness [há:rnis]

harpoon [ha:rpú:n]

harvest [há:rvist]

Hashemite [hǽʃəmait]

hatchery [hǽtʃəri]

hatchet [hǽtʃit]

haughty [hɔ́:ti]

haul [hɔ:l]

hauler [hɔ́:lər]

haven [héivn]

havoc [hǽvək]

hawk [hɔ:k]

headhunt [hédhʌ̀nt]

headman [hédmæn]

headquarters [hédkwɔ̀:rtərz]

hedge [hedʒ]

hegemonism

[hèdʒəmánizm / hì:gimɔ́nizm]

hegemony [hidʒéməni]

heinous [héinəs]

heir [ɛər]

helicopter [hélikὰptər]

Hellenic [helénik]

henchman [héntʃmən]

herald [hérəld]

herder [hə́:rdər]

herdsman [hə́:rdzmən]

hereby [hìərbái]

heritage [héritidʒ]

Herzegovina [hὲərtsəgouví:nə]

Herzegovinian [hὲərtsəgouví:niən]

heterogeneous [hètərədʒí:niəs]

high-altitude [háiǽltətjù:d]

high-angle [háiǽŋgl]

highjack [háidʒὲk]

high-tech [háiték]

highway [háiwèi]

hireling [háiərliŋ]

hive [haiv]

hoarding [hɔ́:rdiŋ]

hod [hɑd]

hoe [hou]

hog [hɔ(:)g]

hoist [hɔist]

holocaust [hάləkɔ̀:st]

homemade [hóumméid]

homicide [hάməsàid]

homogeneous [hòumədʒí:niəs]

Honduran [hɑndʒúərən]

Honduras [hɑndʒúərəs]

honeybee [hʎnibì:]

honorable [άnərəbl]

honorary [άnərèri]

hoodlum [hú:dləm]

hoof [hu(:)f]

hook [huk]

hooker [húkər]

horseshoe [hɔ́:rsʃù:]

horticulture [hɔ́:rtəkʌ̀ltʃər]

hostage [hάstidʒ]

hostile [hάstl]

hostility [hɑstíləti]

hothouse [hάthàus]

housebreaker [háusbrèikər]

household [háushòuld]

housing [háuziŋ]

howitzer [háuitsər]

humanity [hju:mǽnəti]

humiliation [hju:mìliéiʃən]

humus [hjú:məs]

Hungarian [hʌŋgɛ́əriən]

Hungary [hʎŋgəri]

hunt [hʌnt]

husbandry [hʎzbəndri]

hush [hʌʃ]

husk [hʌsk]

hustler [hʎslər]

hut [hʌt]

hutch [hʌtʃ]

hybrid [háibrid]

hydraulic [haidrɔ́:lik]

hydrogen [háidrədʒən]

hydroponics [hàidrəpániks]

hype [haip]

hypocenter [háipəsèntər]



Iceland [áislənd]

Icelander [áisləndər]

identification [aidèntifəkéiʃən]

identikit [aidéntəkìt]

identity [aidéntəti]

illegal [ilí:gəl]

illegality [ìli:gǽləti]

illegitimacy [ìlidʒítəməsi]

illegitimate [ìlidʒítəmət]

illicit [ilísit]

illumination [ilù:mənéiʃən]

illustration [ìləstréiʃən]

immediately [imí:diətli]

immigrant [ímigrənt]

immigrate [íməgrèit]

immigration [ìməgréiʃən]

immunity [imjú:nəti]

impeach [impí:tʃ]

imperialism [impíəriəlìzm]

imperialist [impíəriəlist]

implement [ímpləmənt]

importation [ìmpɔ:rtéiʃən]

impose [impóuz]

impound [impáund]

impregnable [imprégnəbl]

imprison [imprízn]

imprisonment [impríznmənt]

improve [imprú:v]

improvise [ímprəvàiz]

inadequate [inǽdikwət]

inaugural [inɔ́:gjurəl]

inbound [ínbaund]

incarcerate [inkά:rsərèit]

incendiary [inséndièri]

incentive [inséntiv]

inception [insépʃən]

incident [ínsədənt]

incidental [ìnsədéntl]

incite [insáit]

income [ínkʌm]

incompetent [inkάmpətənt]

incorporate [inkɔ́:rpəreit]

incorrupt [ìnkərʎpt]

incubator [ínkjubèitər]

incumbent [inkʎmbənt]

incursion [inkə́:rʒən]

indecency [indí:snsi]

indecent [indíːsnt]

indeed [indíːd]

indemnity [indémnəti]

independence [ìndipéndəns]

index [índeks]

indicate [índikèit]

indict [indáit]

indictment [indáitmənt]

indie [índi]

indigenous [indídʒənəs]

indiscriminate [ìndiskrímənət]

individual [ìndəvídʒuəl]

Indonesian [ìndəníːʒən]

industrial [indʌ́striəl]

industrialization [indʌ̀striəlizéiʃən]

ineffectual [ìniféktʃuəl]

infamous [ínfəməs]

infantryman [ínfəntrimən]

infertile [infə́ːrtəl]

infidelity [ìnfədéləti]

infiltrate [infíltrèit]

infiltration [ìnfiltréiʃən]

inflation [infléiʃən]

inflict [inflíkt]

influence [ínfluəns]

influenza [ìnfluénzə]

infomercial [ìnfərmə́ːrʃəl]

informant [infɔ́ːrmənt]

informer [infɔ́ːrmər]

infrastructure [ínfrəstrʌ̀ktʃər]

infringe [infríndʒ]

inheritance [inhérətəns]

initial [iníʃəl]

initiate [iníʃièit]

injection [indʒékʃən]

injured [índʒərd]

injury [índʒəri]

injustice [indʒʌ́stis]

inland [ínlənd]

inmate [ínmèit]

innocence [ínəsəns]

inquiry [inkwáiəri]

inquisition [ìnkwəzíʃən]

inquisitor [inkwízətər]

insect [ínsekt]

inshore [ínʃɔ́ːr]

insignia [insígniə]

insolvency [insálvənsi]

insolvent [insálvənt]

inspect [inspékt]

install [instɔ́ːl]

installment [instɔ́ːlmənt]

instigation [ìnstəgéiʃən]

institution [ìnstətjúːʃən]

instrument [ínstrəmənt]

insubordination [ìnsəbɔ̀ːrdənéiʃən]

insufficient [ìnsəfíʃənt]

insulation [ìnsəléiʃən]

insulator [ínsəlèitər]

insurance [inʃúərəns]

insurer [inʃúərər]

insurgency [insə́ːrdʒənsi]

insurgent [insə́ːrdʒənt]

insurrection [ìnsərékʃən]

intaglio [intǽljou]

intangible [intǽndʒəbl]

intellectual [ìntəléktʃuəl]

intelligence [intélədʒəns]

intensive [inténsiv]

intercept(or) [ìntərsépt(ər)]

intercontinental [ìntərkàntənéntl]

intercourse [íntərkɔ̀ːrs]

intergovernmental [ìntərgʌ̀vərnméntl]

interim [íntərəm]

interior [intíəriər]

intermediary [ìntərmíːdièri]

intermediate [ìntərmíːdiət]

intermediate-range

   [ìntərmíːdiət réindʒ]

intermercial [ìntərmə́ːrʃəl]

internal [intə́ːrnl]

internecine [ìntərníːsiːn]

internment [intə́ːrnmənt]

interpreter [intə́ːrpritər]

interrogate [intérəgèit]

interrogation [intèrəgéiʃən]

intimidation [intìmədéiʃən]

intoxicated [intáksikèitid]

intrude [intrúːd]

invade [invéid]

invasion [invéiʒən]

invention [invénʃən]

inventory [ínvəntɔ̀ːri]

investigate [invéstəgèit]

investigative [invéstigèitiv]

investor [invéstər]

invisible [invízəbl]

invoice [ínvɔis]

invoke [invóuk]

Iran [irǽn]

Iranian [iréiniən]

Iraq [irǽk/iráːk]

Iraqi [irǽki]

Ireland [áiərlənd]

Irish [áiriʃ]

iron [áiərn]

irregularities [irègjulǽrətis]

irrigation [ìrəgéiʃən]

Islamic [islǽmik]

Island [áilənd]

Islander [áiləndər]

isolation [àisəléiʃən]

Israel [ízriəl]

Israeli [izréili]

issue [íʃuː]

intaglio [intǽljou]

Ivorian [áivəriən]

## J

jackboot [dʒǽkbùːt]

jackhammer [dʒǽkhæ̀mər]

jailbird [dʒéilbəːrd]

Jamahiriya [dʒɑ̀ːməhírijə]

jeopardy [dʒépərdi]

jigsaw [dʒígsɔ̀ː]

jihad [dʒihɑ́ːd]

joint-venture [dʒɔ́intvéntʃər]

Jordan [dʒɔ́ːrdən]

Jordanian [dʒɔːrdéiniən]

judge [dʒʌdʒ]

judgment [dʒʌ́dʒmənt]

judicial [dʒuːdíʃəl]

junk [dʒʌŋk]

junta [húntə]

jurist [dʒúərist]

juror [dʒúərər]

jury [dʒúəri]

jus in re [dʒʌs in rei]

jus sanguinis [dʒʌs sǽŋgwənəs]

jus soli [dʒʌs sóulai]

justice [dʒʌ́stis]

justifiable [dʒʌ́stəfàiəbl]

juvenile [dʒúːvənl]

## K

Katari [kætɑ́ːri]

Kazakhstani [kɑ̀ːzɑːkstɑ́ːni]

kennel [kénl]

Kenyan [kénjən]

Khmer [kəmɛ́ər]

kickback [kíkbæ̀k]

kidnap [kídnæp]

kiloton [kílətʌ̀n]

kingdom [kíŋdəm]

Kiribati [kìəribɑ́ːti]

Kiribatian [kìəribɑ́ːʃən]

kiwi [kíːwi]

knight [nait]

knot [nɑt]

knowledge [nɑ́lidʒ]

Kuwait [kuwéit]

Kuwaiti [kuwéiti]

Kyrgyz [kìərgíːs]

Kyrgyzstan [kìərgíːstɑːn]

## L

label [léibəl]

labor [léibər]

labourite [léibəràit]

ladder [lǽdər]

laissez-faire [lèseifɛ́ər]

lame [leim]

landlord [lǽndlɔ̀ːrd]

landmine [lǽndmàin]

landslide [lǽndslàid]

Laotian [láuʃən/leióuʃən]

largess [lɑːrdʒés]

lash [læʃ]

latent [léitnt]

latest [léitist]

lathe [leið]

Latvia [lǽtviə]

launch [lɔːntʃ]

laundered [lɔ́ːndərd]

lawful [lɔ́ːfəl]

lawmaker [lɔ́ːmèikər]

lawsuit [lɔ́ːsùːt]

lawyer [lɔ́ːjər]

layer [léiər]

layoff [léiɔ̀ːf]

leaflet [líːflit]

league [liːg]

lease [liːs]

Lebanese [lèbəníːz]

Lebanon [lébənən]

ledger [lédʒər]

leftover [léftòuvər]

legal [líɡəl]

legalism [líːɡəlìzm]

legality [liɡǽləti]

legatee [lègətíː]

legation [liɡéiʃən]

legion [líːdʒən]

legislation [lèdʒisléiʃən]

legislator [lédʒislèitər]

legislature [lédʒislèitʃər]

legitimacy [lidʒítəməsi]

legitimate [lidʒítəmət]

leg-screw [léɡskrúː]

leisure [líːʒər]

Lesotho [ləsóutou]

lessee [lesíː]

lessor [lésɔːr]

lethal [líːθəl]

letterpress [létərprès]

lettuce [létis]

lever [lévər]

levy [lévi]

liability [làiəbíləti]

liaison [lìːéizɑːn]

libel [láibəl]

liberal [líbərəl]

liberation [lìbəréiʃən]

Liberian [laibíəriən]

liberty [líbərti]

Libya [líbiə]

Libyan [líbiən]

license [láisəns]

Liechtenstein [líktənstàin]

Liechtensteiner [líktənstàinər]

lie-detector [láiditèktər]

lieutenant [luːténənt]

lifer [láifər]

life-threatening [láifθrètniŋ]

limitation [lìmətéiʃən]

linoleum [linóuliəm]

liquid [líkwid]

liquidation [lìkwidéiʃən]

liquidity [likwídəti]

lithography [liθágrəfi]

Lithuania [lìθjuéiniə]

Lithuanian [lìθuéinjən]

litigation [lìtəgéiʃən]

livelihood [láivlihùd]

livestock [láivstàk]

loaded [lóudid]

loan [loun]

local [lóukəl]

locker [lákər]

lockup [lákʌp]

lodging [ládʒiŋ]

logistics [loudʒístiks]

longbow [lɔ́ːŋbòu]

lookout [lúkàut]

loom [luːm]

loot [luːt]

lord [lɔːrd]

lose [luːz]

loss [lɔːs]

loyalty [lɔ́iəlti]

lumberjack [lʌ́mbərdʒæk]

lumbermill [lʌ́mbərmìl]

luncheon [lʌ́ntʃən]

Luxembourg [lʌ́ksəmbə̀ːrg]


## M

Macedonian [mæ̀sidóuniən]

machete [məʃéti]

machinery [məʃíːnəri]

Madagascar [mæ̀dəgǽskər]

Maginot [mǽdʒənóu]

magistrate [mǽdʒəstrèit]

magpie [mǽgpài]

maintenance [méintənəns]


majesty [mǽdʒəsti]

Malagasy [mæ̀ləgǽsi]

Malawi [mɑːláːwi]

Malawian [məláːwiən]

Malaysian [məléizən]

Maldives [mǽldaivz]

Maldivian [mɔːldíviən]

Malian [máːliən]

malicious [məlíʃəs]

mallet [mǽlit]

malpractice [mælprǽktis]

Malta [mɔ́ːltə]

Maltese [mɔːltíːz]

maltreatment [mæltríːtmənt]

manacle [mǽnəkl]

mandatory [mǽndətɔ̀ːri]

maneuver [mənúːvər]

manger [méindʒər]

manhunt [mǽnhʌnt]

manifesto [mæ̀nəféstou]

manipulate [mənípjulèit]

manipulation [mənìpjuléiʃən]

manslaughter [mǽnslɔ̀ːtər]

manual [mǽnjuəl]

manufactory [mæ̀njufǽktəri]

manufacture [mæ̀njufǽktʃər]

manure [mənjúər]

manuscript [mǽnjuskrìpt]

marauder [mərɔ́ːdər]

margin [máːrdʒin]

marijuana [mæ̀rəhwáːnə]

marine [məríːn]

maritime [mǽrətàim]

marketability [mà:rkitəbíləti]

marketable [máːrkitəbl]

marque [mɑːrk]

marshal [máːrʃəl]

Marshall Islands [máːrʃəl áiləndz]

Marshallese [mà:rʃəlíːs]

martial [máːrʃəl]


marxism [máːrksizm]

marxist [máːrksist]

mason [méisn]

mass-produce [mǽsprədjúːs]

matchet [mǽtʃət]

material [mətíəriəl]

matriarch [méitriàːrk]

maturity [mətjúərəti]

Mauritania [mɔ̀ːritéiniə]

Mauritanian [mɔ̀ːritéiniən]

Mauritius [mɔːríʃəs]

maximum [mǽksəməm]

mayor [méiər]

measure [méʒər]

mechanize [mékənàiz]

medic [médik]

medicare [médikɛ̀ər]

medicine [médəsin]

medieval [mìːdiíːvəl]

medium [míːdiəm]

megabuck [mégəbʌ̀k]

megaton [mégətʌ̀n]

Melanesia [mèlənìːʒə]

melee [méilei]

memorial [məmɔ́ːriəl]

mercenary [máːrsənèri]

merchant [máːrtʃənt]

mercilessly [máːrsilisli]

merge [məːrdʒ]

meritorious [mèritɔ́ːriəs]

mesh [meʃ]

messenger [mésəndʒər]

meteorological [mìːtiərəládʒikəl]

method [méθəd]

metropolitan [mètrəpálitən]

Michigan [míʃəgən]

microcredit [máikroukrèdit]

Micronesia [màikrənìːʒə]

Micronesian [màikrənìːʒən]

migrant [máigrənt]

**Milan** [milǽn]

**milch** [miltʃ]

**militarism** [mílətərìzm]

**militarist** [mílitərist]

**military** [mílitèri]

**militia** [milíʃə]

**militiaman** [məlíʃəmən]

**milking** [mílkiŋ]

**mill** [mil]

**minefield** [máinfì:ld]

**minelayer** [máinlèiər]

**mineral** [mínərəl]

**minesweeper** [máinswì:pər]

**mining** [máiniŋ]

**minister** [mínəstər]

**ministry** [mínəstri]

**minor** [máinər]

**minority** [minɔ́:rəti]

**Miranda** [mirǽndə]

**Mirandize** [mirǽndaiz]

**misappropriate** [mìsəpróuprièit]

**misappropriation** [mìsəpròupriéiʃən]

**miscarriage** [miskǽridʒ]

**miscellaneous** [mìsəléiniəs]

**misconduct** [mìskándʌkt]

**misdemeanor** [mìsdimí:nər]

**misfire** [mìsfáiər]

**mismanagement** [mìsmǽnidʒment]

**missile** [mísəl]

**mist** [mist]

**mistress** [místris]

**mobilization** [mòubəlizéiʃən]

**mobilize** [móubəlàiz]

**mobster** [mábstər]

**mock** [mak]

**mode** [moud]

**modern** [mádərn]

**mold** [mould]

**Moldavian** [maldéiviən]

**Moldova** [máldəvə]

**Moldovan** [maldóuvən]

**molest** [məlést]

**molestation** [mòulestéiʃən]

**molester** [məléstər]

**Molotov** [málətɔ̀:f]

**Monaco** [mánəkòu]

**monarch** [mánərk]

**monarchy** [mánərki]

**Monegasque** [màni:gǽsk]

**monetary** [mánətèri]

**Mongolia** [maŋgóuliə]

**Mongolian** [maŋgóuliən]

**Mongoloid** [máŋgəlɔ̀id]

**monopolist** [mənápəlist]

**monopolize** [mənápəlàiz]

**monopoly** [mənápəli]

**Montenegrin** [màntəní:grin]

**Montenegro** [màntəní:grou]

**mop-up** [mápʌ̀p]

**moratorium** [mɔ̀:rətɔ́:riəm]

**Moroccan** [mərákən]

**Morocco** [mərákou]

**mortgage** [mɔ́:rgidʒ]

**Mosotho** [musú:tu]

**motto** [mátou]

**mounted** [máuntid]

**Mozambican** [mòuzəmbí:kən]

**Mozambique** [mòuzəmbí:k]

**muck** [mʌk]

**mud** [mʌd]

**mudslinging** [mʌ́dslìŋiŋ]

**mug** [mʌg]

**mugging** [mʌ́giŋ]

**mulberry** [mʌ́lbèri]

**multifunctional** [mʌ̀ltifʌ́ŋkʃənl]

**multilevel** [mʌ̀ltilévəl]

**multinational** [mʌ̀ltinǽʃənl]

**multiparty** [mʌ̀ltipá:rti]

**multiple** [mʌ́ltəpl]

**multiple-term** [mʌ́ltəpltə́:rm]

**multipurpose** [mʌ̀ltipə́:rpəs]

**multiracial** [mʌ̀ltiréiʃəl]

**Munich** [mjú:nik]

**municipal** [mju:nísəpəl]

**munition** [mju:níʃən]

**murder** [mə́:rdər]

**murderer** [mə́:rdərər]

**murky** [mə́:rki]

**mushroom** [mʌ́ʃru:m]

**Muslim** [mʌ́zlim]

**muster** [mʌ́stər]

**mutiny** [mjú:təni]

**mutual** [mjú:tʃuəl]

**muzzle** [mʌ́zl]

**Myanmar** [mjǽnma:r]

## N

**Namibia** [nə:míbiə]

**Namibian** [nə:míbiən]

**nanotechnology** [nænəteknálədʒi]

**napalm** [néipa:m]

**narcotic** [na:rkátik]

**nascent** [nǽsnt]

**nationalism** [nǽʃnəlìzm]

**nationality** [næ̀ʃnǽləti]

**nationwide** [néiʃənwàid]

**naturalization** [næ̀tʃrəlizéiʃən]

**Nauru** [na:ú:ru:]

**Nauruan** [na:ú:ru:ən]

**naval** [néivəl]

**navy** [néivi]

**nay** [nei]

**Nazi** [ná:tsi]

**Nazism** [ná:tsizm]

**necropsy** [nékrapsi]

**needle** [ní:dl]

**negative** [négətiv]

**negligence** [néglidʒəns]

**negotiate** [nigóuʃièit]

Negroid [níːgrɔid]

neighborhood [néibərhùd]

neighboring [néibəriŋ]

neon [níːɑːn]

Nepal [nəpɔ́ːl]

Nepali [nəpɔ́ːli]

nepotistic [nèpətístik]

nerve [nəːrv]

Netherlands [néðərləndz]

netting [nétiŋ]

neutral [njúːtrəl]

neutron [njúːtrɑːn]

Nevis [níːvis]

newsweekly [njúːzwìːkli]

Nicaragua [nìkərɑ́ːgwə]

Nicaraguan [nìkərɑ́ːgwən]

niche [nitʃ]

nickel [níkəl]

Niger [náidʒər]

Nigerian [naidʒíəriən]

nightstick [náitstik]

nobility [noubíləti]

noble [nóubl]

no-frill [noufril]

nomad [nóumæd]

nominal [námənl]

nomination [nàmənéiʃən]

nominee [nàməníː]

nonaggression [nànəgréʃən]

nonaligned [nànəláind]

noncombatant [nɑnkʌ́mbətənt]

noncommission [nànkəmíʃən]

non-mechanical [nànməkǽnikəl]

nonprofit [nánprɑ́fit]

nonprosecution [nànprɑ̀sikjúːʃən]

normal [nɔ́ːrməl]

Normandy [nɔ́ːrməndi]

northern [nɔ́ːrðərn]

Norway [nɔ́ːrwei]

Norwegian [nɔːrwíːdʒən]

notarization [nòutərəzéiʃən]

notarize [nóutəràiz]

notary [nóutəri]

notification [nòutəfikéiʃən]

notify [nóutəfài]

notorious [noutɔ́ːriəs]

nuclear [njúːkliər]

nuclear-tipped [njúːkliərtípt]

nuke [njuːk]

nut [nʌt]

## O

oath [ouθ]

objective [əbdʒéktiv]

objector [əbdʒéktər]

obligation [àbləgéiʃən]

observation [àbzərvéiʃən]

obstruction [əbstrʌ́kʃən]

obtain [əbtéin]

occupation [àkjupéiʃən]

occupy [ákjupài]

ocean [óuʃən]

Oceania [òuʃiǽniə]

offender [əféndər]

offense [əféns]

officialdom [əfíʃəldəm]

offset [ɔ́ːfsèt]

offshore [ɔ́ːfʃɔ́ːr]

oil-refining [ɔilrifáiniŋ]

oligarchy [áləgàːrki]

oligopoly [àləgápəli]

Oman [oumɑ́ːn]

Omani [oumɑ́ːni]

onager [ánədʒər]

ongoing [ángòuiŋ]

onslaught [ánslɔ̀t]

operation [àpəréiʃən]

operational [àpəréiʃənl]

operator [ápərèitər]

opportunity [àpərtjúːnəti]

opposing [əpóuziŋ]

opposition [àpəzíʃən]

oppressor [əprésər]

option [ápʃən]

orchard [ɔ́ːrtʃərd]

ordinance [ɔ́ːrdənəns]

ordinary [ɔ́ːrdənèri]

ordnance [ɔ́ːrdnəns]

ore [ɔːr]

organ [ɔ́ːrgən]

organic [ɔːrgǽnik]

organized [ɔ́ːrgənàizd]

oriental [ɔ̀ːriéntl]

original [ərídʒənl]

outbound [áutbaund]

outbreak [áutbrèik]

outdoor [áutdɔːr]

outgoing [áutgòuiŋ]

outpost [áutpòust]

outsourcing [àutsɔ́ːrsiŋ]

overdue [òuvərdjúː]

overland [óuvərlænd]

overload [òuvərlóud]

overseas [òuvərsíːz]

overturn [òuvərtə́ːrn]

owe [ou]

ownership [óunərʃìp]

oyster [ɔ́istər]

## P

pacifism [pǽsəfìzm]

pacifist [pǽsəfist]

paddock [pǽdək]

paddy [pǽdi]

padre [pɑ́ːdrei]

Pakistani [pæ̀kistǽni]

palace [pǽlis]

Palau [pəláu]

Palauan [pəláuən]

palimony [pǽləmòuni]

pamphlet [pǽmflət]

Panamanian [pǽnəméiniən]

panel [pǽnl]

paperer [péipərər]

paperhanger [péipərhæŋər]

Papua New Guinea

[pǽpjuə njú: gíni]

parachute [pǽrəʃù:t]

parade [pəréid]

paraffin [pǽrəfin]

Paraguay [pǽrəgwài]

Paraguayan [pæ̀rəgwáiən]

paramilitary [pæ̀rəmílitèri]

paratrooper [pǽrətrù:pər]

parcel [pá:rsəl]

parental [pəréntl]

Paris [pǽris]

parliament [pá:rləmənt]

parliamentary [pà:rləméntəri]

parlor [pá:rlər]

parole [pəróul]

partially [pá:rʃəli]

partisan [pá:rtizən]

partitioned [pɑ:rtíʃənd]

paste [peist]

pasture [pǽstʃər]

patch [pætʃ]

patent [pǽtnt]

paternity [pətə́:rnəti]

patient [péiʃnt]

patriarch [péitrià:rk]

patriot [péitriət]

patrol [pətróul]

payable [péiəbl]

payment [péimənt]

payoff [péiɔ̀:f]

payola [peióulə]

peanut [pí:nʌt]

peasant [péznt]

pecuniary [pikjú:nièri]

peer [piər]

pelagic [pəlǽdʒik]

pellet [pélit]

peloponnesian [pèləpəní:ʒən]

penalty [pénəlti]

penetrate [pénətrèit]

peninsula [pənínsjulə]

penitentiary [pènəténʃəri]

pennant [pénənt]

pennon [pénən]

pension [pénʃən]

pentagon [péntəgàn]

pepper [pépər]

per capita [pər kǽpitə]

percussion [pərkʌ́ʃən]

perilous [pérələs]

period [pí:əriəd]

periscope [pérəskòup]

perjure [pə́:rdʒər]

perjurer [pə́:rdʒərər]

perjury [pə́:rdʒəri]

permanent [pə́:rmənənt]

perpetrator [pə́:rpitrèitər]

persona non grata

[pərsóunə nàn grá:tə]

personality [pə̀:rsənǽləti]

personnel [pə̀:rsənél]

Peru [pərú:]

Peruvian [pərú:viən]

pesticide [péstisàid]

petition [pətíʃən]

petrochemical [pètroukémikl]

petrol [pétrəl]

petroleum [pətróuliəm]

petty [péti]

pewter [pjú:tər]

pharmaceutical [fà:rməsú:tikəl]

philanthropic [filənθrápik]

philanthropist [filǽnθrəpist]

Philippines [fíləpì:nz]

phillips [fílips]

phone-tapping [fóuntæ̀piŋ]

pickax(e) [píkæ̀ks]

picket [píkit]

pierce [piərs]

piety [páiəti]

piggery [pígəri]

pigment [pígmənt]

pigpen [pígpen]

pigsty [pígstài]

pigswill [pígswìl]

pigwash [pígwàʃ]

pike [paik]

pilfer [pílfər]

pillage [pílidʒ]

pillar [pílər]

pillbox [pílbàks]

pillory [píləri]

pincer [pínsər]

pine [pain]

piping [páipiŋ]

piracy [páiərəsi]

pirate [páiərət]

pistol [pístəl]

pitchfork [pítʃfɔ̀:rk]

pitman [pítmən]

pittance [pítns]

pivotal [pívətl]

plainclothes [pléinklóuðz]

plaintiff [pléintif]

planography [plèinágrəfi]

plantation [plæntéiʃən]

plasterboard [plǽstərbɔ̀:rd]

plasterer [plǽstərər]

platoon [plətú:n]

plebiscite [plébəsàit]

pledge [pledʒ]

plier [pláiər]

plough [plau]
plow [plau]
plowshare [pláuʃɛ̀ər]
plumb [plʌm]
plunder [plʌ́ndər]
plutocracy [plu:tákrəsi]
plywood [pláiwùd]
pneumatic [njumǽtik]
poison [pɔ́izn]
Poland [póulənd]
policy [páləsi]
policyholder [páləsihòuldər]
Polish [páliʃ]
political [pəlítikəl]
politician [pàlitíʃən]
politico [pəlítikòu]
politics [pálətiks]
pollution [pəlú:ʃən]
polyester [pá:lièstər]
polygraph [páligræf]
Polynesia [pàləní:ʒə]
polypropylene [pà:lipróupəlì:n]
polystyrene [pà:listáiri:n]
polyurethane [pàlijúərəθèin]
polyvinyl [pàliváinl]
pontoon [pɑntú:n]
popularity [pàpjulǽrəti]
pop-up [pápʌp]
pornography [pɔ:rnágrəfi]
portal [pɔ̀:rtl]
portfolio [pɔ:rtfóuliòu]
portrait [pɔ́:rtrit]
Portuguese [pɔ̀:rtʃugí:z]
positive [pázətiv]
possess [pəzés]
possession [pəzéʃən]
postal [póustl]
postdate [pòustdéit]
posthumous [pástʃuməs]
postmortem [poustmɔ́:rtəm]

potential [pəténʃəl]
potting [pátiŋ]
pouch [pautʃ]
poultry [póultri]
pour [pɔ:r]
powder [páudər]
preceding [prisí:diŋ]
precinct [prí:siŋkt]
precious [préʃəs]
precision [prisíʒən]
pre-delivery [pridilívəri]
predict [pridíkt]
preemptive [priémptiv]
prefecture [prí:fektʃər]
preferred [pri:fɔ́:rd]
prejudice [prédʒudis]
preliminary [prilímənèri]
premier [primíər]
premium [prí:miəm]
prerogative [prirágətiv]
preserve [prizɔ́:rv]
presidency [prézədənsi]
presidential [prèzədénʃəl]
presiding [prizáidiŋ]
pretax [prì:tǽks]
pretense [priténs]
prevention [privénʃən]
previous [prí:viəs]
prey [prei]
primary [práimeri]
primer [práimər]
priming [práimiŋ]
primitive [prímətiv]
princedom [prínsdəm]
principal [prínsəpəl]
principality [prìnsəpǽləti]
principle [prínsəpl]
printout [príntàut]
priority [praiɔ́:rəti]
prisoner [prízənər]

private [práivət]
privatization [pràivətizéiʃən]
privilege [prívəlidʒ]
probable [prábəbl]
probation [proubéiʃən]
probe [proub]
procedure [prəsí:dʒər]
proceeds [prousí:dz]
process [práses]
proclamation [pràkləméiʃən]
procurement [proukjúərmənt]
production [prədʌ́kʃən]
professional [prəféʃənl]
profiling [próufailiŋ]
profitability [pràfitəbíləti]
profitable [práfitəbl]
progress [prágres]
progressive [prəgrésiv]
proletarian [pròulətɛ́əriən]
proletariat [pròulətɛ́əriət]
proliferation [prəlifəréiʃən]
prolonged [prəlɔ́:ŋd]
promissory [práməsɔ̀:ri]
promo [próumou]
promotion [prəmóuʃən]
prone [proun]
pronounce [prənáuns]
proof [pru:f]
proofreader [prú:frì:dər]
prop [prɑp]
propaganda [pràpəgǽndə]
proportional [prəpɔ́:rʃənl]
prosecute [prásikjù:t]
prosecutor [prásikjù:tər]
prospectus [prəspéktəs]
prosperity [pruspérəti]
prosperous [práspərəs]
prostitute [prástətjù:t]
prostitution [pràstətjú:ʃən]
prostitution [pràstətjú:ʃən]

protectionism [prətékʃənìzm]
protectorate [prətéktərət]
protocol [próutəkɔ̀ːl]
protracted [proutrǽktid]
province [právins]
provincial [prəvínʃəl]
provision [prəvíʒən]
provost [próuvoust]
proxy [práksi]
pruning [prúːniŋ]
psychological [sàikəládʒikəl]
publication [pÀbləkéiʃən]
pulley [púli]
pulp [pʌlp]
punic [pjúːnik]
punishable [pÁniʃəbl]
punitive [pjúːnətiv]
puppet [pÁpit]
pushcart [púʃkàːrt]
pyromaniac [pàirəméiniək]

## Q

Qatar [káːtaːr]
Qatari [káːtaːri]
qualification [kwàlifikéiʃən]
quality [kwáləti]
quarantine [kwɔ́ːrəntìːn]
quarry [kwɔ́ːri]
quartermaster [kwɔ́ːrtərmæ̀stər]
quasi [kwéizai]
quorum [kwɔ́ːrəm]
quote [kwout]

## R

racism [réisizm]
racist [réisist]
rack [ræk]

radar [réidaːr]
radiation [rèidiéiʃən]
radioactive [rèidiouǽktiv]
radiological [rèidiouládʒikəl]
radius [réidiəs]
raft [ræft]
raid [reid]
rainfall [réinfɔ̀ːl]
rainstorm [réinstɔ̀ːrm]
rampant [rǽmpənt]
rampart [rǽmpaːrt]
ranch [ræntʃ]
random [rǽndəm]
range [reindʒ]
ranger [réindʒər]
ransom [rǽnsəm]
rape [reip]
rapid [rǽpid]
rapier [réipiər]
rapist [réipist]
rasp [ræsp]
ratification [ræ̀təfikéiʃən]
ratio [réiʃiou]
ration [rǽʃən]
raw [rɔː]
rayon [réiɑn]
razor [réizər]
reaction [riːǽkʃən]
reaffirm [rìːəfə́ːrm]
real estate [ríːəl estèit]
realpolitik [riːáːlpòulitìːk]
reaper [ríːpər]
rear [riər]
rearmament [riːáːrməmənt]
rebar [ríːbàːr]
rebate [ríːbeit]
rebel [rébəl]
rebellion [ribéljən]
rebuke [ribjúːk]
recapitalization [riːkæ̀pitəlizéiʃən]

receivable [risíːvəbl]
recession [riséʃən]
recidivist [risídəvist]
recite [risáit]
recognize [rékəgnàiz]
recoil [rikɔ́il]
recoilless [rikɔ́illis]
recommendation [rèkəmendéiʃən]
recompense [rékəmpèns]
reconnaissance [rikánəsəns]
reconnoiter [rìːkənɔ́itər]
reconstruct [rìːkənstrÁkt]
reconstruction [rìːkənstrÁkʃən]
recourse [ríːkɔːrs]
recruit [rikrúːt]
redeem [ridíːm]
redemption [ridémpʃən]
redevelopment [rìːdivéləpmənt]
redoubt [ridáut]
reduction [ridÁkʃən]
redundancy [ridÁndənsi]
reelection [rìːilékʃən]
reenactment [rìːinǽktmənt]
reexport [rìːikspɔ́ːrt]
reference [réfərəns]
referendum [rèfəréndəm]
refinery [rifáinəri]
reflect [riflékt]
reform [rifɔ́ːrm]
reformatory [rifɔ́ːrmətɔ̀ːri]
refrigerant [rifrídʒərənt]
refuel [riːfjúːəl]
refuge [réfjuːdʒ]
refugee [rèfjudʒíː]
refund [ríːfʌnd]
refuse [rifjúːz]
regent [ríːdʒənt]
regime [reiʒíːm]
regiment [rédʒəmənt]
registration [rèdʒistréiʃən]

regnant [régnənt]

regulation [règjuléiʃn]

reign [rein]

reinforce [rìːinfɔ́ːrs]

rein(s) [rein(z)]

reinstate [rìːinstéit]

reissue [riːíʃuː]

relay [ríːlei]

relief [rilíːf]

remission [rimíʃn]

remittance [rimítəns]

remnant [rémnənt]

removal [rimúːvəl]

remuneration [rimjùːnəréiʃn]

renovation [rènəvéiʃn]

renowned [rináund]

repaper [ripéipər]

repatriate [riːpéitrièit]

repay [ripéi]

repose [ripóuz]

representative [rèprizéntətiv]

republic [ripʌ́blik]

republicanism [ripʌ́blikənìzm]

repurchase [riːpə́ːrtʃəs]

repurchase [riːpə́ːrtʃəs]

resale [ríːsèil]

rescission [risíʒn]

rescue [réskjuː]

resemble [rizémbl]

reservist [rizə́ːrvist]

reshuffle [riːʃʌ́fl]

residence [rézidəns]

residency [rézidənsi]

resign [rizáin]

resignation [rèzignéiʃn]

resilient [rizíljənt]

resin [rézin]

resistance [rizístəns]

resolution [rèzəlúːʃn]

resource [ríːsɔːrs]

respective [rispéktiv]

respondent [rispándənt]

responsibility [rispànsəbíləti]

responsible [rispánsəbl]

résumé [rézumèi]

retail [ríːteil]

retaliation [ritæliéiʃn]

retaliatory [ritæliətɔ̀ːri]

retire [ritáiər]

retreat [ritríːt]

retrenchment [ritréntʃmənt]

revaluation [rìːvæljuéiʃn]

reveal [rivíːl]

revenue [révənjùː]

revision [rivíʒn]

revocation [rèvəkéiʃn]

revoke [rivóuk]

revolution [rèvəlúːʃn]

revolutionary [rèvəlúːʃnèri]

revolver [riválvər]

rhetoric [rétərik]

riddled [rídld]

rifle [ráifl]

ringleader [ríŋlìːdər]

riot [ráiət]

rival [ráivl]

robbery [rábəri]

Romanian [rouméiniən]

root [ruːt]

route [ruːt]

royal [rɔ́iəl]

royalty [rɔ́iəlti]

rubber [rʌ́bər]

rural [rúərəl]

Russian [rʌ́ʃn]

rust [rʌst]

Rwanda [ruáːndə]

Rwandan [ruáːndən]

Rwandese [ruáːndiz]

## S

saber [séibər]

Sahrawi [sɑːráːwiː]

Saint Kitts and Nevis
[seint kítz ən níːvis]

Saint Vincent and the Grenadines
[seint vínsent ænd ðə grènədíːnis]

salary [sǽləri]

salt [sɔːlt]

salute [səlúːt]

Salvadorean [sælvədɔ́ːriən]

Salvadorian [sælvədɔ́ːriən]

salvo [sǽlvou]

Sammarinese [səmæriníːz]

Samoa [səmóuə]

Samoan [səmóuən]

San Marinese [sæn mæríniːz]

San Marino [sænməríːnou]

sanction [sǽŋkʃn]

Santomean [sǽntoumiːn]

São Tomé and Príncipe
[sáu təméi ənd prínsipə]

sapper [sǽpər]

satellite [sǽtəlàit]

Saudi Arabia [sáudiəréibiə]

savage [sǽvidʒ]

sawmill [sɔ́ːmìl]

scabbard [skǽbərd]

scaffold [skǽfəld]

scale [skeil]

scam [skæm]

scarecrow [skɛ́ərkròu]

scene [siːn]

scheme [skiːm]

scientific [sàiəntífik]

scope [skoup]

scorched [skɔːrtʃt]

scout [skaut]

scramble [skrǽmbl]

scraper [skréipər]

screwdriver [skrú:dràivər]

scrivener [skrívnər]

scythe [saið]

seal [si:l]

secateurs [sékətə:rz]

secondary [sékəndèri]

secretariat [sèkrətέəriət]

secretary [sékrətèri]

security [sikjúərəti]

seedbed [si:tbed]

seedling [sí:dliŋ]

segregation [sègrigéiʃən]

seize [si:z]

seizure [sí:ʒər]

self-propelled [selfprəpéld]

semiautomatic [sèmiɔ̀:təmǽtik]

semiconductor [sèmikəndʌ́ktər]

semitransparent [sèmitrænspέərənt]

senate [sénət]

senator [sénətər]

Senegal [sènigɔ́:l]

Senegalese [sènigɔlí:z]

senior [sí:jər]

sentinel [séntənəl]

sentry [séntri]

Serbia [sə́:rbiə]

Serbian [sə́:rbiən]

Serene [sərí:n]

sergeant [sá:rdʒənt]

serial [síəriəl]

sericulture [sérəkʌ̀ltʃər]

series [síəri:z]

servant [sə́:rvənt]

servitude [sə́:rvətjù:d]

sesame [sésəmi]

settlement [sétlmənt]

sever [sévər]

severe [sivíər]

sewing [sóuiŋ]

sexer [séksər]

sexual [sékʃuəl]

Seychelles [seiʃélz]

Seychellois [seiʃéloiz]

shackle [ʃǽkl]

sharecropper [ʃέərkràpər]

shareholder [ʃέərhòuldər]

sharpshooter [ʃá:rpʃùtər]

sheaf [ʃi:f]

shears [ʃiərs]

sheath [ʃi:θ]

Sheetrock [ʃí:tràk]

shell folder [ʃelfóuldər]

shepherd [ʃépərd]

shepherdess [ʃépərdis]

sheriff [ʃérif]

shield [ʃi:ld]

shipyard [ʃípjà:rd]

shoddy [ʃádi]

shoplifter [ʃáplìftər]

shore [ʃɔ:r]

shortage [ʃɔ́:rtidʒ]

shotgun [ʃátgʌ̀n]

shovel [ʃʌ́vəl]

shrapnel [ʃrǽpnl]

sickle [síkl]

siege [si:dʒ]

Sierra Leone [siéərə lióun]

Sierra Leonean [siéərə lióunin]

sieve [siv]

signal [sígnəl]

signalman [sígnəlmən]

signboard [sáinbɔ̀:rd]

silencer [sáilənsər]

silicone [síləkòun]

silk-screening [sílkskrì:niŋ]

silkworm [sílkwə̀:rm]

silo [sáilou]

simulation [sìmjuléiʃən]

simultaneously [sàiməltéiniəsli]

Singapore [síŋgəpɔ̀:r]

Singaporean [síŋgəpɔ̀:ríən]

siren [sáiərən]

site [sait]

sizable [sáizəbl]

skirmish [skə́:rmiʃ]

skyrocket [skáiràkit]

slaughter [slɔ́:tər]

slave [sleiv]

sledgehammer [slédʒhæmər]

sleeve [sli:v]

slew [slu:]

slingshot [slíŋʃàt]

slop [slɑp]

slot-head [slathed]

Slovak [slóuvæk]

Slovakia [slouvá:kiə]

Slovene [slóuvi:n]

Slovenian [slóuvi:niən]

slug [slʌg]

sluice [slu:s]

slump [slʌmp]

slush [slʌʃ]

smack [smæk]

smelter [sméltər]

smokescreen [smóukskri:n]

smokestack [smóukstæk]

smuggle [smʌ́gl]

sniper [snáipər]

socialism [sóuʃəlìzəm]

sojourn [sóudʒə:rn]

soldier [sóuldʒər]

solely [sóulli]

solemnly [sáləmli]

solicitor [səlísətər]

solid [sálid]

solitary [sálətèri]

Somali [soumá:li]

Somalia [soumá:liə]

sonar [sóunɑːr]

sonic [sánik]

sonobuoy [sánəbùːi]

sortie [sɔ́ːrti]

sound-absorbing [saundæbsɔ́ːrbiŋ]

sound-deadening [saunddédniŋ]

soundproofing [sáundprúːfiŋ]

southeastern [sàuθíːstərn]

southern [sʌ́ðərn]

sovereign [sávərin]

sovereignty [sávərinti]

sow [sou]

spade [speid]

Spaniard [spǽnjərd]

spanner [spǽnər]

spear [spiər]

spearhead [spíərhèd]

specialty [spéʃəlti]

specific [spisífik]

speculate [spékjəlèit]

speculation [spékjəléiʃən]

speculator [spékjulèitər]

spindle [spíndl]

spinning [spíniŋ]

splendid [spléndid]

splinter [splíntər]

split [split]

spoil [spɔil]

spokesperson [spóukspəːrsn]

spongiform [spʌndʒifɔːrm]

sponsor [spánsər]

spot [spɑt]

squad [skwɑd]

squadron [skwádrən]

squatter [skwátər]

squeeze [skwiːz]

Sri Lankan [sriː lankan]

stable [stéibl]

stagflation [stægfléiʃən]

stagnation [stægnéiʃən]

stainless [steinlis]

stake [steik]

stakeout [stéikàut]

stalker [stɔːkər]

standard [stǽndərd]

standoff [stǽndɔ̀ːf]

star-spangled [stɑ́ːrspæ̀ŋgld]

starve [stɑːrv]

stateless [stéitləs]

statement [stéitmənt]

state-of-the-art [stéitəvðiɑ́ːrt]

stationary [stéiʃəneri]

statistical [stətístikəl]

status [stéitəs]

statute [stǽtʃuːt]

statutory [stǽtʃətɔ̀ːri]

stealth [stelθ]

steamroller [stíːmròulər]

stencil [sténsl]

stepladder [stéplæ̀dər]

sterile [stéril]

stiff [stif]

stiletto [stilétou]

stilt [stilt]

stimulate [stímjulèit]

sting [stiŋ]

stockbroker [stákbròukər]

stocktaking [stáktéikiŋ]

stolen [stóulən]

stonemason [stóunmèisn]

storage [stɔ́ːridʒ]

storefront [stɔ́ːrfrʌ̀nt]

storehouse [stɔ́ːrhàus]

stormtrooper [stɔːrmtrúːpər]

stow [stou]

stowaway [stóuəwèi]

strafed [streift]

strap [stræp]

strategist [strǽtədʒist]

strategy [strǽtədʒi]

stratocracy [strətákrəsi]

straw [strɔː]

stray [strei]

strength [streŋkθ]

strengthen [stréŋkθən]

strife [straif]

strip [strip]

stronghold [strɔ́ːŋhòuld]

structural [strʌ́ktʃərəl]

struggle [strʌgl]

stud [stʌd]

stun [stʌn]

Styrofoam [stáiərəfòum]

subcontract [sʌbkántrækt]

subeditor [sʌbéditər]

subjugation [sʌ̀bdʒugéiʃən]

sublease [sʌ́bliːs]

submachine [sʌ̀bməʃíːn]

submarine [sʌ̀bməríːn]

submergence [səbmə́ːrdʒəns]

submission [səbmíʃən]

submit [səbmít]

subordinate [səbɔ́ːrdənət]

subpoena [səbpíːnə]

subscription [səbskrípʃən]

subsidiary [səbsídièri]

subsidy [sʌ́bsədi]

substantial [səbstǽnʃəl]

substation [sʌ́bstèiʃən]

substitute [sʌ́bstətjùːt]

subtenant [sʌbténənt]

suburban [səbə́ːrbən]

subway [sʌ́bwèi]

succeed [səksíːd]

successful [səksésfəl]

succession [səkséʃən]

Sudan [suːdǽn]

Sudanese [sùːdəníːz]

sue [suː]

suffrage [sʌ́fridʒ]

suicide [súːəsàid]

Sultanate of Oman
[sʌ́ltənèit ʌv oumáːn]

summit [sʌ́mit]

summons [sʌ́mənz]

superintendent [sùːpərinténdənt]

superior [səpíəriər]

superiority [səpìərióːrəti]

supersonic [sùːpərsánik]

supervision [sùːpərvíʒən]

supervisor [súːpərvàizər]

supervisory [sùːpərváizəri]

supplementary [sʌ̀pləméntəri]

supplier [səpláiər]

suppress [səprés]

supremacist [səpréməsist]

supremacy [səpréməsi]

supreme [səpríːm]

surcharge [sə́ːrtʃàːrdʒ]

surety [ʃúərəti]

surface [sə́ːrfis]

surgeon [sə́ːrdʒən]

surgical [sə́ːrdʒikəl]

Suriname [súːrənàːm]

Surinamese [sùərənɑːmíːz]

surpass [sərpǽs]

surplus [sə́ːrplʌs]

surrender [səréndər]

surtax [sə́ːrtæks]

surveillance [səːrvéiləns]

surveyor [sərvéiər]

survive [sərváiv]

suspension [səspénʃən]

suspicious [səspíʃəs]

swamp [swɑmp]

swap [swɑp]

Swazi [swɑ́ːzi]

Swaziland [swɑ́ːzilænd]

Swede [swiːd]

Sweden [swíːdn]

Swedish [swíːdiʃ]

swept [swept]

swindle [swíndl]

swine [swain]

swipe [swaip]

Swiss [swis]

Switzerland [swítsərlənd]

sword [sɔːrd]

swordplay [sɔ́ːrdplèi]

swordsman [sɔ́ːrdzmən]

sympathy [símpəθi]

syndicate [síndikət]

synthetic [sinθétik]

Syria [síriə]

Syrian [síriən]


# T

tackle [tǽkl]

tactical [tǽktikəl]

tactician [tæktíʃən]

tactics [tǽktiks]

Taiwanese [tàiwɑːníːz]

Tajik [tɑːdʒík]

Tajikistan [tɑːdʒìkstǽn]

tangible [tǽndʒəbl]

tariff [tǽrif]

Taser [téizər]

taxation [tækséiʃən]

tear [tɛər]

technician [tekníʃən]

technique [tekníːk]

technocrat [téknəkræt]

technology [teknálədʒi]

telecommunication
[tèləkəmjùːnəkéiʃən]

telescopic [tèləskápik]

tempered [témpərd]

tenancy [ténənsi]

tenant [ténənt]

tenure [ténjər]

term [təːrm]

termination [təːrmənéiʃən]

terraced [térəsd]

terrain [təréin]

territorial [tèrətɔ́ːriəl]

territory [térətɔ̀ːri]

testament [téstəmənt]

testify [téstəfài]

testimony [téstəmòuni]

textile [tékstail]

Thai [tai]

Thailand [táilænd]

theocracy [θiákrəsi]

threaten [θrétn]

threatening [θrétniŋ]

three pronged [θríː prɔ́ːŋd]

thresher [θréʃər]

throne [θroun]

thug [θʌg]

thus [ðʌs]

tillage [tílidʒ]

timber [tímbər]

Timorese [tìːmɔːríːs]

Timor-Leste [tíːmɔːrlest]

tin [tin]

tinderbox [tíndərbàks]

tinned [tind]

tinplate [tínplèit]

tinted [tíntid]

tobacco [təbǽkou]

Tobago [təbǽgou]

Tobagonian [təbǽgouniən]

Togolese [tòugəlíːz]

token [tóukən]

tomb [tuːm]

Tonga [táŋgə]

Tongan [táŋgən]

torch [tɔːrtʃ]

torpedo [tɔːrpíːdou]

torture [tɔ́:rtʃər]

totalitarian [toutæ̀litɛ́əriən]

tourist [túərist]

tow [tou]

tracer [tréisər]

trademark [tréidmà:rk]

trafficking [trǽfikiŋ]

trainee [treiní:]

trait [treit]

transaction [trænsǽkʃən]

transcend [trænsénd]

transit [trǽnsit]

translucent [trænslú:snt]

transparency [trænspɛ́ərənsi]

transplanter [trænsplǽntər]

transport [trænspɔ́:rt]

transportation [trænspərtéiʃən]

trawl [trɔ:l]

treacherous [trétʃərəs]

tread [tred]

treason [trí:zn]

treasury [tréʒəri]

treaty [trí:ti]

trench [trentʃ]

trespasser [tréspəsər]

trial [tráiəl]

triangular [traiǽŋgjulər]

tribe [traib]

tribunal [traibjú:nl]

trickster [tríkstər]

tricolor [tráikʌ̀lər]

trident [tráidnt]

trigger [trígər]

trimming [trímiŋ]

Trinidad [trínidæd]

Trinidadian [trìnidǽdiən]

trinitrotoluene [trainàitroutáljuì:n]

triple-cropping [tríplkrɑpiŋ]

tripwire [trípwàiər]

triumph [tráiəmf]

triumvirate [traiʌ́mvərit]

troop [tru:p]

trough [trɔ(:)f]

trowel [tráuəl]

truce [tru:s]

truncheon [trʌ́ntʃən]

trusteeship [trʌstí:ʃip]

tune [tju:n]

Tunisia [tju:ní:ʒə]

Tunisian [tju:ní:ʒən]

Turkish [tə́:rkiʃ]

Turkmen [tə́:rkmən]

Turkmenistan [tə̀:rkmenəstǽn]

turnover [tə́:rnòuvər]

turret [tə́:rit]

Tuvalu [tú:vəlù]

Tuvaluan [tú:vəlù:ən]

twilight [twáilàit]

typeset [táipsèt]

typhoon [taifú:n]

typographic [tàipəgrǽfik]

tyrant [táiərənt]



Uganda [ju:gǽndə]

Ukraine [ju:kréin]

Ukrainian [ju:kréiniən]

unabated [ʌ̀nəbéitid]

unaffected [ʌ̀nəféktid]

unanimously [ju:nǽnəməsli]

unarm [ʌnɑ́:rm]

unbid [ʌnbíd]

unconverted [ʌ̀nkənvə́:rtid]

underaged [ʌ̀ndəréidʒid]

undersecretary [ʌ̀ndərsékrətèri]

unicameralism [jù:nikǽmərəlizm]

unification [jù:nəfikéiʃən]

union [jú:njən]

unitary [jú:nətèri]

unjust [ʌndʒʌ́st]

unmanned [ʌ̀nmǽnd]

unprofitable [ʌ̀nprɑ́fi:təbl]

uranium [juəréiniəm]

urban [ə́:rbən]

urinate [júərənèit]

Uruguay [júərəgwài]

Uruguayan [jùərəgwéiən]

utensil [ju:ténsəl]

utility [ju:tíləti]

Uzbek [úzbek]

Uzbekistan [uzbékistæn]

vacancy [véikənsi]

vanguard [vǽngà:rd]

vanity [vǽnəti]

vanquish [vǽŋkwiʃ]

Vanuatu [væ̀nuá:tu:]

Vanuatuan [væ̀nuá:tu:ən]

variable [vɛ́əriəbl]

variety [vəráiəti]

vast [væst]

Vatican [vǽtikən]

vault [vɔ:lt]

vauntingly [vɔ́:ntiŋli]

vehicle [ví:ikl]

vein [vein]

veneer [vəníər]

Venezuela [vènizwéilə]

Venezuelan [vènəzwéilən]

venture [véntʃər]

venue [vénju:]

verdict [və́:rdikt]

vertical [və́:rtikəl]

vessel [vésəl]

veteran [vétərən]

veto [ví:tou]

viceroy [váisrɔi]

vicinity [v`i`sínəti]
vicious [ví∫əs]
victim [víktim]
victorious [viktɔ́:riəs]
Vietnam [vì:ètná:m]
Vietnamese [vìètnə:mí:z]
Vincentian [vinsén∫ən]
vinyl [váinl]
violate [váiəlèit]
violence [váiələns]
viral [váiərəl]
vise [vais]
vitae [váitə]
void [vɔid]
volley [váli]
volume [válju:m]
voluntary [váləntèri]
voucher [váut∫ər]



wage [weidʒ]
wagon [wǽgən]
waiver [wé:ivər]
wallboard [wɔ́:lbɔ̀:rd]
wallet [wá:lit]
wallpaper [wɔ́:lpèipər]
warden [wɔ́:rdn]
wardrobe [wɔ́:rdròub]
warehouse [wέərhàus]
warfare [wɔ́:rfὲər]
warhead [wɔ́:rhèd]
warlord [wɔ́:rlɔ̀:rd]
warmonger [wɔ́:rmʌ̀ŋgər]
warplane [wɔ́:rplèin]
warrant [wɔ́:rənt]
warring [wɔ́:riŋ]
warrior [wɔ́:riər]
warship [wɔ́:r∫ìp]
wartime [wɔ́:rtàim]

watchtower [wát∫tàuər]
wealthy [wélθi]
weapon [wépən]
weaponry [wépənri]
wearisome [wíərisəm]
weaving [wi:viŋ]
weed [wi:d]
weld [weld]
welfare [wélfὲər]
western [wéstərn]
whale [hweil]
wheelbarrow [hwí:lbὲrou]
whereby [hwὲərbái]
whistle [hwísl]
whistle-blower [hwíslblòuər]
wholesale [hóulsèil]
whore [hɔːr]
windowpane [wíndoupèin]
winery [wáinəri]
winnow [wínou]
wiretap [wáiərtὲp]
wiring [wáiəriŋ]
witchcraft [wít∫krὲft]
withdrawal [wiðdrɔ́:əl]
withhold [wiðhóuld]
witness [wítnis]
woodblock [wúdblàk]
woodcutter [wúdkʌ̀tər]
workbench [wə́:rkbènt∫]
workforce [wə́:rkfɔ̀:rs]
workout [wə́:rkàut]
worth [wəːrθ]
wound [wu:nd]
wrangler [rǽŋglər]
wrench [rent∫]
wrongful [rɔ́:ŋfəl]



yard [jɑːrd]
Yemen [jémən]
Yemeni [jéməni]
Yemenite [jémənàit]
yield [ji:ld]
yoke [jouk]
youth [ju:θ]
Zambian [zǽmbiən]
Zimbabwe [zimbá:bwei]
Zimbabwean [zimbá:bwiən]

정장 전통의상
식생활
가공식품 패스트푸드 빵 과자 초콜릿
주방용품
연체동물 갑각류 해조류
닭고기
김치
천연섬유
커피
정직 순수성 성실성 헤어스타일
신체 일반
각기관
전염병
상하수도
순환계
탄생 성장 뼈 근육 신경관련 질환 증상 상태 통증
부품 주변기기
건물의 형태
전기시설 경보시설 환기시설
초콜릿 과일
뿌리채소

# index

한글색인

## ㄴ

## ㅇ

## ㅋ



## ㅌ

## ㅎ